Christian Stifter
Die Wiederaufrüstung Österreichs

Band 1 der Reihe
Wiener Zeitgeschichte-Studien

Christian Stifter

Die Wiederaufrüstung Österreichs

Die geheime Remilitarisierung
der westlichen Besatzungszonen 1945–1955

STUDIENVerlag
Innsbruck – Wien

Gedruckt mit Unterstützung des Bundesministeriums für Wissenschaft, Verkehr und Kunst, der Kulturabteilung der Stadt Wien und der Österreichischen Gesellschaft für Zeitgeschichte

Die Deutsche Bibliothek – CIP-Einheitsaufnahme

Stifter, Christian:
Die Wiederaufrüstung Österreichs : die geheime Remilitarisierung der westlichen Besatzungszonen 1945 – 1955 / Christian Stifter. - Innsbruck ; Wien : Studien-Verl., 1996
    (Wiener Zeitgeschichte-Studien ; Bd. 1)
    ISBN 3-7065-1176-2
NE: GT

© 1997 by **STUDIEN**Verlag Ges.m.b.H., Andreas-Hofer-Straße 38, A-6010 Innsbruck

Umschlagbild: Panzerspähwagen der B-Gendarmerie-Fahreinheit in Krumpendorf (Kärnten)

Alle Rechte vorbehalten. Kein Teil des Werkes darf in irgendeiner Form (Druck, Fotokopie, Mikrofilm oder in einem anderen Verfahren) ohne schriftliche Genehmigung des Verlages reproduziert oder unter Verwendung elektronischer Systeme verarbeitet, vervielfältigt oder verbreitet werden.

Gedruckt auf umweltfreundlichem, chlor- und säurefreiem Papier.

INHALT

	Seite
Editorial	7
Einleitung	9

1. Österreich in der Nachkriegsplanung der Alliierten – Die Kriegsziele *Entmilitarisierung* und *Entnazifizierung*

    1.1 Die kooperative Phase – Die Wiederherstellung eines „freien" und „unabhängigen" Österreichs als Kriegsziel der Alliierten   17

    1.2 Das Aufbrechen der „antifaschistischen Kriegsallianz" – Beginn der Polarisierung zwischen West und Ost   21

    1.3 Konsequenzen für die Entmilitarisierung und Entnazifizierung   24

2. Die Zweite Republik – Ein sicherheitspolitischer Neubeginn?

    2.1 Militärische Infrastruktur und Elitenrestauration – die Staatsregierung Renner   32

    2.2 Illegale paramilitärische Verbände und die Auflösung des Heeresamtes   40

    2.3 Weder „Opfer" noch „Täter"? – eine kurze Zwischenbilanz   48

3. Österreichs Wiederaufrüstungspläne im Windschatten Alliierter Konfrontationspolitik 1946/47

    3.1 Legitimationsmetaphern – „Umsturzgefahr" und „militärisches Vakuum"   51

    3.2 Aufnahme der Militärklauseln in den Staatsvertragsentwurf – erste Wehrgesetzdebatte   58

4. »Key Area Austria« – Militarisierung der Nachkriegspolitik

    4.1 „Westintegration" oder „Einheit des Landes" – Zwei Alternativen?   67

    4.2 Kein Staatsvertrag ohne Wehrmacht?   76

    4.3 „Unternehmen Kismet" – die Aufstellung der »Alarmbataillone«   90

    4.4 Zweite Zwischenbilanz: Österreich als Opfer westalliierter Rüstungsdoktrin?   110

5. Vom »Containment« zum »Roll-Back«: Remilitarisierung im Kontext geheimer US-Planungsszenarien

    5.1   Westalliierte Pläne zur Aufrüstung der westlichen Besatzungszonen bis 1951   120

    5.2   Paramilitärische Sonderprojekte und Guerillaeinsatz-Konzepte   126

    5.3   Übergabe von Rüstungsmaterial – Finanzierung über Sonderkonten   134

6. Westösterreich als Militärbasis der Westmächte

    6.1   Bodenrequirierung und Waffenlager – Fallbeispiele Wals und Siezenheim   147

    6.2   Westalliierte Rückzugs- und Evakuierungspläne   150

    6.3   Das „Schwarze Bundesheer" – die Aufstellung der »B-Gendarmerie«   153

    6.4   Das „Aufgebot" – westalliierte Katastrophenpläne für einen Kriegsfall in Österreich   164

7. Neutralität oder militärisches Bündnis?

    7.1   Militärische Bündnisfreiheit versus Westintegration   172

    7.2   Endstation: Staatsvertrag und Bundesheer   180

Schlußbemerkung   188

Verzeichnis der Abkürzungen   195

Quellen- und Literaturverzeichnis

    Benützte Archive   197
    Ungedruckte Quellen   197
    Gedruckte Quellen   198
    Bibliographie   200
    Anmerkungen   212
    Personenregister   259
    Bildnachweise   262
    Tabellenverzeichnis   262

Editorial

Mit dem vorliegenden Band übernimmt die Österreichische Gesellschaft für Zeitgeschichte den vierten Versuch einer eigenen Publikationsreihe: 1964 erschien der erste Band der „Publikationen des Österreichischen Instituts für Zeitgeschichte" beim Hollinek Verlag, Wien, 1970 erschien der 8. Band dieser Reihe. Danach konnte sie wegen der fehlenden Finanzierung nicht fortgesetzt werden. 1977 erschien der 1. Band der „Materialien zur Zeitgeschichte" im Eigenverlag. 1981-1992 war es möglich, in Zusammenarbeit mit dem Geyer-Verlag, Wien-Salzburg, zwei Serien, „Materialien" und „Veröffentlichungen" herauszubringen. Da die Zusammenarbeit mit diesem Verlag vereinbarungsgemäß 1992 im beiderseitigen Einverständnis beendet wurde, begann eine – zugegebenermaßen – langwierige Suche nach einem neuen Verlag. In den genannten Reihen sind insgesamt 21 Publikationen erschienen. Nach sorgfältiger Prüfung entschlossen wir uns, mit dem Studienverlag in Innsbruck die Reihe „Wiener Zeitgeschichte-Studien" zu beginnen und zwar wie in allen vorherigen Reihen mit einer Studie eines Absolventen des Instituts für Zeitgeschichte. Wir hoffen, daß diese Reihe trotz aller finanzieller Probleme der Gegenwart in unregelmäßigen Abständen eine beträchtliche Zahl von guten und interessanten Büchern publizieren kann, denen wir auch möglichst viele Leser wünschen.

Wien, am 1. Dezember 1996

Univ.-Prof. Dr. Erika Weinzierl, für die Österreichische Gesellschaft für Zeitgeschichte

Für Doris

Einleitung

> *Keine Regierung gibt jetzt zu, daß sie das Heer unterhalte, um gelegentliche Eroberungsgelüste zu befriedigen; sondern der Vertheidigung soll es dienen. Jene Moral, welche die Nothwehr billigt, wird als ihre Fürsprecherin angerufen. Das heißt aber: sich die Moralität und dem Nachbarn die Immoralität vorbehalten, weil er angriffs- und eroberungslustig gedacht werden muß...*
>
> Friedrich Nietzsche, 1879

> *›Frieden‹ im Munde von Militärs ist ein Synonym für ›Krieg‹ erwartet [...] Jedes Wörterbuch auf der Höhe der Zeit sollte betonen, daß Frieden und Krieg dasselbe sind, einmal in posse, ein andermal in actu. Man kann sogar mit einigen guten Gründen behaupten, daß die durch die Nationen intensiv betriebene, scharf kompetitive Vorbereitung für den Krieg der wirkliche Krieg ist, permanent und unaufhörlich, und daß die Schlachten nur eine Art öffentlicher Bestätigung der Fertigkeiten darstellen, die während des ›Friedens‹intervalls gewonnen worden sind*
>
> William James, 1910

Wenn der Abstand zwischen der in Schulbüchern festgeschriebenen Geschichte der „Zahlen" und „Fakten" zum Wortlaut verschiedener Quellen der politischen Diplomatie schon oft ein beunruhigend großer ist, so nimmt diese Diskrepanz mitunter sukzessive zu, je tiefer man sich in der historischen Recherche von der Ebene nachblätterbarer politischer Schlagzeilen in Richtung zugrundeliegender politischer Entscheidungsverläufe und -muster begibt. Gerade im Zusammenhang mit der durch konfrontationspolitische Akte geprägten Phase der Nachkriegsentwicklung Europas mag die Annäherung ans Detail den unterschiedlichen Erklärungsgehalt einer primär an den ‚seriösen' Quellen orientierten Historiographie, und der Analyse der unzweifelhaft weniger ‚seriösen', weil lange Zeit geheimen und damit ‚grauen' Quellen, erst deutlich machen. Im Fall der vorliegenden Arbeit wird diesem Verdacht im Hinblick auf einen oftmals außer Acht gelassenen Indikator gesellschaftlicher Veränderungs- und Entwicklungsprozesse nachgegangen: dem Verhältnis von Militär und Politik zu Beginn der Zweiten Republik.

In Anlehnung an neuere Ansätze der Militärsoziologie, die gezielt auf die inhärente Wechselbeziehung von Militär und Gesellschaft abstellen – eine Beziehung, die in der traditionellen (Militär-)Historiographie größtenteils unbeachtet blieb –, soll auch im Zusammenhang der folgenden Darstellung die Interdependenz von Politik, Militär und Gesellschaft in die Analyse miteinbezogen werden. Ausgehend vom Paradigma einer kritisch verstandenen Militärsoziologie ist militärisches Kalkül immer funktional auf dessen implizite gesellschaftliche Legitimationsaufgabe rückzubeziehen:

„Neben oder gar anstelle der Abschreckung eines potentiellen Feindes von einem bewaffneten Angriff hat das Militär auch die Funktion, die eigene Bevölkerung zu domestizieren, sie abzuschrecken von jeglicher Sympathie für andere Formen der politischen und gesellschaftlichen Ordnung. Militärische Sicherheitspolitik ist so immer auch Gesellschaftspolitik (...)"[1]

Versteht man also Militär als Komplex mit gesellschaftlicher Dimension,[2] so kommt der geheim betriebenen Wiederaufrüstung Österreichs in den unmittelbaren Nachkriegsjahren spezifische Erklärungsqualität zu, insbesondere im Hinblick auf die Entwicklung des politischen und kulturellen Klimas, in dem sich die allgemeine Beziehung von Militär, Aufrüstung und Gesellschaft widerspiegelt:

„Denn die für das Militär konstitutiven gesellschaftlichen und politischen Bedingungen sind auch die, die seine Ver- und Anwendung bestimmen: Militär ist immer auch die Voraussetzung dessen, was es nach der augenblicklich vorherrschenden Doktrin verhindern soll, d.h. die Voraussetzung des Krieges."[3]

Akzeptiert man diese durchaus plausible Einschätzung, so gewinnt angesichts der nahezu übergangslosen Remilitarisierung der Nachkriegsgesellschaften die Frage nach der Erklärung jenes „Restaurationsphänomens"[4] eine zusätzliche Dimension. Die offensichtliche Inkongruenz zwischen den offiziösen Interpretationsmustern der Wiederaufbauperiode – in der Lesart der 50er Jahre als auch aus Sicht der späteren identitätsstiftenden historischen Kommentare – und den tatsächlichen Fakten jenes „staatspolitischen"[5] Wiederaufbaus läßt jedenfalls den Verdacht tiefgehender systemischer Verdrängung aufkommen. Tatsächlich ist erstaunlich, mit welcher Selbstverständlichkeit nach 1945 wiederaufgerüstet wurde,[6] so als wäre der Zweite Weltkrieg mit seinen über 55 Millionen Toten bloß ein technischer Fauxpas gewesen.

Beschränkt man den Blick auf die bloße Chronologie der Ereignisse, drängt sich der Eindruck auf, als wäre es gerade in den unmittelbaren Nachkriegsjahren darum gegangen, so schnell wie möglich die nötigen Voraussetzungen zu schaffen, um auch der nächsten Generation die Partizipationsmöglichkeit an einer militärischen Auseinandersetzung zu sichern. Obwohl man an dieser Stelle pauschal einwenden könnte, daß die weltweite Wiederaufrüstung ja erst aus der sich schrittweise verschärfenden Konfrontation zwischen Ost und West resultierte und nicht die ursprüngliche Intention jener postfaschistischen Wiederaufbauphase darstellte, läßt sich damit weder der spezifisch österreichische Beitrag zur Remilitarisierung erklären, noch würde dies die enorme konventionelle sowie atomare Aufrüstung der Großmächte und ihrer Bündnisstaaten im Gefolge des Zweiten Weltkrieges allgemein erklären. Die zahlreichen, dem Zweiten Weltkrieg folgenden Kriege und Stellvertreterkriege, von Angola bis Libanon, von Indochina bis Ex-Jugoslawien etc., lassen sich auf ‚sachlicher' Ebene nicht hinreichend explizieren. Prozeßverläufe, die zu militärischen Konfrontationen oder gar Konflikten führen, allein aus der kausalen Aufeinanderfolge militärisch-strategischer Manöver erklären zu wollen, bliebe bloße Deskription des in derartigen Prozessen zum Ausdruck kommenden militärischen Selbstverständnisses und nicht dessen Analyse. Ein solcher Forschungsblickwinkel würde die komplexe Wechselwirkung zwischen Militär, Politik und Gesellschaft zur Gänze unberücksichtigt lassen.

Mit Bezug auf die oftmalige Verkürzung der genannten Zusammenhänge auf lineare und ‚sachlich' deduzierbare Interaktionsabläufe meint auch der Soziologe Günter Wachtler:

„Das Militär wird dabei fast durchwegs als eine relativ eigenständige Organisation oder Institution betrachtet, die ihren spezifischen unabänderlichen ‚Sachgesetzlichkeiten' folgt, ohne daß die Frage nach den gesellschaftlichen Bedingungen dieser organisatorischen und institutionellen Besonderheiten gestellt wird. Die gebräuchliche Erklärung, das Militär sei als Reaktion auf Bedrohungen durch andere Staaten oder Staatengruppen zu begreifen, macht sich die Sache zu einfach, unterschlägt sie doch den unstrittigen und trotzdem kaum thematisierten Sachverhalt, daß in subjektiven Vorstellungen von objektiv nicht überprüfbaren Bedrohungen gesellschaftlich-politische Prozesse zum Ausdruck kommen: Ein wie immer geartetes Fremd- oder Feindbild ist stets auch Ausdruck eines ganz bestimmten Selbstverständnisses; das Gefühl der Bedrohung von Außen ist nicht unabhängig von der realen und empfundenen internen Situation."[7]

Nun, wie wenig der schmerzliche Erfahrungshintergrund des letzten Weltkrieges in die Nachkriegspolitik der ehemals kriegführenden Staaten einging, zeigt allein schon die Statistik: weltweit wurden zwischen 1945 und 1984 rund 159 Kriege geführt;[8] davon entfallen auf Großbritannien 17, auf Frankreich vierzehn, die USA zwölf und die Sowjetunion drei Kriege.[9]

Obwohl die wenigsten dieser Kriege unmittelbar in Europa stattfanden – insgesamt „nur" neun[10] – und die Mehrzahl dieser militärischen Konflikte zudem auf innerstaatliche Kriege beschränkt blieb, kommt den genannten Zahlen einige Aussagekraft zu. Trotz des Umstands, daß in 60 Prozent all dieser Kriege die Aggressor-Staaten einen „totalen politischen Mißerfolg"[11] davontrugen und fast die Hälfte dieser Kriege mit einer militärischen Niederlage des Angreifers endeten, scheint der Krieg, ob nun als *bellum justum*, als *ultima ratio* oder als „Bruderkrieg" – bis in unsere Tage als probates Mittel zur Durchsetzung der jeweiligen *raison d'être* zu gelten.

„Obwohl sich der Krieg als politisches Instrument also immer weniger zu lohnen scheint – die Kosten und Opfer hier nicht einmal aufgerechnet –, ist ein Trend zu abnehmender Kriegshäufigkeit nicht festzustellen. Die Staaten scheinen demnach lernunfähig zu sein, ihr kollektives „Tiefengedächtnis" scheint nicht zu funktionieren."[12]

Tatsächlich scheint es so, als ob aus dem bisher größten Krieg der Menschheitsgeschichte, seiner unglaublichen Zerstörungs- und Vernichtungskraft und der dabei verübten Verbrechen gegen die Menschlichkeit,[13] wenig Lehren gezogen worden wären. Aber vielleicht ist die Frage nach der „Lehre" aus den vergangenen Greueln nur verkehrt herum gestellt. Vielleicht liegt es angesichts dieser Kontinuitäten gerade an der zeithistoriographischen Forschung, zu erkennen, daß an der nach jeder größeren Katastrophe wiederkehrenden Rüstungsbereitschaft der Staaten weniger ein fehlendes Tiefengedächtnis in bezug auf vergangenes Leid verantwortlich ist, als vielmehr die tief im gesellschaftlich-politischen Denken einverwurzelten Konventionen staatlicher Machtpolitik nach innen wie nach außen.

Bezüglich des diskreten Zusammenhangs von Krieg und Politik schrieb der wohl bekannteste Kriegstheoretiker Carl von Clausewitz:

„Der Krieg einer Gemeinschaft – Ganzer Völker, und namentlich gebildeter Völker – geht immer von einem politischen Zustande aus und wird nur durch ein politisches Motiv hervorgerufen. Er ist also politischer Akt."[14]

Der Krieg, so Clausewitz, ist aber nicht bloß ein politischer Akt, sondern selbst ein „wahres politisches Instrument, eine Fortsetzung des politischen Verkehrs, ein Durchführen desselben mit anderen Mitteln."[15]

Kein Krieg hat diese Einsicht grausamer bestätigt als der Zweite Weltkrieg. Andererseits stimmt aber, speziell was die Nachkriegszeit betrifft – von jeder geschichtsphilosophischen Auslegung einmal abgesehen[16] –, auch die Umkehrung dieser Einsicht: die Politik als der mit anderen Mitteln fortgeführte Krieg,[17] der ‚Kalte Krieg'. In diesem Zusammenhang behandelt die vorliegende Studie – wenn auch zugegebenermaßen mehr indirekt und auf konkretes Material bezogen, denn auf allgemein-abstrakte Analysen hin ausgelegt – die Effekte machtpolitischer Entscheidungen der Nachkriegszeit, die Genese des konfrontativen Verhältnisses zwischen West und Ost und die korrespondierenden Auswirkungen auf die innerösterreichische Nachkriegsentwicklung, dargestellt anhand der geheimen Remilitarisierung der Westzonen Österreichs. Aufgrund der zentralen Bedeutung machtpolitischer Weichenstellungen im innerstaatlichen als auch transnationalen Entscheidungsbereich der Siegermächte, wie auch im speziellen Fall Österreichs ab 1947/48, versteht sich die folgende Darstellung nicht als militärhistorische Bearbeitung dieser Problemstellung. Vielmehr soll aus der Darstellung der einzelnen Entwicklungsphasen der geheimen Wiederaufrüstung transparent werden, daß eine ausschließlich auf die militärischen Aspekte dieses Prozesses bezugnehmende Analyse gerade in Anbetracht der in jener Zeit für Österreich so folgenreichen Mechanik großmachtpolitischer Friktionen bei weitem zu kurz greifen würde.

Die implizite Einschränkung der Analyse auf westalliiert-österreichische Wiederaufrüstungsinteressen erfolgte aus zwei Gründen. Einerseits stehen für eine entsprechende Einschätzung und Bewertung der sowjetischen Aktivitäten nach wie vor keine themenrelevanten Quelleneditionen zur Verfügung. Hinzu kommt, daß weder die in der Stiftung Bruno Kreisky-Archiv/ Wien befindliche Aktensammlung des russischen Außenministeriums 1945-1965, noch neuere, von Richard Burger im Zuge eines Dissertationsprojektes durchgesehene Dokumente des „Archivs der Außenpolitik der Russischen Föderation" zur sowjetischen Österreichpolitik nach 1945, inhaltliche Bezüge zur Remilitarisierung aufweisen[18] – einzelne Dokumente ausgenommen, die für die vorliegende Studie miteinbezogen werden konnten.[19]

Der zweite, ebenso wichtige Grund bestand darin, daß die bisher ausgewerteten sowjetischen Quellen[20] zusammen mit den durchgesehenen amerikanischen Akten *ex negativo* belegen – von den USIA-Werkschutzaktivitäten einmal abgesehen –, daß die *systematische* militärische Wiederaufrüstung de facto a) auf die westlichen Besatzungszonen beschränkt blieb und b) die diesbezüglichen Aktivitäten primär von westalliierten bzw. österreichischen Stellen gesetzt wurden.

Der für die Behandlung gewählte zeitliche Rahmen von 1945-1955 erklärt sich einerseits aus dem definitiven Beginn der Wiederaufrüstung Österreichs bereits im Jahr 1945 und der Erlangung der staatlichen Souveränität 1955 andererseits. Da noch keine den genannten Zeitraum abdeckende Arbeit zu diesem Thema vorlag,[21] schien es daher sinnvoll, den Entwicklungsverlauf der geheimen Wiederaufrüstung über den gesamten Zeitraum der ersten zehn Nachkriegsjahre nachzuzeichnen.

Was nun den Terminus ‚Wiederaufrüstung' anbelangt, so wird dieser im folgenden vornehmlich im engeren Sinn als militärische Wiederbewaffnung, als Bereitstellung von Waffenmaterial mit synchronisiertem Aufbau einer hierarchischen Befehls- und Organisationsstruktur verwendet.

Daneben sollen aber zwei weitere Aspekte, die als Vorbedingungen bzw. Begleiterscheinungen zumindest indirekt mit dem Prozeß der Remilitarisierung in Verbindung zu sehen sind, zumindest mitgedacht werden: Zum einen das Ensemble wirtschaftspolitischer Maßnahmen zur Rekonstruktion der heimischen Volkswirtschaft als eines tragfähigen Marktes mit langfristig interessanten Allokationsmöglichkeiten für westliches Kapital (Westintegration als ‚ökonomische Wiederaufrüstung'); zum anderen die allmähliche Formierung einer „nationalen Kollektivpersönlichkeit" auf Grundlage und in Rückwirkung des realpolitischen Rekonstruktionsprozesses. Gemeint ist die Ausbildung soziokultureller, kollektiver Identitätsmuster, die Art und Weise wie Menschen „wir" sagen und damit andere auszugrenzen pflegen (‚Wiederaufrüstung' als kulturelle Westintegration).[22] Wenn im folgenden von Wiederaufrüstung die Rede ist, dann freilich im engeren Bedeutungskontext von Remilitarisierung; allerdings bleiben die beiden anderen genannten Aspekte, ohne die sich die geheime Wiederbewaffnung Österreichs in jener Zeit nicht sinnvoll begreifen läßt, im Hintergrund von Bedeutung.

Die dieser Studie zugrundeliegende Hypothese ließe sich folgendermaßen formulieren: Analog der verschiedenen Phasen der geheimen Wiederaufrüstung Österreichs 1945-1955 läßt sich die wechselseitige Durchdringung von militärischer Doktrin und politischer Entscheidungsfindung – mit anderen Worten: die sukzessive Militarisierung der Politik und die Politisierung militärischer Strategie – zur Ansicht bringen. Es kann gezeigt werden, daß der Prozeß der Diffundierung militärischer Logik in den Bereich des politischen Diskurses der auf kooperativer Basis erstellten Nachkriegsplanung allmählich die Basis entzog, was schlußendlich zur Inversion der ursprünglichen Alliierten Planungsziele in Österreich führte. Anhand Österreichs Wiederaufrüstung, so die These, läßt sich exemplarisch zeigen, wie die in der alliierten Nachkriegsplanung anfangs intendierte Wiederherstellung eines „freien und unabhängigen Österreichs" mehr und mehr von strategisch-militärischen Großmachtüberlegungen überlagert wurde; ein Prozeß, der letztlich zur völligen politischen Funktionalisierung jener Rede von der „Freiheit" und „Unabhängigkeit" Österreichs für die jeweiligen politischen Ambitionen in Mitteleuropa führte.

Diese allgemein gehaltene Hypothese soll durch drei weitere Thesen spezifiziert werden, die auf den Anteil Österreichs an diesem Wiederaufrüstungsprozeß bezugnehmen: 1. Die in der Literatur bereits weitgehend geteilte Einschätzung bezüglich der „Stunde Null" als einer über lange Zeit tradierten Fiktion bestätigt sich auch auf Ebene der militärischen Wiederaufrüstung, und zwar in dreifacher Weise:

a) Nach dem Ende des Zweiten Weltkriegs wurde von offizieller Seite kein Versuch unternommen, die Sinnhaftigkeit einer Reetablierung traditioneller militärischer Strukturen grundsätzlich zu überdenken, sondern beschloß umgehend ein breit angelegtes Wiederaufrüstungsprogramm.

b) Die Kontinuität rechtskonservativer ideologischer Wert- und Einstellungsmuster sowie das Überdauern einer vordemokratischen Staats- bzw. Militärräson ist zweifach dokumentierbar: zum einen an der erfolgten Elitenrestauration im militärischen Sektor und zum anderen an der Nichteinbeziehung antifaschistischer Freiheits- und Widerstandskämpfer innerhalb organisatorischer Schlüsselstellen.

c) Die Restauration vordemokratischer politischer Entscheidungsmuster und -Strukturen spiegelt sich in der abseits jeder Öffentlichkeit vollzogenen Konzeption und Aufstellung eines militärischen Körpers.

2. Eine auf die vergleichsweise harmlosen materialen Auswirkungen verkürzte Sichtweise des Kalten Krieges in Österreich unterschlägt die eigentlichen Wirkungszusammenhänge internationaler Beziehungen wie auch die Interdependenz zwischen Militär, politischer Räson und Gesellschaft und ist daher wohl auf mehrfache Weise zu revidieren.

3. Österreich war in Form der politisch verantwortlichen Entscheidungsträger hinsichtlich der Wiederaufrüstung des Landes weder bloßes „Opfer", noch waren die politischen Repräsentanten die Hauptprotagonisten jenes Prozesses. In den entscheidenden Phasen gingen sowohl die Initiative als auch die themenrelevanten Vorschläge von österreichischer Seite aus, die aber in der Folge seitens der westalliierten Besatzungsmächte im Zusammenhang eigener strategische Absichten verändert und schlußendlich instrumentalisiert wurden.

Zuletzt noch ein Wort zur Quellenbasis. Die Auswertungsgrundlage der vorliegenden Studie hinsichtlich der verwendeten Primärquellen bildet im wesentlichen die Auswertung einschlägiger amerikanischer Akten soweit sich diese in der Edition der *Foreign Relations of the United States* aufgenommen finden, die Einsicht in den Nachlaß Liebitzky bzw. in den Bestand B-Gendarmerie des Österreichischen Staatsarchivs/Kriegsarchiv sowie die Durchsicht zentraler Teile des Schärf-Archivs (Nachlaß Dr. Adolf Schärf) im Verein zur Geschichte der Arbeiterbewegung.

Danksagung

Abschließend sei an dieser Stelle folgenden Personen herzlicher Dank ausgesprochen: Hofrat Dr. Peter Broucek (Kriegsarchiv), für die Möglichkeit der Einsichtnahme in den Nachlaß von General Emil Liebitzky; Univ.-Lekt. Dr. Gustav Spann und Univ.-Prof. Dr. Anton Staudinger für zahlreiche Anregungen und positives *feed back*; Mr. Christopher Simpson/University Washington für die freundliche Überlassung von Material, wichtige Hinweise und das kontiniuierliche Interesse am Fortgang der Arbeit.

Für die freundliche Hilfestellung beim Zugang zu Archivalia danke ich Mag. Michaela Gaunersdorfer (Institut f. Zeitgeschichte/Wien – Bildarchiv), Frau Dr. Traude Pietsch (Bruno Kreisky-Archiv) und Generaldirektor Hon.-Prof. Dr. Lorenz Mikoletzky (Österreichisches Staatsarchiv).

Frau Univ.-Prof. Dr. Erika Weinzierl danke ich für ihr immer verständnisvolles Eingehen auf die allgemeine Problematik der Arbeit sowie für wichtige, korrigierende Einwände; Univ.-Doz. DDr. Oliver Rathkolb für wertvolle Literatur- und Quellenhinweise und zahlreiche inhaltliche Anregungen, für die kritische Lektüre der Arbeit sowie für die maßgebliche Förderung des Manuskriptes, ohne die dieses Buch nicht zustande gekommen wäre.

Meinem Kollegen Robert Stumpf danke ich für die Unterstützung bei der Suche nach Literatur, aber auch für zahlreiche, anregende Diskussionen. Für das langjährige und nachhaltige Interesse an der Arbeit, für kritische und zugleich motivierende Kommentare sowie die nötige moralische Unterstützung bedankt sich der Verfasser ganz besonders bei Univ.-Lekt. Dr. Peter Malina.

1. Österreich in der Nachkriegsplanung der Alliierten – Die Kriegsziele *Entmilitarisierung* und *Entnazifizierung*

1.1 Die kooperative Phase – Die Wiederherstellung eines „freien" und „unabhängigen" Österreichs als Kriegsziel der Alliierten

Anders, als man vielleicht annehmen würde, war mit der Beendigung des Krieges, d.h. nach der Zerschlagung des NS-Terrorsystems, nicht von vornherein klar, daß es ein selbständiges und unabhängiges Österreich überhaupt geben wird.

Die Proklamation der Unabhängigkeit Österreichs am 27. April 1945 durch die Mitglieder der Provisorischen Staatsregierung Renner war selbst schon ein Akt, dessen Überzeugungskraft maßgeblich aus der vorangegangenen Österreichpolitik der Alliierten resultierte. Erst die deklarierte Haltung der alliierten Mächte hinsichtlich des Aufbaus eines demokratischen Nachkriegsösterreichs ließ es sinnvoll erscheinen, schon zu so einem frühen Zeitpunkt politische Schritte in Richtung staatlicher Souveränität zu setzen. Allerdings war die mit der Moskauer Deklaration von 1943 verlautbarte Absichtserklärung der Alliierten bezüglich Österreichs Stellung nach dem Krieg erst der Beginn einer interalliierten Österreichpolitik, die in keiner Weise so einmütig verlief, wie man dies aufgrund jener Deklaration vermuten würde.

Die interalliierte Nachkriegsplanung in bezug auf Österreich ist im Zusammenhang mit der Remilitarisierungsthematik von spezifischem Interesse, da die ursprünglich nicht beabsichtigte „Wiederaufrüstung" Österreichs als Indikator des sich verändernden politischen Verhältnisses der Alliierten auf österreichischen Boden begriffen werden kann, dem ein stetes und bereits früh ausgeprägtes Wiederaufrüstungsbedürfnis seitens österreichischer Regierungsstellen erst die entsprechenden konzeptionellen Entfaltungsmöglichkeiten gab. Der zunächst konsensuell und kooperativ orientierte Prozeß der alliierten Nachkriegsplanung führte 1945 zu einer Situation, die eigenständige österreichische Remilitarisierungsschritte *de facto* ermöglichte, bis dann mit der schärfer werdenden Ost-West Bipolarisierung[23] diese Ausgangslage nahtlos umkippte in die von den westlichen Besatzungsmächten geheim und auf die Besatzungszonen begrenzt vorangetriebene Aufrüstung Österreichs.

Aber zunächst ein kurzer Blick zurück vor die Zeit des Zustandekommens einer alliierten Nachkriegsplanung für Österreich. Ein in diesem Zusammenhang durchaus interessantes Detail stellt die Tatsache dar, daß sich die späteren Alliierten angelegentlich des „Anschlusses" Österreichs an Hitlerdeutschland am 13. März 1938[24] in ihren offiziellen Stellungnahmen implizit für diesen staatlichen Annihilationsakt ausgesprochen hatten und nur Chile und Mexiko[25] – indirekt auch die Sowjetunion – ausdrücklich gegen diese Annexion protestiert hatten. Wie Fritz Fellner diesbezüglich anmerkt, war es mehr „die Methode, nicht das Faktum, was den Protest der Westmächte auslöste."[26] Die USA reagierten überhaupt nicht, und Großbritannien war ohnedies von dem ‚Kleinstaat' Österreich nie wirklich überzeugt gewesen und legte mit seiner „Appeasement Politik" das Augenmerk eher auf die insgeheim erhoffte Funktion Hitlerdeutschlands als eines *Cordon Sanitaire* gegenüber dem bolschewistischen Rußland, denn auf die krude Inkriminierung der staatlichen Eigenständigkeit eines Mitgliedes des Völkerbundes.[27]

Erst mit der Ausweitung der nationalsozialistischen Aggressionspolitik auch auf die Tschechoslowakei und Polen und der damit verbundenen Kriegserklärung Großbritanniens und Frankreichs am 3. September 1939 änderte sich die Situation. Am 9. November 1940 erklärte der englische Premierminister Winston Churchill in einer Rede im Mansion House, daß England unter anderem auch für Österreich „das Schwert gezogen habe"[28], mithin für die Wiederherstellung eines souveränen Österreichs kämpfe.

Am Beginn dessen, was in der Literatur „Anti-Hitler-Koalition"[29] genannt wird, steht die sogenannte Atlantik-Charta. Noch bevor die USA aktiv in den Krieg eintraten und bevor direkte Gespräche mit der Sowjetunion, die seit Juli 1941 von Hitler-Truppen bekriegt wurde, anliefen, trafen sich Präsident Roosevelt und Premierminister Churchill am 14. August 1941 an Bord des Kreuzers „Augusta" bzw. des Schlachtschiffes „Prince of Wales", um erste allgemeine Richtlinien für eine gemeinsame künftige Nachkriegspolitik festzulegen. Ausdrücklich distanzierten sich die Vereinigten Staaten und Großbritannien bei dieser Zusammenkunft von jeder Form territorialen Expansionismus und bekräftigten das Selbstbestimmungsrecht der Völker sowie deren souveränen Rechte, die, wie es im Protokoll hieß, „all denen zurückgegeben werden, denen sie entrissen worden sind."[30] In klaren Worten sprach man von der „endgültigen Vernichtung der nationalsozialistischen Tyrannei"[31], von der Entwaffnung jener Völker, die „durch ständige Aufrüstung zu Wasser, zu Lande und in der Luft mit Angriffen drohen", und von der „Festlegung eines breiter gefaßten und dauernden Systems allgemeiner Sicherheit"[32]. Der Beginn der militärischen und politischen Kooperation zwischen den USA, Großbritannien und der Sowjetunion fällt auf die erste Interalliierte Konferenz zwischen dem britischen Außenminister Eden und Marschall Stalin im Dezember 1941.[33] Zwar hatte es schon vorher mit der sogenannten „Harriman-Beaverbrook"-Mission eine interalliierte Kontaktaufnahme gegeben,[34] die am 1. Oktober zur Unterzeichnung des Protokolls über die Lieferung von Waffen- und Kriegsmaterial an die Sowjetunion geführt hatte, aber militärisch-politische Gespräche wurden erst zwischen Stalin und Eden aufgenommen.

In diesen Gesprächen tauchte auch erstmals die Wiederherstellung Österreichs als Kriegsziel alliierter Politik auf. Allerdings, und dies blieb signifikant für die alliierte Österreichplanung bis Kriegsende, bloß als „Nebenprodukt der Aufteilung Deutschlands."[35]

Entscheidend dafür, daß in der Behandlung der Österreichfrage lange Zeit eher die „Schwächung Deutschlands, und nicht die Unterstützung einer österreichischen Nationalidee"[36] maßgeblich war, dürfte wohl auch – neben der vordringlichen Regelung der Nachkriegsordnung Deutschlands – das Fehlen einer einigermaßen klaren und einheitlichen Vorstellung bezüglich der Form jenes Staatsgebildes gewesen sein, innerhalb dessen Österreich wiedererstehen sollte. Besonders die Regierung Churchill verfolgte in der ab 1942 im britischen Kriegsministerium allmählich einsetzenden Planungsarbeit für eine Militärverwaltung in Österreich[37] die Wiederherstellung der österreichischen Unabhängigkeit als ersten Schritt, dem die Assoziation an eine mittel- oder südosteuropäische Föderation folgen sollte.[38] Hauptziel einer solchen Donaukonföderation, in der schlußendlich die österreichische Unabhängigkeit aufgehen sollte, war die Aufgliederung und Schwächung Deutschlands.[39] Demgegenüber trat die Sowjetunion seit der Zusammenkunft zwischen Stalin und Eden im Dezember 1941 konsequent für die Wiederherstellung Österreichs als unabhängiger Staat in seinen Vorkriegsgrenzen ein[40] und sah in den britischen Bemühungen eine „Neuauflage der Cordon-Sanitaire Politik"[41], die auf die Bildung eines antikommunistischen Blocks gegen die Sowjetunion abzielte.

Die Vereinigten Staaten auf der anderen Seite verfolgten gemäß ihrer Vorstellung eines Nachkriegseuropas auf Basis der Atlantik-Charta eine zunächst eher wirtschaftlich gewichtete »Open-Door-Politik« in Richtung freier Weltmarkt („free enterprise"). Was das konkrete politische Engagement in Europa betraf, so verhielt sich die Roosevelt-Administration bis Ende 1944 abwartend und lehnte es ab, ein „klar umrissenes Programm zu vertreten."[42] Diese Politik des »Postponement« führte neben einer einseitig ausgelegten Nachkriegsplanung der Westmächte für Mitteleuropa auch zu einer analogen militärischen Strategie, die eine „aktive Teilnahme der Westmächte am Krieg erst in dessen Schlußphase vor(sah), da die Hauptkräfte der UdSSR und Deutschlands sich gegenseitig erschöpft haben würden."[43] So war auch das eigentliche Thema der auf Initiative der Sowjets einberufenen Moskauer Konferenz 1943 die Verkürzung der Dauer des Krieges, beziehungsweise die Frage nach dem endgültigen Zeitpunkt der aus Sicht der Sowjets dringend notwendigen Eröffnung einer „Zweiten Front" in Europa. Ein für Österreich bedeutsamer Aspekt dieser Konferenz ergab sich aus der in das Schlußkommuniqué der Außenministerkonferenz aufgenommenen „Moskauer Erklärung über Österreich" vom 1. November 1943.[44] Auf der Konferenz selbst war Österreich nur unter Punkt 7 B(b) der Behandlung Deutschlands[45] vorgekommen und in „drei Sätzen"[46] ad acta gelegt worden. Neben der auf der Konferenz behandelten „politischen Entzentralisierung"[47] Deutschlands in Form einer Aufgliederung in einzelne Staaten – ein Konzept, das dann im sogenannten „Morgenthau-Plan"[48] in verschärfter Form weiterentwickelt wurde – stellten die Alliierten Mächte mit der Moskauer Deklaration klar, daß sie die Annexion vom 13. März 1938 für null und nichtig erachteten und Österreich, „the first free country to fall a victim to Hitlerite aggression"[49], als freier und unabhängiger Staat wiederhergestellt werden sollte. Allerdings war dieses politische Präjudiz verknüpft mit einer Schuldklausel, welche festhielt, daß Österreich aufgrund seiner „Teilnahme am Krieg auf Seite Hitlerdeutschlands eine Verantwortung trägt, der es nicht entrinnen kann."[50] Außerdem wurde festgehalten, daß in der ‚Endabrechnung' mit Österreich dessen eigener Beitrag zur Befreiung bilanziert würde.

Neben einer offensichtlich „wertvollen psychologischen Stärkung"[51] für den österreichischen Widerstand erbrachte diese Deklaration, obwohl sie einen Kompromiß zwischen der britischen Konzeption eines Cordon Sanitaire und der sowjetischen Politik einer „Schwächung" Deutschlands dokumentierte,[52] im besonderen eine Garantie auf die wiederherzustellende staatliche Souveränität Österreichs, auf die sich der Staatsvertrag vom 15. Mai 1955 in der Präambel noch explizit bezog.[53]

Diese Deklaration, die zwar weder eine tatsächlich juristische Bedeutung besitzt noch als Exkulpation der österreichischen Rolle zwischen 1938-1945 verstanden werden kann, hatte für das Nachkriegsösterreich, und hier folgt der Autor der Einschätzung Robert Graham Knights, folgenden spezifischen

Wert: Einerseits in ihrer taktischen Funktion[54], indem die verantwortlichen Stellen der Staats- und späteren Bundesregierung den Wortlaut dieser alliierten Deklaration und der in ihr implizit enthaltenen »Austrophilie«[55] – *nolens volens* – akzeptierten, und damit eine Handhabe gefunden war „den Staat Österreich von der Verstrickung vieler einzelner Österreicher mit dem Dritten Reich nachträglich abzukoppeln"[56]. Andererseits besitzt/besaß die Moskauer Deklaration auch eine legitimatorische Funktion, indem hinsichtlich Österreichs Verstrickung mit dem Nationalsozialismus ein nationaler Mythos von der pauschalen „Opferrolle" Österreich gezimmert werden konnte, dessen Attraktivität selbst durch detailgenaue historische Recherchen bis heute nicht wesentlich gelitten hat.[57]

Hinter dieser alliierten Kompromißformel bezüglich der Restitution eines freien und unabhängigen Österreichs auf Basis des Selbstbestimmungsrechts der Völker,[58] verbargen sich aber recht unterschiedliche Auffassungen interessenspolitischer Art, die im Prozeß des allmählichen Aufbrechens der kooperativen Kriegsallianz, hier vor allem auf Seite der Westmächte, zu einer stereotypen Instrumentalisierung jener Rede von einem „freien und unabhängigen Österreich" für eigene machtpolitische Anliegen führte.

1.2 Das Aufbrechen der „antifaschistischen Kriegsallianz" – Beginn der Polarisierung zwischen West und Ost

Wie wenig die mit der Moskauer Deklaration zum Ausdruck gebrachte Haltung der Alliierten mit deren eigenständiger Planungsarbeit zusammenfiel, zeigt sich unter anderem daran, daß das britische Foreign Office ein Jahr später noch der Ansicht war, daß "an effective form of political and economic Danubian Confederation might bring considerable benefit both to her and to the other members."[59] Dessen ungeachtet wurde auf der Moskauer Außenministerkonferenz 1943 mit der „Europäischen Beratenden Kommission" (EAC) ein neues Organ der politischen Zusammenarbeit geschaffen, das sich mit der Regelung der Besetzung und Verwaltung des Deutschen Reiches und einer davon getrennten Regelung für Österreich zu befassen hatte.[60] Einerseits war die Bildung der EAC Ausdruck des Willens zur Zusammenarbeit unter den Alliierten Mächten, die Nachkriegsprobleme auf Basis eines gemeinsamen Vorgehens zu lösen, andererseits spiegelten sich in der stockenden Planungsarbeit – erst am 9. Dezember 1944 stimmte Roosevelt der Übernahme einer an Bayern grenzenden Besatzungszone in Österreich zu[61] – jene Ungereimtheiten wider, die auch die militärpolitische

Diskussion auf den Kriegskonferenzen durchzogen hatten. Auf der Teheraner Konferenz im Nov./Dez. 1943 beispielsweise hatte Churchill die von Rußland schon lange geforderte „Zweite Front" in Europa – die geplante „Operation Overlord"[62] – von einer erfolgreichen Offensive in Südosteuropa abhängig gemacht.[63]

Des weiteren zeigten sich Differenzen auch im Bereich der ökonomisch-wirtschaftlichen Kooperation, als die Sowjetunion 1944 an die USA ein Kreditgesuch in der Höhe von einer Milliarde Dollar stellte, um den durch die Kriegsproduktion entstandenen Bedarf an Industriegütern und Ausrüstungen für die Nachkriegszeit finanzieren zu können, und die USA in der Folge die Entsprechung dieses Ansuchens „von vorheriger sowjetischer Kooperation abhängig machten."[64] Die hier hier eingemahnte Kooperation zielte vornehmlich auf die Aufgabe der beginnenden sowjetischen Einflußsphärenpolitik im osteuropäischen Raum. Tatsächlich vollzog sich die beginnende territoriale Hegemonialpolitik allerdings vor dem Hintergrund der bereits im Frühsommer 1944 stattgefundenen militärisch-strategischen Gespräche zwischen Großbritannien und der UdSSR. Unter Zustimmung Roosevelts war es dabei zur schematischen Aufteilung der Einflußsphären zwischen Ost und West – Rumänien und Bulgarien wurden als sowjetische, Griechenland und Jugoslawien als britische Operationszonen eingestuft – gekommen.[65]

Was Österreich betrifft, so sah ein Konzept des britischen »Post Hostilities Planning Sub-Committee« vom 15. Jänner 1944 ausdrücklich vor, daß die Sowjetunion in Österreich keine Besatzungszone erhalten sollte.[66] Wie Reinhold Wagnleitner das damalige Kalkül britischer Stellen präzisiert, sollte, um „Südosteuropa und die Balkanstaaten nicht ganz dem sowjetischen Einfluß zu überlassen, das ‚Sprungbrett' Österreich unbedingt für die Westmächte gewonnen werden."[67]

Die westalliierte Angst vor einer sowjetischen Politik der *Faits accomplis*, einer Faustpfandpolitik im unmittelbaren Nahbereich Österreichs, führte zur Uneinigkeit in der Festlegung der alliierten Besatzungszonen, sodaß dieses Problem auch nach der Jalta-Konferenz im Februar 1945 ungelöst im Raum stand, obwohl die Russen „ausdrücklich eine gleichwertige Mitwirkung der Amerikaner an der Besatzung Österreichs forderten."[68] Was sich nun in Ansätzen abzuzeichnen begann, war ein stärkeres Engagement seitens der USA in Europa – seit der Leitwährungskonferenz von Bretton Woods/New Hampshire 1944[69] waren die USA eindeutig zur größten Wirtschafts- und Finanzmacht des Westens aufgestiegen –, das sich zunächst

auf den wirtschaftlichen Rekonstruktionsprozeß beschränkte und dabei Großbritannien sukzessive zum Juniorpartner machte.⁷⁰ Diese Konferenz, in deren Verlauf es zur Gründung des Internationalen Weltwährungsfonds kam, bestätigte den Dollar als nunmehr offizielle Welt-Reservewährung, womit die „Übergabe des Zepters eines »Monarchen« im internationalen weltwirtschaftlichen System von Großbritannien an die Vereinigten Staaten von Amerika"⁷¹ beschlossene Sache war. Der ungeheure wirtschaftliche Boom infolge der Kriegsrüstungen machte die USA, die im eigenen Land keinerlei Kriegsschäden zu beklagen hatten, zum weltweit reichsten Land.⁷²
Die aus der ökonomischen Suprematie der USA und dem Interesse an einem auch auf Europa bzw. Südosteuropa ausgedehnten multilateralen Freihandelssystems erwachsende machtpolitische Pragmatik – die Produktionsüberschüsse verlangten gerade zu nach neuen Absatzmärkten –, die enorme materielle Überlegenheit gegebenenfalls auch entsprechend zum Einsatz zu bringen, führte zum Interessensgegensatz zur sowjetischen Sicherheits- und Ordnungspolitik in der osteuropäischen Region, der es auf der anderen Seite vornehmlich an der Errichtung ‚sowjetfreundlicher' Regime gelegen war.⁷³ Frankreich, das erst im November 1944 als ständiges Mitglied in die EAC aufgenommen wurde, hatte sich zunächst, ähnlich wie England, in bezug auf Österreich für eine osteuropäische Föderation, ja sogar für eine „supranationale Monarchie mit Otto Habsburg an der Spitze"⁷⁴ ausgesprochen, assoziierte sich aber bald der durch die USA dominierten westalliierten Position einer „ideologischen Westorientierung Österreichs".⁷⁵

Die antifaschistische Kriegsallianz, die aus einer gemeinsamen Bedrohung durch die nationalsozialistisch-faschistische Militärmaschinerie entstanden war, zerfiel parallel zum militärischen Niedergang der Achsenmächte.⁷⁶ Ob aber der aufbrechende Konflikt tatsächlich auf einem quasi ontologischen, „irreduziblen Machtgegensatz"⁷⁷ beruhte, und somit die Konfrontation die logische Konsequenz des Endes der Kriegskoalition darstellte, scheint doch einigermaßen zweifelhaft. Daß die Alliierten Verbündeten, „nachdem mit Hitler und dem deutschen Nationalsozialismus der Grund ihrer Zusammenarbeit fortgefallen war"⁷⁸, nicht mehr „freundschaftlich miteinander verbunden bleiben"⁷⁹ hätten können, mag in dieser Form angezweifelt werden. Die antagonistischen Herrschaftsbeziehungen der beiden großen Siegermächte waren wohl eher Produkt einer konkreten historischen Situation, gekennzeichnet durch einen „sich überkreuzenden und gegenseitig sich eskalierenden Stabilisierungswettbewerb"⁸⁰ um weltweite ordnungspolitische Einflußzonen, denn Folge eines systemischen Grundkonflikts.

Das Konzept einer kooperativen Friedenssicherung in Europa, das in der Atlantik-Charta erstmals angesprochen worden war, wurde in den Kriegskonferenzen in vager Form stets erneut bekräftigt, fand in der Planungsarbeit der EAC aber keine praktische Entsprechung. Obwohl es für Deutschland seit September 1944 ein Abkommen über getrennte Besatzungszonen gab,[81] fanden die Alliierten bis Kriegsende zu keinem Reglement bezüglich der Besetzung Österreichs.

Seit dem Beginn der Beratungen in der EAC Anfang 1944 war ja das österreichische Problem, wie Fritz Fellner hervorhebt, „für die Alliierten zu einem bloßen Problem der Besatzungszonen geworden"[82], d.h. die Diskussion der Wiederherstellung eines freien und unabhängigen Österreich verknappte sich auf die Planung eines „Besatzungsregimes zur Vorbereitung einer demokratischen Regierung."[83] Ohne daß die in der Moskauer Deklaration von den Alliierten gemeinsam ausgesprochene Souveränitätsgarantie explizit revidiert worden wäre, stellte sich auf Boden einer allmählichen machtpolitischen Trendwende im Verhältnis zwischen Ost und West eine Interpretationsdifferenz ein, die im Falle der USA und Großbritanniens als „extensive Auslegung"[84], im Falle der Sowjetunion hingegen als „buchstäbliche Auslegung"[85] zutreffend charakterisiert werden kann. Die Kontinuität der sowjetischen Haltung, Österreich – entgegen verschiedenen Föderationsplänen in den Verhandlungen innerhalb der EAC – als selbständiges Problem[86], zu behandeln und nach erfolgtem Einmarsch neben der Dreimächte-Kontrolle auch dem Selbstbestimmungsrecht einen adäquaten Spielraum zu gewähren, blieb zunächst aufrecht. Die Westalliierten, vor allem die Briten, wichen von ihrer ursprünglichen Haltung zwar nicht direkt ab, zeigten aber in der Frage der Besatzungszonenregelung und hinsichtlich der strikten Ablehnung der Provisorischen Staatsregierung Renner ein deutliches Eigeninteresse an dem politischen Rekonstruktionsprozeß in Österreich.

1.3 Konsequenzen für die Entmilitarisierung und Entnazifizierung

Die Folgewirkungen dieser allmählich Destabilisierung der alliierten Kriegsallianz waren schlußendlich weitreichend, aber vorerst, speziell was die Österreichplanung anbelangt, nur indirekt ablesbar. Die am 11. Februar 1945 verlautbarte gemeinsame Erklärung der „Großen Drei" über die Ergebnisse der Krimkonferenz spricht noch ausdrücklich von der „Einigkeit im Frieden wie im Krieg"[87] als einer „heiligen Verpflichtung" der unterzeichnenden Regierungen gegenüber den „Völkern der Welt", sowie von einer „gemeinsamen Entschlossenheit (...), im kommenden Frieden die Einigkeit in der Zielsetzung und im Handeln zu erhalten und noch zu festigen, die im Krieg den Sieg der Vereinten Nationen ermöglicht und gesichert hat"[88].

Dieser emphatische Wille zur Einigkeit war aber nur mehr rhetorischer Ausdruck einer bereits durch Interessenskonflikte gekennzeichneten Einflußsphärenpolitik. In der Frage der Entmilitarisierung und Entnazifizierung fand der Beginn einer Interessenspolarisierung seinen Ausdruck in der Kluft zwischen dem einhellig bekundeten Willen zur völligen „Ausrottung des Nazitums und des Militarismus"[89] und dem Fehlen gemeinsam ausgearbeiteter Richtlinien und Direktiven, die einen antifaschistisch-demokratischen Wiederaufbau Europas an gegenseitige Kontrollmöglichkeiten rückgekoppelt hätten. In der gemeinsamen Erklärung von Jalta war allein von der „Besetzung und Überwachung Deutschlands"[90] die Rede, Österreich kam in diesem Zusammenhang als zu befreiendes Land nicht vor, obwohl auf westalliierter Seite seit April 1944 eine gemeinsame britisch-amerikanische Abteilung, die *Austria Planning Unit*, tätig war, und zusätzlich die innerhalb der vom Planungsstab der *Supreme Headquarter Allied Expeditionary Forces* (SHAEF) eingesetzte German Country Unit mit der Ausarbeitung eines »Military Handbook for Austria«[91] begonnen hatte, worin sich auch Richtlinien für die Entnazifizierung und Entmilitarisierung Österreichs festgelegt fanden.

In der Erklärung von Jalta wurde für Nachkriegsdeutschland ein Besatzungsmodus nach einzelnen, von jeder Alliierten Macht zu übernehmenden Zonen festgelegt, für die eine „einheitliche Verwaltung und Kontrolle durch eine Zentral-Kontrollkommission"[92] in Aussicht genommen wurde. Im Zentrum der projektierten gemeinsamen Arbeit nach der Besiegung Deutschlands stand die Entnazifizierung und Entmilitarisierung:

„Es ist unser unbeugsamer Wille, den deutschen Militarismus und das deutsche Nazitum auszurotten und dafür zu sorgen, daß Deutschland nie wieder in der Lage sein wird, den Frieden der Welt zu stören. Wir sind entschlossen alle bewaffneten Verbände Deutschlands zu entwaffnen und aufzulösen; den deutschen Generalstab ein für allemal zu zerschlagen, den Generalstab, der immer wieder Mittel und Wege zur Wiedererstarkung des deutschen Militarismus gefunden hat (...) jede deutsche Industrie, die für militärische Produktion verwendet werden könnte, auszumerzen oder zu überwachen (...) die Nazipartei, die Nazigesetze, -organisationen und -einrichtungen sowie jeden nationalsozialistischen oder militaristischen Einfluß in öffentlichen Ämtern und im kulturellen und wirtschaftlichen Leben des deutschen Volkes auszumerzen (...)"[93]. [Hervorhebung im Orig., C. S.]

Die Realisierung dieser umfassend gedachten Säuberung blieb aber im Ansatz stecken. Wie aus einer Geheimstudie des US-Historikers Leon W. Fuller für das *Office of Strategic Services* (OSS), dem US-militärischen Kriegsgeheimdienst,[94] hervorgeht, gab es zwischen den Alliierten zwar Einverständnis über die grundlegenden Fragen der Entnazifizierung, „die konkrete Anwendung wurde jedoch den Befehlshabern der einzelnen Zonen überlassen"[95], wobei der alliierte Oberbefehlsstab (SHAEF) vorübergehend die diesbezügliche Koordination in den westlichen Zonen übernahm.

Ebenso wie die Entnazifizierungspraxis der sowjetischen Stellen beschränkten sich die Maßnahmen der USFET-Stellen (United States Forces European Theatre) in der Regel auf „negative Maßnahmen wie Entlassungen"[96]; im Endeffekt blieb damit die gesamte »Re-education« in den Anfängen stecken. Was Österreich angeht, so wurde seit der Moskauer Deklaration eine von Deutschland geschiedene Sonderbehandlung in Aussicht gestellt, die aber in der gemeinsamen militärischen Planungsarbeit der USA und Englands hinsichtlich einer koordinierten österreichischen Entnazifizierungspolitik keine Berücksichtigung fand, da für Österreich die „Verhaftungs- bzw. Entlassungslisten für die Behandlung des Deutschen Reiches"[97] mit der Erweiterung entsprechender Listen hinsichtlich des austrofaschistischen Regimes nahezu unverändert übernommen wurden. Aus Sicht der Roosevelt-Administration stellte sich das Dollfuß-Schuschnigg-Regime durchaus „nicht als ‚gemütliche Operettendiktatur' dar, sondern als eine austrofizierte Prägung des Faschismus in Europa".[98] Allerdings kamen die in den „Mandatory Removal Categories" (JCS Direktive No. 1067) für Österreich spezifizierten Bestimmungen der „Automatic Arrest List"[99] (von SHAEF für Deutschland ausgearbeitet) nie in vollem Umfang zur Durchführung. Einerseits trafen die für die Besatzung Österreichs vorgesehenen Stabsstellen der Alliierten Streitkräfte in Italien – im Mai 1944 war ja unter Annahme einer Besetzung Österreichs vom Süden her die Österreich-Planung den mediteranen Allied Forces Headquarters (AFHQ) übertragen worden[100] – erst mit zweimonatiger Verspätung aus Caserta ein; zum anderen wurden die harten Bestimmungen der ‚arrest list', die auch ehemalige Mitglieder des Dollfuß-Schuschnigg-Regimes betroffen hätten und damit in nachhaltiger Weise ebenso die weitere strukturelle Entwicklung österreichischer Innenpolitik, vom State Department letztendlich entscheidend abgeschwächt.[101]

Gemäß den Bestimmungen der „Automatic Arrest List" wären unter anderem die „Angehörigen der Justiz bis zum Landesgerichtspräsidenten" ab

Stichtag 1. September 1933[102] davon betroffen gewesen, alle Mitglieder von Heimwehr und Vaterländischer Front sowie alle österreichischen Offiziere, welche die „German militaristic tradition"[103] hätten fortsetzen können. Der aufgrund der abgeschwächten Entlassungsrichtlinien nunmehr eingeschränkte Elitentausch führte in der US-Zone (Salzburg und Oberösterreich) zwischen Juli 1945 und April 1946 aber immerhin zu 8.000 Entlassungen von Nationalsozialisten aus Industrie und Verwaltung; in Summe waren in der US-Zone an die 110.000 Mitglieder der NSDAP bzw. der angeschlossenen Partei-Verbände registriert worden.[104]

Im Unterschied zu Deutschland, wo sich die Entnazifizierung auf zonal begrenzte Maßnahmen der Alliierten Mächte beschränkte, wurde in Österreich, wo sich die Alliierten zunächst ebenfalls auf kein gemeinsames Konzept einigen konnten, am 8. Mai 1945 mit dem »Verbotsgesetz«[105] seitens der Provisorischen Staatsregierung ein erster Schritt in Richtung eines demokratischen Säuberungsprozesses gesetzt. Dieses Verbotsgesetz, das mit dem Kriegsverbrechergesetz vom 26. Juni 1945 seine strafrechtliche Ergänzung erhielt, stellte die Mitgliedschaft bei der NSDAP oder einem ihrer Wehrverbände unter strenge Bestrafung und ordnete mit Paragraph 4 die Entlassung aller „Illegalen" aus dem öffentlichen Dienst an. Allerdings, und dies verdient meines Erachtens Beachtung, wurde die Erfassung und Bestrafung aller Nationalsozialisten, Illegalen, Parteianwärter etc. in der Folge durch Verordnungen der Staatskanzlei, wie z. B. der „1. NS-Registrierungs-Verordnung" vom 11. Juni 1945[106] oder der „2. NS-Registrierungs-Verordnung" vom 30. Juni[107] sowie der „Verbotsgesetznovelle" vom 15. August 1945,[108] aufgeweicht, indem die Verankerung zahlreicher ‚De-Registrierungsmodi' einen elastischeren Umgang mit den Bestimmungen des Verbotsgesetzes ermöglichte.[109]

Der Wirkungsradius des „Verbotsgesetzes" blieb aber zunächst ohnedies auf die russische Besatzungszone beschränkt, da die Provisorische Staatsregierung vom Alliierten Rat erst am 20. Oktober anerkannt wurde. Wie Dieter Stiefel in diesem Zusammenhang etwas vage anmerkt, überließen die Sowjets „den Österreichern selbst die mühselige Arbeit der Entnazifizierung."[110] Den genaueren Angaben bei Klaus Eisterer zufolge lag die Zahl der in der sowjetischen Zone durch die Organe der Militärbehörde verhafteten Personen, gemessen an der Gesamtzahl der Verhaftungen, mit etwa acht Prozent tatsächlich weit unter der in den westlichen Besatzungszonen.[111]

Durch die kurze zeitliche Vorbereitungsphase zur Übernahme einer Besatzungszone in Vorarlberg und dem „Handicap" der erst im Juli erfolgten

Übernahme der US-Zone in Tirol war die Entnazifizierungspolitik der französischen Besatzungsmacht von Anfang an durch eine „Politik der Improvisation"[112] geprägt. Allerdings beinhaltete das Konzept einer personellen, administrativen und strafrechtlichen »Dénazification« auch deutlich Elemente einer auch inhaltlich gedachten, kulturellen und mentalen ‚Entgiftung' (»Desintoxication«) der Bevölkerung, die zu einer tiefgreifenden »Democratisation« führen sollte.[113] De facto blieb die Entnazifizierungspraxis jedoch trotz vergleichsweise strikter Verhaftungs- und Internierungswellen[114] – in Ermangelung eigener Unterlagen wurde nach den Richtlinien des SHAEF-Military-Handbook vorgegangen – weitgehend unkoordiniert und „ohne erkennbares langfristiges Konzept."[115]

Auf britischer Seite wurde unter dem Gesichtspunkt einer „Versöhnung der politischen und gesellschaftlichen Kräfte"[116] eine ambivalente politische Säuberungspraxis betrieben: Zum einen war man „gegenüber den Anhängern des Dollfuß-Schuschnigg Regimes milder gestimmt"[117], andererseits wurde, gemessen an der hohen Bilanz der Entnazifizierungsverfahren und Entlassungen in Relation zur Gesamtzahl der Verhaftungen bzw. der registrierten Nationalsozialisten, eindeutig am striktesten vorgegangen.[118]

Die Entmilitarisierung war ursprünglich als integrativer Bestandteil der Entnazifizierung gedacht und daher ebenso wie diese Angelegenheit der jeweiligen Besatzungsmacht. Wie noch darzustellen sein wird, wurde jedoch erst im Dezember 1945, durch Beschluß des Alliierten Rates, die Überführung aller Agenden der Demobilisierung unter alliierter Kontrolle durchgeführt. Zu einer bundesweiten Regelung der Entnazifizierung kam es erst mit der Anerkennung des Verbotsgesetzes durch den Alliierten Rat am 18. Dezember 1945.[119] Nachdem bereits gegenseitige Anschuldigungen bezüglich der mangelhaft durchgeführten Entmilitarisierung zur Einsetzung einer Viermächte-Kontrollkommission geführt hatten, wurde im Exekutivkomitee ab Dezember 1945 von den Sowjets die Einsetzung eines interalliierten Entnazifizierungsamtes als Kontrollorgan für alle Zonen gefordert.[120] Die Russen hegten den Verdacht, daß sich zahlreiche Personen in die westlichen Besatzungszonen abgesetzt hätten, „um in amerikanischen Händen eine sanftere Behandlung zu erfahren."[121] Im Frühjahr 1946 kam es schließlich zur Aufstellung eines „Allied Denazification Bureau"[122], das seine Kontrollkompetenz aber nicht direkt auf alle Besatzungszonen bezog und in gewisser Weise bloß als Kontrollorgan der Entnazifizierungstätigkeit der Regierung Figl gegenüberstand.[123] Daß die konkrete Säuberungspraxis der österreichischen Stellen unbefriedigend ausfiel, belegt u. a. auch eine Aussage Theodor Körners, der sich, laut OSS-Bericht, besonders beunruhigt zeigte „about the Volkspartei men from the Dollfuß-Schuschnigg days who now occupy high administration posts",[124] und es als ziemlich hart empfinde, „to sit down to discuss business with men who put him in jail 1934."[125] Die Bereitschaft, die Entnazifizierung nicht bloß unter dem Gesichtspunkt einer verfahrenstechnisch unbequemen Personalsäuberung anzugehen, fand auch bei den Alliierten keine entsprechende Basis, sodaß die Entnazifizierung zusehends zu einem Propagandamittel degenerierte, dessen sich die Besatzungsmächte für ihre politischen Eigeninteressen bedienten.

Wie wenig der in der Literatur oft zur Sprache gebrachte Parteienkonsens auf einem inhaltlich klaren Demokratiekonzept beruhte, zeigt in exemplarischer Weise eine Stellungnahme Figls, festgehalten in einem OSS-Bericht vom 10. September 1945, worin es unter anderem heißt:

„He vigorousely denies that such a thing as Dollfuß-fascism ever existed. ›Dollfuß was a real democrat‹, he says(...)".[126]

Die Personalsäuberung in den maßgeblichen Bereichen vollzog sich in diesem Sinne als „Elitenrestauration", was schon allein aus der NS-Verbotsgesetzgebung deutlich wird, da durch diese „antidemokratische oder antirepublikanische Elemente (wie aktive Monarchisten) oder Antisemiten sowie Großdeutsche nicht erfaßt wurden."[127] Gefördert wurde dieser Prozeß einer politischen Restauration durch die Unfähigkeit der alliierten Mächte, ihre verbal-rhetorisch deklamierte Friedensordnung auch durch eine kooperativ geplante Praxis zu implementieren. Das anwachsende machtpolitische Konkurrenzverhältnis führte zu einer „antifaschistischen Sprachregelung"[128], an die bald niemand mehr glaubte. Die beginnende Polarisierung zwischen „Ost" und „West" machte sich früh im Bereich der österreichischen Medienpolitik bemerkbar, wo bereits Ende 1945, wie Rathkolb anmerkt, kurz nach dem Ende der amerikanisch-sowjetischen „Verbrüderung" die ‚Remilitarisierung' begann: „Die Medien standen Gewehr bei Fuß."[129]

„Nicht Demokratisierung im Sinne bester Rooseveltscher Tradition – gegen Faschismus und Autoritatismus – durch Schaffung einer neuen Elite und Umerziehung der vom Nationalsozialismus belasteten Gesellschaftssegmente war das primäre Ziel amerikanischer Österreichpolitik, sondern das neue Schlagwort war Westintegration – ideologische Reorientierung um jeden Preis – an Stelle von Reedukation."[130]

Das konsensuelle Element zwischen den beiden Großparteien ÖVP und SPÖ war weniger – so wie dies die sogenannte ‚Koalitionsgeschichtsschreibung' in Österreich lange Zeit zur Darstellung brachte – durch eine durchgängige und tiefgehende demokratisch-antifaschistische Gesinnung gegeben, den oft beschworenen „Geist der Lagerstraße"[131], sondern in zunehmenden Maße durch eine, diesen staatlicherseits ‚von oben' dekretierten Antifaschismus bald überbordenden Antikommunismus verschiedenster Couleurs. Dem auf diesem schmalen Grad entstandenen demokratischen Grundkonsens der politisch-gesellschaftlichen Elite Nachkriegsösterreichs ging daher auch bald jede ernstgemeinte Motivation, sich mit dem österreichischen Anteil an Faschismus und Nationalsozialismus ernsthaft und eingehend auseinanderzusetzen, verloren, was dem allgemeinen Gefühl in der Bevölkerung und dem Jahre hindurch genährten ideologischen Antikommunismus der NS-Propaganda stark entgegenkam. Wie von Barbara Kaindl-Widhalm einigermaßen plastisch herausgearbeitet wurde, ist das öffentlich-demokratische Bewußtsein der Zweiten Republik diesbezüglich ein zutiefst gespaltenes: Einerseits durch die Alliierten *objektiv* vom Nationalsozialismus „befreit", empfanden viele Österreicher den Krieg andererseits *subjektiv* als „verloren."[132] In dieser von Seite der großen Koalition praktizierten Politik des Tabuisierens und Ausklammerns all dessen, was diesen, auf Grundlage eines plakativen Antikommunismus beruhenden, demokratischen Minimalkonsens gefährden hätte können, liegt wohl eine der Ursachen für das Fortleben jener Traditionen, die zuvor dem Austrofaschismus sowie dem Nationalsozialismus die ideologische Grundlage bereitet hatten, nämlich Antisemitismus, Militarismus, ein tiefsitzender Untertanengeist, oder mit anderen Worten: allgemein „antidemokratische, autoritär- und obrigkeitsstaatliche, polizeistaatliche Traditionen"[133]. Andererseits trifft aber sicherlich auch zu, daß gerade die „Tabuisierung bestimmter Themen und damit die für Österreich spezifische Verdrängung der jüngsten Geschichte (...) eine der Grundlagen für die Stabilität der sich entwickelnden Koalition"[134] der alten Lager war.

Punktuelle Großveranstaltungen wie die von Viktor Matejka als Wiener Stadtrat für Kultur und Volksbildung im Jahr 1946 initiierte und vom bekannten Graphiker Victor Theodor Slama gestaltete antifaschistische Ausstellung „NIEMALS VERGESSEN!" änderten daran nicht nur wenig, sondern beförderten ungewollt möglicherweise noch die Exkulpation von den lautstark verdammten nationalsozialistischen Greueltaten.[135] Indem man die Schuld am Faschismus, wie zum Beispiel Bürgermeister Körner im Vorwort zum Ausstellungskatalog, in abstrakter Weise einem „eigensüchtigen, ehrgeizigen, eitlen Klüngel von Desperados, der selbst vor der Verübung der größten Verbrechen nicht zurückscheute, wenn sie seinen Plänen förderlich schienen"[136] zuschob, leistete man unfreiwillig einem einseitigen und damit falschen Geschichtsbild vorschub, indem das Phänomen Faschismus auf „eine Handvoll Wahnsinniger" reduziert wurde.[137] Unter der simplifizierenden inhaltlich-didaktischen Ausrichtung der Ausstellungs auf die katastrophalen Resultate eines monströs-pathologischen Führersystems – Österreich vor 1938 sowie die Anschlußbegeisterung blieben nahezu unthematisiert – wurde dem Erlebnis einer kollektiven nationalen Opferrolle vorgearbeitet.[138] Möglicherweise hing der spektakuläre Publikumserfolg[139] der Ausstellung auch, wie Wolfgang Kos meint, mit eben dieser „Hervorhebung der entschuldbaren Verführung zusammen."[140] Auf parteipolitischer Ebene war die Vorbereitung der ursprünglich unter dem Titel »Antifaschistische Ausstellung« anvisierten Mahnschau – die ÖVP hatte sich geweigert, die Jahre 1934-38 zu thematisieren – allerdings von zum Teil heftigen Kontroversen begleitet, die nur um den Preis partnerschaftlichen Tabuisierens[141] beigelegt werden konnten:

„Am Parteienkonflikt SPÖ-ÖVP scheiterte auch eine zentrale Idee des Ausstellungskonzepts. In die Wände des »Weiheraumes« sollten, in alphabetischer Auflistung, die Namen der im Kampf gegen den Faschismus Gefallenen eingraviert werden. Die Vorschläge oblagen den Parteien. Auf der SP-Liste standen auch die Namen der prominenten 34-er Toten Karl Münichreiter, Georg Weissel und Koloman Wallisch. Mit der Gegenforderung, auch Bundeskanzler Dollfuß als erstes Opfer des Nationalsozialismus müsse erwähnt werden, blockierte die ÖVP das Vorhaben. Die Quadersteine blieben leer ..."[142]

Im Kontext der vorübergehenden großkoalitionären Stabilisierung der jüngsten Vergangenheit fungierte der bereits angesprochene, in den folgenden Jahren mitunter gezielt zum Einsatz gebrachte Antikommunismus, der zudem indirekt an die durch die NS-Ideologie eingeschärften Feindbilder anzuknüpfen vermochte, als systemstabilisierende Integrationsideologie von wachsender Bedeutung; eine Ideologie die durch die kolportierten Übergriffe sowjetischer Soldaten auf die zivile Bevölkerung, sowie durch die allgemein wenig attraktive Besatzungspolitik sowjetischer Militärstellen zusätzlichen Impact erhielt.

Ein ernstzunehmender Rückstoß-Effekt des beginnenden Kalten Krieges war also die „Versachlichung", d.h. letztlich Banalisierung von Entmilitarisierung und Entnazifizierung aufgrund interessenspolitischer Prioritäten, die in der Folge von der holzschnittartigen Logik des Kalten Krieges diktiert wurden; einer Logik, die sich in den Worten eines US-Beamten in beeindruckender Weise auf den Punkt bringt:

„The whole denazification is nonsense. Finally what is a Nazi? A Nazi is a German with a rifle. The rifles we took them away and therefore there are no more Nazis."[143]

Wie schnell die politischen Spitzen des Landes in diesem Prozeß der beginnenden Ost-West Polarisierung unter Verweis auf fremdenverkehrsmäßige Bilanzen die amerikanische ‚Logik' zur europäisch-österreichischen werden ließen, bezeugt in geradezu außerordentlicher Weise eine Aussage des späteren Bundeskanzlers Figl vor dem amerikanischen Geheimdienst (OSS) im September 1945:

„Indeed, in Figl's mind, the great issue at present in Austria is a cultural issue of the East versus West. This is not merely an Austria issue, he insists, but one of equally vital interest to all Western Europeans and Americans (...) ›Do you think your tourists would like to come skiing in Austria if it became an Asiatic country?‹ he asked."[144]

2. Die Zweite Republik – Ein sicherheitspolitischer Neubeginn?

2.1 Militärische Infrastruktur und Elitenrestauration –
Die Staatsregierung Renner

Die ersten organisatorischen Maßnahmen für den Wiederaufbau einer österreichischen bewaffneten Streitmacht begannen parallel zur militärischen Niederwerfung der letzten Reste nationalsozialistischer Herrschaft auf österreichischem Boden durch alliierte Truppen. Diese ersten Schritte zum Wiederaufbau einer Wehrmacht wurden von offizieller österreichischer Seite, durch die, aus den Dreiparteienverhandlungen vom 20. bzw. 23. April 1945[145] hervorgegangene Provisorische Staatsregierung Renner gesetzt, die sich am 27. April mit der Proklamation über die Selbständigkeit Österreichs[146] bereits an die Öffentlichkeit wandte. Die Provisorische Staatsregierung, von der sowjetischen Besatzungsmacht *de facto*[147] anerkannt, sprach in der parallel zur Unabhängigkeitserklärung vom 27. April 1945 erlassenen Regierungserklärung neben der Notwendigkeit einer „ausreichenden Sicherheitspolizei" explizit von der Einrichtung einer „bescheidenen Wehrmacht"[148]. Gleichzeitig findet sich in der Zusammensetzung der Mitglieder der Staatsregierung, die aus einer Staatskanzlei und zehn Staatsämtern bestand, ein in die Staatskanzlei integriertes Unterstaatssekretariat für Heerwesen unter der Führung von Oberstleutnant Franz Winterer.[149]

Winterer, Jahrgang 1892, Mitglied der Sozialistischen Partei, von der Deutschen Wehrmacht als Major zur Luftwaffe übernommen, diente unter anderem im Reichsluftfahrtministerium Berlin, bei Kriegsende als Oberstleutnant zuletzt im Luftgau XVII/(Wien).[150] Neben dem bloßen Faktum seiner Verfügbarkeit wurde er angeblich wegen seiner guten Beziehung zu Theodor Körner, der bereits amtierender Bürgermeister von Wien war, in diese Funktion bestellt. Winterer hatte als Berufssoldat mehrfach verwundet den Ersten Weltkrieg überlebt und wurde nach Kriegsende zunächst in die Volkswehr, darauffolgend in das Bundesheer zur Infanterie übernommen. Daneben war Winterer unter dem Pseudonym „Färber" als Reichsausbildungsleiter des Republikanischen Schutzbunds tätig gewesen.[151] Dieser Funktion ungeachtet hatte Winterer im Bürgerkrieg Februar 1934 allerdings auf Seite einer MG-Kompanie des Bundesheeres „tadellos seinen Dienst"[152] gegen eben diese schlecht bewaffneten sozialdemokratischen Verbände versehen. Wenige Monate vor Ende des Krieges wurde Winterer dann noch seitens des zuständigen NS-Führungsoffiziers attestiert, „fest auf dem Boden der nationalsozialistischen Weltanschauung"[153] zu stehen.

Das Provisorische der Regierung Renner, die zwar selbständig, aber nicht „frei und souverän"[154] agierte, spiegelte sich zum einen in der proporzmäßigen Besetzung jener Staatsämter[155] wider, zum anderen im Verzicht darauf, die Ressorts offiziell als Ministerien zu bezeichnen. Gerade deshalb ist aber auffällig, wie von Roithner bereits hervorgehoben wurde,[156] daß das Unterstaatssekretariat für Heerwesen ausschließlich dem Staatskanzler gegenüber weisungsgebunden war, also keineswegs eine Einrichtung mit geringfügiger Kompetenz darstellte. Wie auch Renner selbst in einer von insgesamt drei sogenannten Denkschriften der Staatsregierung andeutete, lag es aus Gründen der Opportunität nahe, keine der Besatzungsmächte mit der Aufstellung eines eigenen Staatsamtes für Heerwesen zu brüskieren, bevor überhaupt noch feststand, ob Österreich nach Abschluß eines Friedensvertrages „eine bewaffnete Macht zu schaffen berechtigt ist"[157].

Wie wenig aber die offizielle Bezeichnung des Heeresressorts[158] mit der von dieser Staatskanzlei aus betriebenen Aufbauarbeit selbst in den Augen der damals zuständigen Politiker zusammenfiel, zeigt der Umstand, daß Renner in der zweiten Denkschrift vom Juni 1945 bei der Aufzählung der Staatsämter die namentliche Erwähnung dieses Amtes vermied und sich bezüglich dessen Agenden mit der lapidaren Formulierung „Liquidierung der bisherigen Truppenverbände"[159] begnügte. Interessant ist dies, weil in der darauffolgenden Denkschrift vom Juli des Jahres schon deutlicher auf die Tätigkeiten dieses Ressorts eingegangen wurde. Hier ist in bezug auf die materielle und personelle Demobilisierung die Rede von der Notwendigkeit einer „einheitlichen militärischen Führung" sowie von „Militärkommandanten", die im „Einvernehmen mit der Landesregierung" zu arbeiten hätten und der „Staatskanzlei – Heerwesen" unterstünden, von der sie „die nötigen Befehle und Durchführungsanweisungen"[160] zu erhalten hätten.

Welche Relevanz diesem Unterstaatssekretariat tatsächlich beigemessen wurde, erhellt sich aus dem Paragraph 3 des am 20. Juli 1945 beschlossenen ›Behörden-Überleitungsgesetzes‹, wo es in Absatz 2/1 heißt:

„Die Staatskanzlei übernimmt: bis zur Errichtung eines selbständigen Staatsamtes für Heerwesen auch die *Aufgaben des Bundesministeriums für Landesverteidigung*, insbesondere die Aufstellung und Organisation von Militär-, Wach- und Bauformationen, die Angelegenheiten der Personal- und Sachdemobilisierung der deutschen Wehrmacht, die Heimführung der Kriegsgefangenen, die Ausforschung der Kriegsvermißten und die Kriegsgräberfürsorge."[161] [Hervorhebung C. S]

Daß die Kriegsgräberpflege eher zu den marginalen Aufgaben innerhalb des Heeresamtes zählte, wird unter anderem anhand der ab 17. Mai 1945 im Dreiparteienorgan *Neues Österreich* erfolgenden Personalaufrufe deutlich, wo unter dem Titel: „Erfassung der Angehörigen der Heeresverwaltung"[162] vornehmlich Berufsmilitärs des ehemaligen Bundesheeres zur Meldung im „Liquidierungsamt in Wien, I., Schwarzenbergplatz 1 (ehemaliges Militärkasino)"[163] aufgefordert wurden.

Die ab diesem Zeitpunkt periodisch wiederkehrenden Aufrufe des Heeresamtes wenden sich immer flächendeckender auch an „erwerbslose ehemalige Soldaten unter 45 Jahren"[164], an ehemaliges „Küchenpersonal für Wehrmachtsküchen"[165], an „Bedienstete der Luftwaffenlohnstellen"[166]; letztendlich wurde sogar Personal für eine Militärmusikkapelle aufgenommen.[167] Diese Personalaufrufe, die ja nichts mit der durch das „Verbotsgesetz"[168] vom 8. Mai beschlossenen Registrierungspflicht für ehemalige Mitglieder der NSDAP oder einem der angeschlossenen Wehrverbände (SS, SA, NSKK, NSFK) zu tun hatten, wandten sich auch an ‚Berufsoffiziere', ‚Militärbeamte' und ‚Berufsunteroffiziere', die ab 13. März 1938 in die Deutsche Wehrmacht übernommen worden waren.[169]

Das schrittweise eingestellte Personal wurde, speziell nach dem Erlaß des Demobilisierungsgesetzes vom 12. Juni 1945, mit dem sich die Provisorische Staatsregierung ermächtigte, „alle erforderlichen Maßnahmen für die Sicherstellung der auf dem Boden der Republik Österreich befindlichen Anlagen und Güter und für deren Bewachung zu treffen"[170], unter anderem als Wachpersonal zur Sicherstellung und Bewachung von Heeresgut eingesetzt. Schon vor dem Demobilisierungsgesetz, durch das der Tätigkeitsbereich des Heeresamtes erheblich anwuchs, war es am 9. Juli durch Aufstellung des Militärkommandos Wien – Kommandant war ein Oberst Oskar Schlegelhofer[171] – zu einer ersten Effektuierung des projektierten zentralen Aufbaus einer österreichischen Wehrmacht gekommen. Diesem Militärkommando Wien folgte am 1. August die Aufstellung des Militärkommandos Niederösterreich unter Leitung von Oberstleutnant Franz Knobloch.[172] Beide Militärkommandostellen wurden zentral von Wien aus geführt und unterstanden direkt der Staatskanzlei-Heeresamt.[173]

Obwohl die sowjetische Besatzungsmacht klarerweise von der Existenz des Heeresamtes unterrichtet war, sich aber allgemein wenig in administrative Angelegenheiten innerhalb ihrer Besatzungszone einmischte und der Regierung Renner großen Entscheidungsfreiraum überließ[174], ist kaum anzunehmen, daß die Aufstellung dieser Militärkommanden mit offizieller Billigung der Sowjets erfolgte[175]: die Provisorische Staatsregierung Renner bezog erst in ihrer dritten Denkschrift im August offiziell zu dieser Einrichtung Stellung – d. h. nachdem bereits qua „Abkommen über die Alliierte Kontrolle in Österreich"[176] ein interalliiertes Kontrollorgan in Aufstellung begriffen war.

Mit dem »Ersten Kontrollabkommen« vom 4. Juli 1945 wurde der geschlossenen Remilitarisierung des Landes indirekt Einhalt geboten, da sich die alliierten Besatzungsmächte in Artikel 2 des Abkommens für ihre militärischen Kommissare jeweils „die höchste Gewalt in der von diesen Streitkräften besetzten Zone"[177] vorbehielten. Mit dieser zonalen Aufsplitterung Österreichs in einzelne Besatzungsbereiche, die sich, abgesehen von Unterschieden im Aufbau eines funktionierenden Verwaltungsapparates, auch in einer uneinheitlichen Judikatur[178] sowie in der unterschiedlichen Versorgung mit dringenden Nahrungsmitteln bemerkbar machte, war der landesweite Aufbau von militärischen Kommandostellen in den Bundesländern zumindest potentiell an das Prärogativ der jeweiligen Besatzungsmacht geknüpft. Dennoch gelang es der Staatskanzlei-Heerwesen, auch in den Bundesländern sogenannte »Heeresamtsstellen« einzurichten.

Was aus heutiger Sicht neben dem Faktum der übergangslosen Remilitarisierung erstaunt, ist die mitunter kuriose Asynchronizität jener Geschehnisse. Die Dynamik jener unmittelbaren Umbruchszeit zwischen Kriegsende und Neubeginn führte zur Gleichzeitigkeit völlig heterogener Realitäten im Lande: während westlich von Wien noch Kämpfe zwischen Alliierten und einzelnen SS-, Wehrmachts- und Volkssturmverbänden stattfanden, setzte das eben eingerichtete Heeresamt bereits die ersten Wiederaufrüstungsschritte – ein Vorgehen, das angesichts der Fürchterlichkeit des NS-Vernichtungskrieges nicht gerade von Besonnenheit und demokratischer Abgrenzung zeugt. Die Regierungserklärung der Provisorischen Staatsregierung wurde am selben Tag verlautbart, an dem Linz seinen letzten Tieffliegerangriff erlebte,[179] einen Tag, bevor die ersten Kampfhandlungen in Westösterreich einsetzten,[180] und knapp zwei Wochen, bevor US-Truppen der 11. Panzerdivision erstmals mit sowjetischen Truppen der 2. Ukrainischen Front nördlich der Donau, auf niederösterreichischem Gebiet zusammenstießen.[181]

Die Disparität und Zerrissenheit jener letzten Kriegstage in Österreich, wo der Osten des Landes, wie Marshall Tolbuchin bereits am 6. April verkündete, „befreit"[182] war und westlich von Wien, in Niederösterreich und der Steiermark, vor allem sowjetische Truppen zum Teil noch in schwere Kämpfe verwickelt wurden,[183] wo die Wehrmachtsberichte noch am 23. April „Erfolge" gegen „Durchbruchsversuche der Bolschewisten"[184] meldeten, manifestierte sich zum Teil auch in regionalem Andauern des NS-Repressionsapparates.

„Während in Wien bereits die provisorische Regierung Renner amtierte, war im Waldviertel noch nationalsozialistische Verwaltung in Funktion."[185]

In dieser Situation setzten die Mitglieder der „Vereinbarungsregierung"[186] bereits die ersten Maßnahmen für den Wiederaufbau einer österreichischen Wehrmacht. Es mag sein, daß diese Aktivitäten primär einen Reflex sogenannter Realpolitik darstellten, sozusagen das Produkt einer Praxis, die in althergebrachten Kategorien staatspolitischer Räson zur Unabhängigkeit eines Staates automatisch die „Wehrhoheit"[187] assoziierte, die es, ebenfalls in althergebrachter Art, zu reetablieren galt. Aber wie die durchgängige Unsicherheit der Provisorischen Staatsregierung in ihren offiziellen Darstellungen der diesbezüglichen Tätigkeit zeigt, war man sich der Brisanz und der Anfechtbarkeit dieses Unternehmens weitestgehend bewußt.

Da in der Vereinbarungsregierung neben den ‚Christlich-Sozialen' und den Sozialisten auch die Kommunisten als mitverantwortliche „Staatspartei"[188] befanden, konnte es wohl im Jahr 1945 noch nicht gut angehen – wie dann in den darauffolgenden Jahren –, die Remilitarisierung unter dem

Titel eines drohenden ‚kommunistischen Putschversuches' zu legitimieren. Zudem war es unter Leitung des kommunistischen Staatssekretärs für Inneres, Franz Honner, ehemals Organisator der „Österreichischen Freiheitsbataillone" im Verband der Tito-Armee und Organisator der Brigade „12. Februar 1934" im Spanischen Bürgerkrieg[189], bereits am 27. April 1945 zur Einrichtung des Gendarmeriezentralkommandos im Staatsamt für Inneres gekommen, und zwar unter der umstrittenen Führung des berüchtigten Gendarmeriemajors Emanuel Stillfried-Rathowitz,[190] ehemaliger Kommandant des austrofaschistischen „Anhaltelagers" Wöllersdorf.[191]

Mit dem schon erwähnten Behörden-Überleitungsgesetz wurde in Abschnitt II./C, §14. die „Gestapo" aufgelassen, und mit Paragraph 15 im Staatsamt für Inneres die „Generaldirektion für öffentliche Sicherheit" eingerichtet.[192] Damit wurden neben dem Gendarmeriezentralkommando in Wien die Landesgendarmeriekommanden in den Bundesländern geschaffen.[193]

Der zentrale Aufbau der Gendarmerie, die als „*militärisch* organisierter bewaffneter Wachkörper eingerichtet"[194] [Hervorhebung C. S.] werden sollte, lief parallel zum Aufbau der Heeresamtsstellen. Am 12. Mai 1945 meldete Winterer dem Staatskanzler: „Das Amt Staatskanzlei-Heerwesen nimmt seine Tätigkeit – vorläufig in beschränktem Umfange – nach Einrichtung und teilweiser Besetzung der wichtigsten Posten am 14. Mai 1945 auf."[195] Dem Schreiben beigelegt fand sich eine vorläufige Gliederung des Heeresamtes sowie ein Vorschlag zur „Aufstellung von Militärkommandos in den Bundesländern". In jedem Bundesland, mit Ausnahme von Wien und Niederösterreich – diese Aufgaben übernahm die Staatskanzlei-Heerwesen selbst –, sollte ein „Militärkommando unter Leitung eines Stabsoffiziers als Militärkommandanten aufgestellt"[196] werden. Deren Aufgaben bestünden in der „Durchführung jener militärischen Maßnahmen (...) die der Staatskanzler durch den Unterstaatssekretär für Heerwesen anordnet. Zunächst sind es die Vorsorge für die Sicherstellung militärischen Gutes, für die Erfassung gewesener [sic] Militärpersonen, die Demobilisierung, und die Aufstellung von Wachtruppen."[197] Die Militärkommandanten sollten den „Staatskanzler über alle militärischen Angelegenheiten des Landes auf dem Laufenden"[198] halten und alle Agenden im Einvernehmen mit der betreffenden Landesregierung durchführen.

In Tirol hatten österreichische Offiziere nach Kriegsende die bisherige Wehrmacht-Hauptkasse übernommen und unter Führung von Oberstleutnant Zdenko Paumgartten – dem später eine Schlüsselposition in der geheimen Remilitarisierung zukam – innerhalb der Landesregierung Gruber ein Referat für Heeresangelegenheiten eingerichtet.[199] Am 12. Oktober erfolgte dann die offizielle Aufstellung der Heeresamtsstelle Tirol.[200] Dieser Heeresamtsstelle, die sich organisatorisch ähnlich wie das Heeresamt in Wien gliederte, unterstanden die Heeresamtsnebenstellen in Landeck, Hall in Tirol, Schwaz, Kufstein und Kitzbühel, sowie die Kriegsgefangenen-Entlassungsstelle „Lager Reichenau."[201]

In Vorarlberg wurde nach dem Einmarsch der Franzosen zunächst eine Landesverwaltungsstelle errichtet, die alle Liegenschaften der »Organisation Todt« und des Reichsarbeitsdienstes verwaltete, bevor am 10. Oktober 1945 unter Oberstleutnant Ludwig Kachina die „Heersamtsstelle Bregenz" aufgestellt wurde.[202] Beide Dienststellen wurden, speziell nach dem Zonentausch am 7. Juli, bei dem die Franzosen die Besatzungsaufgaben für beide Bundesländer von den Amerikanern übernahmen, unter französischer Patronage militärisch besonders gefördert.

In der Steiermark wurden nach dem Einmarsch russischer Truppen von der sozialistischen Landesregierung unter Reinhold Machold die zwei noch bestehenden Wehrmachtsdienststellen, die Garnisonsgebäudeverwaltung und die Reste des Ersatzverpflegungsmagazins übernommen.[203] Schon im Mai hatte Major Rosenwirth, zunächst unter der Bezeichnung „Erfassungsstelle" (später, ab Juni, unter dem Titel „Abwicklungsstelle"), begonnen, eine Heeresamtsstelle innerhalb der Landesregierung Steiermark einzurichten.[204] Diese Dienststelle wurde dann um den 21./22. Juli, also mit dem Stichtag des Abzugs russischer und dem Einzug englischer Besatzungstruppen, quasi über Nacht[205] in „Militärkommando Steiermark" umbenannt. Unter dieser Kommandostelle wurden sechzehn Meldeämter aufgestellt, die sich mit der „Entlassung der bereits im Lande befindlichen Heimkehrer"[206] befassen sollten, de facto aber Einrichtungen darstellten, bei denen sich die Heimkehrer *nach* ihrer Entlassung durch britische Entlassungsstellen[207] zu melden hatten, was eindeutig auf eine unabhängig von der Demobilisierung betriebene Rekrutierungs- bzw. Neu-Registrierungstätigkeit schließen läßt.[208]

Auch in den Bundesländern Salzburg, Burgenland und Oberösterreich entstanden ähnliche Einrichtungen, deren Tätigkeit und Aufbauarbeit aber nicht den gleichen Umfang wie die der übrigen Heeresamtsstellen erreichte.[209] Die nominelle Vereinheitlichung schon vorher bestehender militärischer Ressorts in den einzelnen Landesregierungen unter der Bezeichnung »Heeresamtsstellen« setzte also ungefähr zu dem Zeitpunkt ein, als einerseits mit dem Berufsmilitärpersonengesetz vom 5. September[210] die Rechtsverhältnisse ehemaliger Angehöriger der Deutschen Wehrmacht sowie die

Neubildung der Personalstände geregelt waren, andererseits nach der Billigung der 1. Länderkonferenz durch den Alliierten Rat am 20. September, wodurch gleichzeitig die Reisemöglichkeiten von einer Zone in eine andere erheblich erleichtert wurden.[211]

Dem Rechnung tragend, erging dann am 20. September von Staatskanzler Renner die Dienstzuweisung an den Ordonnanzkurier der Staatskanzlei an das Heeresamt, worin Oberstleutnant Walter Moser „zur Versehung seines militärischen Dienstes"[212] [Hervorhebung im Orig., C. S.] zum Aufbau eines Kurierapparates innerhalb der Abt. 1 des Heeresamtes ermächtigt wurde. So gratulierte Franz Winterer, der selbst erst am 19. September 1945 durch den politischen Kabinettsrat zum „Generalmajor" befördert worden war[213], bereits viereinhalb Monate nach Ende des Krieges über einen Kurier am 21. September dem ‚Militärkommandanten' der Steiermark, Hauptmann Rosenwirth, in einem Schreiben zu dessen bevorstehender Beförderung zum Oberstleutnant.[214] Nach einer Umstrukturierung des Heeresamtes wurden die anfänglich 13 Abteilungen[215] mit 31. Juli 1945 auf acht Ressorts mit unterschiedlichen Kompetenzbereichen zusammengezogen und zum Teil neubesetzt.[216] Besonders interessant ist in diesem Zusammenhang die Tätigkeit der Abt. 2, der Personalabteilung unter der Leitung von Major Anton Steiner.[217]

Tab. 1: Gliederung des Heeresamtes[218]

Stand vom 31. Juli 1945

Abt. 1	Führungsabteilung mit Präsidial- und Organisationsgruppe sowie telegraphische Betriebsabteilung und einer Lichtbildstelle
Abt. 2	Personalabteilung mit Ergänzungs- und Personalgruppe
Abt. 3	Wirtschaftsabteilung mit Budget- und Wirtschaftsgruppe sowie der Rechenstelle
Abt. 4	Sonderabteilung mit der Sanitäts-, Bau-, Geräte- und Kraftfahrgruppe
Abt. 5	Technische Abteilung, die aber nicht aufgestellt wurde (sollte sich in eine Waffen-, eine Telegraphen-, eine Eisenbahn-, eine Pionier- und eine Luftgruppe gliedern)
Abt. 6-D	Demobilisierungsabteilung mit Kriegsgefangenen, Heimkehrer- und Erfassungsgruppe
Abt. 7-G	Gebührenabwicklungsabteilung
Abt. 8-L	Liquidierungsabteilung[219]

In der „Abteilung 2" wurden – wahrscheinlich unter Annahme eines baldigen „Friedensvertrages"[220] mit den Alliierten – unter dem nach Kriegsende reaktivierten Oberstleutnant Friedrich Pova detaillierte Vorarbeiten bezüglich „Gliederung, Stärke und Ausrüstung für die 1945 aufzustellenden österreichischen Streitkräfte"[221] in Gang gesetzt. Ausgehend von den Geburtenjahrgängen 1920-1935 rechnete man nach Abzug aller Kriegsbeschädigten mit einer „volltauglichen" Rekrutierungsbasis von etwa 346.000 Mann, für die ein vorläufiges Heereskonzept in Form von sechs Infanteriedivisionen,[222] einer Panzerdivision und zwei ‚schnellen Brigaden' vorgesehen war.[223] Die Ausrüstung dieser Truppenkontingente sollte aus Beständen des alten Bundesheeres sowie aus deutschem „Beutegerät" bestehen.[224] Bis zum Jahr 1947 sollten die Streitkräfte bei einem Kader von 40.000 Berufssoldaten bereits 100.000 Mann umfassen.[225] Eine beachtliche Zahl, bedenkt man, daß der Militärpersonenstand 1938 59.065 Mann betrug.[226]

Abseits dieser Planungsarbeit wurde von der Heeresamtsstelle Tirol unter Leitung des rührigen Zdenko Paumgartten ein Heeres-Organisationsentwurf verfaßt, der mit einem jährlichen Rekrutenkontingent von 20.000 Mann rechnete, und bei einer Dienstzeit von 18 Monaten von einer Heeresstärke von 55.000 Soldaten ausging.[227] Selbst einzelne Offiziere konnten angesichts derartiger Planungsaktivitäten ihre organisatorischen Ambitionen nicht länger zurückhalten: So entwickelte beispielsweise der stellvertretende Militärkommandant der Steiermark, Oberst Erich Oliva, auf eigene Initiative ein Heereskonzept, das Panzer-, Infanterie- und Gebirgsdivisionen vorsah,[228] dessen Einfluß aber, wenn überhaupt, eher auf lokale Ebene beschränkt geblieben sein dürfte.

2.2 Illegale Paramilitärische Verbände und die Auflösung des Heeresamtes

Stellt man sich nun die Frage, inwiefern die beschriebenen Aktivitäten vor den jeweiligen Besatzungsmächten überhaupt geheim bleiben konnten bzw. warum diese nicht intervenierten, so zeigt sich gerade im Zusammenhang einzelner zonal existierender paramilitärischer Verbände, daß die mit Ende 1945 einsetzende alliierte Kontrolle der Entmilitarisierung das direkte Resultat der gegenseitigen besatzungspolitischen Anwürfe und Beschuldigungen darstellte. Zuvor war der diesbezügliche Aktivitätsrahmen allein von der Kontrolle, der Förderung oder dem Gewährenlassen der jeweiligen Besatzungsmacht abhängig, was eine zonal unterschiedlich intensive Behandlung dieser Angelegenheiten zur Folge hatte. Generell wurde die strikte und nachweisliche Entnazifizierung und Entmilitarisierung erst vergleichsweise spät ein ‚heißes' interalliiertes Thema. Auch wenn die amerikanische Besatzungsmacht – nicht zuletzt aufgrund der ausgeprägten Skepsis gegenüber der von den Sowjets unterstützten Regierung Renner – die Tätigkeit des Heeresamts noch am stärksten behinderte,[229] so zeigt eine rezente Studie von Kurt Tweraser andererseits sehr deutlich, daß in der US-Besatzungszone Oberösterreich und Salzburg dem raschen infrastrukturellen und personalen Aufbau der Sicherheitsdienste große Bedeutung beigemessen wurde, die mit der Forderung nach gründlicher Entmilitarisierung keineswegs im Einklang stand. Bereits Ende Juni 1945 ordnete der US-Militärgouverneur von Oberösterreich, General Reinhart, die Bewaffnung von Gendarmerie und Polizei mit Gewehren an.[230] Neben gravierenden Fehlern bei der Besetzung von Leitungsposten – unter anderem wurden ehemalige NS-Polizeioffiziere in hohe Positionen bestellt[231] – förderte die US-Militärregierung ein Rekrutierungsprogramm, das aufgrund eklatanten Personalmangels in der Folge auch auf ehemalige Unteroffiziere der deutschen Wehrmacht ausgeweitet wurde: dabei ging man bei der Entnazifizierung von Polizei- und Gendarmerieanwärtern äußerst milde vor.

Die einzigen regulär bewaffneten österreichischen ‚Militär'-Formationen in den ersten Nachkriegsmonaten bestanden aus Mitgliedern der seit Mitte Mai nach Wien einrückenden „Österreichischen Freiheitsbataillone"[232], die vom Staatssekretär für Inneres, Franz Honner, zum Teil in den Sicherheitsdienst eingebaut wurden,[233] nachdem ein beträchtlicher Teil dieser Bataillone bereits demobilisiert hatte. Der im Aufbau begriffenen Gendarmerie unter Stillfried-Rathowitz wurden dabei 500 Gewehre abgerüsteter Bataillonsmitglieder übergeben,[234] nachdem Marshall Tolbuchin für die Bewaffnung des rund 6.000 Mann umfassenden Wiener Sicherheitsdienstes (1.800 registrierte Sicherheitsbeamte und ca. 4.500 Hilfspolizisten) bereits 2.000 Gewehre sowie 3.000 Pistolen zur Verfügung gestellt hatte.[235]

Weitere Teile dieser Freiheitsbataillone wurden im Juni als Grenzschutzabteilungen an die Grenzen zur Tschechoslowakei, zu Jugoslawien und Ungarn abgestellt, da man, wie Honner bemerkte, mit einer „Masseninvasion von Flüchtlingen"[236] aus diesen Ländern rechnete und die Sowjetunion zwar ihre Mitwirkung bei der Eindämmung der zu erwartenden Flüchtlingsströme zugesagt hatte, aber im wesentlichen erklärte, daß Österreich aus „eigenen Kräften dafür sorgen solle(n)".[237]

Nach der Demissionierung Honners wurden die Grenzschutzkommandanten – durchwegs Kommunisten mit hohen militärischen Chargen – jedoch innerhalb der Exekutive nicht in jenen Funktionen eingesetzt, „für die sie auf Grund ihrer Praxis qualifiziert gewesen wären"[238]; tatsächlich springt ins Auge, daß sich im Heeresamt keine Kommunisten befanden, wo doch deren Beteiligung an der ‚Vereinbarungsregierung' anderes erwarten ließe.[239]

Davon abgesehen wurde im Paragraph 7 des Berufsmilitärpersonengesetzes eigens festgehalten, daß bei der Bildung der Personalstände jene Personen berücksichtigt werden sollten, die entweder „mit der Waffe für ein unabhängiges, demokratisches Österreich gekämpft" oder als „aktive Kämpfer (...) während der ganzen Zeit der Terrorherrschaft standhaft ihre Treue zu Österreich bewiesen haben."[240] Wie Manfried Rauchensteiner völlig richtig feststellt, dienten im Heeresamt „ja keineswegs nur die durch das Dritte Reich Gemaßregelten und Verfolgten. Der Großteil der Angehörigen war – wie der Amtschef selbst – bis zuletzt in der deutschen Wehrmacht gewesen und setzte einfach einen erlernten oder zumindest ausgeübten Beruf fort."[241]

Der Grund für die Nichteinbeziehung von Angehörigen des österreichischen Widerstands bzw. Mitgliedern der „Österreichischen Freiheitsbataillone" in die Agenden des Heeresamtes wie in die Politik allgemein, dürfte vielschichtiger Natur sein,[242] aber mit Sicherheit spielte zumindest im zweiten Fall der Vorbehalt gegen die vermeintliche Durchsetzung der Bataillone mit Kommunisten eine entscheidende Rolle.[243] Außerdem wurde mit der ersten gesamtösterreichischen Länderkonferenz (24. bis 26. September 1945) auf Wunsch der Westalliierten die Aufnahme von Politikern aus den westlichen Bundesländern in die Provisorische Staatsregierung festgelegt,[244] wodurch unter anderem im Staatsamt für Inneres eine Kommission unter Vorsitz Dr. Sommers (ÖVP) gebildet wurde,[245] die dem Staatssekretär für Inneres (KPÖ) in allen „Fragen der öffentlichen Sicherheit"[246] beratend zur Seite stehen sollte. Damit war auch die personalpolitische Entscheidungsfähigkeit des Staatssekretärs entscheidend präjudiziert.

Neben der bisher behandelten Tätigkeit des Heeresamtes wurden in der französischen und britischen Besatzungszone eigenständige „paramilitärische" Verbände gefördert bzw. geduldet. In Kärnten existierten seit Anfang Mai zwei große Verbände, die sich unter anderem aus Soldaten des 68. Armeekorps der 2. Panzerdivision der Deutschen Wehrmacht zusammensetzten,[247] die nach ihrer Kapitulation von den Engländern als „Surrendered Enemy Personal" in eine „Österreichische Brigade" unter Führung von Generalleutnant Eduard Aldrian und in das sogenannte ‚Korps Noeldechen', unter Führung des Wlassow-Veteranen Oberst Rogôzin,[248] zusammengefaßt wurden. Die in neun Regimenter gegliederte Aldrian-Brigade umfaßte etwa 20.000 Mann[249] – darunter 13.000 Österreicher – und wurde in dieser organisatorischen Form unter Führung ehemaliger Wehrmachtsoffiziere „neben einer gewissen Beaufsichtigung des weißrussischen Korps"[250] auch zur Betreuung von Lazaretten herangezogen. Interessant ist dabei, daß zwischen der Führung dieser Verbände und der britischen Militärregierung sowie Vertretern der Landesregierung auch offiziell Kontakte gepflogen wurden.[251]

In der französischen Besatzungszone bestand seit September das „1. Österreichische Freiwilligenbataillon"[252], das aus ehemaligen Kriegsgefangenen und Freiwilligen bestand. Dieses Bataillon sollte nach Abzug der 4. Marokkanischen Gebirgsdivision aus Tirol und Vorarlberg, welche französischerseits nur schwach nachbesetzt wurde,[253] zunächst für Sicherheitsaufgaben Verwendung finden. Zu dieser Zeit hatte dieses Freiwilligenbataillon bereits einen langen Konstituierungsprozeß hinter sich.[254] Am 17. April 1945 beschloß General de Gaulle die Aufstellung dieser Formation, die dann als eigenständiger Teil der französischen Armee in Riom (Departement Puy-de-Dome) konstituiert und in der Nähe von Clermont-Ferrand trainiert wurde.[255] Unter der Führung des französischen Bataillonskommandanten Major Jacques Favatier setzte sich das aus drei Schützenkompanien und einer Stabskompanie bestehende Bataillon am 14. September in Richtung Österreich in Bewegung, wo es dann zwischen Lindau und Bregenz die österreichische Grenze überschritt.[256] Nachdem es zunächst im Lager Reichenau bei Innsbruck untergebracht worden war, wurde es Anfang November nach Vorarlberg verlagert, wo es gemeinsam mit französischen Truppen Grenzschutzaufgaben wahrnahm, wobei Dornbirn zum Sitz des Bataillonskommandos und der Stabskompanie gemacht wurde.[257] Die Soldaten dieses Bataillons trugen die „altösterreichische Uniform"[258], verwendeten eine Rot-Weiß-Rote Fahne, mit aufgesetztem blau-weiß-roten französischen Band[259] und hielten in Innsbruck sogar Paraden ab.[260] In einer Ansprache des Bataillonskommandanten wurde zum Ausdruck gebracht, daß man sich als „Kern einer zukünftigen österreichischen Armee"[261] verstand. Wie ein US-Geheimdienstbericht des OSS diesbezüglich anmerkt, befand sich neben dem „senior officer" Leutnant Roman Frisch auch ein Dr. Röhninger unter den österreichischen Offizieren, der früher eine bedeutende Position in der Heimwehr Starhembergs innegehabt hatte.[262]

Inwieweit für die geplante Aufstellung einer Österreichischen Division, für die „papiermäßig die Stellenbesetzung perfekt"[263] war, neben besatzungspolitischen und militärisch-strategischen Gründen auch die Angst vor dem

„Werwolf" eine Rolle spielte, ist schwer zu sagen.[264] Am 29. Juli 1945 jedenfalls erklärte das britische Hauptquartier in einer offiziellen Stellungnahme, daß die sogenannte Werwolf-Bewegung nicht mehr existiere.[265] Wie General Emile-Marie Béthouart in seinen Memoiren anmerkt, waren von französischer Seite bereits früh gesonderte Maßnahmen gegen die ca. 4.000-5.000 Wehrmachtssoldaten zählenden, in den umliegenden Bergen und Wäldern versprengten Truppenteile unternommen worden. Zu diesem Zweck bediente man sich ortskundiger deutscher und österreichischer Offiziere, die in kleinen Gruppen die geflüchteten Soldaten ausforschen und demobilisieren sollten.[266]

Die Sowjets wußten seit Juli zumindest von der Existenz des »Korps Rogôzin« und der Aldrian-Brigade in der britischen Zone, was am 25. Juli in einem *aide-mémoire* von Molotow an die westlichen Gesprächspartner deutlich wurde, worin die UdSSR die Westalliierten beschuldigten, in ihren Zonen sowjetfeindliche Truppen zu dulden, beziehungsweise in Kärnten sogar eine Einheit ehemaliger Wlassow-Leute zu unterhalten.[267] Von der britischen Besatzungsmacht wurde die Existenz solcher Verbände jedoch geleugnet.[268] Wie dann eine im Jänner vom Exekutivkomitee aufgestellte »Vier-Mächte-Untersuchungskommission«, die sich speziell mit der Untersuchung militärischer und paramilitärischer Verbände in allen vier Besatzungszonen befaßte, feststellte, waren die diesbezüglichen Aktivitäten „more serious than had been suspected."[269] Aber schon nach Zusammentreffen des Alliierten Rates im September 1945 kam es zu einer sukzessiven Verschärfung der Kontrolle der militärischen Ambitionen der Provisorischen Staatsregierung. Am ersten Tag der 1. Länderkonferenz (24. September 1945), an dem ein „umfangreicher Tätigkeitsbericht"[270] des Heeresamtes vorgelegt wurde, verbot die Alliierte Kommission, künftig Begriffe wie ‚Militärkommando', ‚Militärverwaltung' etc. zu verwenden und anstelle dessen nur mehr Termini wie ‚Leitung' oder ‚Heeresamtsstelle'[271] zu verwenden. Ebenfalls am 24. September wurde vom Alliierten Rat die Auflösung der Militärkommandos Wien und Niederösterreich angeordnet.[272] Wie Generalmajor Winterer in einem Artikel in den *Salzburger Nachrichten* anmerkte,[273] war man in der Folge vor allem auch von amerikanischer Seite an der Auflösung der Agenden des Heeresamtes interessiert, da, wie dies später von den Sowjets hervorgestrichen wurde, die Existenz einer solchen militärischen Einrichtung gegen die Beschlüsse der Potsdamer Konferenz verstoßen würde.[274] Schließlich wurde am 10. November dem Exekutivkomitee ein Schriftstück zugeleitet, das sich mit der Angelegenheit der Staatskanzlei-Heeresamt befaßte. Die darauffolgenden Diskussionen führten am 30. November 1945 zur Weisung des Alliierten Rats, bis spätestens 11. Jänner 1946 das Heeresamt vollständig aufzulösen.[275]

Der anwachsende Vorbehalt der Alliierten gegenüber dem Heeresamt war auch der Staatsregierung früh bekannt geworden, denn bereits am 17. Oktober hatte Renner ein Schreiben an den Alliierten Rat gerichtet, worin er die Wichtigkeit dieser Einrichtung u. a. für die Staatskanzlei selbst, unter Verweis auf die Ermordung von Bundeskanzler Dollfuß [sic], – ‚man könne keinen Anschlag ausschließen' – zu legitimieren versuchte.[276] Noch am 3. November appellierte Renner an den US-Gesandten Erhardt, daß Österreich eine Sicherheitsstreitmacht brauche.[277] Und Marshall Konev brachte am Tag der Auflösung des Heeresamtes einer erstaunten Alliierten Kommission zu Gehör, daß österreichische Stellen ihm gegenüber den Wunsch geäußert hätten, aufbauend auf den bereits „in der Steiermark befindlichen Einheiten eine 15.000 Mann starke österreichische Armee"[278] errichten zu dürfen.

Am 10. Dezember zementierte der Alliierte Rat allerdings mit dem „Verbot der militärischen Tätigkeit in Österreich" die Absicht der Alliierten, gemäß dem Übereinkommen von Potsdam die „vollständige Entmilitarisierung" von der Österreichischen Regierung zu verlangen.[279] Angeordnet wurde die „Auflösung sämtlicher militärischer und angeschlossener Organisationen"[280], das Verbot „jeder Art militärischer Ausbildung, der militärischen Propaganda und der militärischen Tätigkeit (...) seitens des österreichischen Volkes"[281] sowie, „jede Abteilung ähnlicher Beschaffenheit innerhalb der Österreichischen Regierung aufzulösen."[282]

Am 20. Dezember 1945 demissionierte Winterer aus dem Heeresamt, dessen vollständige Liquidierung nun nicht, wie dieser in seinem Abschiedsbefehl vom 29. Dezember 1945 vorgesehen hatte, vom SPÖ-nahen Präsidialbeamten Anton Sichelstiel[283] übernommen wurde, sondern von Generalmajor a. D. Mathias Gruber (ÖVP). Inwieweit dabei die Wahlen vom 25. November 1945 ausschlaggebend gewesen waren, bei denen die ÖVP mit 85 Mandaten als stimmenstärkste Partei hervorging,[284] mag dahingestellt bleiben. Jedenfalls wurden im „Liquidierenden Heeresamt", so der Titel, unter dem die offizielle Auflösung des Heeresamtes betrieben wurde, in letzter Minute handfeste parteipolitische Personalrochaden durchgeführt. Mit Übernahme des Liquidierenden Heeresamtes durch Gruber am 28. Dezember 1945 wurde noch eine beträchtliche Anzahl von Offizieren des ehemaligen Bundesheeres in den aktiven Dienst eingestellt.[285]

Wie die *Arbeiterzeitung* vom 18. Jänner 1946 berichtete, wurden nach Entlassung von „Roten" noch „eine ganze Menge rascher Neueinstellungen" vorgenommen, „lauter ehemalige Vaugoin-Offiziere."[286] Tatsächlich wurde – mehr als bloß kurios – noch ein Marinereferat in das Heeresamt eingebaut, mit dessen Leitung Fregattenkapitän Eduard Helleparth, früherer Kommandant der »II. k.k. Donauflottille«, betraut wurde;[287] ein Ressort, das bereits im ersten, unrealisiert gebliebenen, Organisationsplan des Heeresamtes vom Mai 1945 vorgesehen gewesen war.[288]

Der durch derartige Neueinstellungen betriebene Personalaustausch sollte vermutlich gewährleisten, daß bei der Aufteilung der Agenden des Heeresamtes auf zivile Behörden, möglichst viele ‚verläßliche', in dem Fall also ÖVP-nahe Personen, diese Agenden innerhalb der zugewiesenen Ressorts in den einzelnen Ministerien, wo sich bei den „einzelnen Ämtern meist entsprechende, neue Abteilungen oder einzelne Referate"[289] bildeten, weiterführen würden. Bei der „Liquidierung des Heeresamtes" wurden folgende Agenden an zivile Stellen übergeben:

a) allgemeine Personalangelegenheiten, Rehabilitierung der 1938-1945 gemaßregelten österreichischen Berufsmilitärs – an das Bundeskanzleramt, neue Abteilung „L".

b) Pensions- und Versorgungsangelegenheiten – an das Bundesministerium für Finanzen (Pensionsabteilung).

c) Heimkehrerfürsorgeangelegenheiten bzw. Militärmatrikelangelegenheiten an das Bundesministerium für Inneres, neue Abteilung „12 K".

d) Verwaltung der Militärobjekte und Liegenschaften – an die neue Abt. 5/a = Bundesgebäudeverwaltung II.

e) Materielle Angelegenheiten (Verwertung u. Verwaltung deutscher Wehrmachtsobjekte u. Liegenschaften) – an das Bundesministerium für Vermögenssicherung und Wirtschaftsplanung (neue Abt. 4,5).

f) Entminungsdienst – an das Bundesministerium für Inneres.

g) Kriegsarchiv – an das Bundeskanzleramt.

h) Heeresmuseum – an das Bundesministerium für Unterricht.[290]

Die Heeresamtsstellen in den Bundesländern wurden aufgelöst und deren Agenden an die Landesregierungen überstellt, wobei man zunächst „geschlossene Abwicklungsabteilungen" aufstellte, die aber vom Alliierten Rat in der Folge aufgelöst und durch einzelne Referate bei den Landesregierungen selbst übernommen wurden.[291] Das Gebäude des Heeresamtes in Wien,

Zweite Republik – sicherheitspolitischer Neubeginn? 47

Schwarzenbergplatz 1, mußte geräumt und die Akten zur Übergabe vorbereitet werden, die dann am 8. Jänner 1946 eine Alliierte Kommission übernahm und versiegelte.[292]

Wie aus einem Bericht an das Bundeskanzleramt vom 14. Februar 1946 hervorgeht, kam hier eine Institution zur Auflösung, die zur Zeit ihres Bestehens „nicht nach jenen Grundsätzen zusammengesetzt (war), nach welchen der Wiederaufbau des Berufsbeamtentums vorgesehen war."[293] Neben offensichtlich überalterten Personen befanden sich im Heeresamt und seinen nachgeordneten Stellen auch „eine ganze Reihe von ehem. Offizieren, die während der nationalsozialistischen Zeit bis zum letzten Tag durchgedient und gerade aus der alliierten Gefangenschaft zurückgekehrt waren, mithin gegen die Alliierten gekämpft oder sich auf verschiedenen wichtigen Posten betätigt hatten."[294] „Dagegen wären", wie der Bericht fortfährt, „trotz wiederholter Bitten eine ganze Anzahl von Offizieren nicht eingestellt worden, die von den Nationalsozialisten bei der Machtübernahme entlassen, gemaßregelt oder verfolgt worden waren. Darunter Offiziere, die bis zu 5 Jahren Freiheitsstrafe (KZ) abbüßten."[295]

Die Gesamtzahl der Personen, die am Auflösungstag beim Heeresamt angestellt waren, betrug 1.621,[296] darunter 258 ehemalige Offiziere. Insgesamt wurden 862 Personen entlassen – davon nur 41 Offiziere; die restlichen 759 Personen teilte man den verschiedenen Ressorts der Ministerien zu.[297] Generalmajor a. D. Gruber übersiedelte nach Auflösung der Staatskanzlei-Heerwesen neben einer Anzahl weiterer Offiziere in die dem Bundeskanzleramt angeschlossene Abteilung „L", deren Tätigkeit aber bald wieder das Mißfallen des Alliierten Kontrollapparates erregte. In dieser Abteilung wurden unter anderem Offizierslisten der früheren österreichischen Armee aufgestellt, wogegen sich der Alliierte Rat am 10. Mai 1946 mit einer neuerlichen Weisung zur Auflösung dieser Abteilung aussprach. Dezidiert wurde vom Alliierten Rat festgehalten, daß „diese Abteilung in einem gewissen Grade den ähnlichen Abteilungen des liquidierten Heeresamtes entspricht."[298] Weiters wurde der Abteilung „12 K" verboten, in Hinkunft irgendwelche Aufzeichnungen von „möglichem militärischen Wert zu machen."[299]

Mit Weisung von Bundeskanzler Figl vom 21. Mai 1946 wurde die Auflösung der Abt. „L" und deren teilweise Übernahme von der Abteilung 11 des Bundeskanzleramtes verfügt. Von den 78 Beamten der Abteilung „L" verblieben 27 im Bundeskanzleramt, der restliche Personalstand wurde auf die Ministerien aufgeteilt.[300] Nachfolger von Generalmajor a. D. Gruber, welcher sich im Bundeskanzleramt außerordentlich auffällig und ungeschickt verhalten haben soll,[301] wurde Hofrat (General a. D.) Dr. Emil Liebitzky, der in der »Pensionsabteilung A« im Zentralbesoldungsamt (Finanzamt) die restlichen Agenden der aufgelösten Abteilung „L" übernahm und in der Folge zu einer zentralen Figur der geheimen österreichischen Wiederaufrüstung wurde.[302]

Wie oben schon angedeutet, erfuhr die Alliierte Kontrolle des Liquidierenden Heeresamtes sowie die Kontrolle der militärischen Betätigung allgemein mit der Aufstellung einer Viermächte-Kontrollkommission ihre Komplettierung, deren Supervision in Kärnten und in der Steiermark dann tatsächlich jene zwei schon genannten Brigaden vorfand. Dies führte in der Folge zu einem Verfahren gegen Landeshauptmann Machold und Generalmajor Rosenwirth.[303] Selbst für die Militärarchive wurde ein eigener Unterausschuß eingerichtet, der sich mit deren vollständiger Säuberung befaßte.[304]

2.3 Weder „Opfer" noch „Täter"? – eine kurze Zwischenbilanz

Nachdem es zwischen den Besatzungsmächten eigentlich von Juli 1945 an Spannungen und gegenseitige Beschuldigungen bezüglich der Existenz paramilitärischer Verbände gegeben hatte, entschied man sich im Alliierten Rat im November 1945 einstimmig für die vollständige Auflösung des Heeresamtes und seiner nachgeordneten Dienststellen.

Bis zu diesem Zeitpunkt existierte keine koordinierte Vorgangsweise der Besatzungsmächte hinsichtlich der Entmilitarisierung des Landes. Engländer und Franzosen hatten dem Ausbau der Heeresamtsstellen in ihrer Besatzungszone keinen Widerstand entgegengesetzt bzw. diesbezügliche Aktivitäten sogar gefördert, wohingegen die US-Besatzungsbehörden derartigen Ambitionen seitens österreichischer Regierungsstellen mit Mißtrauen begegnete und deren Ausbau eher verhinderte.[305]

Die russische Besatzungsmacht andererseits stand der legistisch-administrativen Tätigkeit der Provisorischen Staatsregierung von Anbeginn in einer nicht-interventionistischen Haltung gegenüber, die sich im Fall des Heeresamtes aber weniger auf wohlmeinende Unterstützung, als auf geringere Aufmerksamkeit den genauen Aktivitäten und der Zielrichtung dieser Einrichtung gegenüber gründete.[306] Die Sowjets hatten sich im Alliierten Rat sogar gegen die Bewaffnung der Sicherheitsorgane wie z. B. der Gendarmerie ausgesprochen, da sie den „Waffengebrauch gegen Angehörige der

Besatzungsmächte ausgeschlossen wissen"[307] wollten, sodaß daraufhin die Ausstattung mit Waffen „individuell durch jede Besatzungsmacht"[308] erfolgte. Erst am 10. April 1946 wurde auf Beschluß des Alliierten Rates der österreichischen Gendarmerie gestattet, Gewehre zu tragen, und der Polizei das Tragen von Revolvern erlaubt.[309]
Die Initiative hinsichtlich der Wiederaufrüstung des Landes im Jahr 1945 fällt also eindeutig auf die Seite der österreichischen Staatsregierung. Versucht man über das bisher Gesagte eine erste Antwort auf die in der Kapitelüberschrift aufgeworfene Frage zu geben, so kann auf zumindest vier Ebenen einer „Diskontinuitätsvermutung"[310] in diesem Zusammenhang widersprochen werden:

1. Eine sicherheitspolitische Zäsur im historischen Sinn, also ein zeitlicher Einschnitt in Form einer nicht militärischen beziehungsweise pazifistischen Übergangsphase, fand zu Beginn der Zweiten Republik eigentlich nicht statt, da es in administrativ-legislativer Hinsicht bereits mit der Verlautbarung der Regierungserklärung am 27. April 1945 zum sofortigen Einbau eines Unterstaatssekretariates für Heerwesen in die Staatsregierung gekommen war.

2. Auf (wehr-)ideologischer Ebene kam es, ohne jeden Ansatz einer öffentlichen Diskussion, zur unhinterfragten Anknüpfung an Prinzipien traditionell-neuzeitlicher Staatsräson, wonach die Wehrhoheit eines Staates, als Repräsentation seiner Souveränität und Verfügungsgewalt, automatisch die Aufstellung einer bewaffneten Streitmacht verlangt, die als Ordnungsinstrument neben der Machtsicherung nach außen auch ein Stabilitätsgarant für die Aufrechterhaltung der innenpolitischen ‚Ruhe' und ‚Ordnung' wäre. Dabei bezog man das Selbstverständnis dieser neuzubildenden österreichischen Wehrmacht von höchster Stelle ausgehend explizit auf eine vordemokratische Militärtradition, deren bloße Namensnennung im Zusammenhang erster konkreter Remilitarisierungsschritte gerade im Jahr 1945 mehr als bloß merkwürdig anmutet:

„Den österreichischen Berufsmilitärpersonen, den heute im Zivilrock steckenden Soldaten, denen ich seit 1914 in ununterbrochener Treue zu Österreich mit meiner ganzen, stets das *ganze* Volk Österreichs umfassenden Liebe und Hingabe angehöre, sage ich es im Namen des ganzen österreichischen Volkes. Treten Sie jederzeit als geistig und moralisch geschlossenes Korps mit soviel Hingabe und Treue ihrer der Staatsführung unentbehrlich gewordenen Qualitäten für die demokratische Republik ein – wohin Sie auch in der letzten Zeit gestellt werden mögen – so wie dies das ehemalige Offizierskorps bedingungslos für den Kaiser und die Monarchie tat."[311] [Kursiv im Orig., C. S.]

3. Auf personeller sowie strukturell-administrativer Ebene läßt sich eine Kontinuität der militärischen Elite ausmachen, die sich zum einen im Zurückgreifen auf altgediente, kriegserfahrene Unteroffiziere und Offiziere der Deutschen Wehrmacht, beziehungsweise in der Nichteinbeziehung ehemaliger Freiheits- und Widerstandskämpfer in den Aufbauprozeß einer Österreichischen Streitmacht deutlich bemerkbar machte. Neben dem Fortdauern politischer Denkmuster im Stile klassischer „Civil-Military-Relations"[312], denen die prinzipielle Scheidbarkeit von Zivilem und Militärischem zugrunde liegt, zeigt sich die angesprochene „Kontinuität" zusätzlich in der Reetablierung traditioneller Strukturen militärischer Gewaltorganisation: abseits jeder öffentlichen Diskussion[313] und ohne entsprechende Legitimität, somit untransparent und vordemokratisch, vollzog sich der Formationsprozeß eines intransigent-hierarchischen Befehls- und Verwaltungsapparates, mit klassischen Kontroll-, Gratifikations- und Disziplinierungsmechanismen.[314]

4. Zuletzt zeigt sich eine deutliche Parallele zur Wehrpolitik der Ersten Republik, da spätestens Ende 1945 das Heer keineswegs mehr im ‚Schatten der Parteien'[315] stand, sondern im Gegenteil voll im Scheinwerferlicht parteipolitischen Kalküls. Mit anderen Worten: die „Politisierung"[316] des Heeresamtes führte zu ersten Anzeichen des Aufbrechens alter parteipolitischer Konflikte innerhalb der Konzentrationsregierung und machte damit deutlich, daß ein Restbestand an früheren politischen Spannungen noch in den konsensuellen Beginn der Zweiten Republik hereinreichte.[317]

Dennoch führten die im weiteren Verlauf immer wiederkehrenden parteipolitischen Spannungen im Bereich der Wiederaufrüstung bis zum Jahr 1955 zu keiner wirklich schwerwiegenden Meinungsverschiedenheit, die den allgemeinen Grundkonsens bezüglich der als notwendig angesehenen Remilitarisierung hätte gefährden können.

4. Österreichs Wiederaufrüstungspläne im Windschatten Alliierter Konfrontationspolitik 1946/47

4.1 Legitimationsmetaphern – „Umsturzgefahr" und „militärisches Vakuum"

Man kann also festhalten: Die kooperative Phase der antifaschistischen Kriegsallianz führte neben der militärischen Zusammenarbeit auch zur Verlautbarung gemeinsam formulierter Zielsetzungen hinsichtlich der Neugestaltung Europas, aus denen jedoch keine verbindlichen alliierten Vereinbarungen folgten, sodaß mit dem Einmarsch alliierter Truppen in Österreich keine bindenden Abmachungen – weder für die Entmilitarisierung noch für die Entnazifizierung des Landes – vorlagen.

In dieser Situation, wo einzig die Restitution eines freien und unabhängigen Österreichs als gemeinsames Kriegsziel der Alliierten deklariert feststand, setzte die Provisorische Staatsregierung eine deutliche Initiative in Sachen Wiederaufrüstung. Die Einsetzung eines „Alliierten Rates" als oberstes Kontrollgremium in Österreich sowie das zunehmende gegenseitige Mißtrauen gegenüber der jeweiligen Besatzungspolitik führten dann zur strikten Entmilitarisierung, d.h. zum definitiven Verbot jeglicher militärischer Betätigung. Mit diesem Beschluß des Alliierten Rates stand unumstößlich fest, daß die Aufstellung einer österreichischen Wehrmacht prinzipiell erst *nach* Abschluß eines Staatsvertrages realisiert werden konnte.

Auch in der Frage der Entnazifizierung[318] kam es erst mit der Aufstellung eines »Denazification Bureau« im Jänner 1946 zur strikten Kontrolle der Tätigkeit österreichischer Stellen. Infolge manifester Unstimmigkeiten zwischen den Alliierten wurde die Tätigkeit dieses Kontrollorgans dann aber nicht auf ganz Österreich ausgedehnt. Im Gesamten betrachtet führte die Entnazifizierung unter diesen Voraussetzungen weder zu einem ernstgemeinten Elitentausch noch zu einem merkbaren Einstellungswandel in der Bevölkerung[319] sowie in der politischen Elite[320] des Landes.

Die sich sukzessive verhärtenden Standpunkte in der politischen Beziehung zwischen den Sowjets und den Westalliierten ließen die noch auf der Potsdamer Konferenz Juli/August 1945 bestätigten Ziele allgemeiner Entmilitarisierung und Entnazifizierung bald zu instrumentalisierbaren Inhalten besatzungspolitischer Propaganda und Gegenpropaganda werden.

Der Übergang von einem kooperativen zu einem konfrontativen Kurs vollzog sich 1945/46 noch nicht offiziell, sondern eher auf innerdiplomatischer Diskussionsebene sowie im Bereich nachrichtendienstlicher Sondierung in Richtung „Osten". So äußerte sich Botschafter Harriman in einer internen Beratung mit Präsident Truman und dessen Mitarbeiterstab[321] bereits am 20. April 1945 dahingehend, daß Amerika einer „Invasion Europas durch Barbaren"[322] gegenüberstehe, und sprach drei Monate später bereits davon, daß es Hitlers größtes Verbrechen gewesen sei, „Asien die Tore Europas zu öffnen."[323] Im geheimdienstlichen Bereich fand die Umorientierung über die Aufnahme hochrangiger Nazi-Geheimdienstfachleute der Nazi-Ostspionage „Fremde Heere Ost" (FHO) in die Dienste des amerikanischen militärischen Geheimdienstes[324] statt.

Dieser grundlegende Wandel im Verhältnis zwischen den Großmächten, sicherlich beeinflußt durch den sich abzeichnenden Kurswechsel in der amerikanischen Außenpolitik unter der Administration Truman und dem Machtzuwachs der „Hardliner"[325] innerhalb dieser, fand auf Ebene der offiziellen politischen Kontakte in Österreich zunächst noch keine gravierende Entsprechung. Dies, obwohl zumindest im medialen Bereich der „War of Words"[326] bereits Anfang 1946 begonnen hatte, ‚ablesbar' beispielsweise an der Gegnerschaft zwischen „Wiener Kurier" (USA) und „Österreichischer Zeitung" (UdSSR).

„Diese Medien hatten die Aufgabe, die formale Aufhebung der Antihitlerkoalition der österreichischen Öffentlichkeit mitzuteilen."[327]

Die innerösterreichische Situation war zu Beginn des Jahres jedenfalls gekennzeichnet durch eine strikte Vier-Mächte-Kontrolle, die neben der Kontrolle des „Liquidierenden Heeresamtes" auch auf die Legislative Einfluß nahm. In der 4. Nationalratssitzung am 18. Jänner 1946 wurde ein vom Verfassungsausschuß angenommener Gesetzesentwurf dem Nationalrat zum Beschluß vorgelegt. Der ehemalige Unterstaatssekretär für Heerwesen, Winterer – kurzzeitig für den Posten des Polizeipräsidenten von Wien in Aussicht genommen, aber von den Sowjets schlußendlich verhindert[328] –, nunmehr Nationalratsabgeordneter, legte eine Regierungsvorlage betreffend der Aufhebung des Demobilisierungsgesetzes, der Aufhebung des Berufsmilitärpersonengesetzes, der Aufhebung des zehnten Abschnittes der 3. Durchführungsverordnung zum Verbotsgesetz bzw. der Verbotsgesetznovelle,[329] sowie der Aufhebung des Paragraphen 13 des Beamtenüberleitungsgesetzes vor. Diese Regierungsvorlage stellte die „Durchführung eines bindenden Auftrags des Hohen Alliierten Rates an die österreichischen Behörden"[330] dar.

Auf diese Weise machte das oberste Alliierte Gremium in Österreich die von der Provisorischen Staatsregierung dekretierte Entscheidungskompetenz bezüglich aller Agenden der De- bzw. Remobilisierung rückgängig.

In dieser Nationalratssitzung kam es auch erstmals zu einer heftigen Auseinandersetzung um das bereits aufgelöste Heeresamt, wo der KPÖ-Abgeordnete Honner – trotz prinzipiell gleicher Mitverantwortung der KPÖ – diese Einrichtung als „unzeitgemäß" kritisierte.[331]

Wie sich anhand einer jüngst verfaßten Quellenedition zur Parteiengeschichte der Zweiten Republik zeigt, dürfte es allerdings bereits innerhalb der Provisorischen Staatsregierung vereinzelt zu kleineren Friktionen bezüglich des Heeresamts gekommen sein. So kritisierte Unterstaatssekretär Altmann am 5. September 1945 in einer Sitzung des Kabinettsrates einzelne Bestimmungen des Berufs-Militärpersonengesetzes, indem er Bedenken anmeldete, daß ein „großer Teil der unzweifelhaft nationalsozialistischen Offiziere durch die Bestimmungen des Verbotsgesetzes und die auf ihm fußenden Bestimmungen des § 21"[332] (Entlassung aus dem öffentlichen Dienst aufgrund von NS-Parteimitgliedschaft oder finanzieller Unterstützung der NSDAP sowie der angeschlossenen Wehrverbände, C. S.) nicht erfaßt werden könnten.[333] Darüber hinaus gäbe es keinen Grund, „irgend jemand, der unmittelbar dem deutschen nationalsozialistischen Eroberungskrieg gedient hat, mit einer Anrechnung auf die österreichische Dienstzeit zu belohnen." Ganz allgemein konstatierte Altmann mit Bezug auf das Heeresamt, daß kein Anlaß bestünde, „den Kader für ein künftiges Heer zu bilden".[334]

In der genannten Nationalratssitzung wurde schließlich die „Behörden-Überleitungsgesetz-Novelle"[335] beschlossen, quasi die entmilitarisierte Version der früheren Fassung,[336] deren wesentliche „inhaltliche Bestimmungen für Anforderung von Gendarmerieeinheiten, Waffengebrauch (...) in etwa der wehrgesetzlich festgelegten innenpolitischen Aufgabenstellung des Bundesheeres in der Ersten Republik"[337] entsprach.

Mit dieser Behörden-Überleitungsgesetz-Novelle[338] wurde die legistische Basis für die Gendarmerie als ordnungspolitisches Instrument gelegt, die als bewaffneter Wachkörper ihrer Instruktion nach zur Aufrechterhaltung von „Ordnung, Ruhe und Sicherheit" sowie zum „Einschreiten" als geschlossene Abteilung bei „Tumulten und groben Exzessen"[339] vorgesehen war. Der nun folgende Aufbau der Bundesgendarmerie, der von Anbegin unter militärischem Gesichtspunkt angegangen wurde, schuf eine militärisch-polizeiliche Infrastruktur, die der ab 1947 sprunghaft ansteigenden sicherheitspolitischen Option der USA in Europa respektive Österreich konkrete Anknüpfungsmöglichkeiten bot.

Interessant ist, daß für diese frühe Phase, knapp nachdem die Remilitarisierung qua alliiertem Beschluß verboten worden war, ein Dokument existiert, welches belegt, daß seitens der USA bereits erste Überlegungen bezüglich einer Remilitarisierung Österreichs angestellt wurden. Ein Memorandum vom 2. Jänner 1946 berichtet von der Zusammenkunft hoher amerikanischer Funktionäre, darunter auch US-Gesandter J. G. Erhardt, bei der neben Fragen der wirtschaftlichen Westintegration auch sicherheitspolitische Überlegungen behandelt wurden. Zur Sprache kam – wahrscheinlich auch im Hinblick auf einen baldigen Österreich-Vertrag[340] – die Wünschbarkeit der Aufstellung einer „small army separate from the gendarmerie"[341], da die alleinige Konzentration aller Waffengewalt in Händen der Gendarmerie politisch bedenklich und möglicherweise zu „undemokratischen" Resultaten führen könnte.[342] Auf Grund des Wortlautes kann man annehmen, daß die spätere Stärkung der Gendarmerie bereits geplant oder sogar schon im Gange war bzw. daß es diesbezüglich möglicherweise schon Kontakte zwischen den US-Militärbehörden und österreichischen Stellen gab.

Am 5. Jänner 1946 wandten sich die „Leiter der Heeresamtsstellen von Salzburg, Steiermark, Tirol und Vorarlberg"[343] in einer Denkschrift an den Bundeskanzler – infolge der Auflösung des Heeresamtes und seiner Dienststellen besorgt um ihren Arbeitsplatz –, worin sie zum Ausdruck brachten, daß der alleinige Garant für ein unabhängiges und selbständiges Österreich „unter Berücksichtigung der bedeutungsvollen militärpolitischen und strategischen Lage"[344], eine bewaffnete Streitmacht sein könnte. Wie realitätsfern oder auch zynisch jene Offiziere die Wiederaufrüstungsfrage auf die gesellschaftliche Situation rückbezogen, zeigt folgendes Statement: „Das natürliche Empfinden [sic] der überwiegenden Mehrheit unseres Volkes wünscht die Aufstellung eines Heeres, das in der Lage ist, den Staat und seine Grenzen zu sichern."[345] Andererseits wurde in diesem Memorandum eine militärstrategische Doktrin vorweggenommen, die dann später seitens der Westmächte zur Hauptlegitimation der weiteren Stationierung ihrer Besatzungstruppen verwendet wurde.

Am 28. Mai 1946 wurde der US-Regierung ein Grundsatzpapier Bundespräsident Renners übermittelt, worin er seine Gedanken bezüglich der Aufstellung einer österreichischen Streitmacht darlegte.[346] Hinter diesem Schritt stand möglicherweise die Überlegung, dem sicherheitspolitischen Kalkül der Westalliierten im Hinblick auf einen baldigen Staatsvertrag entgegenzukommen, indem noch vor dem zu erwartenden Abzug der alliierten Streitkräfte durch die Präsenz einer österreichischen Armee jeder Spekulation bezüglich eines „militärischen Vakuums" präventiv der Boden entzogen sein würde.

„Das Land ist vollständig entmilitarisiert, so daß es (...) jeglichen Grund gibt, zu einem möglichst frühen Zeitpunkt zu beginnen und die österreichische Streitmacht möglicherweise unter die Kontrolle des Sicherheitsrates (der Vereinten Nationen) zu stellen."[347]

Neben der Vorstellung, daß sich mit der Aufstellung einer österreichischen Wehrmacht die Alliierten zum Abzug ihrer Truppenkontingente überreden ließen, spielte in zunehmendem Maße auch der Verweis auf einen kommunistischen Putschversuch eine Rolle: Ein Bedrohungsszenario, das bald zur maßgeblichen Legitimationsstütze der Remilitarisierungsdebatte wurde.

Obwohl die Entscheidung für die ordnungspolitische Assoziierung an das westliche System längst gefallen war[348] und keine der politischen Parteien ernstlich, trotz gelegentlicher Ausritte,[349] für eine Teilung des Landes optierte, kristallisierte sich ein großkoalitionärer Antikommunismus heraus, der spiegelbildlich den atmosphärischen Wandel im Großmächteverhältnis auf die innenpolitischen Sicherheitsperzeptionen übertrug; dies, obwohl die Haltung der Sowjets eigentlich von Anbeginn klarlegte, daß sie eine „Einbeziehung Österreichs in einen der Sowjetunion vorgelagerten Schutzgürtel von Staaten mit sowjetfreundlichen Regierungen nicht vorsah".[350]

Schon im Juli 1945 hatte sich Adolf Schärf in einem Memorandum, das von Ernst Lemberger in Linz einer amerikanischen Stelle übergeben worden war,[351] beängstigt darüber geäußert, daß es vor Eintreffen westalliierter Truppen zu einem kommunistischen Putschversuch kommen könnte. So heißt es in dem OSS-Bericht: „Schärf feels that even a few machine guns in the hands of the Communists, however small their membership, might prove too formidable for the unarmed Social Democrats and Christian Socials."[352]

Vielleicht war es dann 1946 gerade die – *pro forma* – äußerst heftige Kritik der österreichischen Kommunisten an der Entmilitarisierungs- und Entnazifizierungspraxis der Regierung, in der sie selbst nach der völligen Wahlniederlage im November 1945[353] nur mehr mit einem Minister nominell integriert waren, die zum ideologischen Schulterschluß zwischen ÖVP und SPÖ, d.h. zur Konsolidierung einer stark konservativen Regierungslinie, führte. Nach Anzeichen erster Diversifizierungstrends innerhalb der „Konzentrationsregierung" kam es am 23. Mai 1946 in der 17. Nationalratssitzung zu schweren Vorwürfen seitens des kommunistischen Abgeordneten Honner.[354] Dabei bezichtigte dieser die beiden Großparteien, namentlich unter anderem Abgeordneten Raab, „Brandreden gegen den Kommunismus" zu führen, sich eines „Antimarxismus" und „Antibolschewismus" zu befleißigen, mit dem die „Heimwehren, Dollfuß und Schuschnigg den Kampf gegen die Arbeiter geführt und Österreich ins Verderben gestürzt"[355] haben.

„Wir warnen vor einer solchen Politik des Antimarxismus und Antibolschewismus. Die Ergebnisse dieser Politik liegen vor uns: zerbombte Städte, ruinierte Wirtschaft, zerstörtes Land."[356]

Des weiteren bemängelte Honner die „Demokratisierung der inneren Verwaltung", wo, wie er namentlich erwähnte, in die Exekutive etliche Träger des „EK I" und „EK II"[357] (Eisernes Kreuz, C. S.) aufgrund ihrer Qualifikation als „Fachleute" eingebaut worden seien, ohne daß auf das verfügbare Potential an Antifaschisten Bezug genommen worden wäre. Tatsächlich fungierte der Antikommunismus im Prozeß der politischen Integration von ÖVP und SPÖ gewissermaßen als ideologischer Kitt, der u. a. die Konkordanz der sicherheitspolitischen Interessen zementierte, ohne die eine geheime Aufrüstung der Westzonen ab 1948 sicherlich nicht möglich gewesen wäre.[358] Außer Frage steht auch, daß diese ‚geistige Prädisposition' starken Rückhalt in der breiten Bevölkerungsschicht hatte. Wie ein OSS-Beamter in einem Privatbrief niederlegte:

„The only thing about which they [die Österreicher, C. S.] seem to have a firm opinion is that the US should cut loose the Russian, the sooner the better. The hatred against the Russians is almost universal and has little to do, I am more and more convinced, with the tales of Russian misconduct which everyone is so eager to relate to Americans."[359]

Trotz beginnenden Kalten Krieges sahen aber die Planungen sowohl der Westalliierten als auch der Sowjets zunächst beträchtliche Truppenreduzierungen vor.[360] Allgemein rechnete man mit einem baldigen Vertragsabschluß.

Mit dem »Zweiten Kontrollabkommen« vom 28. Juni 1946 wurde ein baldiger Vertragsabschluß nicht gerade in Aussicht gestellt,[361] aber es war ein erster Schritt, der österreichischen Regierung mehr Spielraum zu gewähren und letztlich wurden ja, wenn auch mit wenig Einigungserfolg, erste Vorarbeiten für einen Österreich-Vertrag in Angriff genommen.[362] In Artikel 5/1 dieses Kontrollabkommens fand sich nochmals festgehalten, daß die „militärische, wirtschaftliche, industrielle, technische und wissenschaftliche"[363] Entmilitarisierung und Entwaffnung in der alleinigen Kompetenz der Alliierten lag. Im Dezember 1946, als auf der Außenministerkonferenz in New York der Beginn der Staatsvertragsverhandlungen für Jänner 1947 in London festgelegt wurde, erschienen in der österreichischen Presse Artikel, die sich mit einer möglichen Aufstellung einer österreichischen Armee beschäftigten. So berichtet die *Presse* am 28. Dezember 1946 unter dem Titel „Keine Armee ohne Staatsvertrag" davon, daß man seitens des amerikanischen Außenministeriums jegliche Meldungen dementiere, die USA würden die Aufstellung einer österreichischen Armee zur Kenntnis nehmen oder gar wünschen.[364] Der *Wiener Kurier* bekräftigte dies und zitierte den Sprecher des US-Außenministeriums, Michael McDermott, welcher meinte, daß „Österreich vielleicht eines Tages ein Heer benötigen würde, doch könne diese Frage erst nach Abschluß des Staatsvertrages in Erwägung gezogen werden."[365]

Als dann Anfang Jänner 1947 die Sonderbeauftragten in London zusammentraten, um mit der Ausarbeitung der Vertragsentwürfe für Deutschland und Österreich zu beginnen, forderten sie vom Alliierten Rat einen Bericht über die Abrüstung bzw. Demilitarisierung Österreichs an.[366] Am 7. Februar bestätigte ein derartiger Bericht die vollständige Abrüstung – allerdings ohne Zustimmung der Sowjets.[367]

Um die „Haltung der österreichischen Regierung in der Frage des Abschlusses des Staatsvertrages"[368] festzulegen – Mitglieder der österreichischen Bundesregierung sollten zu sogenannten *Hearings* geladen werden – gab Bundeskanzler Figl am 15. Jänner 1947 im Nationalrat ein aus sechzehn Punkten bestehendes Programm bekannt, in dem unter Punkt 7 auch auf die militärischen Klauseln[369] eines solchen Vertrages bezug genommen wurde, jedoch ohne nähere Angabe der konkreten inhaltlichen Bestimmungen.

Der Umstand, daß es in absehbarer Zeit zu einem Staatsvertrag für Österreich kommen könnte, ließ die Diskussion um die Aufstellung einer Wehrmacht erneut in Gang kommen. In einem Gespräch zwischen Bundespräsident Renner und Außenminister Gruber am 18. Jänner wurde eingehend das Szenario eines von den alliierten Besatzungstruppen geräumten Österreichs diskutiert. Dabei verwies man auf die „kritische Phase für die Sicherheit des Landes zu jenem Zeitpunkt"[370], da noch kein eigenes Heer aufgestellt sein würde. Renner schlug bei dieser Gelegenheit für die Übergangsphase wiederholt eine der „UNO bzw. dem Sicherheitsrat unterstehende internationale Truppe"[371] vor, die unter einheitlichem Kommando stehen und aus Truppenkontingenten der vier Besatzungsmächte zusammengesetzt sein sollte; eine Überlegung, die neben der Sozialistischen Jugend auch vom ÖVP-Wehrexperten, Oskar Regele, geteilt wurde.[372] Außenminister Gruber hielt dagegen, daß im Falle einer solchen Lösung der „ganze Staatsvertrag degradiert wäre zu einem mehr oder weniger verbesserten neuen Kontrollabkommen."[373] Für Renner bestand die größte Gefahr einer solchen Situation in einer innenpolitischen Destabilisierung, „womit die Verhältnisse von 1933 bis 1938 wieder akut würden"[374], wohingegen Gruber die Notwendigkeit der Aufstellung einer eigenen Wehrmacht eher darin begründet sah, daß sich andernfalls im Zuge der Ost-West-Konfrontation die alliierten Militärkontingente auf Dauer in Österreich festsetzen könnten. Einig war man sich über die Notwendigkeit der baldigen Aufstellung einer militärischen Streitmacht, um zur Zeit des Abzugs alliierter Truppen der prognostizierten Umsturzgefahr präventiv begegnen zu können.

3.2 Aufnahme der Militärklauseln in den Staatsvertragsentwurf – erste Wehrgesetzdebatte

Zu den laufenden Londoner Verhandlungen, wo eine österreichische Delegation bestehend aus Bundeskanzler Figl, Vizekanzler Schärf, Außenminister Gruber und Vertreter der Nationalratsparteien zwecks Anhörung geladen war,[375] wurde am 27. Jänner ein von ÖVP und SPÖ redigiertes Memorandum – das allerdings nie dem Nationalrat zur Begutachtung vorgelegen hatte[376] – übergeben, worin die Bundesregierung den Wunsch nach einer eigenen Armee zum Ausdruck brachte und folgendermaßen begründete:

„The Austrian Army will have to serve three main purposes:
1) Protection and defence against attacks from without
2) Co-operation in assuring the constitutional framework of democracy at home.
3) Assistance on occasions of elementary catastrophes and public emergencies.
Austria is anxious to obtain permission for the creation of an army which should be strong enough to fulfill the above-mentioned tasks."[377]

Dieses eher allgemein gehaltene Ansuchen dürfte aber nur zum geringeren Teil die Aufnahme der Militärklauseln in den Staatsvertragsentwurf bewirkt haben, da man amerikanischerseits bereits im April 1946 einen Entwurf der militärischen Bestimmungen für Österreich ausgearbeitet hatte.[378] In den Londoner Verhandlungen wurde mit Artikel 21 das „Verbot von Spezialwaffen" in den Staatsvertrag aufgenommen[379] und am 24. April, auf der darauffolgenden Außenministerkonferenz in Moskau, mit Artikel 17 die militärischen Klauseln in den Staatsvertragsentwurf integriert. Das für die Aufnahme des Verbots-Artikels und der Militärklauseln in den Staatsvertragsentwurf von 1947 maßgebliche Arbeitspapier war letztendlich britischer Provenienz und widerspiegelte, speziell was den Artikel 21 betrifft, die bereits für die Friedensverträge mit Italien, Rumänien, Bulgarien, Ungarn und Finnland[380] ausgehandelten militärischen Bestimmungen.

Dabei wurden, gerade was das Verbot von Spezialwaffen[381] angeht, die Bestimmungen aus den oben genannten Friedensverträgen weitgehend für den Österreich-Vertrag adaptiert. Neben dem Verbot von Atomwaffen und „schwerer Waffe(n), die jetzt oder in Zukunft als Mittel für Massenzerstörung verwendbar gemacht"[382] werden könnten, dem Verbot jeder Art von „selbstgetriebenen oder gelenkten Geschossen"[383], chemischer Waffen und Geschützen mit einer Reichweite von mehr als 30 km, wurden auch militärische Restriktionen aufgenommen, die, als Ausdruck englischer Kriegserfahrung mit offensivem Rüstungsmaterial, gerade auf Österreich angewandt kurios anmuten, nämlich das Verbot von Seeminen, bemannter Torpedos, Unterseeboten oder anderer Unterwasserfahrzeuge.[384]

Die militärischen Klauseln des Artikel 17 beinhalteten speziell auf österreichische Verhältnisse ausgerichtete Limitationen, deren Punktation eines implizit vorentschied: *daß* es eine österreichische Streitmacht geben wird, beziehungsweise die Aufstellung einer Armee von westalliierter Seite sogar erwünscht ist.[385] Festgelegt wurde darin die zahlenmäßige Beschränkung der Landarmee (inklusive Grenzschutz, Luftabwehrtruppen, Gendarmerie und Flußpolizei) auf eine Gesamtstärke von 53.000, die Beschränkung der Luftwaffe auf 90 Flugzeuge, von denen nicht mehr als 70 „typenmäßige Kampfflugzeuge" zulässig wären, sowie die Gesamtstärke des Luftwaffenpersonals auf 5.000.[386] Neben den genannten Bestimmungen wurde auf der Moskauer Konferenz mit dem Artikel 18 auch die Regelung der personellen Ausschließung von den unter Artikel 17 angesprochenen Streitkräften fixiert. Ausgeschlossen vom Dienst in einem künftigen österreichischen Bundesheer sollten folgende Personen sein:[387]

„Österreichische Staatsangehörige, die in der Zeit vom 13. März 1938 bis zum 8. Mai 1945 in der deutschen Wehrmacht im Range eines Obersten oder in einem höheren Range gedient haben."[388]

Weiters, und dies ist besonders interessant, wurde im letzten Absatz des Punktes 4 jenes Artikels der Ausschluß für österreichische Staatsangehörige bestimmt, für die folgendes zutrifft:

„Jede Person, die als Mitglied in die Nationalsozialistische Deutsche Arbeiterpartei (NSDAP) (Parteimitglied) oder als Parteianwärter aufgenommen wurde und das provisorische Recht, das Parteiabzeichen zu tragen, erworben hat, soll als Mitglied der NSDAP angesehen werden."[389]

Dieser Passus des Artikel 18 wurde am 4. Mai 1955 von der Wiener Botschafterkonferenz aus dem Staatsvertragsentwurf gestrichen, war aber bis zu diesem Zeitpunkt eine von den Alliierten gemeinsam festgelegte Bestimmung, die indirekt für die Aufstellung einer jeden österreichischen Streitmacht – gemäß dem „2. Kontrollabkommen" ohnedies erst nach Abschluß eines Staatsvertrages möglich – Geltung hätte haben müssen. Ein Umstand, dem ab 1952, wie noch zu zeigen sein wird, mitunter aus Gründen einer effizienteren Remilitarisierung, wenig konkrete Bedeutung beigemessen wurde.

Die zahlenmäßige Beschränkung einer zukünftigen österreichischen Wehrmacht durch die Alliierten war, wie auch die diesbezüglichen Klauseln der genannten Friedensverträge, nicht darauf angelegt, die Verteidigungsfähigkeit zu beschränken, sondern intendierte vor allem die „Verhinderung jeder Offensivkapazität."[390] Ohnedies waren die Alliierten mit dieser zahlenmäßigen Beschränkung weit über die von österreichischer Seite angestrebte Truppenstärke hinausgegangen.[391]

Da man auf österreichischer Seite mit einem baldigen Abschluß des Staatsvertrages rechnete, wurden bereits vor Aufnahme der Militärklauseln auf innerparteilicher Ebene Überlegungen für den Aufbau eines neuen Heeres angestellt. Anfang März machte die SPÖ den ersten Schritt in Richtung einer Institutionalisierung der wehrpolitischen Diskussion innerhalb der Partei, indem vom Parteivorstand ein »Heereskomitee« eingesetzt wurde, „dessen Beratungsergebnisse die Parteivertretung am 18. März als Grundsätze der Partei zur Heeresfrage beschloß."[392] Die Mitglieder dieses Gremiums waren Franz Winterer und Julius Deutsch – beide möglicherweise die Initiatoren dieses Komitees[393] –, weiters Theodor Körner, der jedoch bald ausstieg, da er fand, daß „vieles unsachlich und taktlos behandelt werde"[394], sowie der frühere Generalinspektor der Wiener Polizei, Oberstleutnant a. D. Ferdinand Linhart,[395] Vizekanzler Adolf Schärf, der Nationalrat Hans Brachmann und Josef Heger.[396]

In einer Unterredung zwischen Julius Deutsch, dem außenpolitischen Sprecher der SPÖ, und Julius Raab, damals ÖVP-Nationalratsabgeordneter, am 8. März 1947 wurden erstmals Fragen einer zukünftigen österreichischen Wehrmacht angesprochen.[397] Man war sich einig darüber, daß eine allgemeine Wehrpflicht mit einer durchschnittlichen Dienstzeit von sechs Monaten (Infanterie) eingeführt werden sollte. Vor allem die ÖVP trat für ein Limitierung der Gesamtstärke auf ca. 25.000 Mann ein, die in zwei oder drei Brigaden „völlig unpolitisch"[398] organisiert werden sollten. Anders als im Parteiprogramm von 1945,[399] in dem die ÖVP für ein Milizheer eingetreten war, forderte man ab 1947/48, zumeist mit Hinweis auf das „Vorbild der alten k.k. Armee und des Ersten Bundesheers"[400], die Entpolitisierung der Armee, also die „Anknüpfung an den altösterreichischen Soldatengeist."[401] Die SPÖ trat hingegen erst 1947 für ein Milizsystem ein,[402] und, wie Julius Deutsch in der *Arbeiterzeitung* vom 25. Februar 1947 ausführte, neben einer kurzen Dienstzeit in der Hauptsache für eine Demokratisierung des Heeres, da in Zukunft das Hauptproblem darin bestehen würde, die „Soldaten von reaktionären Einflüssen"[403] frei zu halten. Kaum setzten die Gespräche rund um eine Remilitarisierung parallel zu den Staatsvertragsverhandlungen ein, entwickelten sich auch schon deutliche Auffassungsunterschiede bezüglich der gesellschaftspolitischen Aufgaben einer Wehrmacht. Anders als bei den ersten Divergenzen zu Beginn 1946 traten die Meinungsunterschiede nun in Form konzeptioneller, wehrprogrammatischer Präferenzen hervor, – „Demokratisierung" versus „Entpolitisierung" – die zumindest in Ansätzen die unterschiedlichen gesellschaftspolitischen Ziele beider Großparteien verdeutlichten, wovon der Basis-Konsens über die grundsätzliche Notwendigkeit der Aufrüstung jedoch in keiner Weise berührt wurde. In einem Bericht des SPÖ-Heereskomitees wurde folgendes fixiert:

-) sechsmonatige Dienstzeit; assentpflichtiges Alter: 21. Lebensjahr.
-) milizartige Heeresorganisation mit zentralen Kommanden in Ost und Westösterreich.
-) ein Präsenzstand von ca. 40.000 Wehrpflichtigen pro Jahr.
-) keine Beschränkung des Wahl- und Vereinsrechtes für Präsenzdiener; strengste Parität in der Stellenbesetzung der entscheidenden Kommandostellen um reaktionären Einflüssen vorzubeugen.
-) parlamentarische Kontrolle des Heeresressorts durch Zuziehung eines Staatssekretärs der 'zweiten' Partei zum Ministerposten.
-) baldiger Aufbau eines Heeres noch vor Abzug der Besatzungstruppen nach der festgesetzten Frist von 90 Tagen sowie schnelle Einigung zwischen SPÖ und ÖVP über Richtlinien und Grundsätze eines solchen Heeres.[404]

Insgesamt wurde jede Art „pazifistischer Agitation, die den Dienst im Heere lächerlich macht oder herabsetzt"[405], als „Hilfeleistung für die Reaktion"[406] abgetan, womit eine Parteilinie festgeschrieben wurde, von der man wußte, daß sie keineswegs einhellige Zustimmung finden würde. Bereits auf der Konferenz der SPÖ vom 6. Mai 1947 wurde in den zentralen Reden von Julius Deutsch und Adolf Schärf nicht auf die Heeresfrage Bezug genommen[407] und weiters, wie Anton Staudinger hervorhebt, am 3. Parteitag der SPÖ (23./26. Okt.) 1947 ein Passus des Aktionsprogramms abgeändert, sodaß nun von einem Heer überhaupt nicht mehr die Rede war, sondern lediglich von „bewaffneten Formationen des Staates."[408]

Die ÖVP gab erst am 16. Juli 1948 in einer programmatischen Schrift ihren parteipolitischen Vorstellungen von einem künftigen Heer Ausdruck. Völlig konträr zum SPÖ-Konzept wurde darin fixiert:

-) allgemeine Wehrpflicht mit einer Dauer von bis zu 15 Monaten.

-) Berufskader, organisiert in acht Einheiten, da diese „außenpolitisch eindrucksvoller wirken als zwei".[409]

-) einerseits Heranziehung politisch verläßlicher Offiziere, andererseits weder Wahlrecht, Recht auf Zugehörigkeit zu einer Gewerkschaft, Vereinsrecht, noch sonst irgendwelche politischen Rechte [sic] für die Präsenzdiener und alle längerdienenden Soldaten.[410]

Dezidiert lehnten sich diese Richtlinien für ein neuzugestaltendes Wehrsystem an das Vaugoin-Heer der Ersten Republik an, da man, wie zuvor schon in der Zwischenkriegszeit, unter dem Titel einer Entpolitisierung des Heeres, an eine Eignung der Offiziere, wie auch des Bundesheeres im Ganzen, im Sinne eigener parteipolitischer Vorstellungen dachte.

Demgegenüber machte die SPÖ – vor dem Hintergrund eigener leidvoller Erfahrungen zur Zeit der Ersten Republik bzw. des Austrofaschismus – in einer Mai 1948 ausgearbeiteten Redeanleitung der SPÖ-Bildungszentrale („Unsere Stellung zur Wehrfrage") die „Sicherung des demokratischen und republikanischen Charakters aller bewaffneter Formationen des Staates"[411] zu einer zentralen programmatischen Forderung. Darunter verstand man – in direkter Anlehnung an ein Zitat Victor Adlers – die „Bewaffnung des Volkes im proletarischen Sinne"[412], also die „Demokratisierung der Armee" durch „Volksbewaffnung". Um „reaktionären Gefahren" für das Heer gewissermaßen präventiv zu begegnen, sollte dafür gesorgt werden, daß sich „das Korps der Offiziere und Unteroffiziere (sich) aus dem Kreis der Mannschaft ergänzt und aufhört, ein Privileg der Mittelschichten zu sein. Wir müssen es durchsetzen, daß die Soldaten im Besitz ihrer staatsbürgerlichen Rechte bleiben und sie ungestört ausüben können."[413] Zusätzlich sollte „das Heer in allen seinen Verzweigungen unter einer regelmäßigen parlamentarischen Kontrolle [Sperrung im Orig., C. S.]"[414] stehen. Wie sich zeigte, wurde die parteipolitischen Differenzen in der Frage eines Wehrgesetzes mit zunehmender Dauer der Verhandlungen nicht geringer, sondern eher noch größer, da zu den grundsätzlich unterschiedlichen ideologischen Positionen zunehmend auch strittige militärtechnischen Detailfragen eines Heeresorganisationsplanes hinzu kamen. In unverblümten Worten beschrieb Julius Deutsch im Juni 1949 gegenüber Vizekanzler Schärf die unterschiedlichen Auffassungen der beiden großen Parteien:

„Der Gegensatz zwischen uns und der ÖVP läßt sich – vereinfacht – auf folgende Formel bringen: wir wollen eine Art von Miliz nach Schweizer Muster. Die ÖVP will ein stehendes Heer mit allgemeiner Wehrpflicht. Wir wollen viel Soldaten und wenig Berufsoffiziere. Bei der ÖVP ist es umgekehrt. Bei ihr ist der Kader der Berufsoffiziere und Unteroffiziere die Hauptsache. Daher schlagen ihre »Fachleute« für unser kleines Land nicht weniger als neun Divisionen mit den dazugehörigen Generälen, Stabsoffizieren etc. vor. Mit anderen Worten, diese »Fachleute« wollen genau dort fortsetzen, wo das System Vaugouin [sic] aufgehört hat. Daß die SPÖ diesen stockreaktionären Unsinn nicht mitmachen kann, versteht sich von selbst."[415]

Ebenso deutliche Worte fand Theodor Körner – innerhalb der SPÖ einer der vehementesten Gegner eines „stehenden Heers" und Befürworter einer ausschließlich milizartigen Variante – bezüglich eines Kommentars von Linhart zum ÖVP-Entwurf:

„Linharts Bemerkungen zum ÖVP-Entwurf sind richtig. Die ÖVP will einen etwas modernisierteren Abklatsch des alten Bundesheeres und möchte möglichst viele alte Offiziere unterbringen (10 Generale, 157 Stabsoffiziere).
Wenn soviel alte Offiziere definitiv angestellt werden, wird der alte reaktionäre »Soldatengeist« automatisch wieder erstehen, der Geist des von Bundeskanzler Figl übermittelten ÖVP-Entwurfes. Jedes stehendes Heer (dazu zähle ich auch das Heer mit einjähriger Dienstzeit) wird den reaktionären Charakter der alten Offiziere annehmen (...) Keine Generale. Höchstens wenige Stabsoffiziere."[416]

Die Auseinandersetzung verlief so konfliktreich, daß Vizekanzler Schärf in dieser Angelegenheit selbst den stellvertretenden US-Hochkommissar, General Jesmand D. Balmer, kontaktierte, um diesem gegenüber die Besorgnis des SPÖ-Wehrkomitees auszudrücken, „daß die Wehrmacht von der Volkspartei, so wie die Vaugoin-Wehrmacht, zu einem Parteiinstrument gemacht werde."[417]

Gegen eine Remilitarisierung lehnte sich ab 1946 unter den Parteien einzig die KPÖ auf, nachdem sie zur Zeit des Heeresamtes nach außen hin geschwiegen und die ersten Schritte einer Wiederaufrüstung des Landes mitgetragen hatte, obwohl am dreizehnten Parteitag im April 1945 in bezug auf staatliche Souveränität von „Wehrhoheit" nicht die Rede gewesen war.[418] Nachdem mit dem Rücktritt Karl Altmanns als Energieminister am 20. November 1947 (Anlaß war das gegen Einspruch der KPÖ beschlossene Währungsschutzgesetz)[419] die Konzentrationsregierung der drei Parteien beendet war und Ernst Fischer am 6. Dezember 1946 als Chefredakteur des *Neuen Österreich* zurücktreten mußte, war die „totale Isolation der KPÖ von den beiden Großparteien"[420] auch auf Ebene politischer Einflußnahme perfekt. Fortan standen die Kommunisten im politischen Abseits einer zur Gänze diskreditierten Opposition, aus sie spätestens ab 1947/48 heftige Angriffe gegen die von ÖVP und SPÖ gemeinsam getragenen Remilitarisierung richtete.

Ohne hier näher auf die in jener Zeit auftauchende Kritik an den Plänen einer Wiederaufrüstung bzw. Wiederbewaffnung eingehen zu wollen – eine solche Thematisierung müßte meines Erachtens in den Horizont einer grundlegenderen Fragestellung eingebettet werden – soll doch zumindest auf einige jener antimilitaristischen Gegenstimmen eingegangen werden.[421] Obwohl die große Masse der Bevölkerung, noch völlig exhaustiert durch die Zerstörungen des faschistischen Vernichtungskrieges, wahrscheinlich kaum von der Sinnhaftigkeit einer neuerlichen Aufrüstung überzeugt gewesen sein dürfte, findet sich die ausformulierte Gegnerschaft zur Remilitarisierung nur in einigen wenigen Schriften deklarierter Antimilitaristen.

Innerhalb der SPÖ kam die Kritik an einer Wiederaufrüstung vornehmlich aus der Reihe der Sozialistischen Jugend und dem Verband Sozialistischer Studenten Österreichs (VSStÖ), wo man sich unter deutlichen Formulierungen wie z. B. „Bundesheer – seids teppert ?"[422] etc. geschlossen gegen den Aufbau einer Armee wandte.

Die deutlichste Absage an jede Form einer österreichischen Wehrmacht kam aber von seiten überparteilicher, pazifistischer Organisationen, deren bedeutendste, die Österreichischen Friedensgesellschaft, sich 1947 in einer öffentlichen Denkschrift an die österreichische Bundesregierung wandte, worin die Neuaufstellung einer „österreichischen Kriegsmacht" abgelehnt und argumentativ begründet wurde. Diese Friedensgesellschaft war 1891 von Bertha von Suttner und Alfred H. Fried gegründet worden und wurde im Jahr 1946 wiedergegründet,[423] um auf alle „Gefahren für den Frieden"[424] hinzuweisen. Diese Organisation betonte die Wichtigkeit einer politischen Umerziehung der Jugend, und sah in der Vereinigung des europäischen Kontinents einen „wesentlichen Faktor für die Garantie des Friedens."[425]

In der besagten Denkschrift – deren Argumentationsweise, verglichen mit den Äußerungen der Heeresbefürworter, um einiges differenzierter ausfielen – wurde in sieben Punkten zur Wiederaufrüstung Stellung genommen. Zwar wurde die Wehrhoheit als „wesentlicher Bestandteil der Souveränität" eingeschätzt und das Wehrmonopol der Bundesregierung prinzipiell gutgeheißen, damit „keine wie immer gearteten Selbstschutzverbände"[426] gebildet werden könnten, aber die Neuaufstellung einer österreichischen „Kriegsmacht" und insbesondere die Wiedereinführung der allgemeinen Wehrpflicht wurden strikt abgelehnt.

Unter ‚Punkt 4' empfahl man der Regierung, „lediglich Gendarmerie, Polizei, Grenz- und Zollwache aufzustellen" und in den größeren Städten neben den regulären Polizeieinheiten – als „Reserve für besondere Notfälle" – gegebenenfalls noch „Polizeiwachbataillone"[427] zu bilden.

Besonders wurde vor der „Bildung eines großen Berufsoffizierskorps" gewarnt sowie vor der „Pflege der altösterreichischen militärischen Tradition, die geeignet wäre, das friedliche Einvernehmen mit den Nachbarstaaten zu stören."[428] Im Zentrum der Argumentation stand die Unvereinbarkeit von „österreichischer Militärtradition", „allgemeiner Wehrpflicht", „Aufstellung eines Berufsoffizierskorps"[429] und kostspieliger Bewaffnung mit den Prinzipien der Demokratie.

Um die in der Literatur kaum zitierten Gedankengänge jener von Wiener Universitätsprofessoren[430] ausgearbeiteten Denkschrift in Erinnerung zu rufen, sollen an dieser Stelle einige wenige zentrale Passagen zitiert werden, da sie meines Erachtens eine überaus profilierte Gegenposition zur Aufrüstungsdoktrin der Großparteien als auch zur westalliierten ‚Sicherheitspolitik' der folgenden Jahre zum Ausdruck bringen:

„Die einzige Chance, die der Offizier eines Kleinstaates sieht, um zu dem seinen Lebenszweck erfüllenden Krieg zu kommen, ist das Zusammenwirken mit anderen Mächten und er wird daher mit aller Macht darauf hinwirken, daß seine Regierung entsprechende politische und militärische Abmachungen mit anderen Staaten treffe, nicht um dadurch den Frieden zu untermauern, sondern um einen für die eigene Mächtekombination aussichtsreichen Krieg herbeizuführen. So stellt das Berufsoffizierkorps in jedem Staate eine permanente Kriegspartei dar (...)"[431].

„Besonders gefährlich ist im Zusammenhang mit dem Berufsoffizierkorps die Pflege der Tradition (...) Jeder österreichische Offizier, der zur Pflege der Tradition erzogen wird, fühlt sich als geistiger Erbe Prinz Eugens und Radetzkys(...)"[432].

„Wenn wir aber Radetzky und Tegetthoff, Prinz Eugen und Erzherzog Carl unserer Jugend als Vorbilder hinstellen, dann bekennen wir uns damit zu den politischen Zielen, für die diese Männer gekämpft haben und erregen mit Recht das Mißtrauen unserer Nachbarstaaten, die sich von einer solchen Politik bedroht fühlen."⁴³³

Und in bezug auf Demokratie und Militär heißt es ebenda:

„Wenn ein führender Politiker neulich sagte, die neue Armee müsse eine demokratische sein, so hat er damit ein unmögliches Programm aufgestellt. In der ganzen Welt gibt es keine demokratische sondern immer nur eine autoritär organisierte Armee. Demokratisch kann eine Armee nur insofern sein, als sie allen Soldaten das gleiche Recht auf Vorrückung und Auszeichnung gewährt."⁴³⁴

Der Zusammenhang zwischen Demokratie und allgemeiner Wehrpflicht wurde folgendermaßen charakterisiert:

„Wer nun eine Armee der allgemeinen Wehrpflicht aufstellt, der muß die Erziehung der Jugend des ganzen Landes auf die Vorbereitung zum Militärdienst einrichten, d.h. die Jugend zu Autorität und Gehorsam erziehen. Aus diesem Grunde steht die allgemeine Wehrpflicht und die Erziehung, die sie mit sich bringt, im Widerspruch zu den Grundsätzen jeder Demokratie."⁴³⁵

Wahrhaft ‚prophetisch' wurde auch auf die mögliche Gefahr einer Instrumentalisierung des Militärs für transnationale Interessen hingewiesen:

„Wenn aber tatsächlich, so wie es jetzt den Anschein hat, eine Armee mit allgemeiner Wehrpflicht, einem großen Berufsoffizierkorps und völlig unzureichender Bewaffnung aufgestellt werden soll, dann kann man sich des Gedankens nicht erwehren, daß weit weniger die Verteidigung der österreichischen Grenzen angestrebt wird, als die Erfassung und Ausbildung des gesamten erreichbaren österreichischen Soldatenmaterials, damit es im gegebenen Augenblick nicht so sehr der Verteidigung des eigenen Landes als politischen und strategischen Zielen anderer Mächte dienstbar gemacht werden könne, die dann schon für die moderne Bewaffnung unserer Soldaten sorgen werden."⁴³⁶

Abschließend verwies man noch auf die spezifische Situation eines Kleinstaates wie Österreich:⁴³⁷

„Einem Kleinstaat darf man den Mut zur Wehrlosigkeit mit Ruhe empfehlen: Kommt es zu einem Krieg zwischen den Großmächten, dann werden wir aus dieser Katastrophe als Wehrlose noch immer mit den verhältnismäßig geringsten Schaden hervorgehen – kommt es aber zu einem solchen Kriege nicht, dann wird es unsere wirtschaftliche und kulturelle Erholung sehr beschleunigen, wenn wir alle unsere Kräfte der produktiven Arbeit und nicht dem unproduktiven Spiel mit Waffen zugewendet haben werden."⁴³⁸

4. »Key Area Austria« – Militarisierung der Nachkriegspolitik

4.1 „Westintegration" oder „Einheit des Landes" – Zwei Alternativen?

Das herausragendste Ergebnis der Staatsvertragsverhandlungen des Jahres 1947 war aus österreichischer Perspektive das Nichtzustandekommen eines Österreichvertrages gewesen. Die Frage des „Deutschen Eigentums", seit der Potsdamer-Konferenz Juli/August 1945 zonal zu regelnde Angelegenheit der jeweiligen Besatzungsmacht,[439] hatte sich infolge der sich verhärtenden Verhandlungsbereitschaft der USA unter dem General und nunmehrigen US-Außenminister George C. Marshall zum strittigen Hauptproblem der Verhandlungen entwickelt. Da die USA mit dem Zugeständnis in dieser Frage eine für die eigenen Vorstellungen unvorteilhafte wirtschaftliche Stärkung der Sowjets in Ostösterreich verknüpft sahen, wurden die Verhandlungen schlicht und einfach verzögert.[440]

Auch nachdem die Sowjets am 5. April 1948 auf der Londoner Konferenz der Sonderbeauftragten im Rahmen des auf der Wiener Vertragskonferenz im Oktober 1947 vorgelegten Cherrière-Planes weitgehende Konzessionen[441] gemacht hatten, kam es zu keinem Fortschritt in den Verhandlungen. Ausschlaggebend dafür war die westalliierte bzw. amerikanische Politik des »Containment«, die „Eindämmungspolitik" gegenüber der Sowjetunion.

Offiziell verkündet wurde der damit zum Ausdruck kommende Wandel der US-Außenpolitik durch die sogenannte „Truman-Doktrin", eine Rede Präsident Trumans vor den beiden Häusern des Kongresses am 12. März 1947, zwei Tage nach Beginn der Moskauer Außenministerkonferenz.[442] In dieser Rede, die die hochoffizielle 180-Grad-Wende in den politischen Beziehungen zwischen West und Ost darstellte, markierte der US-Präsident die völlige Abkehr von einer Politik des „Isolationismus", indem er sich entschieden auf den Standpunkt einer Politik der Stärke sowie einer Politik der Intervention stellte. Der äußerliche Anlaß für diese Rede waren die nach der Auflösung der kommunistischen EAM in Nordgriechenland geschürten guerillaartigen Aufstände gegen die von Großbritannien unterstützte konservative Regierung Griechenlands, durch die Großbritannien immer stärker in Bedrängnis geriet. In seiner Rede entfaltete Truman das Szenario eines globalen Konfliktes zweier ‚Lebensformen', deren eine auf dem „Willen der Mehrheit" beruhe und durch „freie Wahlen", „freie Institutionen" und durch „Garantien für die Freiheit des einzelnen"[443] gekennzeichnet sei und deren andere sich auf „Terror und Unterdrückung", mithin auf den „Willen einer Minderheit, der der Mehrheit gewaltsam aufgezwungen wurde"[444], gründe. Hier wie auch später in dem mindestens ebenso einflußreichen Artikel „X" von George F. Kennan, Direktor des Politischen Planungsstabes im State Departement und eigentlicher Urheber des Begriffs »Containment«, wurde klargestellt, daß der „angeborene Antagonismus" zwischen Kapitalismus und Sozialismus (bzw. der sowjetische Expansionismus) nicht durch kooperative Politik, sondern einzig durch eine Politik der »Eindämmung« in Grenzen gehalten werden könnte – wobei »Containment« bei Kennan durchaus als eher defensives, politisches Konzept gemeint war, und nicht, wie unmittelbar darauf folgend in der Interpretation politischer *hardliner* wie Walter Lippmann, Hans J. Morgenthau oder John Foster Dulles, als aggressive, militärische »Roll-Back-Doktrin«.[445]

Deklariertes Ziel der US-Politik in Europa war nunmehr, den sowjetischen Expansionismus mit militärischen Mitteln einzudämmen und die eigenen Vorstellungen hinsichtlich eines westorientierten, frei zugänglichen Investitions- und Handelsraumes in Europa – aber zunehmend auch weltweit – zügig in die Tat umzusetzen. Frankreich und England, die sich dieser Politik des »Containment« vornehmlich wegen der für die eigenen Interessen vorteilhaften Auswirkungen einer verstärkten ordnungspolitischen Präsenz der USA auf dem europäischen Kontinent anschlossen, blieben aber zunehmend im Schatten des machtpolitischen Konfliktes zwischen den beiden Großmächten.

Für Österreich hatte diese offen gewordene Konfrontation zur Folge, daß die Verhandlungen über einen Staatsvertrag seitens der USA zunehmend unter die Perspektive einer geopolitischen und mit militärischen Mitteln umzusetzenden Einflußsphärenpolitik gestellt wurden, innerhalb der die Eigenständigkeit und Unabhängigkeit Österreichs nur insofern auftauchte, als damit das Zurückdrängen sowjetischer Ansprüche verknüpft war.[446]

Nach der Abberufung von General Clark als US-High Commissioner für Österreich am 5. Mai 1947 und dem Amtsantritt von General Keyes am 17. Mai,[447] begann eine Phase engerer Zusammenarbeit zwischen den US-Militärs und dem State Departement, in der das nunmehr militärisch-strategische Interesse an westeuropäischem Territorium deutlich zum Ausdruck kam.

In einer Note der Joint Chiefs of Staff (JCS) an Hochkommissar Keyes vom 25. Mai, kurz nach dessen Amtsantritt, wurde die US-amerikanische

Haltung gegenüber Österreich folgendermaßen präzisiert:

„This government continues to regard Austria as of the greatest political and strategic interest. We cannot afford to let this key area fall under exclusive influence of Soviet Union, for if this should happen it would not only consolidate Soviet domination of Danubian and Balkan areas but would also weaken our position in Italy, Germany, and Czechoslovakia. This government will therefore continue to support in every feasible way, any government in Austria that preserves an independent or neutral orientation."[448]

Aus Sicht des obersten US-Militärgremiums war Österreich bereits strategische »key area«, wichtig vor allem als Landbrücke zwischen dem süddeutschen Raum und den amerikanischen Nachschubbasen in Norditalien, sowie als Vorposten gegenüber dem von der Sowjetunion dominierten osteuropäischen Raum. Zwar war hier noch explizit von der Unabhängigkeit Österreichs die Rede, von einer politischen Äquidistanz, ja sogar von einer „neutralen" Ausrichtung, aber in der Sprache der Diplomatie transformierten sich die inhaltlichen Aspekte derartiger Einschätzungen schnell und nachhaltig, bis zuletzt der Begriff der „western orientation" synonym zu dem der Unabhängigkeit gebraucht wurde. In der Anfangsphase entsprach dies auch durchwegs dem Verständnis österreichischer Regierungspolitiker, die, wie Vizekanzler Schärf dies gegenüber einem US-Beamten für seine Partei versicherte, ohnedies längst „in the American camp"[449] standen.

Für den weiteren Verbleib der alliierten Besatzungstruppen in Österreich gab es jedenfalls, wie Julius Deutsch bereits auf der SPÖ-Konferenz im Mai 1947 bemerkt hatte, „keinen stichhaltigen sachlichen Grund"[450], außer den, daß die Alliierten – ohne Rücksichtnahme auf die Erfordernisse eines demokratischen Wiederaufbauprozesses in Österreich – österreichisches Territorium zum Austragungsort ihrer machtpolitischen Kontroversen machten. In einem Bericht an das Europäische Oberkommando der USA vom 10. November 1947 resümierte Keyes die Lage in Österreich und meinte, daß vom ökonomischen Gesichtspunkt besehen der völlige Abzug aller Besatzungstruppen höchst wünschbar sei,[451] aus psychologischen, politischen und militärischen Überlegungen jedoch eine weitere Stationierung von Truppen notwendig wäre „until such time as treaty satisfactory to national interests of Austria and western powers is completed."[452] Wie die hier vorgetragene Junktimierung österreichischer Interessen mit denen der Westmächte zu verstehen war, ergibt sich aus der weiteren Lektüre des Berichts:

„The strategic importance of Austria cannot be overemphasized. Abandonment of country to possible Communistic infiltration or penetration would expose south flank of Germany as well as east flank of Switzerland to similar veiled aggression. It is doubtful that Communists would respect for long traditional neutrality and democratic government of Swiss if allowed to extend to their borders."[453]

Die US-Besatzungstruppen sollten, so Keyes weiter, bis zum Abschluß eines Staatsvertrages im Lande verbleiben, sofern ein derartiger Vertrag auch tatsächlich eine Gewähr dafür wäre, daß „Germany is not being exposed by creation of another potential Soviet satellite."[454]

Die Befürchtung einer kommunistischen Infiltration, die selbst die Schweiz nicht unversehrt ließe, würde sie einmal in Österreich Fuß gefaßt haben, war in bezug auf österreichische Verhältnisse gerade absurd, da die Kommunisten mit ihren vier Mandaten weder im Parlament, noch in der politischen Öffentlichkeit Rückhalt besaßen, was von US-Berater Erhardt auch unmißverständlich ausgedrückt wurde, indem er meinte, daß es für die österreichischen Kommunisten unmöglich wäre „in their present state of impotence to take over even Eastern Austria without Soviet assistance."[455] Bis zu welchem Grad hier die katastrophalen wirtschaftlichen und sozialen Gegebenheiten der Nachkriegszeit der prognostizierten Gefahr einer Sowjetisierung Europas realen Aufschwung verliehen, mag an dieser Stelle dahingestellt bleiben. Im politisch-diplomatischen Diskurs wurde die ‚Putsch-Gefahr' jedenfalls bald – und zwar relativ unabhängig zu den jeweiligen, konkreten politischen Gegebenheiten – zu einem zentralen Begründungs- und Legitimationsdispositiv für präventiv zu setzende Gegenmaßnahmen.

Die weitere Truppenpräsenz, von der General Keyes sprach, bezog sich vor allem auf amerikanische Einheiten, denn seit 1946/47 wurden sowohl von Franzosen als auch Briten massive Truppenreduzierungen vorgenommen. Obwohl der französische Hochkommissar General Béthouart gegenüber dem *Quai d'Orsay* vehement gegen einen weiteren Abzug an Truppen protestierte, wurden sukzessiv Truppen abgezogen.[456] Auch die Briten hatten Mitte 1947 in ihrer Zone umfangreiche Truppenreduktionen vorgenommen, sodaß auf westalliierter Seite die Amerikaner – entgegen ihrer ursprünglichen Weigerung, überhaupt eine Besatzungszone in Österreich zu übernehmen – über die zahlenmäßig größten Truppenkontingente verfügten. Als Möglichkeit wurde zwischen US-Verteidigungsministerium und Hochkommissar Keyes die Übernahme der britischen Besatzungszone durch US-Streitkräfte ins Auge gefaßt, was, wie General Keyes in einem „Streng-Geheim-Bericht"[457] vom 23. September an das War Departement feststellte, mit „5467 zusätzlichen Militärpersonen" in Form einer „Commanding General Zone Command, Austria"[458] durchzuführen gewesen wäre. Letztlich blieb es aber beim Modus einer zonal getrennten Verwaltung der drei Westzonen: wahrscheinlich auch deswegen, weil eine derartige Zusammenlegung einen direkten Affront gegenüber den Sowjets bedeutet hätte.[459]

Weder die Briten noch die Franzosen waren an einer Zweiteilung des Landes interessiert, da dies keinen direkten Vorteil, sondern auf lange Sicht eher einen Machtzuwachs für Deutschland und damit ein für die eigenen Interessen unakzeptables Ergebnis bedeutet hätte.[460] Die USA waren, wie Botschafter Erhardt mit einem wenig freundlichen Unterton bemerkte, ebenfalls wenig interessiert an einer Teilung Österreichs, da in einem solchen Fall den Westmächten ohnedies nur der Westen des Landes zufiele, der, so Erhardt, hauptsächlich aus „mountain folk" und „peasants"[461] bestünde und im Vergleich mit dem wirtschaftlich bei weitem attraktiveren Ostösterreich ein diesbezügliches Vorgehen nicht lohne. Dessen ungeachtet hätte eine solche Teilung, abgesehen vom wirtschaftlich-ökonomischen Standpunkt, für die strategisch-militärischen Interessen der USA auch keinen entscheidenden Nachteil gehabt. Im Gegenteil, wie Karl Gruber in bezug auf die Situation ab 1949 anmerkte, waren „vom Standpunkt der militärischen NATO-Interessen die westlichen, leicht zu verteidigenden Bergprovinzen weit wichtiger als die Fabriken im Osten des Landes. Die Räumung Österreichs müßte die NATO zu einem Umweg von vielen hunderten Kilometern zwingen, wenn sie Deutschland und Italien miteinander verbinden wollte."[462]

Ab 1947/48 forcierten die Westmächte – gemäß dem von den USA vertretenen „Eindämmungs-Konzept" – jedenfalls die völlige „Westintegration"[463] Österreichs, und zwar sowohl in wirtschaftlich-kultureller Hinsicht, als auch hinsichtlich einer sicherheitspolitischen Integration[464] in das sich langsam formierende, westliche militärische Bündnissystem.

Am 5. Juni 1947 war an alle europäischen Staaten – auch jene Osteuropas – das Angebot des sogenannten „Marshallplanes" ergangen, jenes vom US-Senat genehmigte Staatsgesetz Nr. 472 (Foreign Assistance Act)[465], das Sachlieferungen, Lebensmittel- und Rohstoffspenden sowie Kredite für die Dauer von vier Jahren in der Höhe von über 6,2 Milliarden US-Dollar genehmigte. Dieses Programm war das Resultat vorhergegangener britisch-amerikanischer Gespräche bezüglich einer effektiveren wirtschaftlichen Rekonstruktion Westdeutschlands und der französischen Forderung nach deutschen Reparationen, die nun über amerikanische Kredite abgegolten wurden.[466] Im Rahmen dieses European Recovery Program (ERP) kam es zur Gründung der *Organization for Economic European Cooperation* (OEEC), der Organisation für europäische wirtschaftliche Zusammenarbeit, über deren Sonderorganisation „Europäische Zahlungsunion" der Zahlungsverkehr und die Bereitstellung der finanziellen Mittel der Marshallplanhilfe abgewickelt wurde.

Wie von Hannes Hofbauer schlüssig dargestellt wurde, war der Marshallplan bereits von der Planungsphase an primär als Instrument zur „ökonomische(n) Penetration der Ökonomien der Teilnehmerländer"[467] gedacht, das von Anfang an militärische ‚Hilfe' inkludierte.[468] Ohne an dieser Stelle die Bedeutung und die realen Benefits des Marshallplanes für den materiellen Wiederaufbau Österreichs unterschätzen zu wollen war das ERP gleichwohl als vornehmlich „krisenvermeidende Interventionsstrategie"[469] konzipiert und funktionierte trotz bzw. gerade wegen der konkreten materiellen Hilfestellung als eminent politisches Instrument mit dem Ziel einer „Stärkung der europäischen Länder zur Abwehr des Wachsens sowjetisch-kommunistischen Einflusses."[470] Die Versorgungslage Österreichs war 1947/48 so schlecht, daß die Erhöhung der täglichen Kalorienanzahl ein Politikum darstellte, mittels dessen sich einerseits eindrucksvoll die Überlegenheit kapitalistischer Wirtschaft gegenüber kommunistischem Kollektivismus darstellen ließ, andererseits einer immer wieder an die Wand gemalten Gefahr einer Destabilisierung durch kommunistische Propaganda wirksam entgegengearbeitet werden konnte. Gerade was den letzten Punkt betrifft, finden sich in den US-Akten immer wieder warnende Expertisen:

„Despite the fact that this is one of the lowest levels of consumption in Europe, the Austrians have shown a remarkable self-discipline in resistance to Soviet pressure and Communist blandishments. It is uncertain how much longer self-discipline and political stability can be maintained unshaken unless the ration is increased to 1800 calories."[471]

Gerade jene markante materielle Überlegenheit der Vereinigten Staaten dürfte, neben der mit großem Aufwand betriebenen kulturpropagandistischen Werbung für den American-way-of-life,[472] dem man in Österreich wie in Deutschland zunächst mit gleichsam europäischer Skepsis begegnete, in der Hauptsache den Ausschlag gegeben haben für den raschen Übertritt ins das US-dominierte westliche Lager.

Als nun Österreich, „das einzige am Marshallplan teilnehmende Land Europas, das zumindest teilweise im sowjetischen Machtbereich lag"[473], am 16. April auch zur OEEC beitrat, erwirkte dies heftigen Protest von sowjetischer Seite, die darauf hinwies, daß eine internationale Zusammenarbeit auf dieser Basis eine Form politischer Blockbildung darstelle, die gegen die Bestimmungen des alliierten Kontrollabkommens über Österreich verstoße.[474] Amerikanischerseits war man sich einer solchen Reaktion und der damit verbundenen Gefahr einer *de facto*-Teilung Österreichs entlang zweier ungleich subventionierter Wirtschaftsräume voll bewußt[475], zumal das ERP, neben dem Effekt einer dringend benötigten materiellen Hilfestellung, darauf ausgerichtet war, die politische Position der USA in Österreich, „the easternmost Central European bulwark [sic] of the European Recovery Programm"[476], dadurch zu festigen und auf diese Weise tendenziell die „Isolation der Sowjetunion von Westeuropa"[477] voranzutreiben.

Um die Jahreswende 1947/48 wurden sogar – auf die österreichische Situation zugeschnitten – spezielle Pläne für einen „offensiven Wirtschaftskrieg gegen die Sowjetunion"[478] ausgearbeitet. Mittels einer Embargopolitik gegenüber den USIA-Betrieben in der sowjetischen Besatzungszone – unter genau formulierten Anweisungen des „erwünschten Verhaltens von Versicherungsgesellschaften, Banken und Industrieunternehmungen"[479] – zielte man auf die vollständige „Neutralisation"[480] jener Firmen. Bereits vor den Ereignissen in der Tschechoslowakei im Februar 1948 wurden „Ausfuhrlizenzen für alle Ostexporte"[481] vorgeschrieben und Kredite der EXIM-Bank[482] nur an nicht unter sowjetischem Einfluß stehende Betriebe vergeben. Der Marshallplan setzte diese Strategie auf gesetzlicher Grundlage fort, indem nun die Produktionspläne von zu unterstützenden Firmen im Einklang mit den Zielen des ERP stehen mußten, und über die Freigabe der sogenannten „Counterpart"-Schillinge,[483] die auf US-kontrollierten Konten lagen, direkt Einfluß auf wirtschaftspolitische und infrastrukturelle Maßnahmen der österreichischen Bundesregierung genommen wurde.[484] Die anvisierte Brückenschlagfunktion Österreichs zu „allen unseren Nachbarstaaten, also auch den ostwärts gelegenen"[485], zu der Bundeskanzler Figl angelegentlich der Unterzeichnung des OEEC-Vertrags noch in einer Rundfunkrede aufgefordert hatte, blieb dergestalt Makulatur. Einzelne Versuche Österreichs, die Exportleistung in den osteuropäischen Raum zu erhöhen, wurden durch die Junktimierung des ERP an das Handelsembargo auf strategisch wichtige Güter infolge des modifizierten *Foreign Assistance Act* vom April 1948 verunmöglicht.[486]

Nachdem im Frühsommer 1948 das ERP vom US-Kongreß beschlossen worden war, ging man in der Folge allerdings allmählich von den Plänen einer derart aggressiven Embargopolitik, die vornehmlich die wirtschaftliche und soziale Lage in Ostösterreich betroffen hätte, etwas ab, ohne jedoch mit Ausdehnung der materiellen Sachlieferungen auch auf die russische Besatzungszone die generelle Stoßrichtung einer vollständigen Westinkorporation Österreichs zu ändern. Der Umstand, daß mit einer Ausweitung der ERP-Mittel auf ganz Österreich die Sowjets von der materiellen Hilfestellung profitieren könnten, was nach Möglichkeit natürlich tunlichst vermieden wurde, „bilanzierte in dieser Konzeption als ökonomischer Preis für die Chance auf politische Einflußweitung und wirtschaftliche Präsenz"[487] innerhalb der russischen Besatzungszone. Obwohl man die Koalitionsregierung als „outspokenly anti-Communist Government"[488] einschätzte, wurde, bezugnehmend auf die kritische wirtschaftliche und ökonomische Situation, immer wieder die Gefahr einer kommunistischen Machtübernahme beschworen:

„The only serious dangers the Government has to face are (1) Soviet aggression or (2) economic difficulties so grave that substancial numbers of the workers might desert the Socialists for the Communists."[489]

Dahinter stand das klare Interesse, Österreichs politischen und wirtschaftlichen Rekonstruktionsprozeß im Sinne eigener machtpolitisch-strategischer Zwecke zu gestalten – rein theoretisch wäre auf Basis einer demokratischen Wahlordnung ja beispielsweise auch eine SPÖ-KPÖ Koalition denkbar gewesen[490] –, was sich zunehmend darin dokumentierte, daß der Abschluß eines Staatsvertrages, wie dies US-Staatssekretär Marshall am 10. März 1948 in einer Resolution an die Vereinigten Stabschefs (JCS) zum Ausdruck brachte, aus Gründen unzureichender Sicherheitsverhältnisse als unerwünscht hingestellt wurde:

„From the military point of view it is undesirable that a peace treaty, involving the withdrawel of occupation forces, be concluded with Austria at this time."[491]

Mehr und mehr entwickelte sich der „military point of view" zur entscheidenden Perspektive in der Behandlung der Österreichfrage, was in gewisser Weise die Militarisierung des österreichischen Wiederaufbaus zur Folge hatte, da man nun auch eine militärische „Westintegration" Österreichs ins Auge faßte und der Abschluß eines Staatsvertrages solange als inakzeptabel betrachtet wurde, solange Österreich über keine eigene bewaffnete Streitmacht verfüge.

Die Absicht, den Integrationsprozeß auch auf den Bereich militärischer Zusammenarbeit auszudehnen, bedeutete in dieser Phase eigentlich keine wesentliche Umorientierung der amerikanischen Österreichpolitik, sondern war die logische Konsequenz der Containment-Politik, die die Unabhängigkeit und Freiheit eines Staates nach Maßgabe seiner Eingliederungsbereitschaft in den Horizont der sogenannten »Free World«, d. i. nach Maßgabe seiner Gegnerschaft gegenüber dem Sowjetsystem interpretierte. Die wirtschaftspolitische Assoziation bedeutete aus Sicht der USA demgemäß einen hinreichenden Grund für die Kooperation in sicherheitspolitischen Angelegenheiten.[492] Dies findet sich in einer diesbezüglichen Empfehlung US-Botschafter Erhardts an den amerikanischen Außenminister Dean G. Acheson vom 9. Juli 1948 deutlich bestätigt, worin es heißt:

„Seize every opportunity to bind Austria more closely, economically, politically and militarily, to the Western European Community."[493]

Aber auch der kulturelle Aspekt, die Akkulturation des Landes an spezifisch amerikanische Lebens- und Wertideologeme, ein Aspekt der hier nur kurz angeschnitten werden kann, spielte im Prozeß dieser schrittweisen „Westinkorporation" Österreichs eine nicht unwesentliche Rolle.

Die als flankierende Maßnahme zur Entnazifizierung gedachte »Re-education«, die demokratisch gedachte „Umerziehung", kam in Österreich zwar nie wirklich zum Tragen, aber die allgemeine „Re-orientation" entlang amerikanischer Wertmaßstäbe spielte im Verlauf der kulturellen Westintegration eine erhebliche Rolle. Eigens für die ideologische Kriegsführung geschaffene Unterorganisationen des militärischen US-Geheimdienstes G-2, wie dem *Information Coordinating Board* oder der *Information Service Branch*, sollten über den Aufbau und die Kontrolle von „Lizenzzeitungen"[494], der Supervision der US-Bildungsinstitute sowie über „persönliche Kontakte zu Spitzen der österreichischen Bundesregierung"[495] auf informeller Ebene die „Austrifizierung"[496] der österreichischen Kultur- und Medienlandschaft bewerkstelligen. Den Aufbau dieser auf die kulturelle Penetration gerichteten „Forces of Freedom"[497], deren Abteilungen unter anderem auf die Bereiche Presse, Theater & Musik, Filme, Rundfunk, den Import und Vertrieb von US-Publikationen, der Unterhaltung von Lesezentren (Amerika-Häuser), speziellen Aktivitäten für die Jugend und einer eigenen „Education Division", der „die Entnazifizierung und Reform des Erziehungswesens, vom Kindergarten bis zur Universität"[498] übertragen wurde, ließen sich die USA viel Geld kosten[499], was sich in der Folge durch zunehmende Akzeptanz und Frequentierung seitens der Bevölkerung bezahlt machte. Zwar nutzten alle vier Besatzungsmächte die Möglichkeiten einer Propagandapolitik für eigene Zwecke, aber die diesbezüglichen technisch-finanziellen Einsatzmöglichkeiten medialer Beeinflussung waren auf Seite der amerikanischen Besatzungsmacht doch weitaus am größten.

Amerikanische Filme, US-Hitparadenmusik, die Rundfunksendungen des

US-Senders „Rot-Weiß-Rot", Zeitungen und bunte Magazine sowie die großangelegten Bibliotheken der „Amerika-Häuser" verfestigten ein Amerika-Bild, das von jenen genannten Organisationen bewußt als Imagination der ‚freien Welt' schlechthin in Szene gesetzt wurde. Ohne die realen Benefits der US-amerikanischen Unterhaltungskultur auf die österreichische Nachkriegsentwicklung in Abrede stellen zu wollen – in gewisser Weise dürfte der amerikanische Einfluß ja zur Säkularisierung und ansatzweisen Ent-Provinzialisierung des Landes beigetragen haben –, erfolgte der Einsatz jener Unterhaltungs-Mittel eben auch aus durchaus handfesten, politischen Gründen.

„Nicht amerikanische Hochkultur, wie idealistische liberale Kulturuniversalisten gehofft hatten, sondern amerikanischer ökonomischer Überfluß und materielle Hilfe, amerikanische Massenkultur und militärische Macht gewannen die Massen, wenigstens die Mehrheiten in jenen europäischen Staaten, in denen der Einfluß der USA dominierte, für das westliche System der Demokratie und stabilisierten politische Eliten und Gewerkschaften, die – meist – freiwillig die Chancen, Codes und Gesetze der neuen Pax Americana akzeptierten."[500]

4.2 Kein Staatsvertrag ohne Wehrmacht?

Die markantesten internationalen Ereignisse des Jahres 1948, die in der Literatur immer wieder im Zusammenhang mit der sich versteifenden Haltung der Westmächte bei den Staatsvertragsverhandlungen sowie im Zusammenhang mit den beginnenden Remilitarisierungsplänen für Westeuropa genannt werden, waren wohl weniger kausale Antezedenzien für jene diplomatische Sklerose, als vielmehr probate Anhaltspunkte für eine *ex post* Legitimation schon vorher eingeleiteter Schritte.

Es ist klar, daß der kommunistische *Coup d'etat* in der Tschechoslowakei im Februar 1948,[501] die ab Mitte 1948 zementierte Alleinherrschaft der Kommunisten in Ungarn, die Berlin-Blockade Juni 1948, die im Zuge des Bruchs zwischen Tito und Stalin durchgeführten brutalen Verhaftungs- und Säuberungswellen in Ungarn, der Tschechoslowakei, Polen, Albanien und Rumänien 1948/49[502] sowie letztendlich der erste Atombombentest der Sowjetunion 1949 die manifeste Konsolidierung der Weststaaten verstärkten und damit zu einem allgemeinen *turning point* im Kalten Krieg führten.[503] Aber gerade was Österreich betrifft, war es nicht das wegen der tschechoslowakischen Vorgänge hochgezogene „Signal Gefahr"[504], was zur Vertagung der Staatsvertragsfrage beziehungsweise zu weiteren konkreten

Schritten in der Remilitarisierung des Landes führte. Noch vor der Machtübernahme der Kommunisten in der CSR wurde amerikanischerseits ein Memorandum ausgearbeitet, das einen Vertragsabschluß mit Österreich vom militärischen Gesichtspunkt her negativ beurteilte.[505] Bereits am 10. Februar 1948 hatte Außenminister Gruber im britischen Hochkommissariat Fragen betreffend der Ausrüstung einer österreichischen Armee diskutiert,[506] und schon kurz darauf, am 16. Februar, richtete der *Director of Plans and Operations* der US-Army, Wedemeyer, eine Note an den britischen Militärattaché Bissel, worin er sich nachdrücklich gegen eine Ausrüstung österreichischer Streitkräfte durch die Sowjetunion wandte und meinte, daß Ausrüstungsmaterial (initial equipment) von den USA und Großbritannien erst nach dem Abzug ihrer Besatzungstruppen geliefert werden könnte, da es zum gegebenen Zeitpunkt eben keine Möglichkeit gäbe, „whereby trained effective Austrian Army can be in existence prior the withdrawel occupying forces."[507] Bezuggenommen wurde hier auf die bereits von Gruber aufgeworfene Frage nach der Berechtigung des Artikels 17/Paragraph 1 des Staatsvertragsentwurfes, wonach Österreich ausschließlich berechtigt wäre, „Waffen und technisches Material österreichischer Erzeugung"[508] zu verwenden. Sollte sich vor Abschluß des Staatsvertrages beziehungsweise vor Abzug der Besatzungstruppen keine Möglichkeit zur Aufstellung einer österreichischen Armee eröffnen, so wäre zumindest die Ausrüstung mit westalliiertem Rüstungsmaterial sicherzustellen.

Wie man sieht wurde also bereits vor der kommunistischen Machtergreifung in Prag die Remilitarisierung Österreichs ernsthaft diskutiert und zugleich – quasi als *conditio sine qua non* – mit dem Abschluß eines Staatsvertrags junktimiert. Die in den nachfolgenden Monaten einsetzende Wiederaufrüstung ist in diesem Sinne weniger als direktes Resultat jener Vorgänge zu verstehen. Vielmehr bestand der europapolitische sowie innerösterreichische Effekt jener Ereignisse – wie dann später in Korea auf weltpolitischer Ebene[509] – in einer Art katalysatorischer Wirkung, indem nun, vor dem Hintergrund realpolitisch ausdeutbarer Bedrohungsszenarien, die bereits existierenden Planungen beschleunigt, in die Praxis umgesetzt und letztendlich auch legitimiert wurden. Zur militärisch-geheimdienstlichen »key area« wurde österreichisches Territorium sicherlich nicht erst nach den Vorgängen in der Tschechoslowakei, wenn auch völlig außer Zweifel steht, daß die Sowjetisierung der osteuropäischen Nachbarstaaten eine gewaltige Forcierung der militärischen Planungsarbeit seitens westalliierter Stellen bewirkte und eine politische Lösung des offenen Österreich-Vertrages noch stärker in die Warteschleife kam. Eine Forcierung, die sich zunehmend auch im öffentlichen Sprachgebrauch niederschlug, indem beispielsweise in der deutschen (Lizenz-)Presse, ganz im Stil der Feindbild-Schemata Goebbelscher Propaganda, wieder von der „Bedrohung der westlich-abendländischen Kultur durch den ‚asiatischen Bolschewismus'"[510] gewarnt und damit implizit die Wiederaufrüstung legitimiert wurde. Im CDU-nahen *Rheinischen Merkur* stand Ende 1948 bereits wieder zu lesen:

„Welcher Mann würde nicht lieber eine Waffe in der Hand haben, als zwischen Genickschuss, Strang oder Bergwerk wählen zu müssen? Und ein Hundsfott, wer Frau und Tochter oder Schwester dem Iwan zu überlassen bereits wäre [...] Schließlich ist der deutsche Landser der einzige Soldat der Welt, den der Russe kennen und zu respektieren gelernt hat."[511]

Zusehends schwenkte die Lizenz-Presse auch in Österreich auf einen Antikommunismus ein, dem mitunter deutlich undemokratische Motive zugrundelagen.

Die von Günter Bischof herausgearbeitete zentrale Bedeutung des Prager *Coup d'etat* für den rapiden Bedeutungszuwachs des geographisch exponierten Österreichs innerhalb westalliierter Planungen[512] ist im Zusammenhang mit der Wiederaufrüstung sicherlich nur eingeschränkt anwendbar: Ebenso wenig wie die putschartige Errichtung kommunistischer Volksdemokratien in den osteuropäischen Ländern als der ‚eigentliche' Beginn des Kalten Krieges angesehen werden kann, waren jene Ereignisse in der Tschechoslowakei für die österreichische oder auch die deutsche Remilitarisierung initial. In einem größeren historischen Kontext betrachtet – und abseits einer Fortschreibung der „good boys – bad boys"[513] Interpretationsmuster des Kalten Krieges selbst – läßt sich der Prozeß der Sowjetisierung der im unmittelbaren Einflußbereich Rußlands gelegenen Länder durchaus als Reaktion auf den drohenden Einbruch des kapitalistischen Westens in jene ‚Randstaaten' deuten, wie dies ein erweiterter Marshallplan zur Folge gehabt hätte. In diesem Zusammenhang ist in Erinnerung zu rufen, daß selbst Männer wie der Chef des politischen Planungsstabes des US-State Departements, George F. Kennan, den »Prager Coup« und die nachfolgende »Berlin Blockade« als Defensiv-Reaktion der Sowjets auf die Homogensierung des westlichen Lagers einschätzten und in Summe stärker für eine konziliantere politische Lösung dieses Problems durch den Westen eintraten.[514] De facto dominierte aber längst das militärische Kalkül der »Politik der Stärke« die grundsätzliche Disposition der westlichen Mächte.

Nun, in der grundsätzlichen Frage einer raschen Aufstellung einer österreichischen Streitmacht war man sich auf westalliierter Seite schon früh einig gewesen, aber die Motive *pro* Wiederaufrüstung und die dabei einzuschlagende Strategie waren doch verschieden. Die Briten wollten sich, nachdem sich das amerikanische Interesse an der »key area« Österreich verfestigt hatte, möglichst bald von allen Besatzungsaufgaben suspendieren und plädierten aus diesem Grunde für die Aufstellung einer österreichischen Wehrmacht,[515] wohingegen die Franzosen aus militärstrategischem Eigeninteresse an einer effektiven Verteidigung des Alpenraumes – aus Sicht des französischen Hochkommissars Béthouart gewissermaßen die offene Ostflanke französischen Territoriums[516] – sowohl an der Aufstellung einer österreichischen Armee als auch an der weiteren Truppenpräsenz interessiert waren. Auch der sukzessive Boykott der Vertragsverhandlungen durch die USA wurde von Frankreich und Großbritannien – trotz des spürbaren Entgegenkommens seitens der UdSSR in der Frage des Deutschen Eigentums, wenn auch erst nach einigem Zögern – voll mitgetragen.

Die faktische Junktimierung von Staatsvertrag und österreichischer Streitmacht bzw. von ‚Unabhängigkeit' und ordnungspolitisch-wirtschaftlicher ‚Westintegration', die vollständig amerikanischer Provenienz war, machte speziell den Vertretern der österreichischen Bundesregierung deutlich – in der offiziellen Diplomatie schlug sich diese US-Option nur indirekt im Beharren auf Österreichs Unabhängigkeit oder im Verzögern der Verhandlungen nieder –, daß man auf amerikanischer Seite bereit war „den Preis für den Staatsvertrag hinaufzulizitieren."[517]

In einer Direktive der Joint Chiefs of Staff (JCS) vom 10. März 1948 wurde unmißverständlich zum Ausdruck gebracht, daß, falls aus politischen und ökonomischen Überlegungen der Abschluß eines Staatsvertrages tatsächlich wünschenswert erschiene, „provisions should be made whereby the occupation forces are not withdrawn until such time as the Austrians have organized, equipped and trained a security force reasonably adequate to perform the task [sic] envisaged in the treaty"[518], womit wohl die Unabhängigkeit Österreichs (Artikel 2 des Staatsvertragsentwurfes) gemeint war. Außenminister Acheson brachte die harte Linie der USA in einer Note an den amerikanischen Sonderbeauftragten bei der Londoner Stellvertreter-Konferenz, Samuel Reber, auf den Punkt, indem er sich ausdrücklich auf jene Direktive des Generalstabs (JCS) bezog und überhaupt meinte, „that settlement can not be achieved which will protect Austria and Western Europe against communist expansion."[519]

Obwohl US-Analysen der innerösterreichischen Situation ergeben hatten, daß es „praktisch keine Voraussetzungen für eine Wiederholung des tschechischen Beispiels gab"[520], wurden unter dem Titel einer drohenden kommunistischen Umsturzgefahr verstärkt Überlegungen bezüglich einer Aufrüstung Österreichs angestellt, die implizit zur *conditio sine qua non* eines Vertragsabschlusses wurden, zum Preis für eine Unabhängigkeit im Sinne westalliierter Inkorporationspolitik.

„Dieser Preis – von dem sich jeder denkende Mensch sagen mußte, daß ihn die Russen nicht akzeptieren würden – sah nicht mehr und nicht weniger als die Einbeziehung Österreichs in ein westliches Bündnis vor."[521]

Am 13. März 1948 berichtete der amerikanische Sonderbeauftragte, Samuel Reber, von der Londoner Konferenz aus direkt an den Secretary of State, Acheson, daß er abseits der Staatsvertragsverhandlungen mit französischen und britischen Repräsentanten die Organisation einer österreichischen Streitmacht besprochen habe. Da jede Diskussion dieser Belange im Alliierten Rat zwecklos wäre, so Reber, sei man übereingekommen, daß zur Zeit „only strengthening of Austrian police, gendarmerie and custom guards seem to offer reasonable chance of success."[522]

Der springende Punkt war nun, daß man jetzt vehementer als schon zuvor, an eine Remilitarisierung Österreichs schon vor Abschluß eines Staatsvertrages dachte, an eine praktikable Alternative zu dem qua Alliiertem Rat am 10. Dezember 1945 beschlossenen Verbot jeglicher Wiederaufrüstung.

Dies findet sich auch indirekt bestätigt in einer Note US-Berater Erhardts vom 18. März, worin er Außenminister Acheson vom Stand der westalliierten Diskussion berichtete:

„As to plans for organisation of Austrian Army, tripartite military authorities here have agreed, that seeking permission of AC [Allied Council, C. S.] would inevitably encounter Soviet veto and would be useless. Present opinion here is that Austrians should simply proceed with planning on their own initiative."[523]

Wie aus dieser Textstelle hervorgeht, waren den Westalliierten bereits österreichische Planungen bezüglich einer Wiederbewaffnung bekannt. Tatsächlich existierte, wie aus einer Unterredung Bundeskanzler Figls mit dem US-Deputy Comissioner vom selben Datum hervorgeht,[524] bereits seit Jänner 1948 ein auf Ministerratsbeschluß eingesetztes Gremium,[525] das von ÖVP und SPÖ proporzmäßig besetzt worden war und sich ausschließlich mit Fragen einer künftigen Wehrmacht auseinandersetzte.

In einer Note an die Vereinten Stabschefs vom 22. April berichtet General Keyes von einem zwei Tage zuvor stattgefundenen Gespräch zwischen Julius Deutsch und Vertretern des US-Hochkommissariats in Salzburg, in dem Deutsch erklärt hatte, daß die Aufstellung jenes „Zweiparteienkomitees" aufgrund der Zugeständnisse der Sowjets auf der Londoner Konferenz erfolgt sei, und außer ihm selbst aus folgenden Mitgliedern bestehe: Innenminister Oskar Helmer (SPÖ), Staatssekretär Ferdinand Graf (ÖVP) und General Emil Liebitzky (ÖVP).[526] Unklar ist hierbei, ob Deutsch mit jenen „Zugeständnissen" auf die verhandlungsbereite Haltung der Sowjets gegenüber dem Cherrière-Plan ab Ende Jänner 1948 anspielte, oder auf deren Zugeständnisse auf der Londoner Konferenz im April 1948, wo am 15. April der russische Sonderbeauftragte besagten Paragraph 4. des Artikels 17 des Staatsvertragsentwurfes zurückzog, welcher Österreich den Erwerb ausländischen Rüstungsmaterials auf Dauer verboten hätte.[527]

Es muß aber angenommen werden, daß sich Deutsch hier auf die allgemeine Gesprächsbereitschaft der Sowjets ab Jänner 1948 bezog, da er in derselben Unterredung im US-Hochkommissariat am 20. April bereits einen ausgearbeiteten Plan dieses „Zweiparteienkomitees" bezüglich einer Remilitarisierung Westösterreichs vorlegte, was auf eine schon längerfristig betriebene Planungsarbeit hindeutet.[528]

In diesem Zusammenhang ist besonders interessant, daß die initialen Impulse und Überlegungen erneut von österreichischen Stellen ausgingen, die dann im Zuge der „Dreier"-Verhandlungen der Westmächte aufgegriffen und im Sinne eigener machtpolitischer Interessen transformiert und instrumentalisiert wurden.

Obwohl im Kreise der Westalliierten, vor allem nach den Ereignissen in der Tschechoslowakei, verstärkt nach Möglichkeiten für die Aufstellung einer österreichischen Armee Ausschau gehalten wurde, hatte man, weil bei einer ‚offenen' Remilitarisierung mit äußerst heftigem Widerstand der Sowjetunion zu rechnen war, bislang keine konkreten Handlungsalternativen gefunden.

Julius Deutsch, ehemals Obmann des Republikanischen Schutzbundes, nun Vorsitzender jenes Zweiparteien-Wehrgremiums, unterbreitete am 20. April in besagtem Gespräch den westalliierten Stellen den Vorschlag, innerhalb der bereits bestehenden Polizei- und Gendarmeriekontingente eigene Bataillone aufzustellen, und zwar mit einer Stärke von 5.000 Mann innerhalb der Polizei und rund 2.500 Mann im Rahmen der Gendarmerieeinheiten.[529] Diese Truppen sollten vornehmlich in der Gegend von Linz und Graz konzentriert werden und die erforderliche Ausrüstung an Gewehren, Pistolen, Maschinengewehren, leichten Artilleriewaffen sowie Nachrichten- und

Transportmittel aus Beständen der USA erhalten.[530] Des weiteren erbat Deutsch in dieser Unterredung Waffenmaterial für ein „Studenten-Bataillon", das mit einer Stärke von rund 500 Mann bereits aufgestellt und in die Wiener Polizei integriert worden sei, und nun für Trainingszwecke „200 rifles, 200 pistols, 20 machine pistols, 20 machine guns, and such small infantry support weapons that the US might be able to provide"[531], wie Keyes an den US-Generalstab referierte, benötigen würde.

Der von Julius Deutsch vorgelegte Plan, der die Ausrüstung bewaffneter Sicherheitstruppen als Militär-Formationen innerhalb der legalen Gendarmerieverbände vorsah, bildete für die Westalliierten – hier vor allem für die USA mit ihrer Absicht, ihre machtpolitisch-strategische Position in Österreich auszubauen – in der Folge das geeignete Modell, noch vor Abschluß eines Staatsvertrages mit Österreich eine Streitmacht zu installieren, ohne damit auf eine unwillkommen harte Konfrontation mit den Sowjets zuzusteuern.

Gerade zu diesem Zeitpunkt, als sich die Gespräche zwischen den Westalliierten und der österreichischen Regierung rund um die Organisation einer österreichischen Armee zu intensivieren begannen, schien der westalliierte Konsens allerdings kurzzeitig in Frage gestellt, da die Optionen der US-Sicherheitspolitik, entgegen den britischen Vorstellungen, einen Fortschritt in den Vertragsverhandlungen ernsthaft gefährdeten. Obwohl die Amerikaner, wie aus einer Note Achesons an Reber vom 16. März hervorgeht, in Fragen der Wiederaufrüstung Österreichs stark an einer geschlossenen Haltung der Westalliierten interessiert waren, und Acheson, den US-Sonderbeauftragten bei der Londoner Konferenz, Samuel Reber, darauf drängte, die diesbezügliche Diskussion mit Briten und Franzosen fortzusetzen, kam es bezüglich der möglichen Auswirkung einer Remilitarisierung auf den weiteren Verlauf der Staatsvertragsverhandlungen zu ersten Differenzen.[532] In einer Besprechung der westlichen Sonderbeauftragten am 14. April 1948 sprach sich der britische Vertreter klar für einen baldigen Vertragsabschluß mit Österreich aus, zumal unter der kompromißbereiten Haltung der Sowjetunion ein Abschluß unter akzeptablen Bedingungen möglich schien.[533] Die Sicherung der Unabhängigkeit Österreichs ließe sich, so der britische Standpunkt, ohnedies besser entweder über die vollständige Integration in ein westliches Sicherheitssystem, oder über eine von den Westmächten festzulegende Garantie, wie der britische Sonderbeauftragte James Majoribanks meinte, „by form of separate specific guarantee by western powers"[534], denn über einzelne Bestimmungen im Staatsvertrag selbst erreichen.

Im Gegensatz zum britischen Standpunkt votierten die Franzosen, obwohl sie stärkemäßig die geringsten Truppen in Österreich unterhielten, für eine weitere Besatzungspräsenz und gegen einen Vertragsabschluß zum gegebenen Zeitpunkt.[535] Aber obwohl Reber diese Differenzen als ernstes Problem einschätzte, und darauf hinwies, daß „a reason for not concluding a treaty will become increasingly difficult to find which will not run the risk of misunderstanding in Austria"[536], blieb die Haltung des State Departement unverändert. Die britischen Einwände wurden hier ein erstes Mal, zunächst noch mit Unterstützung der Franzosen, von der dominierenden Verhandlungsposition der USA schlichtweg ‚overruled'.

Amerikanischerseits bestimmte längst der „military point of view" die Richtlinien der Österreichpolitik. Hatte man zunächst die eigene Verhandlungsdisposition von der Möglichkeit der Aufstellung einer Eventualstreitmacht abhängig gemacht, um beim staatsvertraglich fixierten Abzug der Besatzungstruppen nach 90 Tagen[537] kein militärisches Vakuum zu hinterlassen, so entkoppelte sich nun die Diskussion um die Aufstellung einer österreichischen Wehrmacht, vor allem unter dem Einfluß amerikanischer Militärs, von der diplomatischen Ebene der Staatsvertragsverhandlungen. Die Wiederaufrüstung wurde zunehmend zu einem eigenständigen Planungsfaktor westalliierter Österreichpolitik, bis sich ab 1949 die Aufrüstung der Westzonen relativ unabhängig vom weiteren Verlauf der Staatsvertragsverhandlungen vollzog.

Bereits in einem Report des US-Generalstabs (JCS) an den Secretary of Defense, Louis Johnson, vom 5. März 1948 hatte man angesichts der laufenden Verhandlungen in London klare Worte gefunden:

„Regardless of the treaty negotiations at the present conference, Austria should be permitted to begin now the organisation of her armed forces."[538]

Die amerikanischen Stellen wußten, daß es in der Frage der Wiederaufrüstung zwischen den beiden österreichischen Großparteien, trotz so mancher inhaltlichen Differenzen, einen tragfähigen Konsens gab und unabhängig von den US-Vorstellungen bereits koalitionäre Planungsarbeiten angelaufen waren, sodaß sich die eigenen Remilitarisierungsabsichten mühelos und ohne Zeitverzögerung, hinter dem Aufrüstungsbedürfnis der österreichischen Regierung in Position bringen ließen. Schon im Oktober 1947 hatten US-Militärstellen in einer Meinungsumfrage in ihrem Sektor in Wien unter 1.000 Personen die potentielle Wehrgesinnung der Bevölkerung abgetestet.[539] Auf die Frage: „Glauben Sie, daß in den nächsten Jahren ein neuer Weltkrieg ausbrechen wird?" antworteten 48% mit „ja", 46% mit „nein" und 6% unentschieden.[540] Auf die weitere Frage: „Glauben Sie, daß Österreicher mitkämpfen werden?", antworteten 34,8% mit „ja, freiwillig", 21,1% mit „ja, gezwungen", 37,6% mit „nein" und 10,1% mit „keine Meinung"[541], wobei sich in einem solchen Fall immerhin 66,5% „freiwillig" für die USA zur Verfügung stellen wollten und nur 6,8% für die Sowjetunion.[542]

Zwischen 30. März und 10. April 1948 wurde vom amerikanischen Militär eine weitere Umfrage durchgeführt, diesmal in der US-Besatzungszone in Wien, in Linz (exklusive Urfahr) und in Salzburg (Stadt).[543] Gefragt wurde nun ganz konkret nach der Einstellung zur Wiederaufstellung einer österreichischen Wehrmacht. Mittels eines auszufüllenden Fragebogens entschieden sich dabei:

Tab. 2: Pro und contra Bundesheer – US-Umfrage 1948[544]

für:	Wien	Linz	Salzburg
allgemeine Wehrpflicht	42,5 %	38,0 %	44,2 %
Berufsheer	31,0 %	29,0 %	25,0 %
Heer ja, aber unentschieden, ob Berufsheer	8,8 %	10,2 %	7,4 %
unentschieden, ob Österreich überhaupt ein Heer braucht	4,6 %	6,4 %	7,2 %
kein Heer	12,9 %	16,4 %	16,2 %

Neben den genannten Frage-Items interessierte sich die amerikanische Militärbehörde klarerweise besonders für die Einstellung der Bevölkerung gegenüber der weiteren Präsenz der (US-)Besatzungstruppen– ein breiter Widerstand seitens der Bevölkerung wäre ein auf Dauer kaum ingnorierbares Problem gewesen – beziehungsweise für den Grad der Sympathie/ Ablehnung dem Kommunismus gegenüber. Hier sprachen sich unter den befragten Personen in Summe 17,3 Prozent für den sofortigen Abzug der Besatzungstruppen aus, ganze 68 Prozent erklärten sich für einen weiteren Verbleib der Besatzungstruppen bis zum endgültigen Abschluß eines Staatsvertrages, und zwar aus den folgenden Gründen:

Tab. 3: „Für" weitere Präsenz alliierter Truppen in Österreich[545]

Frage:	Wien	Linz	Salzburg
weil wir sonst den Russen bzw. dem Kommunismus ausgeliefert wären; ähnliche Vorgänge wie in der CSR zu befürchten wären	52,5 %	51,0 %	59,0 %
weil die eigene Exekutive zu schwach; wegen Aufrechterhaltung von Ruhe und Ordnung	31,5 %	45,5 %	36,5 %
weil der Nationalsozialismus wieder aufleben würde		unter 1,0 %	

Obwohl die Repräsentativität dieser Ergebnisse für ganz Österreich unausgewiesen blieb, konnte das US-Headquarter darin eindeutig die pro-westliche (Wehr-)Gesinnung der österreichischen Bevölkerung bestätigt sehen. Auf Grund der guten Kontakte zwischen westalliierten Besatzungsstellen und österreichischen Regierungsstellen jener Zeit, läßt sich vermuten, daß diese Umfrage auch im Interesse der Bundesregierung durchgeführt wurde, da in den Fragebögen immerhin auch nach dem Wahlrecht für Soldaten gefragt wurde,[546] was kaum ein für US-Militärs relevanter Punkt gewesen sein dürfte.[547]

Zwar hatte Bundeskanzler Figl anläßlich der von den Franzosen in Tirol durchgeführten Meinungsumfragen bezüglich einer möglichen Teilung Österreichs mit „geharnischten Protesten"[548] reagiert, aber wahrscheinlich eher, weil hier, ausgehend von einer Wiederaufrüstung des Alpenraumes, von französischen Militärs auf völlig indiskrete Weise etwas ventiliert wurde, was innerhalb der Bundesregierung außer Frage stand: Die Einheit Österreichs.

Ab April 1948 wurde, wahrscheinlich relativ unabhängig von den Ergebnissen dieser Meinungsumfrage, auf höchster sicherheitspolitischer Ebene der Vereinigten Staaten, im Nationalen Sicherheitsrat (NSC), die Einbeziehung Österreichs in ein westliches Verteidigungsbündnis diskutiert.[549] Dieses direkt dem jeweiligen US-Präsidenten unterstehende Gremium, das 1947 installiert wurde und im wesentlichen die Spitzen des Außen- und

Verteidigungsministeriums sowie des Geheimdienstes umfaßte,[550] wurde in der Frage der Remilitarisierung Österreichs, wie noch zu sehen sein wird, mehrmals tätig.

Neben der angesprochenen wirtschaftlichen Konsolidierung der Weststaaten war es mit der Ratifizierung erster Verteidigungsbündnisse auch zur militärischen Blockbildung gekommen. Bereits am 4. März 1947 hatten Frankreich und England im Vertrag von Dünkirchen ein militärisches Verteidigungsbündnis geschlossen, das am 17. März 1948 mit Abschluß des Brüsseler Beistandspaktes, der sogenannten Westunion (WEU), um die Benelux-Staaten erweitert wurde.[551] Speziell nach der Ausschaltung der nichtkommunistischen Kräfte in der Tschechoslowakei Ende Februar 1948 schien unter den westeuropäischen Staaten die vollständige Rezeption der amerikanischen »Containment-Policy« unter der Ägide der USA angeraten, womit alle früheren Pläne von einem Europa als „Dritter Kraft"[552] ad acta gelegt wurden. Insofern bildeten diese Verträge gegenseitiger militärischer Hilfestellung eine von den USA sogar erwünschte Vorform eines umfassenderen militärischen Verteidigungspaktes der Weststaaten unter der Führung der Vereinigten Staaten.

Als die Sowjets nach der Durchführung des Währungsschutzgesetzes in der Westzone Deutschlands Ende Juni 1948 mit der Blockade Berlins reagierten, spitzte sich die Lage deutlich zu, sodaß nun sogar mit der Eventualität eines militärischen Konfliktes gerechnet wurde. Analog zur Berlin-Krise kam es auch im viergeteilten Wien kurzfristig zu Behinderungen auf den Zufahrtsstraßen zu den in der sowjetischen Zone liegenden westalliierten Flughäfen in Tulln/Langenlebarn und Schwechat, sodaß man auf Seite der Amerikaner damit begann, strategische Lebensmittelreserven anzulegen beziehungsweise Planungen für den Bau eines Flugfeldes in der US-Zone im 19. Bezirk Wiens aufzunehmen.[553] Unter den Decknamen *squirrel cage* und *jackpot*[554] wurden in einundzwanzig Lagerhäusern im US-Sektor Wiens geheime Versorgungslager im Wert von über 15 Millionen Dollar angelegt, die erst Ende 1953 wieder aufgelassen wurden. Die Überlegungen bezüglich der Errichtung eines „Vienna Air Strip", der „entweder zwischen Karl-Marx-Hof und Hoher Warte oder an der Donaukanallände"[555] liegen sollte, wo bereits ein kleiner Flughafen existierte, blieben jedoch unrealisiert, da man mit negativer Propaganda rechnete – immerhin hätten entlang der 1,6 km langen Landebahn zahlreiche Gärten und Häuser geschleift werden müssen. Die kurzfristig angespannte Situation begann sich aber bald wieder zu normalisieren, nicht zuletzt deswegen, weil keine der Alliierten Mächte an einer Eskalation gelegen war. Indirekt bestätigt dies auch ein Report des US-Sicherheitsrates vom 5. Mai 1950 (NSC 38/6), wonach „keineswegs daran gedacht war, die Wiener US-Besatzungszone zu verteidigen oder als Anlaß für eine direkte militärische Konfrontation zu nehmen."[556]

Dennoch – oder vielleicht auch deswegen – kam es vor dem Hintergrund der allgemein angespannten politischen Großwetterlage sowohl bei den westalliierten Besatzungsmächten als auch bei einzelnen österreichischen Politikern immer wieder zu nervösen Statements, die die Gefahr eines kommunistischen Putschversuches heraufbeschworen.[557] So meinte beispielsweise US-Berater Erhardt in einer Note an Acheson, daß es nötig wäre „making clear to the Soviets in time that an attempt on their part to engineer a putsch would involve serious risk of war."[558]

Deutlicher noch als die Amerikaner rechneten die Militärs der französischen Besatzungsmacht in jener Zeit mit der Eventualität eines militärischen Konfliktes. Frankreich, das ursprünglich eine Art Vermittlerrolle zwischen angloamerikanischen Ansprüchen und sowjetischen Forderungen eingenommen hatte, war spätestens 1947 sowohl in wirtschaftlicher als auch in sicherheitspolitischer Hinsicht völlig *d'accord* mit dem eingeschlagenen Kurs amerikanischer Europapolitik.[559] Die enge militärische Zusammenarbeit zwischen Frankreich und den USA drückte sich in gemeinsam abgehaltenen Manövern auf westösterreichischem Gebiet aus, wo beispielsweise vom 23. bis 26. September 1947 in Tirol Fallschirmabsprünge im Hochgebirge trainiert wurden.[560] Im Spätherbst 1948 liefen erneut großangelegte gemeinsame Vorbereitungen für im Frühjahr 1949 geplante „kombinierte französisch-amerikanische Manöver."[561] Anders als bei den Engländern, beschäftigte man sich in der französischen Besatzungszone im Kreise hochrangiger Militärs ernsthaft und intensiv sowohl mit Verteidigungsplänen für den französischen Sektor in Deutschland, wo zu diesem Zweck im Juli und August 1948 im Raum Straßburg sogar Mänover abgehalten wurden,[562] als auch mit Plänen zur Evakuierung und Präventiv-Verteidigung des österreichischen Alpenraumes. Der Fokus dieser Planungen, die „in auffallend krassem Gegensatz zur tatsächlichen französische Militärstärke in Österreich"[563] standen, war auf die Bildung eines Alpen-Reduits gerichtet, das nach den Vorstellungen General Béthouarts „unter Annahme eines Angriffs aus dem Osten"[564] zu einer starken Rückzugsbasis für die westalliierten Truppen ausgebaut werden sollte. Zu diesem Zweck wurden bereits an den wichtigsten Verkehrswegen Minenkammern angelegt und im Hochgebirge Waffen- und Munitionsdepots samt Lebensmittellagern eingerichtet.[565]

In Zusammenarbeit mit der britischen Truppenführung wurden Pläne für die Evakuierung Wiens und der Westzonen entwickelt, wobei im Ernstfall die „gesamte französische Militärmission mit deren Begleitpersonen sowie die Versetzten Personen (Displaced Persons) und wenn möglich auch einige im Dienste Frankreichs stehende Österreicher und Ausländer evakuiert werden"[566] sollten. In einem nachgerade beklemmenden Szenario wurde hier von den französischen bzw. westalliierten Stäben in Aussicht gestellt, daß Österreich wiederholt zu einem Kriegsschauplatz werden könnte, diesmal infolge einer Ost-West-Konfrontation:

„Solange die Westmächte die Alpen mit ausreichenden Kräften allein oder mit Unterstützung einer wiederaufgestellten österreichischen Armee in Händen hielten, war das Mittelmeerbecken und damit die Verbindung zum Mittleren Osten gesichert, und der Roten Armee war es nur unter beträchtlichen Schwierigkeiten möglich, durch Deutschland weiter gegen Westen vorzustoßen, wenn es durch die Anwesenheit starker alliierter Kräfte, die sich in den Alpen festgesetzt hatten, an seinen Flanken bedroht wurde."[567]

All diese Pläne und Überlegungen, die mit Gründung der NATO am 4. April 1949 in ein umfassendes Verteidigungskonzept Westeuropas einmündeten,[568] reduzierten Österreich auf einen Bereitstellungsraum für militärische Konflikte mit der Sowjetunion, für deren Lösung ein österreichischer Beitrag sukzessive miteinkalkuliert wurde. Seit der Gründung der NATO trachteten die US-Militärs verstärkt nach einer Miteinbeziehung Österreichs in den Pakt, wobei auch Möglichkeiten sondiert wurden, nur westösterreichisches Territorium als militärisches Operationsgebiete einzuplanen.[569]

Die österreichische Regierung hatte sich im Laufe des Jahres 1948 zwar mehrmals für die baldige Aufstellung einer Armee ausgesprochen, allerdings nur im Zusammenhang eigener Verteidigungszwecke, wie etwa Grenzschutzangelegenheiten[570] etc., und nicht zum Zweck einer militärischen Integration in ein westliches Verteidigungsbündnis. Schlußendlich war es dann auch jene in entscheidenden Phasen von der österreichischen Regierung geübte – diplomatische – Zurückhaltung, trotz aller wirtschaftlichen und kulturpolitischen Westintegration keine wie immer geartete militärische Assoziation an ein westliches Bündnis zu betreiben, die Österreich vor einer Teilung analog zu der Deutschlands bewahrt hat.

Zweifelsohne gab es aber auch in dieser Frage große Meinungs- und Auffassungsunterschiede. So erklärte Staatssekretär Graf in einem Interview in der *Klagenfurter Zeitung* vom 16. Juli 1949 auf die Frage, ob er einen Beitritt Österreichs zur NATO befürworte: „Ja. Der Atlantikpakt ist eine Parallelerscheinung zum Marshallplan, und ich sehe keinen Grund, daß sich Österreich selbst von der Europäischen Schicksalsgemeinschaft ausschließen sollte."[571] Aber auch Außenminister Gruber hatte bereits angesichts des Februarputschs in der Tschechoslowakei gegenüber seinem britischen Kollegen Bevin geäußert, daß Österreich nicht als unabhängiger »buffer state« existieren könne und daher der in Planung begriffenen »Western Union«, der Vorgängerorganisation der NATO, beitreten solle; ein Vorschlag der allerdings auf die Ablehnung Bevins stieß.[572]

Vizekanzler Schärf lancierte in einem Brief an seinen französischen Genossen und französischen Ministerpräsidenten Léon Blum vom 30. Dezember 1949 – obwohl er von einer schwachen militärischen Eigenkapazität ausging – eine mögliche spätere militärische Integration Österreichs, indem er Blum gegenüber äußerte, „wir wissen, daß wir die Einordnung in ein größeres politisches und militärisches System brauchen; aber ich glaube, es wäre unmöglich, in einem Zustand der Viermächtebesetzung etwa öffentlich zu erklären, wir wollen dem Atlantikpakt beitreten, wenn wir frei sind – da die Russen den Atlantikpakt als gegen sich gerichtet ansehen, wäre eine solche österreichische Erklärung der erwünschte Vorwand, um die Räumung zu vereiteln."[573]

Ob nun aus Gründen politischer Räson oder mehrheitlicher Überzeugung: in ihren öffentlichen Aussagen stellte sich die österreichische Bundesregierung jedenfalls nicht auf die Seite einer solchen militärischen Integration. Als Eduard Bonnefous, der Vorsitzende der außenpolitischen Kommission der französischen Nationalversammlung und General Béthouart der Österreichischen Regierungsspitze nahelegten, sich auf einen Beitritt zur NATO vorzubereiten, erklärte Bundespräsident Renner, wenn auch eigentümlich verklausuliert: „Wir sind Europäer und gehören zum Westen des Kontinents. So sehr wir uns mit Europa verbunden fühlen, müssen wir doch an den 13. März 1938 erinnern, an den Anschluß, auf den sie nicht reagiert haben."[574] Daß dies gerade Renner sagte, der zum damaligen Zeitpunkt öffentlich für den Anschluß an Hitlerdeutschland votiert hatte,[575] mag erstaunen, verdeutlicht aber dennoch die generelle Abneigung der Bundesregierung an der Beteiligung an einem westlichen Militärbündnis.

Wie aus einem Gesprächsprotokoll einer Sitzung des Zweiparteien-Wehrgremiums vom 16. Juli 1948 im Bundeskanzleramt hervorgeht,[576] gab es in der Diskussion der „Wehrfrage" auch handfeste Unstimmigkeiten zwischen den Parteien. In dieser Sitzung, an der Bundeskanzler Figl, Vizekanzler Schärf, Innenminister Helmer, Außenminister Gruber, „Staatssekretär a. D."

Deutsch, Hofrat Liebitzky und Generalsekretär Wildner vom Außenministerium teilnahmen, beschuldigte Helmer Staatssekretär Graf und Minister Gruber, „auf eigene Faust Verhandlungen geführt" zu haben. „Das sei überaus bedauerlich, den auf diese Weise werde nur bewirkt, daß die Alliierten von uns einen sehr ungünstigen Eindruck bekommen."[577]

Strittiger Punkt war ein von der ÖVP ausgearbeitetes Arbeitspapier zur Aufstellung eines Bundesheeres, worin entgegen sozialistischen Vorstellungen von einer 18-monatigen Dienstzeit die Rede war, und das ohne vorherige Diskussion mit der SPÖ amerikanischen Stellen zur Kenntnis vorgelegt worden war, obwohl Liebitzky, wie er beteuerte, dieses Papier „nur dem Staatssekretär gegeben habe und sonst niemanden."[578] Bundeskanzler Figl und Vizekanzler Schärf wiesen gegen Ende dieses Protokolls darauf hin, „daß Sonderaktionen vermieden werden müssen, denn nichts wäre ungünstiger, als wenn die Alliierten zur Meinung kämen, daß wir uns in der Heeresfrage nicht einigen könnten."[579]

Aber auch diese Unstimmigkeiten hinsichtlich einzelner technischer Details eines österreichischen Wehrgesetzes konnten den generellen Konsens der Großparteien über die Notwendigkeit einer baldigen Wiederaufrüstung in keiner Weise gefährden. Außerdem bekümmerten die Westmächte etwaige Interna einer solchen innerösterreichischen Wehrdiskussion ziemlich wenig, solange nur der prinzipielle Parteienkonsens bezüglich einer Remilitarisierung des Landes gewahrt blieb.

4.3 „Unternehmen Kismet" – die Aufstellung der »Alarmbataillone«

Nachdem sich also seit dem Frühjahr 1948 die Zusammenarbeit zwischen den westalliierten Mächten untereinander, als auch mit den nominierten Mitgliedern jenes österreichischen „Zweiparteien-Wehrgremiums", verstärkt hatte, kam es – zumindest geht dies implizit aus der US-Akten der Foreign Relations hervor – nach einer anscheinend längeren westalliierten Planungsphase über die Sommermonate des Jahres 1948, zu ersten konkreten Vorschlägen bezüglich einer Wiederaufrüstung Österreichs. Am 21. September berichtete der politische Berater der USFA, John G. Erhardt, an Außenminister Dean Acheson, daß in gemeinsamen amerikanisch-britischen Gesprächen – die Franzosen wurden erst nachträglich informiert – ein neues Konzept erarbeitet worden sei, „a new plan for training, within the framework of the gendarmerie, a cadre for a future Austrian army (...).‟[580]

Präsentiert wurde ein Plan zur Wiederaufrüstung der drei Westzonen, worin die Organisation und Ausrüstung für je ein Bataillon in jeder Zone, mit zentralem Hauptquartier in Salzburg, vorgesehen war.

Diesen »Alarmbataillonen«, deren Stärke auf vorläufig je 500 Mann angesetzt wurde, sollten zusätzlich motorisierte Infanterieeinheiten beigestellt werden, wobei auch an die Bewaffnung – „an armored car unit" – dieser motorisierten Einheiten gedacht wurde. Allerdings wäre dabei, so Erhardt, zu bedenken „the issue of armored cars (...) is still questionable, since the U.S. element does not want to risk issuing any military equipment which could not be justified by the legitimate mission of the police or gendarmerie (...)."[581] Aus dieser Aussage geht klar hervor, daß in keinem Fall an eine unverdeckte, in aller Öffentlichkeit durchzuführende Aufrüstung gedacht war, sondern im Gegenteil an eine möglichst unbemerkte, geheime Remilitarisierung der Westzonen, die sich innerhalb des legalen Rahmens der Polizei- und Gendarmerieeinheiten vollziehen sollte. Die Legitimation für ein solches Vorgehen wurde von John G. Erhardt gleich mitgeliefert, indem er meinte: „The excuse for arming and training this force would be that a heavy cut in U.S., British and French troop strength has made it imperative that the Austrian gendarmerie be better equipped."[582]

Wie unschwer aus dem von Erhardt vorgelegten Plan hervorgeht, war von Amerikanern und Engländern das bereits im April von Julius Deutsch vorgeschlagene Organisationsschema adaptiert worden mit der Erweiterung um motorisierte Fahreinheiten. Interessanterweise wird in dem Bericht auch explizit auf diese Provenienz hingewiesen, allerdings, und dies kann als signifikant für die weitere Vorgehensweise der Westmächte in Fragen der Wiederaufrüstung angesehen werden, in einer Weise, die deutlich macht, daß man keine Skrupel hatte, das Wiederaufrüstungsbedürfnis der österreichischen Regierung zu überformen und eigenen Zwecken gemäß zu instrumentalisieren. So heißt es in dem Bericht:

„The idea of training a cadre for the future army within the policy was originally suggested to Headquarters USA by Julius Deutsch, Socialist Party leader and member of the Austrian two-party military planning committee, although the U.S. British plan involves a greater degree of control (...) by the Western occupation powers than Deutsch had envisaged."[583]

Allmählich ging das machtpolitisch-strategische Interesse der USA an Österreich gegenüber den Bemühungen österreichischer Politiker um eine Remilitarisierung ‚auf österreichisch' in die Überholspur.

Neben dem genannten Plan, der die Aufstellung dreier Alarmbataillone in den westlichen Besatzungszonen vorsah, wurde vom US-Hauptquartier

(USFA) auf die Bitte Bundeskanzler Figls ein zweiter Plan ausgearbeitet, der eine effizientere Bewaffnung der Polizei vorsah, „to deal with an emergency such as might be created by the Werkschutz or other Communistic elements."[584]

Der »Werkschutz« der rund 300 USIA-Betriebe,[585] jener unter sowjetischer Patronanz stehenden Firmen und Betriebe in der östlichen Besatzungszone, war seit seiner Gründung Anfang 1946 als bewaffneter und zum Teil militärisch ausgebildeter Wachkörper von den Sowjets zur Sicherung jener Vermögenswerte aufgestellt worden und bildete seither ein Angriffsziel für heftige Verbalattacken hinsichtlich einer womöglich im Aufbau befindlichen Keimzelle für einen kommunistischen Putsch. Dabei wurde allerdings, was die reale Stärke jenes Werkschutzes, die zwischen 1.500 und 2.000 Mann gelegen haben mag,[586] zu jener Zeit maßlos übertrieben, da Zahlen bis zu 12.000 Mann auftauchten.[587]

Die durchgängige Bewaffnung dieser Trupps, die sich unter anderem aus einem Teil ehemaliger Angehöriger des 3. Freiwilligenbataillons rekrutierten, erfolgte erst 1948 – möglicherweise als Reaktion auf die zunehmenden Gerüchte über die Remilitarisierung der Westzonen – und zwar mit „Gewehren, Pistolen und leichten Maschinenwaffen".[588]

Bundeskanzler Figl hatte sich schon im Juni 1948, noch vor seinem Ansuchen bei amerikanischen Militärs um eine Stärkung der Polizeikontingente, in einem Schreiben an US-Hochkommissar General Keyes gewandt, worin er diesen ersuchte, in Salzburg, Oberösterreich und im US-Sektor in Wien für zusätzliche 200 Gendarmen Waffen zur Verfügung zu stellen und „die Ausbildung österreichischer Gendarmen an diesen Waffen zu ermöglichen."[589] Vorangetrieben wurden alle diese Bemühungen wie schon zuvor mit Verweis auf die labile innenpolitische Situation und einer daraus resultierenden Umsturzgefahr durch kommunistische Kräfte. Diese teils aus realen Befürchtungen und Einschätzungen der innenpolitischen Lage, teils wohl auch aus Gründen eines pragmatisch-opportunistischen Politik-Kalküls stimulierten Bedrohungsperzeptionen, bestärkten die militärischen Kooperationserwartungen der US-Besatzungsmacht[590] und bewirkten einen zusätzlichen gesellschaftspolitischen Integrations- bzw. Abschottungseffekt gegenüber radikaldemokratischen, linkssozialistischen sowie kommunistischen Kräfte. Auch in dieser Hinsicht wirkte das sicherheitspolitische Engagement von österreichischer Seite initial.

Neue Quellen legen allerdings den Verdacht nahe, daß die ab 1948 heftig zirkulierten kommunistischen Putschgerüchte tatsächlich einen realen Hintergrund gehabt haben: Der von Günter Bischof im Archiv des französischen Verteidigungsministeriums aufgefundene »Aktionsplan« der KPÖ-Landesleitung Wien, datiert vom 15. November 1948, projektierte auf 40 Seiten in Form eines etwas naiv anmutenden »Einsatzplanes« die kommunistische »Machtübernahme« Wiens durch 17.000 Aktivisten. Dabei sollten wichtige öffentliche Gebäude (Parteihauptquartiere, Gewerkschaftsgebäude, Gendarmeriekommandos, Banken [sic], Elektrizitäts- und Wasserwerke, alle Magistratischen Bezirksämter) besetzt und die politischen Gegner gemäß »Sonderaufträgen« festgenommen werden. Dies alles unter der geradezu grotesk anmutenden Mahnung des KPÖ-Zentralkomitees, dabei „Zwischenfälle mit den alliierten Dienststellen und Besatzungsangehörigen (...) unbedingt zu vermeiden."[591]

Ohne hier näher auf die Diskussion rund um die Echtheit jenes dem französischen Geheimdienst in die Hände gespielten Dokuments eingehen zu wollen[592] – eine Fälschung scheint angesichts der wenig konspirativen Form (KPÖ-Präsidiums-Aktenzahl, volle Namensnennung der involvierten Personen sowie protokollartige Angabe vorakademischer Titel wie z. B. „Hofrat") jedenfalls durchaus vorstellbar – ist die Valenz dieses Dokuments als *explanandum* für die einsetzende Wiederaufrüstung der westlichen Besatzungszonen nicht nur wegen des *time lags* von eingeschränkter Bedeutung. Tatsächlich ist es durchaus vorstellbar, daß auch in Österreich kommunistische »Machtergreifungs«-Pläne lanciert wurden. Nur: abgesehen von der völligen politischen Bedeutungslosigkeit der österreichischen Kommunisten waren, wie aus den bisher bekannten US-Akten hervorgeht, derartige Pläne den sicherlich sehr aktiven und auch bestens ausgerüsteten militärischen US-Geheimdienststellen wahrscheinlich nicht bekannt; die Wiederaufrüstung vollzog sich somit unbeeinflußt von derartigen Plänen, die, einmal in Händen der USFA-Offiziere wohl zu erheblich gesteigertem Druck auf österreichische Regierungsspitzen und deren Kooperationsbereitschaft geführt hätten. Im Zusammenhang der zahlreich kursierenden Putschgerüchte in den Jahren 1948/49 scheint nicht unwesentlich, daß selbst prominente wehrpolitische Experten der SPÖ die Gefahr eines kommunistischen Putschversuches intern als gering ansahen. So meinte beispielsweise Theodor Körner, als General a. D. und Wiener Bürgermeister ebenfalls mit Sicherheitsfragen befaßt, in einer umfangreichen wehrpolitischen Expertise gegenüber Vizekanzler Schärf:

„Ein Putsch ist vollkommen unwahrscheinlich. Es kann wohl da oder dort eine Rauferei, ja vielleicht ein dummer Putsch versucht werden. Aber jeder Putsch in größerem Ausmaß ist vollkommen aussichtslos. Man denke doch einen Putsch bis zum Ende durch. Wien ist dabei entscheidend. Regierungsstellen, Post, Telegraph, alle Polizeidienststellen, alle 26 Bezirksstellen usw. usw. – dies alles muß doch besetzt und im Sinn der Putschisten in Funktion gesetzt werden, was doch selbst den militärisch ganz gut ausgebildeten und geschulten Nazis 1934 auch nicht möglich war. Der Polizeipräsident von Wien [Josef Holoubek, C. S.] ist ganz derselben Ansicht wie ich. Natürlich wird die ÖVP alles mögliche tun, um Angst vor der KPÖ zu verbreiten und zur Aufstellung eines Heeres drängen, das durch die höheren Offiziere und deren Ideologie in ihrer Hand ist."[593]

Und kaum anders beurteilte General a. D. Franz Winterer die Situation in einem ebenfalls an Schärf gerichteten Schreiben vom 30. Juni 1949, in dem auch die parteipolitisch angespannte Atmosphäre bezüglich der Wiederaufrüstungsfrage deutlich wird:

„Außenpolitisch hat man vor den Jugoslaven und innenpolitisch vor den Kommunisten Angst. Letzteres ist ein Unsinn, erst recht dann, wenn alle Alliierten abgezogen sind. Mit dieser Frage werden und müssen wir so wie bisher politisch fertig werden, ohne Militär. Jugoslawien könnte mit Banden Unruhe stiften, aber nicht mehr. Sind doch die alliierten Soldaten in Europa und wäre daher eine Korrektur der westlichen Politik durch militärische Aktionen Jugoslawiens nicht dauerhaft, sollte Tito überhaupt so unkluge Handlungen begehen. Daher muß die sozialistische Partei Ruhe bewahren, sich Zeit lassen und die Entwicklung abwarten. Unterdessen sollen die Probleme der neuen Wehrmacht in Ruhe und ohne Drängen der ÖVP-Scharfmacher mit und nicht gegen uns – gegen unser Parteigewissen und unsere Parteiklugheit – gelöst werden."[594] [Hervorhebungen im Orig., C. S.]

Als abstraktes Bedrohungsszenario blieb die kommunistische Gefahr natürlich weiterhin maßgebliches Element der Legitimierung der Remilitarisierung. In einem längeren Bericht US-Berater Erhardts an Außenminister Acheson vom 9. Juli 1948 wurde erneut auf die Gefahr einer möglichen sowjetischen Aggression bzw. eines kommunistischen Putschversuches hingewiesen, diesmal allerdings mit Bezug auf den bewaffneten USIA-Werkschutz und seiner realistisch einzuschätzenden Bedeutung bei einem solchen Umsturzversuch. Erhardt skizziert in diesem Bericht ein Szenario dreier alternativer Manöver, die zur Entmachtung der österreichischen Regierung und zu einer Teilung des Landes führen könnten. Zum einen wäre ein völlig offener Putsch durch sowjetische Besatzungstruppen denkbar; des weiteren wäre „a sudden coup carried out ostensibly by the Austrian Communist and armed USIA factory guards"[595] vorstellbar, sowie zuletzt die Ausübung von Druck, Einschüchterung und Sabotageakten „leading eventually, if uninterrupted, to economic and political breakdown."[596]

Bezeichnend ist, daß der politische US-Sachverständige für Österreich,

Erhardt, anders als die meisten österreichische Regierungspolitiker,[597] den Kommunisten und dem USIA-Werkschutz bloß eine ‚Strohmann- Funktion' zutraute, da deren eigene machtpolitischen Ressourcen ohne offensive sowjetische Unterstützung zu keinen nennenswerten Resultaten führen könnten. Von Interesse sind auch die weiteren Ausführungen Erhardts, in denen er dezidiert festhielt, daß zum gegebenen Zeitpunkt die österreichische Regierung ohne Unterstützung durch die Westmächte keinem der drei genannten Manöver standhalten könnte, selbst – und dies verdient hervorgehoben zu werden – „when its police are adequately armed, it would be able to cope only with the second."[598] Auch bei ausreichender Bewaffnung der Exekutive wäre also laut der Analyse Erhardts, außer der Niederhaltung eines Putschversuches durch österreichische Kommunisten ein von der Sowjetunion unterstützter Umsturzversuch kaum zu verhindern.[599]

In einem Lagebericht über die innen- und außenpolitische Situation Österreichs vom Juli 1948 wurde diese Einschätzung weiter präzisiert. Der Bericht faßte unter dem Titel „Policy Evaluation"[600] die wesentliche Veränderung der sicherheitspolitischen Doktrin der Westmächte in bezug auf Österreich kurz zusammen und skizzierte die aktuelle Position folgendermaßen: Man sei übereingekommen, einen Rückzug der Besatzungstruppen solange hinauszuschieben, bis eine österreichische Sicherheitsstreitmacht aufgestellt und ausgerüstet ist. Zur Zeit würden gemeinsam mit österreichischen Stellen diesbezügliche Planungen durchgeführt, um bei Abzug der Besatzungstruppen bereits eine Armee zur Verfügung zu haben, „to take over immediately the task of maintaining internal order and providing a formal border defense." Paradoxerweise schließt an diese Passage eine Aussage an, die das skizzierte Unternehmen – zumal vorher die Gefahr eines kommunistischen Umsturzes als ziemlich gering eingeschätzt wurde[601] – in seiner ursprünglichen Intention als wenig hoffnungsvoll erscheinen läßt:

„It is recognized, however, that the Austrian army as agreed in the treaty, would not be capable of withstanding any direct aggressive act on the part of the Soviets or any of the neighbouring satellite states."[602]

Für die US-Stabsstellen stand also fest, daß der Wert einer solchen Wehrmacht keineswegs in seiner Verteidigungsfunktion bestünde, sondern, wie sich immer deutlicher herauskristallisierte, vielmehr darin, daß sich analog zur angelaufenen Aufrüstung der Westzonen die ordnungspolitische Option der westlichen Bündnispartner auf die vom strategischen Gesichtspunkt bedeutsame »key area« Österreich leichter implementieren ließe, mit dem

Endziel einer Einbeziehung in das NATO-Bündnissystem. Bezeichnenderweise wurde in dem zitierten Lagebericht der Artikel 2 des Staatsvertragsentwurfes („Wahrung der Unabhängigkeit Österreichs") aus amerikanischer Sicht als „Problem" für eine von den USA beziehungsweise den Westmächten auszusprechende Garantie auf die Unabhängigkeit Österreichs hingestellt.[603]

Am 16. November präsentierte der US-Legationsrat Yost in einem Memorandum dann einen Organisationsplan für den Aufbau einer österreichischen Wehrmacht, der drei Phasen vorsah: Der erste Teil jenes Plans sollte in einem Trainingsprogramm für die Polizei- und Gendarmerieeinheiten an amerikanischen Waffen bestehen, „only to deal with minor riots and demonstrations."[604] Die zweite Phase sah die Aufstellung militärischer Kader innerhalb der Gendarmerieregimenter in jeder der drei Westzonen vor. Im letzten Teil dieses Plans war an die Übernahme der weiteren Planungsarbeit durch das genannte „Zweiparteien-Wehrgremium" von ÖVP und SPÖ gedacht. Dabei stellten sich allerdings, wie Yost anmerkte, einige Probleme. Zum einen schien der Parteienkonsens aufgrund divergierender Vorstellungen über den Charakter des zukünftigen Bundesheeres kurzzeitig gestört und damit die Zusammenarbeit zwischen westalliierten Stellen und der österreichischen Regierung behindert.[605] Ein Problem, dem die Westmächte in der Folge dadurch auswichen, indem sie die konkrete Planungsarbeit und deren praktische Durchsetzung selbst übernahmen und letztendlich von der Bundesregierung stillschweigend dafür autorisiert wurden. Das zweite Problem stellte sich in bezug auf die Ausrüstung jener militärischen Kader mit Waffen- und Munitionsmaterial. Die Briten behaupteten, anders als zuvor verlautbart, sie besäßen keinerlei Ausrüstungsmaterial, das sie für jene Bataillone bereitstellen könnten.[606] Wie aus einem Bericht der USFA hervorgeht, war die Bewaffnung der regulären Polizei- und Gendarmerieeinheiten inbesondere in der amerikanischen Besatzungzone de facto bereits März 1948 nahezu komplett.[607] Aber jetzt, wo die Ausrüstung der »Alarmbataillone« auf gemeinsamer Basis – die Franzosen fielen aufgrund mangelnder Ressourcen allerdings aus – systematisch vorangetrieben werden sollte, zeigten die Engländer zunehmend weniger Bereitschaft, irgendwelche, mit materiellem oder finanziellem Aufwand verbundene Verpflichtungen in dieser Richtung zu übernehmen.

Bereits Ende März 1948 hatten interne britisch-amerikanische Gespräche über die Aufgabenverteilung der Agenden einer Wiederaufrüstung der Westzonen begonnen. Wie aus den US-Dokumenten hervorgeht, sollten sowohl die französische Besatzungsmacht als auch die österreichische Regierung erst nachträglich über die Ergebnisse dieser Beratungen in Kenntnis gesetzt werden.[608] Diesen Vereinbarungen zufolge wollten die Engländer vornehmlich die Ausrüstung einer österreichischen Luftwaffe aus Beständen der Royal Air Force sowie die Ausbildung des benötigten Luftwaffenpersonals in Großbritannien übernehmen, wohingegen die USA das Rüstungsmaterial für die restlichen Armeeinheiten bereitstellen sollten.[609] Allerdings hatten die Engländer unter Hochkommissar Galloway wahrscheinlich aufgrund bereits durchgeführter Truppenreduktionen in ihrer Besatzungszone zwischen 18. und 31. März in Übereinstimmung mit der Weisung des Alliierten Rates vom 10. April 1946, an die Exekutive 1624 Revolver und 3315 Gewehre mit jeweils 40 Stück Munition ausgegeben.[610] Aber wie US-Hochkommissar Keyes an die Vereinten Stabschefs mitteilte, existierte in der britischen Zone außerdem noch ein Bestand von 12.000 Pistolen und 10.750 Gewehren,[611] den die Briten angeblich für die Ausrüstung der Gendarmerieeinheiten in den drei Westzonen beiseite gestellt hätten.

Wie sich im weiteren Verlauf der Diskussion um die Bereitstellung von Ausrüstungsmaterial zeigte, waren die Briten jedoch wenig geneigt, derartige Verpflichtungen aufsichzunehmen, und das, obwohl die Amerikaner noch eigens darauf hinwiesen, daß Vorkehrungen für die Instandhaltung und Rückgabe jenes von den Westalliierten auszuhändigenden Rüstungsmaterials (maintenance and replacement items) getroffen werden sollten.[612] Als nun die Amerikaner eine Zusage für die systematische Bewaffnung jener Alarmbataillone seitens der Briten erwarteten, erklärten diese lapidar, über kein überschüssiges Ausrüstungsmaterial zu verfügen.[613]

In gewisser Weise war dieses Kooperationsgefälle unter den Westmächten auch Ausdruck ihrer verschieden gelagerten Interessen in bezug auf Österreichs Zukunft, sowie Ausdruck ihrer ebenfalls unterschiedlich großen Ressourcen; diese Ambivalenz blieb bis zum Abzug der Besatzungstruppen 1955 symptomatisch für die Kluft zwischen dem diskursiven Konsens der Westmächte bezüglich der sicherheitspolitischen Erfordernisse in Österreich und dem Alleingang der USA als militärisch-wirtschaftlicher Führungsmacht des Westens, wenn es um konkrete Waffenlieferungen ging.

Ab 1949 begann man im US-Generalstab sogenannte „Foreign Military Aid Programms" auszuarbeiten, deren Waffenlieferungen auch auf Österreich ausgedehnt werden sollten. Wie der US-Verteidigungsminister James Forrestal eigens hervorstrich, wäre es dabei „undesirable that any public discussions be held on this subject."[614]

Zwar hatten die USA in ihrer Besatzungszone schon seit 1946/47 sukzessive mit der Ausrüstung der Polizei- und Gendarmeriekontingente begonnen,[615] aber die planmäßige Bewaffnung im Rahmen der Organisationspläne für die Alarmbataillone als Kern eines zukünftigen Bundesheeres begann erst 1949 unter dem signifikanten Tarnbegriff Unternehmen »Kismet«[616] voll anzulaufen.

Wie aus dem Wortlaut einer streng geheimen Note des US-Gesandten Erhardt an Außenminister Acheson vom 7. Februar 1949 hervorgeht, sollte sich die Wiederaufrüstung notfalls als unabwendbares ‚Schicksal' über Österreich exekutieren, denn würde sich herausstellen, „the Austrians are unwilling to take steps to do this, pressure should be brought to bear [sic]"[617]. Mit anderen Worten: Sollte es auf österreichischer Seite zu weiteren „unnötigen" Verzögerungen kommen, war man durchaus geneigt, entsprechenden Druck auf die Regierung auszuüben. Tatsächlich war aber die österreichische Bundesregierung alles andere als unwillig, das Aufrüstungsangebot von westalliierter Seite anzunehmen. Als der Österreichischen Regierung – nach zahlreichen vorhergegangenen Beratungen der Westmächte – seitens der drei Hochkommissare deren Remilitarisierungskonzept unterbreitet wurde, konnte Erhardt dem US-Außenministerium erfreut berichten: „Austrians have accepted enthusiastically."[618]

Wie schon erwähnt, existierte seit September 1948 ein von Amerikanern und Briten in Grundzügen ausgearbeiteter Plan für die Aufstellung von »Alarmbataillonen«. Dieser Plan war bis zum Frühjahr 1949, unter Zustimmung des französischen Hochkommissars General Béthouart, vervollständigt worden und wurde am 10. Februar in einer Konferenz zwischen dem britischen Hochkommissar Generalmajor Winterton und General Keyes nochmals bestätigt, wobei man beruhigt feststellte, daß die Aufstellung der drei Bataillone innerhalb der Gendarmerieeinheiten unter Kontrolle des österreichischen Innenministeriums eine Vorgangsweise darstelle, welche „would not justify undesirable Soviet countermeasures."[619]

Von Seite der österreichischen Regierung wurde anläßlich der Bekanntgabe der westalliierten Remilitarisierungspläne in Aussicht gestellt, bis Mitte April 1949 sowohl eigene Vorschläge für das Konzept jener militärischen Kader zu präsentieren und darüber hinaus einen Organisationsplan für eine österreichische Armee westlichen Militärs zur Begutachtung vorzulegen. Um einen allzu raschen Rüstungstransfer vorzubeugen, war man bemüht vorsichtig hinzuzufügen, daß zum gegenwärtigen Zeitpunkt die Ausrüstung mit schwerem Waffenmaterial nicht erwünscht sei.[620]

»Key Area Austria«   99

Anfang Juli informierte Keyes das US-Verteidigungsministerium, daß österreichischerseits ein Plan für die Aufrüstung der Gendarmerieregimenter vorgelegt worden war, der die Zustimmung aller drei Hochkommissare erhalten hatte.[621] Der Inhalt dieses Plans dürfte allerdings, bis auf den ausdrücklichen Wunsch, nur leichte Bewaffnung verwenden zu wollen, kaum von spezifischer Bedeutung gewesen sein bzw. ohnedies in Kongruenz zu den westalliierten Vorstellungen gestanden haben, da die US-Dokumente keinen weiteren Hinweis auf Details enthalten.

Im Zuge der Gespräche zwischen westalliierten und österreichischen Stellen wurde Innenminister Helmer davon unterrichtet („advised"), daß die genauen Modalitäten noch unter den drei Regierungen der USA, Englands und Frankreichs abgesprochen werden müßten, bevor Ausrüstungsmaterial für jene Einheiten effektiv zur Verfügung gestellt werden könnte. Trotzdem, so Keyes, sollte spätestens ab 1. Juli 1949 mit der endgültigen Aufstellung der Bataillone begonnen werden.

Wie aus den Akten der Foreign Relations für das Jahr 1949 hervorgeht, wurden aber die US-Militärs zunehmend ungeduldiger und drängten immer stärker auf eine Entscheidung der österreichischen Regierung, sich in der Aufrüstungsfrage nicht mit kleinlichem Parteien-Hickhack um wehrgesetzliche Details aufzuhalten, sondern endlich klar zu sagen, ob man die sicherheitspolitische Notwendigkeit einer Aufrüstung des Landes einsähe und demgemäß einer vollen militärisch-strategischen Kooperation mit dem Westen zustimme.[622]

Die Haltung der Bundesregierung war tatsächlich unklar: Zum einen hatte man einer Remilitarisierung im Zeichen der immer schärfer werdenden Ost-West-Konfrontation keine Absage erteilt, sondern von Anbeginn deutlich eine Wiederaufrüstung unter diesen Konditionen befürwortet. Andererseits aber wollte man, trotz gelegentlicher Ausritte einzelner Politiker, keine offizielle oder auch nur halboffizielle Einbeziehung in ein militärisches Bündnissystem (z. B. das der NATO) riskieren, da dies die Gefahr einer Teilung des Landes analog zu der Deutschlands bedeutet hätte. Auf diese Weise lavierte die Große Koalition zwischen dem US-dominierten Aufrüstungskurs der westalliierten Mächte und dem Eigeninteresse an westalliiertem Rüstungsmaterial hin und her. Obwohl man weiterhin die geheimen Gespräche mit westlichen Militärstellen pflegte – und in der Folge auch ausbaute –, wurden im Hinblick auf den erwünschten Staatsvertrag jedoch alle weitergehenden Bündnispläne, deren Akzeptanz eine offene Provokation der Sowjets und damit die endlose Vertagung eines Vertragsabschlusses bedeutet hätte, stets mit eigenen Überlegungen und (Gegen-)Entwürfen konfrontiert.

Im Frühjahr 1949 kam es dann zur Aufstellung der drei Alarmbataillone in den Westzonen, nachdem ein von Innenminister Helmer dem Ministerrat am 9. März vorgelegter Antrag, wonach 1.100 Vertragsbedienstete „für den uniformierten Gendarmeriedienst über den systemisierten Stand des Jahres 1949 neu aufgenommen werden"[623] sollten, genehmigt worden war. Die Leitung dieser Alarmbataillone, die unter der Tarnbezeichnung »HK II« (womöglich eine Abkürzung für Heeres-Kader) geführt wurden und den Generalmajoren Hirt, Bahr und Rauscher als Bataillonskommandanten unterstanden, hatte man Gendarmerieoberst Dr. Ernst Mayr, dem Landesgendarmeriekommandanten von Oberösterreich, übertragen.[624]

Zusätzlich verstärkt wurden die Alarmbataillone noch durch die Aufstellung dreier zunächst unbewaffneter Fahreinheiten in den Ortschaften Stadl-Paura (OÖ), Krumpendorf (Kärnten) und Eichat bei Absam (Tirol). Wie Rauchensteiner anmerkt, hätte man im Innenministerium „sehr darauf gedrungen, daß die militärische Ausbildung nur an ein bis zwei Tagen in der Woche betrieben würde."[625] Außerdem wäre es bei der Einstellung von Personal zu Schwierigkeiten mit der Gewerkschaft gekommen „die immer wieder Protest gegen die Verwendung von Gendarmeriebeamten im Verband der ‚HK II' erhob."[626]

All diese Umstände dürften sich aus Sicht der Westalliierten als unnötige Verzögerungen dargestellt haben, als Unklarheiten in der Kompetenzverteilung, die letztendlich dazu führten, daß auch die Auslieferung von Waffenmaterial anfänglich nur zögernd anlief.[627] Besonders den Vereinigten Staaten ging es in der Forcierung der Wiederaufrüstung der Westzonen längst nicht mehr um das Eigeninteresse Österreichs, um den bloßen Schutz des Landes, sondern primär um die Installierung eines Großraumkonzeptes zur Absicherung einer militärischen Vorfeldstrategie gegenüber der Sowjetunion und ihren Satellitenstaaten.

Aus dieser Perspektive mußte sich die Aufstellung militärischer Formationen als Minimalvoraussetzung präsentieren, gewissermaßen als kleinster gemeinsamer Nenner, auf dem aufbauend erst eine eigentlich militärische Streitmacht in Form einer Armee gebildet werden sollte, für deren Kompatibilität mit atlantischen Verbänden dann schon gesorgt würde.

Bloß, den USA ging dieser Prozeß zu langsam voran[628] und außerdem war man über das erreichte Ausmaß an Kooperation seitens der österreichischen Bundesregierung zunehmend weniger zufriedengestellt. Bereits im Jänner

1949 hatte man im US-Hauptquartier diesbezüglich angemerkt:

„Die österreichische Regierung und ihre Ministerien haben es insgesamt abgelehnt, an der direkten Planung einer österreichischen Armee mitzuwirken, da eine solche Tätigkeit angesichts des Fehlens eines Staatsvertrages vom Alliierten Rat als illegal angesehen werden könnte."[629]

Diese Äußerung spiegelt weniger die tatsächliche Situation jener Zeit wider – das westalliierte Planungskalkül war ja tendenziell darauf angelegt, die Planungen nicht paritätisch zu führen, sondern österreichische Stellen erst in zweiter Instanz zu informieren[630] –, als vielmehr die implizite Annahme, Österreich würde sich in der Frage der Remilitarisierung eventuell auch gegen sowjetische Einwände voll auf eine militärische Zusammenarbeit mit den westalliierten Mächten einlassen.

Vor allem den USA ging es spätestens ab 1948/49 keineswegs bloß um die Aufstellung einer österreichischen Armee, damit, wie immer wieder hervorgehoben wurde, nach Abzug der Besatzungstruppen innerhalb der festgelegten Frist von 90 Tagen nach Abschluß des Staatsvertrages, kein militärisches Vakuum[631] zurück bliebe. Als mindestens ebenso wichtig wurde die militärische Option auf die strategisch bedeutende Lage österreichischen Territoriums angesehen, das als Aufmarschgebiet für westalliierte Truppen unbedingt gesichert werden sollte. Aus diesem Grund war man seitens amerikanischer Stellen natürlich wenig geneigt, eine gemeinsame, d.h. kooperative Wiederaufrüstung Österreichs mit den Russen ernsthaft in Erwägung zu ziehen, denn, wie US-Berater Erhardt es formulierte, selbst wenn die Sowjets einer solchen Remilitarisierung vor Abschluß eines Staatsvertrages zustimmen würden, wäre doch anzunehmen, daß „they would not give Austria and Western Powers free hand."[632]

Zwar hatte der sowjetische Hochkommissar General Vladimir V. Kurasow am 13. April 1948 in einer Unterredung mit Bundeskanzler Figl die generelle Zustimmung der Sowjetunion zur Bildung einer österreichischen Armee gegeben. Allerdings gab diese ‚Zusage' – anders als dies bisher in der Literatur referiert wurde – weder das Frei-Signal für die westalliierten Remilitarisierungsbestrebungen, noch für den Beginn einer österreichischen Wiederbewaffnung. Wie aus einer Anmerkung in den Foreign Relations hervorgeht, hatte Kurasow lediglich zugestimmt, „that an Austrian army should be in being when occupation forces withdrew."[633]

In Anbetracht der genannten Aspekte ist der Feststellung von Hanns Haas völlig beizupflichten: „Die Remilitarisierung wurde alleine zu einer Sache des Westens."[634]

Gerade die amerikanischen Militärs waren es, die ab 1949 einen immer härteren und unnachgiebigeren Kurs der US-Außenpolitik bei den Staatsvertragsverhandlungen gegenüber den Sowjets, aber auch in bezug auf die militärisch-sicherheitspolitische Kooperationsbereitschaft all jener Staaten forderten, die sich als Empfänger von US-Wirtschaftshilfe der sogenannten ‚freien Welt' zugehörig aussprachen. Österreichs Restitution als freies und unabhängiges Land verfiel dabei in den politischen Analysen der jeweiligen Sachbearbeiter zu einer Leerformel, unter der die »Austrifizierung«[635], d.h. die Implementierung eigener machtpolitischer Interessen, betrieben wurde. Dies verdeutlicht eine Feststellung von Hochkommissar Keyes in einer Note an das US-Kriegsministerium vom 9. Juli, in der er bezugnehmend auf die österreichische Wiederaufrüstung meinte:

„Satisfactory solution of this question prior the treaty signature is, my opinion, essential in order to avoid grave risks to Austrian independence and to US interests and strategy."[636]

Noch deutlicher wurde Keyes in einer Note fünf Tage später, in der er resümierte:

„Having strongly rejected a policy of appeasement toward the Russians we are now tending to adopt a policy of appeasement toward the Austrians at the extent of our national aims in the struggle for world peace when no appeasement is called for."[637]

Nunmehr wären, wie Keyes dem War Departement unterbreitete, auf höchster politischer Ebene des Nationalen Sicherheitsrates, vor allem zwei Fragen zu klären, nämlich ob die militärische Besatzung Österreichs aus strategischen bzw. politischen Gründen notwendig und wünschenswert wäre, und wenn ja, in welchem Ausmaß.[638] Wäre die Antwort auf diese Fragen positiv, so sei die weitere Besatzung des Landes, wie Keyes vorschlug, mehr als gerechtfertigt: eine Besatzung, die zudem für Österreich, nach den früheren Belagerungen durch „Germanic tribes, the Romans, the Russians, the Turks, the Mongols, the French, the Germans and now, the British and the Americans", ohnedies „the mildest in history"[639] wäre.

Dieser »military point of view«, den General Keyes in der Folge in der Behandlung der Österreichfrage ausschließlich geltend machte, ist rückblickend insofern von Bedeutung, als im Mai 1949 die US-Truppen in Österreich „vollständig aus dem Europäischen Kommando herausgelöst und zu einem unabhängigen Kommando gemacht worden waren, das direkt den Vereinten US-Stabschefs unterstand."[640] Die amerikanischen Truppen in Österreich waren nicht mehr „als Teilstreitmacht für die Verteidigung des

Rheins gedacht"[641], sondern sollten im Kriegsfall auf Italien ausgerichtet werden. Insofern hatten die Darstellungen General Keyes' als Oberkommandierender der US-Streitkräfte in der »key area« Österreich gegenüber dem US-Kriegsministerium und den Vereinten Stabschefs wohl einiges an Gewicht.

In einem Memorandum vom 30. August 1949 brachte Keyes die »Roll-Back«-Position[642] der amerikanischen Militärs in klaren Worten auf den Punkt:

„We should clearly recognize for policy purposes that the continuation of the occupation of Austria is based upon the existence of East-West ideological differences, and no longer directly related to the military issues determinate in World War II. Consequently, the initial objectives for which the United States occupied Austria have become secondary and the struggle against Communism and against the Soviet aggressive economic and political penetration of Western Europe is now the primary purpose of our presence here."[643]

Die ursprünglichen Ziele einer kooperativen Friedensordnung, d.i. die Wiederherstellung eines ‚freien' und ‚unabhängigen' Österreichs gemäß dem Wortlaut der Moskauer Deklaration, waren nun aufgrund positionaler Vorfeldstrategien im Zeichen eines voll entfalteten Kalten Krieges zweitrangig geworden. Konsequenterweise wurde von den US-Militärgremien ein Staatsvertrag, der Österreich zu einem souveränen politischen Handlungssubjekt gemacht hätte, zu diesem Zeitpunkt abgelehnt. Zunächst wurde diese Haltung sowohl von den amerikanischen zivilen Regierungsstellen als auch von Franzosen und Briten *grosso modo* geteilt und damit noch rigider fortgesetzt, was eigentlich seit der Londoner Konferenz der Sonderbeauftragten Februar 1948 begonnen hatte, nämlich, die Staatsvertragsverhandlungen „auf die lange Bank zu schieben."[644]

Aber als auf der Pariser Außenministerkonferenz (Mai/Juni 1949), auf der große Fortschritte erzielt worden waren,[645] am 20. Juni, dem letzten Konferenztag, in einem Abschlußkommuniqué in Aussicht gestellt wurde, den Österreichvertrag bis 1. September „unterzeichnungsfertig zu machen"[646], kam es zu akuten Differenzen zwischen dem US-State Departement und dem Departement of the Army, als auch zu offenen Meinungsverschiedenheiten unter den Westalliierten, wo sich vor allem Großbritannien erneut für den Abschluß eines Vertrages stark machte.

Schon Dezember 1948 war vom State Departement unter der Bezeichnung NSC 38 ein Report ausgearbeitet worden, der einen Vertragsabschluß prinzipiell ins Kalkül zog. Inmitten der hoffnungsvollen Verhandlungen auf der Außenministerkonferenz in Paris legte US-Verteidigungsminister Louis Johnson dem Nationalen Sicherheitsrat mit dem NSC 38/1 einen dezidierten ‚Gegenbericht'[647] der Militärs vor, der einen Staatsvertragsabschluß unter Verweis auf die militärisch ungenügenden Sicherheitsvorkehrungen im Lande negativ beurteilte.

Das amerikanische Außenministerium unter Dean Acheson hatte sich bis zu diesem Zeitpunkt einer Verzögerungstaktik befleißigt, derzufolge man zwar prinzipiell für den Abschluß eines Staatsvertrages war, diesen allerdings vom Fortschritt in der österreichischen Wiederbewaffnung abhängig machte, sowie von der mit ins Kalkül gezogenen »post-treaty-period«. So äußerte sich der Action Secretary of State, James E. Webb, am 17. Juni gegenüber Acheson, daß Zusagen von westlicher Seite nur gemacht werden sollten, „if there is assurance in final treaty Austrian independence and Western orientation can be maintained in future."[648]

Demgegenüber rückte das Departement of Defense vor allem nach den positiven Verhandlungsergebnissen auf der Pariser Außenministerkonferenz – die einen Vertragsabschluß in nächster Zeit als durchaus möglich erscheinen ließen – sowie der immer stärker angezweifelten Aufbaumöglichkeit einer österreichischen Armee innerhalb der festgelegten Frist von 90 Tagen, völlig von der Wünschbarkeit eines Staatsvertrages mit Österreich ab. US-Verteidigungsminister Johnson setzte sich dabei dermaßen heftig gegen einen Vertragsabschluß ein, daß, wie Francis T. Williamson, der stellvertretende Direktor des Office for European Affairs, am 4. Oktober 1949 an Gesandten Erhardt berichtete, die ganze Angelegenheit auf seine Initiative sogar vor den Nationalen Sicherheitsrat gebracht wurde.[649]

„Whatever is done will require NSC approval since Louis Johnson will not let us sign the Treaty until he has 88 million dollars for small arms and ammunition and any change in the composition of the military occupation in Austria will also require the personal approval of Mr. Johnson"[650], teilte Williamson Erhardt mit. An dieser Aussage läßt sich ermessen, welches politische Gewicht den militärischen Aspekten der Österreichfrage in jener Zeit beigemessen wurde.[651]

Diese Kontroverse zwischen State Departement und Verteidigungsministerium, die, wie Williamson berichtete, viel „local furor"[652] verursacht hatte, wurde am 26. Oktober 1949 von Präsident Truman in einer Unterredung mit Acheson und Johnson zugunsten der Weiterführung der Staatsvertragsverhandlungen entschieden.[653] Allerdings war, wie Hanns Haas bereits gezeigt hat, diese Entscheidung für die Fortsetzung der Verhandlungen letztendlich wieder von machtpolitischen bzw. militärischen Interessen bestimmt. Die Verhandlungen kamen nämlich nach dem Bescheid Trumans erneut ins Stocken, obwohl noch am 18. November auf der Außenministerkonferenz über das Deutsche Eigentum eine Einigung erzielt worden war.[654] Ursache war, daß sich die Westalliierten dem in Artikel 27 des Staatsvertragsentwurfes festgehaltenen Verbot der Beschäftigung von Ausländern in der „militärischen oder zivilen Luftfahrt oder bei Experimenten, Entwürfen, in der Produktion oder Instandhaltung von Kriegsmaterial"[655] widersetzten. US-Außenminister Acheson wandte sich bei der Herbstverhandlungsrunde in Washington entschieden gegen diese Bestimmungen und meinte, „we cannot compromise on the employment of foreign technicians"[656].

Diese Bestimmungen, die ja aufgrund sowjetischer Vorschläge in den Staatsvertragsentwurf aufgenommen worden waren, „would completely preclude a Military Assistance Program mission on Rearmament"[657], was speziell amerikanischen Interessen entgegenstand, da man sich am Aufbauprozeß einer österreichischen Wehrmacht auf jeden Fall direkt beteiligen wollte. Pointiert formuliert sollten die Bestimmungen des Staatsvertrages aus Sicht der USA „Österreichs Westintegration bestätigen und eine ausreichende Basis für ihre Intensivierung abgeben."[658]

1949 zeichnete sich – nicht zuletzt durch die härtere Linie in der neuen Administration des US-Außen- und Verteidigungsministeriums[659] – eine deutliche Akzentverschiebung von der bisherigen militärisch-ökonomischen Eindämmungsstrategie gegenüber der Sowjetunion in Richtung aggressiver »Liberation« ab, d.h. einer Position, die künftig auf ein stärkeres Vor-Ort-Engagement setzte und selbst militärische Konflikte in Kauf nahm.

Inwieweit nun die kurzzeitige Wiederaufnahme der Verhandlungen auch durch britischen Druck bewirkt worden war, läßt sich nicht konkret beantworten. Jedenfalls hatte sich Großbritanniens Außenminister Ernest Bevin Mitte 1949 mit Nachdruck für einen Vertragsabschluß mit Österreich ausgesprochen und erneut gegen die „Politik der Stärke"[660] der US-Regierung opponiert. Bevin war der Ansicht, daß eine weitere Verzögerung der Verhandlungen trotz des Entgegenkommens der Sowjets „would have very depressing effect internationally".[661] In einem Telegramm vom 27. August 1949, das dem US-Außenministerium übermittelt wurde, sprach sich Bevin in voller Kenntnis der amerikanischen Einwände für einen Abschluß aus, da dies sowohl Druck von Österreich nehmen, als auch zum Rückzug sowjetischen Engagements Richtung Osteuropa führen würde. Außerdem brachte er zum Ausdruck, daß ein für die Westmächte in sicherheitspolitischer Hinsicht zur Gänze akzeptabler Vertrag wohl kaum zu erreichen sei. „If the conditions are such that Russia can put pressure on Austria, no treaty, however well phrased, will protect her"[662].

Bevin plädierte ernsthaft für ein Eingehen auf die russischen Ablöseforderungen bezüglich des Deutschen Eigentums in ihrer Besatzungszone, um baldigst zu einem Vertragsabschluß mit Österreich zu kommen. Diese Haltung der Briten konnte zwar die Geschlossenheit, mit der man man auf westalliierter Seite an die Wiederaufrüstung Österreichs heranging, kaum ernsthaft in Frage stellen, aber immerhin wurde damit klar gemacht, daß man eine weitere Verzögerung eines Vertragsabschlusses weder im Interesse westlicher Sicherheitspolitik noch im Interesse Österreichs für gerechtfertigt hielt. So meinte Bevin: „I strongly feel that this is a psychological moment for the conclusion of the treaty which we cannot afford to miss."[663]

Auf amerikanischer Seite reagierte man auf diese vertragsfreundliche Haltung der Engländer, der sich diesmal auch das französische Außenamt angeschlossen hatte,[664] verstimmt und begann, auf die Verbündeten Druck auszuüben, indem man klarlegte, daß man gegebenenfalls, bei anhaltendem Dissens, eine Ratifizierung des Staatsvertrages überhaupt verhindern würde.[665] In einem solchen Fall wäre es zweifelhaft, „whether the Russians would either ratify the treaty or withdraw their troops."[666]

Obwohl sich die machtpolitische Position der USA in Mittel- und Westeuropa seit 1949 bestätigt sah und die US-Diplomatie im Bewußtsein handelte, „die erste Runde gegen die Sowjets gewonnen zu haben"[667], sollte die bisherige Außenpolitik im Zeichen einer noch offensiveren »Containmentpolicy« gegenüber der Sowjetunion fortgesetzt werden, nötigenfalls auch mit Druck gegen die eigenen westlichen Bündnispartner.

Ziel dieser amerikanischen „Politik der Stärke" war dabei, über geeignete wirtschaftspolitische Maßnahmen, wie etwa durch den vorhandenen technologisch-militärischen Vorsprung, möglichst in eine Position zu gelangen, „von der aus man diktieren konnte und nicht mehr verhandeln mußte."[668] Unter diesen Auspizien kam es ab Ende 1949 zum völligen Einfrieren der Verhandlungen bis zum Jahr 1952. Robert G. Knight ist hier zuzustimmen, wenn er folgerichtig anmerkt, daß „selbst wenn sich die sowjetische Position 1949 nicht verhärtet hätte, (es) nicht notwendigerweise zu einer Ratifizierung und Evakuierung Österreichs gekommen"[669] wäre.

Am 29. Juli 1949 übergab die österreichische Regierung dem USFA-Headquarter den angekündigten Plan eines zukünftigen Bundesheeres.[670] Dieser

Heeresorganisationsplan stellte eine Art Basis-Übereinkommen zwischen beiden Großparteien dar, in dem man sich, wahrscheinlich unter Druck der Westalliierten, gewissermaßen auf einen Rohentwurf mit den wesentlichsten organisatorischen Bestimmungen für eine österreichische Armee geeinigt hatte.[671] Ohne auf die Einzelheiten dieses Entwurfes eingehen zu wollen, sei erwähnt, daß darin eine allgemeine Wehrpflicht von sechs Monaten vorgesehen war, sowie die besondere Berücksichtigung all jener Offiziere, die ab 1938 von den Nazis außer Dienst gestellt worden waren. Die vorläufige Stärke dieser Armee sollte zwischen 20.000 und 30.000 Mann betragen und in sechs Garnisonen gegliedert werden, mit den jeweiligen Hauptquartieren in Innsbruck, Linz, Klagenfurt, Graz, St. Pölten und Wien.[672] Was die benötigte Ausrüstung betraf, teilte General Geoffrey Keyes dem US-Verteidigungsministerium mit: „Negotiations with Allied authorities will be started immediately in order to secure arms and equipment (meaning the US)."[673]

Mit dieser formalen Einigung von SPÖ und ÖVP auf ein gemeinsames Konzept einer österreichischen Armee, das ja immerhin westalliierten Stellen zur Begutachtung vorgelegt worden war, wurde in gewisser Weise Einverständnis mit den Remilitarisierungsplänen der Westmächte signalisiert, die ihrerseits nun verstärkt daran gingen, Österreich zumindest „auf einer organisatorisch niedrigen Form militärisch in den Westen"[674] zu integrieren. Wie bereits erwähnt, hatte man im US-Generalstab nach Ratifizierung des NATO-Paktes mit der Ausarbeitung sogenannter »Foreign Military Aid Programms« begonnen, deren Waffen- und Kapitaltransfer vornehmlich auf die Unterstützung der NATO-Bündnispartner ausgerichtet war, in der Folge aber, vor allem nach Beginn des Korea Krieges Juni 1950, auf alle nichtkommunistischen Staaten ausgerichtet wurde.[675]

Obwohl der amerikanische Kongreß Österreich nicht in den „Mutual Defense Assistance Act"[676] miteinschloß, worin die militärischen Hilfsprogramme für die einzelnen Länder und deren Koordinierung durch das sogenannte »Military Assistance Programm« (MAP)[677] beschlossen wurden, kam es vor allem auf Drängen der Militärs zur inoffiziellen Miteinbeziehung Österreichs in die Lieferpläne des MAP.[678]

Schon am 26. Juli 1949 wurde vom »Foreign Assistance Correlation Committee« für die Wiederaufrüstung Österreichs ein Ausrüstungsbedarf in der Höhe von 88 Millionen Dollar veranschlagt, der aus den Mitteln des MAP abgedeckt werden sollte.[679] Wie im Papier dieses Komitees eigens festgehalten wurde, sollte die Bereitstellung dieses Rüstungsmaterials bis zur endgültigen Unterzeichnung eines Staatsvertrages möglichst geheim ablaufen, da es für das österreichische Aufrüstungsprogramm nicht von Vorteil wäre, „to be debated publicly in connection with the Military Assistance Programm as a whole."[680]

Einen interessanten Einblick in die Tiefenstruktur der maßgeblichen amerikanischen Planungen jener Zeit gewährt ein Report des Nationalen Sicherheitsrates an Präsident Truman vom 17. November 1949, der sogenannte NSC 38/4.[681] In diesem für die Remilitarisierung Westösterreichs zentralen Dokument wurden, neben einer erneuten Diskussion der Vor- und Nachteile eines Vertragsabschlusses, die Handlungsrichtlinien für den weiteren Ausbau des zunächst nur stockend angelaufenen militärischen Aufrüstungsprogramms dargelegt. Festgehalten wurde die Notwendigkeit weiterer Absprachen mit Frankreich und England, die ihren Beitrag zur Wiederbewaffnung Österreichs endlich präzisieren sollten. Seit der letzten Anfrage an die französische und britische Regierung vom 22. Juli 1949, „for information on the assistance which they could give to the fulfillment of the Austrian military programme"[682], stand lediglich fest, daß England willens war, eine österreichische Luftwaffe mit 5.000 Mann und insgesamt 90 Flugzeugen auszurüsten, und Frankreich sich bereit erklärte, leichte Waffen und Ausrüstung zur Verfügung zu stellen, jedoch die Gretchen-Frage aufwarf, „how the transfer of this equipment would be financed."[683]

Auf amerikanischer Seite war man mit dem Ausmaß an Kooperationsbereitschaft seitens der Verbündeten keineswegs zufrieden, da noch immer keine genauen Angaben weder über den Umfang noch über die Effektivität der britischen und französischen Teilnahme am Wiederaufrüstungsprogramm vorlagen.[684] Vor allem die englischen Stellen hatten sich, wie der Report berichtete, auf die amerikanische Anfrage besonders zurückhaltend geäußert. „The British Government has replied that it considers the equipping of the Austrian army a United States responsibility."[685]

An der zögernden Haltung der Engländer konnten die USA trotz dauernden Anfragens und Verhandelns nur wenig ändern. Das britische Foreign Office versicherte stets seine prinzipielle Zustimmung zu den ausgearbeiteten Plänen, wollte sich dann aber keineswegs auf konkrete Aussagen bezüglich des von britischer Seite zu stellenden Beitrags zur Aufrüstung festlegen. Die Ausführung des in der Folge von US-Militärs als „stockpiling program" vorgelegten Aufrüstungsplanes, blieb zum größeren Teil den USA selbst überlassen. De facto ging es den Vereinigten Staaten aber ohnedies weniger um die finanzielle und materielle Partizipation von England und

Frankreich, als vielmehr um eine gewisse Absicherung gegenüber der Weltöffentlichkeit, damit die Verzögerung der Staatsvertragsverhandlungen sowie die möglichen Folgen der Remilitarisierung der Westzonen für Österreich nicht als alleinige ‚Schuld' der machtpolitischen Eigeninteressen der USA dargestellt werden könnten. So heißt es in einem Memorandum des Assistant Secretary of State for European Affairs, Perkins, klar und deutlich: „It is highly important that the program for Austrian security be based on mutual agreement and that it not be the sole responsibility of the U.S."[686]

Im oben genannten NSC 38/4 wurde weiters darauf hingewiesen, daß es nicht möglich gewesen sei, „in view of international commitments, to name Austria specifically as a recipient country in the legislation for the Military Aid Program (MAP)"[687] eine Belieferung mit Rüstungsmaterial im Rahmen des »Military Assistance Program« aber dennoch ins Auge gefaßt werde. Und zwar sollte dieses Material, das für die Ausrüstung von annähernd 28.000 Mann innerhalb einer Aufbauzeit von neun bis zwölf Monaten gedacht war und auf 82 Millionen US-Dollar veranschlagt wurde[688], möglichst schnell per Schiff gemeinsam mit sonstigen Lieferungen des MAP entweder nach Deutschland oder nach Österreich überstellt werden,[689] von wo aus dann jederzeit eine rasche Auslieferung möglich wäre. Gedacht war dabei an „small arms, automatic weapons, armored cars, light tanks, motor transport, and mobile communications equipment."[690]

Dieses Rüstungsmaterial sollte wohlgemerkt nicht an die bereits im Training begriffenen Alarmbataillone ausgegeben werden, sondern als Grundausrüstung für eigene Armeeinheiten dienen, deren Aufstellung innerhalb der festgelegten Frist von 90 Tagen nach Abschluß eines Staatsvertrages gemäß Artikel 33 des Staatsvertragsentwurfes in der Darstellung des NSC 38/4 allerdings als Problem aufgefaßt wurde. Die Thematisierung einer Fristverlängerung auf 180 Tage gegenüber den Sowjets wurde aber, diesmal aufgrund des „political viewpoint" als unzweckmäßig erachtet, da mit weitergehenden Änderungswünschen der sowjetischen Besatzungsmacht zu rechnen war.[691]

Jedenfalls sollten, so die Schlußfolgerungen des NSC 38/4, die Gespräche mit den Franzosen und Briten unverzüglich fortgeführt werden, „to assume their share of the mutual responsibility for the internal security of Austria."[692] Weiters wäre der österreichischen Bundesregierung „the necessity for complete [sic] cooperation with the Western Powers in the creation of the Austrian army"[693] einzuschärfen („to impress"). Zuletzt wurde in dem genannten Report festgehalten, daß die Bereitstellung von Rüstungsmaterial aus dem Fonds des MAP unverzüglich anlaufen sollte, „to insure the availability of essential equipment for an Austrian army by the coming into force of the treaty."[694]

Obwohl, wie US-Berater Erhardt am 9. Dezember 1949 Außenminister Acheson mitteilte, die Einigung von ÖVP und SPÖ auf einen gemeinsamen Heeresorganisationsplan nur mühsam durch Insistieren der Westalliierten erfolgt war – „army organisation between Socialists and Peoples Party last July was not easily reached"[695] –, gab man sich Ende des Jahres 1949 auf amerikanischer Seite einigermaßen zufrieden. Zum einen wurden die Gespräche zwischen den Westalliierten bezüglich der Ausrüstung einer österreichischen Armee intensiviert und mit der Aufstellung von Materiallieferlisten seitens der USA, die in Form von Vorschlägen den zu leistenden Beitrag von Franzosen und Briten enthielten,[696] ein diesbezüglich bindendes Abkommen zwischen den Westmächten absehbar. Auf diese Weise war sowohl ein geschlossenes Vorgehen in der Remilitarisierungsfrage, als auch das einheitliche Auftreten gegenüber der österreichischen Regierung garantiert, „to insure governmental effort to create an Austrian Army."[697]

Zum anderen schien man über das erreichte Ausmaß der Kooperation seitens der österreichischen Regierung vorerst zufriedengestellt, da mit der Vorlage eines Armeekonzeptes durch ÖVP und SPÖ doch grundlegendes Einverständnis mit dem Remilitarisierungsvorstellungen der westlichen Mächte gezeigt wurde, wenn auch unter maßgeblichen Druck der westalliierten Stellen – Druck, den man auch weiterhin zum Einsatz brachte. So heißt es in einem Bericht General Keyes' an das Departement of the Army vom 23. Dezember 1949:

„Have continued to impress on Austrian authorities the need for planning and coordination and have been assured by chancellor that this matter is now being given a high priority."[698]

4.4 Zweite Zwischenbilanz – Österreich als Opfer westalliierter Rüstungsdoktrin?

Mit Ende des Jahres 1949 standen sich in Europa zwei gegnerische, militärisch-wirtschaftliche Blöcke gegenüber, deren Antagonismus sich zunächst durch die „Offensive der westlichen Führungsmacht USA"[699] auf den ökonomischen Bereich erstreckte, und ab 1948/1949 mit Bildung der NATO und der endgültigen Teilung Deutschlands – die Gründung der BRD war ja bereits am 14. August 1949 erfolgt[700] –, wiederum durch die Offensive der

USA, auf eine direkte Konfrontation im militärisch-strategischen Bereich übergriff. Bereits 1949 wurde in einer öffentlich geführten Diskussion, die Miteinbeziehung des „erstrangigen westdeutschen Militärpotentials"[701] in die NATO-Verteidigungspläne für Westeuropa behandelt. Vor allem die Remilitarisierungsbereitschaft der Regierung Adenauer, schon so kurze Zeit nach den Potsdamer Beschlüssen und den darin festgehaltenen Bestimmungen bezüglich der Entmilitarisierung Deutschlands die großangelegte Wiederaufrüstung zu forcieren, führte zu national und international heftigen Reaktionen.[702] Der breite Widerstand gesellschaftlicher Gruppierungen machte jedenfalls deutlich, daß nicht nur in Westdeutschland, „sondern auch in allen westlichen Ländern – vermutlich auch in Osteuropa – (war) nach der totalen Mobilisierung und Zerstörung des Krieges der Aufbau eines Landheeres ausgesprochen unpopulär"[703] war.

Die Haltung der Westalliierten, insbesondere der Vereinigten Staaten, war in bezug auf die Situation in Österreich, wo man von einem Vertragsabschluß mehr denn je entfernt war, zusehends von der ordnungspolitischen Frontstellung gegenüber der Sowjetunion in Europa bestimmt, was schließlich darin resultierte, daß die mit der Moskauer Deklaration in Aussicht gestellte Wiederherstellung eines freien und unabhängigen Österreich allein unter dem Gesichtspunkt militärstrategischer Eigeninteressen, dem »military point of view«, betrachtet wurde. Dabei reduzierte sich die Interpretation der ‚Unabhängigkeit' Österreichs als einer für die NATO logistisch wichtigen Schlüsselzone zwischen Deutschland und Italien entweder auf die Zurückdrängung sowjetischen Einflusses oder auf die Durchsetzung westlicher Hegemonieansprüche.

Mit dem amerikanischen Interesse an einer wirtschaftlichen »Open-Door«-Politik in Europa, d.h. der Forderung nach gleichen Chancen auf allen Auslandsmärkten, „Abbau von Schutzzoll- und Zollpräferenzsystemen"[704], sowie unbeschränkten Investitionsmöglichkeiten und ungehindertem Zugang zu allen Rohstoffreserven[705] – einem Interesse, das wie gesagt vornehmlich durch die eigene Überproduktion infolge der forcierten Kriegswirtschaft strukturiert war[706] und die Eindämmung sowjetischen Einflußbereiches von Anbeginn mitbeinhaltete –, wurde die „Globalisierung des amerikanischen Sicherheitsbegriffs"[707] unvermeidlich. So wurde bereits im Herbst 1947 von sowjetischer Seite der Marshall-Plan als „Plan zur Versklavung Europas" bezeichnet, der darauf abziele, „einen Block von Staaten, die durch Verpflichtungen den USA gegenüber verbunden sind, zusammenzuzimmern und die amerikanischen Anleihen als Gegenleistung für den Verzicht der europäischen Staaten auf ihre wirtschaftliche und später auch auf ihre politische Selbständigkeit zu gewähren."[708]

Dieser Übergang vom Isolationismus zum Universalismus[709], bei dem die Vereinigten Staaten sowohl die bisherige Rolle Großbritanniens als wirtschaftlicher Führungsmacht des Westens als die der militärischen »Eindämmung« gegenüber der Sowjetunion übernahmen, fand mit der Blockbildung in Form übernationaler wirtschaftlicher und militärischer Bündnisse der Weststaaten seine institutionalisierte Bestätigung. Parallel dazu verfiel die kooperative Zusammenarbeit der „antifaschistischen Kriegsallianz" der Alliierten zu einer konfrontativen Einflußsphärenpolitik, wobei die ursprünglich projektierte Zusammenarbeit beim Rekonstruktionsprozeß Nachkriegseuropas in den wesentlichen Punkten der Entmilitarisierung und Entnazifizierung einer Praxis wich, bei der die Inhalte und die Durchführung der genannten Punkte unter dem Gesichtspunkt eines bereits eskalierenden Kalten Krieges vollständig ihre Bedeutung verloren. Vor allem auf Seite der Westalliierten machte sich eine Sprachregelung bemerkbar, bei der der Antifaschismus zunehmend hinter dem Antikommunismus zurückblieb und in der krassesten Diktion, die auf Churchill zurückgeführt wird („das falsche Schwein geschlachtet"), nicht den Faschismus, sondern den Kommunismus als das eigentlich bekämpfenswerte Ziel hinstellte.[710]

Diese Totalitarismusdoktrin, die neben der politisch-militärischen Planungsarbeit auch die medienpolitische Aufbereitung jenes Ost-West Konfliktes bestimmte, mochte, wie Willibald I. Holzer meint, viele ‚Ehemalige' in ihrer Auffassung bestätigen, „jener viel zu lange und zu Unrecht verfolgten Elite zuzugehören, die schon seinerzeit mit ihrem Kreuzzug gegen Osten nicht etwa verbrecherisch gehandelt der zumindest geirrt, sondern in wissender Antizipation des historisch Unumgänglichen jene Politik in weiser Voraussicht vorweggenommen habe, deren Alternativlosigkeit sich eben erst heute jedermann erschlösse."[711] Tatsächlich war ja der deutsche Generalstab bei den Nürnberger Prozessen – u. a. auf dessen Urgenz vor und hinter den Kulissen – als Organisation nicht verurteilt worden, da dies die Kooperationsbereitschaft der Offiziere, um deren Wiederverwendung man sich bereits wieder Gedanken machte, nachhaltig zunichte gemacht hätte.[712] Mit der allgemeinen Wiederaufrüstung und der Rehabilitierung prominenter Generäle sahen manche Weltkriegsveteranen vermutlich ihre (zweite) Chance kommen.

„Alptraum oder Vision – manche wähnten sich bereits zurück in Amt und Würden, sahen sich im Geiste wohl bereits Stalingrad und Moskau im Präventiv-Blitzkrieg erobern und gedachten vermutlich, ihren Lebensabend auf jenen Gütern in der Ukraine zu verbringen, die ihr Führer einstmals seinen treuen Feldherrn zugedacht hatte."[713]

In diesem allgemeinen Prozeß der Remilitarisierung der Nachkriegsgesellschaften Westeuropas infolge der Aufrüstungsdoktrin des Kalten Krieges kamen weder die Entnazifizierung noch die Entmilitarisierung maßgeblich zum Tragen, sodaß sich im Zuge der Wiederaufrüstung aus den projektierten ‚Schülern der Demokratie' bald „Unteroffiziere der Freiheit"[714] zurückmeldeten. So wurden im Zusammenhang der allgemeinen Remilitarisierung und vor dem Hintergrund des Kriegsausbruchs in Korea bereits 1950/51 zahlreiche, durch alliierte Gerichte auf Basis der Potsdamer Beschlüsse verurteilte deutsche Offiziere über sogenannte ‚Gnadenausschüsse' der US-Militärregierung rehabilitiert,[715] um über die Wiederherstellung der ‚Soldatenehre' die deutsche Wehrbereitschaft im Rahmen der atlantischen Verbände sicherzustellen.[716]

Nachdem bereits im Dezember 1949 60 in Nürnberg verurteilte Kriegsverbrecher durch einen ersten „Gnadenakt" entlassen worden waren erfolgte Ende Jänner die zweite Gnaden- und Amnestie-Aktion: Durch den Oberbefehlshaber der amerikanischen Streitkräfte in Europa, General Thomas T. Handy und den US-Hochkommissar, General McCloy, wurden zehn von fünfzehn noch nicht vollstreckten Todesurteilen aufgehoben und in Gefängnisstrafen verwandelt. Weiters wurde in 36 Fällen die Strafzeit erheblich nachgelassen, „32 Kriegsverbrecher wurden sofort auf freien Fuß gesetzt, ohne ihre Strafe abgebüßt zu haben."[717] Generäle wie beispielsweise von Manstein, Manteuffel oder Foertsch wurden pardonniert und fanden sich umgehend in zum Teil beachtlichen Positionen wieder. Generalfeldmarschall Erich von Manstein, der in einem Tagesbefehl vom 20. November 1941 proklamiert hatte, das „jüdisch-bolschewistische System muß ein für allemal ausgerottet werden"[718], war 1949 zu 18 Jahren Haft verurteilt worden,[719] wurde 1953 entlassen und stieg unmittelbar darauf zum Ratgeber und Gutachter des bundesdeutschen Verteidigungsministeriums auf; der ehemalige Panzergeneral und ‚Günstling Hitlers', Hasso v. Manteuffel, wurde 1950 zum ersten militärischen Berater Konrad Adenauers; General Hermann Foertsch, Autor eines Schulungsbuches für NS-Offiziere, der sich in den letzten Kriegstagen im Raum Dachau durch besondere ‚Führertreue' ausgezeichnet hatte, indem er gegen einen ihm untergebenen Offizier ein kriegsgerichtliches Verfahren einleitete, da dieser sich gegen den Befehl, mit einer SS-‚Kinder-Division' gegen die voranrückenden Amerikaner anzugreifen, gestellt hatte, wurde 1950 „Berater für Wehrmachtsfragen" des erst

1947 gegründeten Instituts für Zeitgeschichte in München.[720]

Auch in Österreich fanden manche Gespenster der Vergangenheit wieder Gehör und Anerkennung, wenn auch nicht in offiziellen Funktionen. So z. B. der anfänglich zum Tode verurteilte, 1952 dann aus der Haft entlassene Ex-Generalfeldmarschall und Kriegsverbrecher Albert Kesselring[721], der bei einer öffentlichen Zusammenkunft von Soldaten- und Kameradschaftsbünden 1954 in Salzburg auftrat, ohne daß von offizieller Seite dazu Stellung bezogen wurde. Die *Arbeiterzeitung*, die diesen Vorfall im Kontext der allgemeinen Remilitarisierungs thematisierte, berichtete entrüstet, daß in Tirol von den dortigen ‚Gendarmerieverbänden' bereits wieder „sattsam bekannte Nazilieder geplärrt" würden. Kritisch und unverblümt wie sonst kaum, wandte sich die AZ, zumindest deren Innsbrucker Korrespondent, gegen eine unter derartigen Vorzeichen stehende Remilitarisierung:

„In den Parks halten sie ihre Nachtmanöver ab. Leuchtkugeln fliegen in die Luft, Exerzierübungen werden abgehalten und anderes mehr. Nein, Österreich ist kein Exerzierplatz, auch nicht für das vom »sozialistischen« Innenminister aufgezogene Bundesheer! Der Innenminister sollte endlich zur Kenntnis nehmen: Wir Österreicher sind keineswegs an Truppenkontingenten interessiert, die eine österreichische Regierung aus jungen Österreichern rekrutiert, um sie den Atlantikstreitkräften als Schlachtvieh zu präsentieren!"[722]

Wie in Deutschland, so kamen auch in Österreich bereits früh wieder deutsche Offiziere mit ihrer Einschätzung der Lage aus ‚militärischer' Sicht zu Wort. So erschien beispielsweise in der Zeitschrift *Berichte und Informationen* des VdU-Gründers Herbert Kraus[723] am 8. April 1949, vier Tage nach Gründung der NATO, ein Interview mit namentlich ungenannten deutschen Generälen bezüglich der Remilitarisierung Deutschlands. Es heißt darin:

„Eine Remilitarisierung Deutschlands würde die russische Haltung versteifen (...) Ein russischer Vorstoß nach Westdeutschland würde den Beginn eines neues Weltkrieges bedeuten (...) Will es [die Sowjetunion, C. S.] diesen Krieg nicht, dann wird es auch diese Remilitarisierung schlucken."[724]

Und in einem Artikel der gleichnamigen Zeitschrift vom August über „Die militärische Bedeutung des Ostblocks"[725] wurde bereits die ‚Psyche' der russischen Besatzungsmacht analysiert, indem man feststellte: „(...) die normalen Mittel [sic!] der Kriegsführung versagen an der besonderen Beschaffenheit des russischen Soldaten (...), da er bereit ist, seinen ihm aufgetragenen Kampfauftrag bis zum Ende unter dem rücksichtslosen Einsatz der eigenen Person und bedenkenloser Aufopferung des eigenen Lebens durchzuführen."[726]

Wenn man sich nun vor diesem grob skizzierten Hintergrund die Frage stellt, inwiefern Österreich von dieser offenen Konfrontation zwischen Ost und West konkret betroffen war, so müßte eine fundierte Antwort wohl dem komplexen Wechsel- und Zusammenspiel von ‚inneren' und ‚äußeren' Faktoren sowohl auf Ebene „intergouvernementaler Politik"[727], als auch auf der „subgouvernementaler Entscheidungsfindung"[728], d. i. der Ebene unter oder oberhalb offizieller Diplomatie, folgen und deren Auswirkungen auf das innenpolitische Klima einerseits, auf die kulturelle bzw. sozioökonomische Situation andererseits, zur Darstellung bringen.

Bezogen auf das Zusammenwirken des Kalten Krieges mit der österreichischen Wiederaufrüstung, läßt sich aber zumindest folgendes festhalten: 1. Ab 1947/48 wurde seitens der westalliierten Mächte die Frage eines österreichischen Staatsvertrages auf Basis machtpolitischer Spannungen gegenüber der UdSSR mit der Frage einer Wiederaufrüstung zumindest der westlichen Besatzungszonen junktimiert, um, wie es hieß, bei Abzug der Besatzungstruppen kein militärisches Vakuum zu hinterlassen.

Mit zunehmender Verhärtung der Beziehung zwischen den Großmächten entkoppelte sich die Remilitarisierungsfrage ab 1948 von den Staatsvertragsverhandlungen auf den jeweiligen Außenministerkonferenzen, sodaß die Wiederaufrüstung Österreichs zu einem eigenständigen Planungsfaktor westalliierter Österreichpolitik wurde. Nachdem die Geschlossenheit der westalliierten Position durch Einwände der Briten kurzzeitig in Frage gestellt gewesen war, wurden die Staatsvertragsverhandlungen Ende 1949 aufgrund militärischer Optionen der Westmächte schließlich neuerlich aufgeschoben und durch die sowjetische Reaktion darauf letztendlich eingefroren.

Vor dem Hintergrund dieser Entwicklung kann der Kalte Krieg und seine Auswirkung auf den innerösterreichischen Rekonstruktionsprozeß keineswegs zutreffend als „Chimäre"[729] beschrieben werden. Zwar ist richtig, daß die Großmächtekonfrontation in Österreich weder zur Teilung des Landes, noch zu einer tiefergehenden Krise innerhalb des alliierten Verwaltungs- und Besatzungsapparates führte, die eine Teilung hätte bewirken können. Aber der Umstand, daß die von den USA dominierte machtpolitische Position des westalliierten »Roll-Back« gegenüber der Sowjetunion eine Interessenspolarisierung generierte, die den Abschluß eines Staatsvertrages im Eigeninteresse Österreichs nachhaltig verhinderte und letztendlich zu einem zehnjährigen Besatzungszustand führte, zeigt deutlich, daß gerade das lange verzögerte Zustandekommen eines Staatsvertrages als direkte Funktion des Kalten Krieges in Österreich zu begreifen ist.

Dies findet sich auch in einem Brief von Walter Wodak, österreichischer Sozial- und Presseattaché in London, an Vizekanzler Schärf vom 16. August 1949 bestätigt, worin jener festhielt:

„Es scheint jetzt doch so zu sein, daß die Amerikaner aus eigenen, und zwar militärischen Interessen heraus für eine Verschiebung des Staatsvertrages sind."[730]

Und in einem weiteren Brief an Adolf Schärf vom 8. September präzisierte Wodak:

„Es steht außer Zweifel, daß die Engländer den Vertragsabschluß wollten und bereit waren, zu diesem Zweck, den russischen Wünschen entgegenzukommen. Die Amerikaner haben das abgelehnt und die Gründe für diese ihre Haltung scheinen sehr tiefgreifende gewesen zu sein, wenn man so sagen kann, zum großen Teil irrationale (...) Die Erklärung für die amerikanische Haltung, die hier allgemein akzeptiert wird, ist folgende: Die Amerikaner haben immer große Bedenken gegen den Vertragsabschluß gehabt und zwar aus verschieden Gründen – militärische, politische, wirtschaftliche etc."[731]

2. So wenig sich ganz allgemein für die Geschichte der Nachkriegszeit die These vom Österreich „als Opfer des Kalten Krieges"[732] halten läßt, so wenig stimmt diese hinsichtlich der Wiederaufrüstung des Landes. Vielmehr war es gerade die österreichische Bundesregierung, die mehrmals zu entscheidenden Zeitpunkten die Initiative ergriff, sich an westalliierte Stellen wandte und für eine baldige Remilitarisierung eintrat; mit eigenen Plänen lieferte die Bundesregierung initiale Anregungen für die Umsetzung eines Aufrüstungsprogrammes, dessen Konzeption von westalliierter Seite erst diskutiert wurde. Des weiteren war es nur aufgrund des grundsätzlichen Konsens der beiden Großparteien bezüglich des ‚Ja' zur Remilitarisierung möglich, daß ab 1949/50 ein großangelegtes westalliiertes Aufrüstungsprogramm für die Westzonen projektiert und auch umgesetzt wurde, ohne daß damit zugleich die innenpolitische Integration der Parteien ernsthaft gefährdet wurde.

Insofern greift die These, wonach Österreich in ordnungspolitischer, d.h. auch militärischer Hinsicht, „in zunehmenden Maße von den USA gezwungen und motiviert wurde, sich in den Westen zu integrieren"[733], und zwar in „politischer, wirtschaftlicher und militärischer Hinsicht"[734], meines Erachtens zu kurz, da außer Acht gelassen wird, daß es hauptsächlich die Bereitschaft auf österreichischer Seite war – Renner sprach ja von der ‚geistigen Prädisposition' –, sich zur Gänze an den Westen zu assoziieren, die es für die westalliierten Mächte sinnvoll erscheinen ließ, die vollständige Westintegration Österreichs, und zwar *auch* in militärischer Hinsicht anzustreben.

3. Gerade die „politische Integration zwischen den Lagern"[735], der „Brückenschlag zwischen den Bürgerkriegsgegnern von einst"[736], deutlich ablesbar an der gemeinsam diskutierten und dann faktisch betriebenen Wiederaufrüstung, war stark bestimmt durch die »Freund-Feind-Logik« des Kalten Krieges, die eine differenzierte und komplexe (öffentliche) Argumentation unmöglich machte. Die Option beider Großparteien für eine eindeutige Westorientierung etablierte eine Reihe von „Konkordanzstrategien"[737], deren wichtigster Effekt die ‚Entideologisierung' der Parteien darstellte. Damit gemeint ist die weitgehende Einebnung inhaltlicher sowie parteipolitisch-programmatischer Unterschiede zugunsten einer „staatspolitischen"[738] Kooperation, die mit Aufgabe der Äquidistanz zu den Großmächten einerseits die vollständige Abschottung zu radikaldemokratischen, linkssozialistischen, kommunistischen aber auch liberalen Standpunkten in die Wege leitete,[739] in dem offenen Buhlen um das Stimmenpotential der schließlich vor der Nationalratswahl Oktober 1949 generalpardonnierten „minderbelasteten" Nationalsozialisten[740] andererseits machtpolitische Konkurrenzansprüche jenseits von Moral und Verantwortung auslebte.

Im sicherheitspolitischen Bereich machte sich die politische Integration, neben der skizzierten Bereitschaft zur Zusammenarbeit mit westlichen Militärstellen, in der Personalpolitik Innenminister Helmers im Bereich von Exekutive und Staatspolizei deutlich bemerkbar. Oskar Helmer, ein, wie Rauchensteiner meint, „regelrechter Russenhasser"[741], hatte nach Amtsantritt 1946 sukzessive die zunächst von zahlreichen Kommunisten besetzten Stellen des staatspolizeilichen Dienstes unter Leitung von Heinrich Dürmayer[742] mit Beamten seines Vertrauens ersetzt, bis Anfang September 1947 Josef Holoubek Wiener Polizeipräsident wurde und Dürmayer als letzter Kommunist „an einflußreicher Stelle im Polizeidienst, zurücktreten mußte."[743]

In der Folge schieden auch sämtliche Kommunisten aus jenen Kommissionen aus, „die über die Zulassung von Minderbelasteten zum Polizei- oder Gendarmeriedienst zu entscheiden hatten."[744] Da diese Gremien dadurch beschlußunfähig geworden waren, wurde dem Bundespräsidenten vom Innenministerium – trotz amerikanischer Bedenken[745] – eine Amnestie für alle minderbelasteten Polizei- und Gendarmeriebeamten vorgeschlagen, deren Fälle nun nicht mehr behandelt werden konnten. Noch im September 1947 wurden, entgegen amerikanischen Ermittlungen, die ergeben hatten, daß „mindestens fünfzig zur Amnestie Vorgeschlagene(n) bereits 1938 Mitglieder der NSDAP gewesen waren und die illegale Nazi-Partei aktiv bei der

Herbeiführung des Anschlusses unterstützt hatten"[746], „alle 35 Polizei- und Gendarmeriebeamten *en bloc* vom Bundespräsidenten amnestiert."[747] Das demokratiepolitische Sensorium des *hardliners* Helmer, unter dessen Leitung in der „Pensionsabteilung A" die Planungen für die Wiederaufrüstung des Landes weitergeführt wurden, blieb unter den Bedingungen einer „entweder-oder" Logik des Kalten Krieges – ein exemplarischer Fall –, zweifelsohne unterentwickelt. So ließ dieser als Innenminister einer Gruppe namens »Vereinigung der Verfassungstreuen« seinen Schutz angedeihen. Das Publikationsorgan dieser Vereinigung, der *Alpenländische Heimatruf* – herausgegeben vom NS-Journalisten Manfred Jasser,[748] „war aber so deutlich neonazistisch, daß die Alliierten einschritten (...)"[749]. Tatsächlich waren Helmer – den Josef Hindels in einem Interview aufgrund eigener Erfahrungen hart und deutlich „zu jeder Schweinerei bereit"[750] einstufte – wie auch Schärf und andere führende Sozialisten jener Zeit nicht nur Kalte Krieger sondern darüberhinaus stark antisemitisch[751] eingestellt, ablesbar daran, daß man die austromarxistische Tradition als „jüdisch belastet"[752] abwertete und die Rückkehr zahlreicher emigrierter Künstler und Wissenschafter aus „rassischen" Gründen verhinderte.

Die politische Kultur, die sich relativ rasch von der antifaschistischen Konzentration aller politischen Kräfte für einen demokratischen Wiederaufbau in Richtung ‚antikommunistischer Abwehrkampf' verlagerte, war in dieser Hinsicht ein „getreues Spiegelbild der Polemiken des Ost-West-Konfliktes"[753], als über den plakativ gewendeten Antikommunismus die Bereitschaft, eine Wiederaufrüstung des Landes gutzuheißen, sowohl in der breiten Bevölkerung, als auch in der politischen Elite des Landes, zunahm. Dabei ging man zum Teil soweit, wie Außenminister Gruber nach Ausbruch des ‚heißen Krieges' in Korea, die Remilitarisierung Österreichs unter dem unangebrachten Gesichtspunkt des »Widerstands« zu betrachten: käme es auch in Österreich zum Krieg, dann „könne Österreich nicht ausgeklammert bleiben. Es müsse Widerstand leisten, denn 1938 sei eine Lehre gewesen."[754] Außenminister Gruber, von dem die Akten des amerikanischen OSS berichten, er hätte 1945 mit seiner ‚Demokratischen Staatspartei Tirol' die Restauration einer Monarchie favourisiert,[755] der darüber hinaus meinte, daß es Jahre brauchte, bis wir den racheschwangeren Geist der Moskauer Deklaration überwinden konnten"[756], sprach sich in diesem Sinn auch unmißverständlich für eine Wiederaufrüstung aus:

„Als erstes sichtbares Zeichen unserer Entschlossenheit Widerstand zu leisten [gegen den Kommunismus, C. S.], entstand zunächst die B-Gendarmerie, eine Art Heeresersatz, und zwar, wie sich bald zeigen sollte, ein sehr eindrucksvoller. Wenn es auch als Außenminister der österreichischen Regierung meine Aufgabe war, das russische Bohren gegen eine ‚Wiederaufrüstung' abzuwehren und das amerikanische Geld für die Waffen ins Rollen zu bringen, so war der Aufbau dieser Truppe doch eine Ruhmestat des Innenministers Oskar Helmer und seines Staatssekretärs Ferdinand Graf. Die beiden schufen da in aller Stille ein großartiges Instrument, daß selbst die abgebrühtesten westlichen Generäle zu einem ‚Hut-Ab' veranlaßte.“[757]

Obwohl diese Einschätzung, vergleicht man ihren Wortlaut mit den vorhandenen Quellen, als überzeichnet angesehen werden muß, liegt das Anschauliche der obigen Aussage im darin zum Ausdruck kommenden Selbstverständnis damaliger führender Politiker, welche sich in ihren Remilitarisierungsaktivitäten keineswegs als Opfer westalliierter Rüstungsdoktrin fühlten, sondern, wenn auch in eigentümlicher Weise, als eigenverantwortlich handelnde Subjekte.[758]

5. Vom »Containment« zum »Roll-Back«: Remilitarisierung im Kontext geheimer US-Planungsszenarien

5.1 Westalliierte Pläne zur Aufrüstung der Westzonen bis 1951

Als mit Ende des Jahres 1949 die Sowjetunion, unter anderem veranlaßt durch die westlichen Rüstungsaktivitäten[759], ebenfalls begann, die Verhandlungen zu verschleppen, indem einmal die sogenannten „Erbsenschulden"[760], ein anderes mal die Beschuldigung Österreichs, es habe seine „Verpflichtung bezüglich der Entnazifizierung und Entmilitarisierung verletzt"[761], vom sowjetischen Sonderbeauftragten Zarubin geltend gemacht wurden, kam es Anfang 1950 zum völligen Abbruch der Verhandlungen. Wie Gerald Stourzh meint:

> „Manche dieser Argumente mögen lediglich Vorwände gewesen sein, wie die ‚Erbsenschulden'; in anderen steckte wohl ein Kern echter Besorgnis. Der Wunsch etwa, nicht nur deutsches, sondern auch sonstiges ausländisches Personal vom Aufbau der österreichischen Luftfahrt wie auch von allen mit Kriegsmaterial zusammenhängenden Agenden fernzuhalten, dürfte im Zusammenhang mit dem Aufbau der im Frühjahr 1949 gegründeten NATO zu sehen sein."[762]

Auf westalliierter Seite war man, trotz der Aufstellung der Alarmbataillone, mit den bisher erreichten Fortschritten in der Aufrüstung Österreichs unzufrieden.[763] Zum einen wurde die Stärke der bisher aufgestellten Alarmbataillone als zu gering eingeschätzt, zum anderen beurteilte man die bisher erfolgte, vorwiegend ‚leichte' Ausrüstung als ungenügend. So wurden unter der Führung der USA Anfang 1950 erneut Überlegungen angestellt, die eine effizientere Remilitarisierung Westösterreichs zum Inhalt hatten.

Am 30. Jänner 1950 hatten US-Militärs den Franzosen und Briten ihre Vorstellungen präsentiert, die sich mit dem vorgelegten Konzept zunächst einverstanden erklärten, sodaß am 1. Februar die Zustimmung der Hochkommissare für die Grundstruktur eines rasch durchzuführenden Aufbauprogramms vorlag, bei dessen Ausarbeitung, wie es im Schreiben von Keyes an das Departement of the Army hieß, aus Gründen der Geheimhaltung sowie aus politischen Überlegungen auf die Mitwirkung österreichischer Stellen verzichtet worden war.[764] Dieses „stockpiling program", eine Art Stufenplan zur Truppenausrüstung und zur Anlage von Waffenreserven, legte die weitere schrittweise Aufstockung der Material- und Personalressourcen der bestehenden Alarmbataillone fest.⁷⁶⁵ Unter enger Zusammenarbeit der westalliierten Mächte einerseits und der erforderlichen Kooperation österreichischer Stellen andererseits sollte unter USFA-Kontrolle eine erhebliche Vergrößerung der Sondereinheiten innerhalb der Gendarmerie vorgenommen werden.

„The success of the program as a whole depends on the wholehearted and active follow-through of the Austrians themselves as well as full cooperation and complete support of Western Allies."⁷⁶⁶

Dieser Plan gliederte sich hinsichtlich der personalen Aufstockung in vier Phasen: In den ersten beiden sollte noch vor Abschluß eines Staatsvertrages – wann immer dieser Fall auch eintreten mochte – zusätzlich zu den bereits bestehenden Sondereinheiten 10.000 Mann in die Gendarmerieregimenter aufgenommen werden, deren Training von den bereits militärisch ausgebildeten Kadern der Alarmbataillone übernommen werden sollte. Die dritte und vierte Phase sah nach der Unterzeichnung des Staatsvertrages mit Österreich eine weitere Aufstockung innerhalb der 90-Tage Frist bis zum Abzug der Besatzungstruppen auf 28.000 Mann vor, die dann in den offiziellen Dienst einer österreichischen Armee überstellt werden sollten, bis letztendlich die im Staatsvertrag festgelegte Maximalstärke von 53.000 Mann erreicht wäre.⁷⁶⁷

Amerikanische Stellen hatten schon vor Bekanntgabe ihrer Pläne an die westlichen Verbündeten intern die Bereitstellung des erforderlichen Waffenmaterials im Rahmen der für die NATO-Bündnisstaaten ausgearbeiteten Pläne des »Mutual Defense Assistance Program«(MDAP)⁷⁶⁸ diskutiert, für die allerdings noch die Zustimmung des US-Kongreß ausständig war.

Der US-Befehlshaber der Kommandostelle für Materialtransport innerhalb des MDAP, William H. Bray, hielt diesbezüglich in einem an das State Departement gerichteten Memorandum vom 18. Jänner 1949 fest:

„Those items of equipment needed by Austria and which are included in the programs of the North Atlantic Treaty countries will first be shipped to the U.S. forces in Western Germany where the equipment will be in a position to transfer to Austria, provided the Congress specifically authorizes the transfer."⁷⁶⁹

Die US-Militärs legten dabei dem State Departement nahe, mit führenden Mitgliedern des amerikanischen Kongreß diesbezüglich sondierende Gespräche aufzunehmen.⁷⁷⁰ Nach Genehmigung des Programms könnte das Rüstungsmaterial, wie vorgesehen, ohne Zeitverlust an die einzelnen NATO-Bündnisstaaten ausgeliefert werden.⁷⁷¹ Der dabei für Österreich projektierte

Umfang an Material- und Waffenlieferungen wurde mit etwa zehn Prozent aller für das Fiskaljahr 1950 im Rahmen des MDAP bereitgestellten Mittel[772] angegeben, was wohl etwas zu hoch gegriffen sein dürfte, da sich die Gesamtausgaben in der Höhe mehrerer Milliarden Dollar bewegten.

Parallel zu diesen Planungen wurden die Gespräche mit Briten und Franzosen weitergeführt, bei denen sich, wie u. a. aus einer Note von US-Außenminister Acheson an die amerikanische Botschaft in London vom 8. Juli hervorgeht, zusehends neuerliche Schwierigkeiten ergaben.[773]

Für Anfang August wurde von amerikanischer Seite eine Konferenz in Washington anberaumt, bei der gemeinsam mit Briten und Franzosen die näheren technischen Details des Wiederaufrüstungsprogrammes für Österreich festgelegt werden sollten. Allerdings zeigten sich, so Acheson, der britische Hochkommissar Generalmajor Winterton als auch Sir Harold A. Caccia, der politische Berater Großbritanniens in Wien, bei den Vorabsprachen wenig geneigt bis „widerwillig", weitere Planungen zu unterstützen,[774] sodaß von General Béthouart sogar vorgeschlagen wurde, „US and Fr should go ahead without Brit, if later unwilling cooperate."[775] Die französische Regierung erklärte sich zu diesem Zeitpunkt nach wie vor bereit, sowohl die Aufrüstung Österreichs gemäß dem „stockpiling program" mitzutragen wie auch einen materialen Beitrag zu leisten, allerdings – wie schon früher von US-Regierungsstellen vorgeschlagen – nur gegen eine finanzielle Ablöse oder die Rückgabe dieses Waffenmaterials nach Abschluß eines Staatsvertrages.[776] Sowohl die Briten als auch die Franzosen nahmen schließlich die amerikanische Einladung zu den Washingtoner Gesprächen an – über das Zustandekommen der Gesprächsbereitschaft geben die Schriftstücke der Foreign Relations keine Auskunft –, die am 3. August 1950 begannen.[777] In einem Arbeitspapier des US-Verteidigungsministeriums war schon vor diesen Gesprächen u. a. folgendes festgelegt worden:

„British and French contributions to the equipment of the Austrian Army should not involve any additional cost to the United States or require reimbursement [Kostenrückerstattung, C. S.] by the Austrians."[778]

Diese Aussage ist insofern von Interesse, als sie zeigt, daß die USA zunehmend weniger gewillt waren, die zögernde Haltung ihrer Verbündeten zu akzeptieren bzw. auf deren Forderungen einzugehen, zumal Frankreich und England selbst große Teile ihres Rüstungsmaterials aus dem Fonds des MDAP der Vereinigten Staaten bezogen.[779] Auf der Washingtoner Konferenz wurde nun unter dem Titel „Tripartite Army Working Party"[780] die Einsetzung eines Dreiparteiengremiums beschlossen, welches sich um die technischen Details der Durchführung jenes militärischen Aufrüstungsprogramms kümmern sollte. Im ersten Bericht dieses Gremiums vom 10. August 1950 wurden erstmals genauere Angaben über den jeweiligen Rüstungsbeitrag der drei Westalliierten gemacht, wobei der geschätzte Aufwand auf britischer Seite mit 250.000 Pfund[781], auf französischer Seite mit 312 Millionen Francs[782] und amerikanischerseits mit ca. 1,407.500 US-Dollar präzisiert wurde.[783] Allerdings machten die britischen Vertreter erneut klar, daß ihre Regierung nicht bereit sei, Rüstungsmaterial an Nicht-Mitgliedstaaten der NATO zu liefern, ohne dafür Ablöseforderungen zu verlangen, diese Haltung aber revidieren würde, käme es zu einem späteren Zeitpunkt zu einem Beitritt Österreichs zur NATO.[784] Angesichts der erstmals zahlenmäßig konkretisierten Kosten erklärte auch Frankreich vorsichtig, daß die Bereitstellung von leichtem Rüstungsmaterial „should not involve any additional burden on the French treasury."[785]

Vor dem Hintergrund der zögernden Haltung von Briten und Franzosen ist nicht weiter verwunderlich, daß der Bericht der »Tripartite Army Working Party« zum Schluß gelangt, daß die Aufrüstung samt Kosten aufgrund technischer Schwierigkeiten von den USA letztendlich selbst übernommen werden sollte.

„Nevertheless it is concluded, in the light of purely military considerations [sic] that the provision of all Austrian Army equipment by a single nation would greatly simplify the stockpiling and continuing provision of equipment for the Austrian Army as well as supply and training within the Austrian Army itself (...) The United States should provide all the Austrian Army requirements based on the tentative 28.000-man troop basis. The estimated cost is $ 74,017.681 of which $ 67,412.830 is for materials."[786]

Obwohl die US-Delegation am Schlußtag der Washingtoner Verhandlungen mit Nachdruck darauf hinwies, daß die strategische Lage Österreichs von allergrößter Bedeutung für die Verteidigung des Nord-Atlantischen Raumes sei, und es von daher die „Pflicht" aller Signatarstaaten der NATO wäre, sich an der „militärischen Hilfe" („military assistance") gegenüber Österreich zu beteiligen[787], blieben die Engländer in der Folge weiterhin distanziert. So heißt es z. B. in einer Note des britischen Botschafters an US-Außenminister Acheson vom 2. November 1950:

„In spite of American request that military assistance to Austria should be on grant basis, His Majesty's Government are unable to modify view expressed by their representatives at tripartite talks. They do not at present forsee provision of military assistance without repayment to countries outside NATO but would be prepared to reconsider financial aspect of equipping Austrian Air Force were Austria to become associated with that organization at a later date."[788]

Der Grund für die zögernde Haltung der Briten, sich auch in Form materialer Unterstützung an der Wiederaufrüstung Österreichs zu beteiligen, war weniger durch den damit verbundenen Kostenaufwand gegeben – immerhin wurde von den USA explizit eine Mehrbelastung des MDAP-Budgets durch die französische und britische ‚Teilnahme' an den Waffenmateriallieferungen an Österreich miteinkalkuliert[789] –, sondern durch wachsende sicherheitspolitische Bedenken, da man mit ernstzunehmenden Reaktionen von sowjetischer Seite rechnete, sodaß man auf äußerste Geheimhaltung drängte und vom britischen Botschafter sogar vorgeschlagen wurde, die österreichische Regierung über die weiteren Schritte uninformiert zu lassen:

„In other words Austrians should not be made cognizant of our plans at Departemental level since such procedure would render leakage to Russians almost inevitable."[790]

Wie auch in einem »Top-secret«-Telegramm des US-Außenministers an die amerikanische Botschaft in England ausdrücklich vermerkt wurde, war man sich über die Legalität der eingeleiteten Schritte völlig im klaren: „Military activity of any kind by Austria is presently prohibited by AC [Allied Council, C. S.] decision Dec 10, 1945."[791]

Anfang 1951 zeichneten sich auch auf französischer Seite erstmals deutliche Vorbehalte gegen den von den Amerikanern eingeschlagenen Kurs ab. Die Bereitschaft, die verbal stets bekundete Zustimmung zur Remilitarisierung Österreichs angesichts der von den USA nun tatsächlich eingeforderten konkreten Beteiligung real einzulösen, nahm sukzessive ab, bis sich auf diplomatischer Ebene ein ernstzunehmender Dissens abzuzeichnen begann. Nachdem das US-Außenministerium am 17. Oktober 1950 der britischen und französischen Botschaft ein auf dem Abschlußbericht der Washingtoner Verhandlungen basierendes *aide-mémoire*, das offenkundig detailliertere Angaben für die Durchführung und wechselseitige Kontrolle des Aufrüstungsprogramms enthielt, zukommen ließ, spitzte sich die Situation erheblich zu. Die britische Regierung bestätigte nochmals die allgemeine Kooperationsbereitschaft gemäß den NATO-Richtlinien und die Übernahme von Aufrüstung und Training der österreichischen Luftwaffe auf Basis späterer Kostenrückerstattung, außer Österreich würde zu einem späteren Zeitpunkt ebenfalls NATO-Mitgliedsstaat. Allerdings war diese prinzipielle

Zustimmung mit dem Nachsatz versehen, daß die Verhandlungen mit den österreichischen Stellen unter größter Geheimhaltung vonstatten gehen sollten:

„His Majesty's Government agree that general plan for equipping Austrian Armed Forces should be presented to Austrians and that latter should be pressed [sic] to overcome any party differences and to agree to it with least possible delay. They consider however that representatives in Austria of three western allies should not confide in Austrian Cabinett as such, but that plans should be communicated in greatest secrecy to Chancellor, Vice Chancellor and Minister Foreign Affairs only."[792]

Ganz anders reagierte hingegen das *Quai d'Orsay*. Jean Sauvagnargues, Leiter der Abteilung für zentraleuropäische Angelegenheiten im französischen Außenamt, überreichte der US-Botschaft in Paris am 18. Jänner 1951 ein französisches Gegen-*aide-mémoire*, das sich in den wesentlichen Punkten – trotz allgemeiner Zustimmung zum Abschlußbericht der Washingtoner Verhandlungen – vom Wortlaut des US-Entwurfs völlig unterschied, da nun die Durchführung jenes „stockpiling program" als ernste Gefahr für eine Teilung Österreichs eingeschätzt und damit vorerst abgelehnt wurde. Wenn, so der französische Vorschlag, dann sollte die Bereitstellung von Waffenmaterial außerhalb Österreichs, beispielsweise in Deutschland, erfolgen. Aufgrund der zentralen Bedeutung jenes französischen Schriftstücks für die neuerlich ins Spiel gebrachte politische Dimension der Remilitarisierung, soll hier ein wenig ausführlicher aus jenem Dokument zitiert werden:

„The action that is envisaged should not, in the view of the French Government, involve an immediate stockpiling of arms, munitions and other materials on Austrian territory. Such measures could, in fact, not be kept secret and it would not fail to bring about Soviet reactions of a kind that would call into question the functioning of quadripartite controlls. If, for technical reasons, immediate stockpiling appears necessary, it would be preferable to undertake this outside of Austrian territory, for instance in the American occupation zone of Germany (...). Inasmuch as the American and British Governments, as well as the French Government, consider the quadripartite functioning of the Allied Council as one of the fundamental elements of their general policy in Austria, it would be inopportune to give the Government of Moscow in this manner a pretext to accuse the Western Powers of a violation of the Controll Agreement, and to bring about the partition of Austria [sic]."[793]

Jedoch wurde die hier ins Spiel gebrachte ‚politische Dimension' des NATO-Partners Frankreich von amerikanischer Seite – in welcher Form, darüber geben die Akten in der *Foreign Relations* keine Auskunft – in nur wenigen Tagen auf militärischen Gleichschritt zurückgepolt, sodaß Acheson bereits am 5. Februar in einem Schreiben an die Gesandtschaft in Österreich von der nun von allen drei Westmächten akzeptierten „gemeinsamen Verantwortung" für die Aufstellung österreichischer „Sicherheitstruppen" berichten konnte.[794]

Entgegen der französischen und britischen Auffassung, war man aber auf amerikanischer Seite nicht nur rhetorisch bereit, für die Implementierung jenes „stockpiling programs" – im vollen Bewußtsein der Risiken – gegebenenfalls auch Druck auf die Bundesregierung auszuüben, da, wie Acheson meinte, „Austrias participation can be obtained only by means tripartite pressure on Government to accept agreed plan (...) We are fully conscious risks Soviet reaction [sic], but consider risk unprepared greater."[795] Von der zögernden Haltung der französischen und britischen Regierung war man demgemäß enttäuscht[796], aber der grundlegende Konsens über die Notwendigkeit einer raschen Wiederaufrüstung Österreichs unter den Westalliierten wurde ‚last but least' durch machtpolitischen Druck seitens der USA erneut bestätigt, sodaß diese nun gewissermaßen mit Rückendeckung durch die Verbündeten die nächsten Schritte setzen konnten.

5.2 Paramilitärische Sonderprojekte und Guerillaeinsatz-Konzepte

Abseits der Bewaffnung, der Finanzierung und dem Training von Kernformationen eines österreichischen Heeres wurden von den USA ab 1948 im globalen Kontext einer nunmehr offensiv gewendeten »Eindämmungspolitik« gegenüber der Sowjetunion verstärkt Mittel verdeckter, paramilitärischer Operationen zum Einsatz gebracht.

Seit 18. Juni 1948 existierte eine vom Nationalen Sicherheitsrat der USA gezeichnete Akte mit der Bezeichnung NSC 10/2,[797] worin unter Leitung des CIA sogenannte „covert operations"[798] als Mittel der Kalten Kriegsführung beschlossen wurden. „In the interests of world peace and US national security"[799] wurden darin unter Punkt 5 Methode und Vorgehensweise festgelegt:

„As used in this directive, „covert operations" are understood to be all activities (exept as noted herein) which are conducted or sponsored by this Government against hostile foreign states or groups but which are so planned and executed that any US Government responsibility for them is not evident to unauthorized persons and that if uncovered the US Government can plausibly disclaim any responsibility for them. Specifically, such operations shall include any covert activities related to: propaganda, economic warfare; preventive direct action, including *sabotage, antisa-*

botage (:..) *guerillas* and refugee liberation groups, and support of indigenous anticommunist elements in threatened countries of the free world."[800] [Hervorhebung C. S.]

Analog der im NSC 10/2 enthaltenen Richtlinien wurde Mitte 1948 eine eigene Abteilung innerhalb des CIA eingerichtet, das *Office of Special Projects*, das bald in das weniger auffällige »Office for Policy Coordination« (OPC) umgetauft wurde. Das OPC, dessen Leitung Frank Wisner, ein früherer OSS-Fachmann, unter Supervision von George Kennan, übernahm, widmete sich in der Folge der Ausarbeitung von Sabotage- und Guerillakonzepten sowie großangelegten Projekten zur psychologischen Kriegsführung.

Nachdem amerikanische Geheimdienste bereits in den Jahren zuvor sowohl NS-Wissenschafter als auch NS-Geheimdienstfachleute erfolgreich angeworben hatten, ging man ab 1948 mit Unternehmungen wie der »Operation Bloodstone«[801] in die Offensive. Ziel dieses Projekts, das vom obersten militärischen US-Geheimdienstgremium SANACC (State, Army, Navy, Airforce Coordinating Committee) durchgeführt wurde, war, „die Elite der sowjetischen Welt zum Überlaufen zu bringen"[802] beziehungsweise die „psychologische Offensive zur Zerrüttung der Roten Arme"[803], wie es in einem Befehl des US-Generalstabs hieß. Dabei wurden auch frühere Nazikollaborateure sowie NS-Geheimdienstfachleute zum Einsatz gebracht, um Agenten für »Sonderoperationen«, d.h. für „Subversion, Sabotage und verschiedene weitere Maßnahmen wie Morde Gefangennahme von bestimmten Personen und die Rettung von zur Landung gezwungenen Fliegern"[804] anzuwerben. Wie Harry Rositzke, damaliger Leiter der CIA-Geheimoperationen in der Sowjetunion, zu Protokoll gab, war es aus Sicht des US-Geheimdienstes jener Zeit „unbedingt nötig, daß wir jeden Schweinehund verwendeten, Hauptsache er war Antikommunist [und] da wir unbedingt darauf aus waren, Kollaborateure anzuwerben, sahen wir uns ihre Papiere eben nicht zu genau an."[805]

Ehemals hochrangige Nazi-Geheimdienstfachleute, wie z. B. der Chef des Wehrmachts-Nachrichtendienstes »Fremde Heere Ost« (FHO), General Reinhard Gehlen[806] sowie zahlreiche seiner früheren Mitarbeiter, wurden nach Prüfung ihrer ‚Verwendbarkeit' in US-Dienste übernommen, wo sie mit der Reaktivierung ihrer früherer Spionagestabsstellen – nun im Zusammenhang deutsch-amerikanischer Geheimdienst-Kooperation – begannen. Die Mitte 1946 gegründete »Organisation Gehlen«, Vorläufer des deutschen Bundesnachrichtendienstes, beschäftigte bis 1955 rund 4.000 Mitarbeiter und wurde von den USA mit geschätzten 200 Millionen Dollar finanziert.[807] Parallel zu diesen Intellegence-Aktivitäten wurden in den Vereinigten Staaten akademische Großprojekte ins Leben gerufen, wie beispielsweise »Project TROY«[808] (benannt nach dem legendären Trojanischen Pferd), das vom State Departement finanziert wurde und vom Massachusetts Institute for Technology (MIT) durchgeführt wurde – „to bring together the best brains of the country". In diesem hochdotierten Projekt waren 21 renommierte Wissenschafter jahrelang damit befaßt, Methoden wirksamer Propaganda und psychologischer Beeinflußung gegenüber der Sowjetunion zu entwikkeln, mit dem etwas vage formulierten Endziel, „getting the truth behind the Iron Curtain."[809]

Wahrscheinlich im direkten Zusammenhang mit der »Organisation Gehlen«[810], deren österreichische Außenstellen unter der Leitung von SS-Sturmbannführer Josef Adolf Urban, ehemaliger Chef der NS-Sicherheitsdienst-Leitstelle Budapest, und Dr. Bruno Kauschen, vom früheren Referat C2 (Sowjetunion betreffend) im »Reichssicherheitshauptamt (RSHA) – Amt VI« geleitet wurden[811], kam es auch hierzulande zur (Re-)Etablierung korrespondierender Strukturen.

Im Grauzonenbereich zwischen politischen Kontakten[812] und paramilitärischen Unternehmungen wurden frühere NSDAP-Funktionäre und NS-Geheimdienstleute, aber auch ›Neo-Nazis‹ – unter direkter Förderung amerikanischer Militärgeheimdienste –, aktiv bzw. reaktiviert. Unter Federführung der militärischen US-Gegenspionageorganisation in Österreich, des 430th CIC Corps unter Leitung von Major James Milano, dessen Hauptaufgabe paradoxerweise in der „exekutiven Entnazifizierung"[813] bestand, sollte für den Fall eines russischen Einmarsches ein „Informationsnetz", bestehend aus ausgerüsteten und trainierten Agenten, für ‚Abwehrmaßnahmen' bereitstehen. Von Männern wie u. a. Karl Kowarik, Ex-Gebietsführer der HJ in Wien, oder SS-Oberst Dr. Karl Ney[814] wurden laut Wilhelm Höttl – Ex-SS-Sturmbannführer bzw. ehemaliger Leiter des RSHA-Amt VI in Wien, und nach eigenen Angaben Leiter dieses von Gmunden aus koordinierten „Invasionsnetzes"[815] – zu diesem Zweck im Toten Gebirge und Tennengebirge entsprechende Übungen für eine »antibolschewistische Widerstandsbewegung«[816] abgehalten. Im Zusammenhang derartiger Aktivitäten verwandelten sich zahlreiche Ex-Nazis mit zum Teil hohen SS-Rängen, wie z. B. der in Belgien zum Tode verurteilte SS-Obersturmbannführer Robert Jan Verbelen[817] oder auch der Kriegsverbrecher Klaus Barbie[818], zu „Dritten Männern", die nun als US-Agenten Informationen beschaffen oder Agenten trainierten. Höttl selbst, dessen Fall mittlerweile gut dokumentiert ist[819] – durch seine Kronzeugenaussage gegen Eichmann war er selbst beim Nürnberger Prozeß freigekommen – stilisierte seine Tätigkeit für den US-Geheimdienst allerdings zu einer Rolle, die in keiner Weise den Tatsachen entsprach. Tatsächlich wurde er wegen seines völlig ineffizienten und unqualifizierten „Informantennetzes" bereits Anfang Dezember 1949 von der Gehaltsliste des CIC gestrichen.[820]

Trotzdem die Struktur all dieser verschiedenen Projekte und Aktivitäten auf Basis der derzeitigen Quellenlage noch nicht kohärent beschrieben werden konnte, erhellt sich durch die Pluralität und die politischen Rahmenbedingung immerhin ein ziemlich weitreichender Planungshorizont.

Mit konkretem Bezug auf österreichisches Territorium wurde ab 1949 mit paramilitärischen Planungen begonnen, deren Konzeption enthüllt, wie stark die bereits angelaufene Ausrüstung der Alarmbataillone und alle weiterführenden Aufrüstungskonzepte in den Westzonen, wie z. B. später das „Aufgebot", im Grunde – inoffiziell – eingebunden waren in eine Art »masterplan«, dessen Codename ironischerweise „PILGRIM"[821] lautete. Dieser Plan, in dessen Konzeption in maßgeblicher Weise auch die Franzosen eingebunden waren – die Briten waren informiert, nahmen aber nicht aktiv an allen Planungen teil –, wurde laufend erweitert und modifiziert und umfaßte sowohl den Aufbau und die Ausrüstung österreichischer militärischer Einheiten sowie alle darüber hinaus gehenden Evakuierungsmaßnahmen und „Partisanenaktionen" hinter der westalliierten Rückzugslinie für einen „Ernstfall". Von französischer Seite, wo man ein besonderes Interesse an der Sicherung bzw. Verteidigung der Alpen bzw. des norditalienischen Raumes (Po-Ebene) an den Tag legte, wurde innerhalb dieses Konzeptes auch ein eigener, spezifizierter Plan mit dem Codenamen „Pilgrim Dog" vorgelegt, der vom Stab General Béthouarts, dem Oberkommandierenden der französischen Streitkräfte, ausgearbeitet worden war[822] und die verstärkte Einbindung von „Partisanenaktivitäten" vorsah. Im Falle einer Sowjetinvasion sollten an 75.000 „veterans of World War II"[823] Waffen ausgegeben werden. Parallel zum strategischen Gesamtplan „Pilgrim" erarbeitete die OPC-Abteilung des CIA gemeinsam mit Planungsstäben der US-Army 1949 ein Programm für Aufstellung und Training von Guerillaeinheiten in (Ost-)Europa, das unter dem Tarnbegriff „EASEFUL" zu laufen begann, und ebenfalls unter Leitung von Frank Wisner von Washington aus koordiniert wurde.[824] Hierin war die Ausrüstung von Spezialeinheiten mit Waffen, Munition und M4-Plastiksprengstoff für Sabotage in sowjetischen Industrieanlagen und Nachschublagern, sowie die Zerstörung von Nachrichtenverbindungen explizit vorgesehen.[825] Anzunehmenderweise erstreckte sich dieses Projekt auch auf (west)österreichisches Territorium. Und tatsächlich stimmt eine auf einem EASEFUL-Dokument angegebene Ausrüstungsliste für 100 Mann, die sich in einem unveröffentlichtem Report Christopher Simpson als Xerokopie vorfindet,[826] mit jener von Arnold Kopeczek ausgewerteten Liste bisheriger Waffenlagerfundstücke des österreichischen Innenministeriums zumindest teilweise überein.[827] Inwieweit nun diese Planungen des »Office for Policy Coordination« in Österreich auch tatsächlich umgesetzt wurden, welche Strukturen dabei möglicherweise zum Aufbau kamen und in welcher Weise dabei die jüngst entdeckten Waffenlager eine Rolle spielten, bleibt unklar, da die einschlägigen US-Aktenbestände laut Christopher Simpson nach wie vor gesperrt sind.[828] Insgesamt ist aber davon auszugehen, daß all die genannten Geheim-Planungen Bestandteile eines umfassenderen oder zumindest großangelegten Szenarios für einen neuerlichen Krieg in Europa darstellten, dessen Tektonik vermutlich erst der Zugang zu weiterem Quellenmaterial zum Vorschein bringen wird.

Keine der genannten geheimen paramilitärischen Aktivitäten erreichte allerdings so großen öffentlichen Bekanntheitsgrad wie später das sogenannte »Sonderprojekt«[829] unter der Leitung des damaligen Vorsitzenden der Holz- und Bauarbeitergewerkschaft, Franz Olah.

Nach der großen Streikwelle im September und Oktober 1950 – ausgelöst durch die Bekanntgabe der Ergebnisse des vierten Lohn-Preis-Abkommens, das eine drastische Verteuerung der Lebenshaltungskosten mit sich brachte[830] – dem „Oktoberstreik"[831], bei dem eine etwa 4.500 Mann umfassende Truppe, großteils Bau- und Holzarbeiter, unter der Führung Olahs gegen die hunderttausend demonstrierenden Arbeiter vorgegangen war und damit „maßgeblich zur Niederschlagung des Streiks"[832] beigetragen hatte, entstand eine vermutlich durch US-Geheimgelder gesponserte paramilitärische Einsatztruppe, die, so Olah, als „Vorsorge" gegen die Wiederholung solcher Ereignisse[833] aufgebaut wurde. Obwohl, wie durch US-Akten belegt, diese zum Teil äußerst heftigen Arbeiterunruhen selbst aus der Perspektive damaliger amerikanischer Armeeberichterstatter keineswegs die Interpretation eines kommunistischen Umsturzversuches zuließen,[834] erhielt die ohnedies längst inflationär verwendete „Putsch-Metapher"[835] neuen propagandistischen Aufwind. Olah selbst meinte in diesem Zusammenhang:

„Dieser kommunistische Putschversuch war der unmittelbare Anlaß zur Schaffung der Organisation einer ständigen Abwehr gegen allfällige neuerliche Umsturz- und

Generalstreikversuche. Schon im Jahr 1947 war zwischen dem Präsidenten des Gewerkschaftsbundes Johann Böhm – sicher mit Kenntnis der Parteispitze – und dem Hochkommissar der Vereinigten Staaten in Österreich vereinbart worden, daß ich im Falle unerwarteter Ereignisse bevollmächtigt würde, sofort über den Sender Rot-Weiß-Rot [Rundfunksender der amerikanischen Besatzungsmacht, C. S.][836] die notwendigen Erklärungen abzugeben. Man rechnete mit der Möglichkeit von Gewaltaktionen der Kommunisten, die zu einer Lahmlegung der im ersten Bezirk gelegenen Zentrale des Österreichischen Gewerkschaftsbundes führen könnten. Ich erhielt eine schriftliche Bestätigung, die mir das jederzeitige Betreten der Räume des Senders Rot-Weiß-Rot gestattete. Dieser Sender lag im siebenten Bezirk, also in der amerikanischen Besatzungszone (...) Meine Funktion in der Gewerkschaft und mein Mandat als Abgeordneter zum Nationalrat gaben mir die notwendige äußere Deckung zur Leitung dieser Abwehrreaktion."[837]

Wie von Wilhelm Svoboda im Zusammenhang jener Oktober-Ereignisse zurecht hervorgehoben wurden, entbehrt es „nicht einer gewissen Pikanterie, daß gerade Olahs Bauarbeiter, die Dezember 1949 im Gegensatz zum dritten Lohn-Preis-Abkommen standen und diese Haltung in Form von spontanen Aktionen wie Blockierung des Kraftwagen- und Schienenverkehrs, Straßenschlachten mit der Exekutive und Attacken gegen die Funktionäre von ÖGB und Arbeiterkammer unter Beweis stellten, 1950 ganz anders reagierten."[838]

Franz Olah – ein geradezu militanter Antikommunist,[839] ab 1949 Vorsitzender der Bau- und Holzarbeitergewerkschaft, 1959 Nachfolger des ÖGB-Präsidenten Johann Böhm, von 1963 bis zu seinem Parteiausschluß 1964 Innenminister[840], 1965 wegen „des Verdachtes des Betruges, der falschen Zeugenaussage, der Untreue und der fahrlässigen Krida"[841] vom ÖGB schließlich angezeigt – erklärte während des Prozesses 1969 hinsichtlich der Anschuldigung des „Mißbrauches von Gewerkschaftsgeldern in Millionenhöhe"[842], in geradezu zynischer Weise, „was ich getan habe, habe ich im Interesse des Staates und der Arbeiterbewegung getan."[843]

Auf Sonderkonten wurden die finanziellen Mittel für jenes »Sonderprojekt« bereitgestellt, welches „zur Gänze im Rahmen der Bau- und Holzarbeitergewerkschaft durchgeführt"[844] wurde. Auftraggeber wurden namentlich keine bekannt, aber auf die Frage des Gerichtsvorsitzenden: „Ist es vielleicht eine militärische Organisation? Fürchten Sie, daß es um ihren Kopf geht?", antwortete Olah: „Um meinen Kopf ist es einige Male gegangen (...)"[845], was, nimmt man diese Aussage ernst, stark darauf hindeutet, daß wohl ebenso militärische Stellen wie auch US-Geheimdienststellen mit im Spiel waren.[846] Wie Olah vor dem Gericht aussagte, wußten sowohl Innenminister Helmer, Vizekanzler Schärf, ÖGB-Präsident Böhm als auch der Chef der Staatspolizei, Dr. Peterlunger,[847] über diese Vorgänge bescheid.

Von den Millionenbeträgen auf den »Sonderprojekt«-Konten wurde direkte Parteienfinanzierung betrieben,[848] militärische Depots und Materiallager u. a. in St. Pölten und Wiener Neustadt angelegt,[849] und in der Folge selbst die FPÖ und die *Kronenzeitung* subventioniert.[850] Vor dem Gericht erklärte Olah auf die Frage, woher die Leute des »Sonderprojekts« ihre technische Ausbildung bezogen: „Sie waren im Krieg. Aber ihre Kenntnisse wurden von Fachleuten in Ausbildungslagern aufgefrischt, sie wurden ja eigens geschult."[851] Vom deutschen Magazin *Stern* Jahre später daraufhin befragt, ob unter den Männern dieser Einsatzgruppen auch ehemalige Nationalsozialisten bzw. Angehörige der SS waren, gab Olah zur Protokoll: „Schauen Sie, es war eine bunt zusammengewürfelte Gesellschaft damals am Bau. Zum Teil waren es Volksdeutsche, die geflüchtet waren (und inzwischen längst Österreicher geworden sind), und natürlich auch ehemalige Nazis, die aus ihren Berufen hinausgeflogen sind und nun am Bau arbeiten."[852]

Unter dem Tarnnamen „ÖWSGV, Österreichischer Wander Sport und Geselligkeitsverein"[853] war ein paramilitärischer Kader geschaffen worden, der, wie Olah gegenüber dem Gericht aussagte, in allen Bundesländern, mit Ausnahme von Vorarlberg, Stützpunkte mit Funk- und Sendestationen installierte, die sich mit der Zentrale in Wien koordinierten.[854] Für die Lagerung entsprechender Kriegsmaterialien kaufte der ÖWSGV unter anderem in der Wiener Missindorfstraße ein eigenes Grundstück an; in Golling bei Salzburg hielt man für eine ca. 200 Mann starke Spezialeinsatztruppe Gebirgs- und Winterausrüstungsmaterial bereit.[855]

Ziel des »Sonderprojekts« war der „Aufbau eines Kommunikationsnetzes in Ostösterreich, das im Eventualfall einer Teilung Österreichs dazu dienen sollte, Kontakte zwischen einzelnen Widerstandsgruppen aufrechtzuerhalten."[856] „Spezialtruppen wurden in der Handhabung moderner Schußwaffen, in der Verwendung von Plastiksprengstoffen ausgebildet, wir hatten einige Judogruppen und bauten Lastwagen zu Mannschaftstransportwagen um."[857] Alles in allem schätzte Olah in einem Interview die Kosten für Ausrüstung und Training dieser Einheiten auf ungefähr 10 Millionen Schilling.[858]

Für den Aufbau des an die 2.000 Personen umfassenden Kaders wurden vornehmlich jüngere Arbeiter aus der Gewerkschaft der Bau- und Holzarbeiter rekrutiert, die dann auf kleinere Einheiten aufgeteilt wurden.[859] Wie von Manfred Lechner recherchiert wurde, waren am „Stammkader" des

Sonderprojekts enge Mitarbeiter Olahs beteiligt: Josef Las, Zentralsekretär der Gewerkschaft, war für die wirtschaftlichen Belange des »Sonderprojekts« zuständig; Bau-Holz-Gewerkschaftskassier Walter Jeschko und Heinrich Daurer, Olahs Privatsekretär, oblag die Verwaltung der Gelder; darüber hinaus war Jeschko für das Funkwesen und Daurer für die „Waffentechnik" dieser paramilitärischen Guerillatruppe zuständig.[860] Über zwei Sonderkonten erfolgte der Ankauf von „Ausrüstungsgegenständen", die auf den Namen des österreichischen Gewerkschaftsbundes angekauft wurden.[861] Ab 1952 wurden über eigens geschaffene Scheinfirmen wie der ‚Atlanta' oder der ‚Omnia-Waren-Handels AG' Waffen zum Teil aus deutschen Wehrmachtsbeständen, beschafft.[862] Wie Olah in einem Interview 1969 bestätigte, umfaßte das Waffenarsenal des »Sonderprojekts« leicht handhabbare Schnellfeuergewehre, Faustfeuerwaffen, Funkgeräte, Tränengasbomben und Plastiksprengstoff.[863] Daneben verfügten die Einheiten über entsprechende Transportmittel, wie Steyer-Diesel Mannschaftstransporter, Jeeps, Landrover und Motorräder.[864]

Obwohl die wahrscheinlich detaillierten Unterlagen über die Finanzgebarung des »Sonderprojekts« – das als Verein wohlgemerkt erst 1967 aufgelöst wurde – unmittelbar nach Olahs Sturz 1964 „hektisch"[865] vernichtet wurden, kann gemäß einzelner Aussagen Olahs selbst sowie über US-Dokumente, die zumindest allgemein Auskunft über derartige „covert operations" geben, die direkte Finanzierung dieses Projekts durch US-Geheimdienststellen mit hoher Wahrscheinlichkeit angenommen werden. Abseits der genannten Planungsszenarien für ‚verdeckte Operationen' läßt ein weiterer Umstand auf ein direktes Sponsoring des »Sonderprojekts« durch amerikanische Quellen schließen, und zwar die enge Zusammenarbeit zwischen der US-Militärregierung und den mit Beginn des Marshall-Planes in Österreich verstärkt aktiv werdenden Gewerkschaftsvertretern der American Federation of Labour (AFL) im Kampf gegen kommunistischen Einfluß bzw. für die Stärkung kapitalistischer Warenwirtschaft.[866] Um Kontrolle über die europäischen Gewerkschaften und deren womöglich sozialistische oder gar kommunistische Ausrichtung zu gewinnen, griffen führende Vertreter der ultra-konservativen AFL wie beispielsweise Jay Lovestone oder Irving Brown zu mitunter harschen Methoden, die Kooperation mit CIA-Stellen miteingeschlossen: Männer, zu denen Franz Olah auf Basis von mehreren USA-Aufenthalten erwiesenermaßen guten und direkten Kontakt hatte.[867] Wie Gene R. Sensenig u. a. auf Basis umfangreicher Interview-Recherchen – allerdings ohne korrespondierende faktische Evidenz –

zusammenfaßt, dürfte feststehen, daß CIA-Gelder über US-Gewerkschafter an einzelne Funktionäre des ÖGB flossen, „um sie in ihrer antikommunistischen Arbeit zu unterstützen."[868]

Faktum ist, daß dieses »Sonderprojekt« die Besatzungszeit bzw. den Staatsvertrag überdauerte und analog einzelner Krisen, wie beispielsweise dem Ungarnaufstand 1956, offenkundig wiederholt finanziell und materiell unterstützt wurde. Dabei kam es auch zu skurril anmutenden Situationen, die in dieser Form wohl nur in Österreich stattfinden konnten: Wie *Der Spiegel* 1969 berichtete, wurden die nach der militärischen Niederschlagung des Ungarn-Aufstands durch die Sowjets für das »Sonderprojekt« neuangeschafften und sogleich wieder vergrabenen Funkgeräte anläßlich einer Funkübung offizieller Sicherheitskräfte entdeckt und beschlagnahmt, vom Innenministerium jedoch gleich wieder retourniert, als sich bei der Behörde herausstellte, daß die Geräte der „Untergrund-Armee" Olahs angehörten, der sie dann in eigener Person wieder abholte.[869]

5.3 Übergabe des Rüstungsmaterials – Finanzierung über Sonderkonten

Zurück zu den eigentlich militärischen Planungen und Aufrüstungsvorgängen. Am 29. November 1950 fand eine Unterredung zwischen französischen, britischen und amerikanischen Diplomaten mit Vertretern der österreichischen Regierung statt. Bundeskanzler Figl, Innenminister Helmer und Staatssekretär Graf wurden dabei über die genauen Modalitäten der Übergabe des westalliierten Rüstungsmaterials an die militärischen Kader der Alarmbataillone informiert.[870] Die Engländer erklärten sich nun bereit, dieses Aufrüstungsprogramm zu unterstützen, mit dem einen Vorbehalt, daß es dabei zu keiner offenen Verletzung der Viermächtebestimmungen über Österreich käme.[871] Bezüglich der österreichischen Position wurde im Gesprächsmemorandum festgehalten:

„Chancellor Figl said he was in complete agreement with the program. The Austrian government, too, was eager [sic] to obtain the equipment as quickly as possible."[872]

Es wurde beschlossen, daß Innenminister Helmer am 30. November den drei westlichen Hochkommissaren eine Namensliste von neun Offizieren übergeben sollte, die künftighin für die Übergabe des Rüstungsmaterials verantwortlich zu zeichnen hätten.[873] Für die geplante erste Trainingsphase der neuen Einheiten von achtzehn Monaten wollte der Innenminister allerdings keine regulären Gendarmeriebeamten einstellen, die, so Helmer, eher zivile Aufgaben übernehmen sollten,[874] sondern ab 1. Dezember 1.500 Mann neu aufnehmen.[875] Außerdem drängte Minister Helmer heftig darauf, für jene militärischen Sonderformationen nicht den Terminus „Bataillon" zu verwenden.

„The use of them term „bataillon", the Minister pointed out, would lead into unnecessary complications (...) Chancellor Figl supported this argument by pointing to to the obvious propagandistic advantages should the Soviets raise this issue in the Allied Council."[876]

Über den eigentlichen Charakter dieser Einheiten war man sich jedoch einig, wie man amerikanischerseits befriedigt feststellte: „Both he [Bundeskanzler Figl, C. S.] and Minister Helmer agreed, however, that internally these units would function in a military manner and could serve as a nucleus for an army (...)"[877], was soviel hieß, daß man auch auf österreichischer Seite völlig mit der Vorgehensweise im Sinne einer ‚verdeckten Operation' einverstanden war; so fügte Staatssekretär Graf gegenüber den US-Militärs quasi beruhigend hinzu: „eighty percent of the personal selected for these units would be former officers or non-commissioned officers."[878]

Man kann also festhalten: Ende 1950 war – nicht zuletzt durch amerikanischen Druck auf die Verbündeten – sowohl die Einheit und Geschlossenheit der Westmächte wiederhergestellt, als auch die Kooperationsbereitschaft der österreichischen Bundesregierung hinsichtlich der weiteren geheimen Aufrüstung auf breiter Basis gesichert.

Wieviel in jener Zeit – neben der Aushändigung von Waffen- und Rüstungsmaterial – an finanziellen Mittel für die Wiederaufrüstung bereitgestellt wurden, läßt sich, wie von Anton Staudinger bereits dargestellt wurde,[879] an Hand der Budgetzahlen für die Bundesgebäudeverwaltung anschaulich machen, deren ‚Abteilung II' für militärische Objekte zuständig war (und noch immer ist), „da man annahm, daß die Ausgaben im Titel Bundesgebäudeverwaltung verhältnismäßig am leichtesten zu tarnen wären."[880] So betrug das Budget der Bundesgebäudeverwaltung 1949 noch etwa 41 Millionen Schilling und ein Jahr später bereits 219,5 Millionen Schilling.[881] Eine ungeheure Steigerung im Budget, die wohl nicht allein über den Kostenaufwand für Hauserfordernisse, Gebäudeerhaltung und den Tiergarten Schönbrunn[882] erklärt werden kann, wenn man sich die Vergleichszahlen für die folgenden Jahre vor Augen hält: 234 Millionen Schilling im Jahr 1951 oder 274 Millionen 1955.[883] Wie sich anhand eines Finanzberichtes bezüglich der „Verrechnung der Kosten für die Sonderformationen von 5.000

Vertragsbediensteten für den Gendarmeriedienst"[884] vom Herbst 1951 feststellen läßt, existierte ein eigens eingerichteter Spezialfonds, der durch westalliierte Sonderkredite gedeckt wurde. Aus diesem Fonds wurden sowohl anfallende Sach- als auch Personalausgaben für die Alarmbataillone finanziert.

Ein Finanzbericht über die Gebarung jenes Sonderkontos im Zeitraum vom 1. Mai 1951 bis 1. November 1951, der vermutlich in der besagten „Pensionsabteilung A" des Finanzministeriums unter Leitung von General Liebitzky verfertigt worden ist, weist als Gesamtbetrag der in diesem Zeitraum eingegangenen Gelder 23,1 Millionen Schilling auf. Die detaillierte Auflistung der monatlichen Ausgaben für „Besoldung" und „Bekleidung und Ausrüstung"[885] innerhalb dieses Zeitraumes ergibt in dieser Aufstellung einen „Gesamtfehlbetrag" von über 15 Millionen Schilling, wobei allein für die „Gebäudeinstandsetzung" annähernd sieben Millionen Schilling verrechnet wurden.[886] Insgesamt wurden also im Zeitraum von sechs Monaten über 38 Millionen Schilling allein für Rüstungszwecke ausgegeben.

An dieser Stelle muß allerdings hinzugefügt werden, daß diese Berechnungen im Herbst 1951 auf Basis von 2.061 bisher aufgenommenen Vertragsbediensteten angestellt wurden; die projektierten Gesamtausgaben für 5.000 Vertragsbedienstete wurden, exklusive Sachausgaben wie z. B. Mobiliar, Kraftfahrzeuganlagen, Bettensorten etc., auf rund 114 Millionen Schilling geschätzt.[887]

Aus diesen Zahlen läßt sich zumindest ein ungefähres Bild der für Wiederaufrüstungzwecke ausgegebenen Mittel in jener Zeit gewinnen.

Übersetzung aus dem Englischen.

STRENG GEHEIM!

Wien, den 30. August 1952
Gr/Gr.

Herrn
Landeshauptmann
Ök.Rat Josef G r a u s s
I n n s b r u c k

Sehr geehrter Herr Landeshauptmann,
lieber Freund!

In die Gendarmerieschule Tirol I wurden mit 29.8.1952 eingestellt:

SEITZ   Otto,
BEROCK Gustav,
SEIRL   Rudolf.

Alle drei sind in jeder Hinsicht verlässlich.
Sollten weitere Einstellung erfolgen, wird vorher der Kontakt mit Dir aufgenommen werden.
Von dieser Einstellung wäre "streng vertraulich" auch Herr Landesparteiobmann Dr.IuGGer zu verständigen.

Mit den besten Grüßen,
Dein

persönlich überreicht
durch Ios.NUTZ.

Übersetzung aus dem Englischen.

STRENG GEHEIM!

OBERKOMMANDO DER US-STREITKRÄFTE
IN ÖSTERREICH
Amt des Kommandierenden Generals

24. Feber 1954

Seiner Exzellenz
Dipl.Ing.Julius Raab,
Bundeskanzler,
Wien I, Ballhausplatz 2.

Sehr geehrter Herr Kanzler Raab!

Ich bestätige den Erhalt Ihres Schreibens vom 5. Feber 1954, in dem Sie mir Ihr Einverständnis mit den Zahlen für die Unterbringung der Spezialgendarmerie für 1954 mitteilen und darauf hinweisen, daß diese Zahlen wegen der allgemeinen Steuerermäßigung am Ende des Jahres 1954 möglicherweise berichtigt werden müssen.

Die Geldmittel für dieses Jahr, die zur Gänze auf der Grundlage Ihrer Kostenvoranschläge aufgestellt wurden, wurden bereits zugewiesen. Ich glaube, daß es für die zweckmäßig wäre, am Ende dieses Jahres einen allfälligen Vorschlag für eine Berichtigung auf Grund von Lohn- und Preisabkommen vorzuschlagen, die während des Jahres 1954 eingetreten wären.

Ihr aufrichtig ergebener
gez. W.H. ARNOLD
Generalleutnant, USA,
Kommandierender General

STRENG GEHEIM!   USFA/50/54
                  Seite 1 von 1
                  Ausfertigung 1 von 6 Ausf.

Für die Richtigkeit der Übersetzung:
25/2/54
Seiler

Von oben nach unten: (1) Schreiben General Liebitzkys an den Tiroler Landeshauptmann Grauss vom 30. August 1950; (2) Schreiben des USFA-Generals William H. Arnold an Bundeskanzler Raab vom 24. Februar 1954 bezüglich der Finanzierung der „Sondergendarmerie"

Streng vertraulich!

Sehr geehrter Herr Landeshauptmann!

Wir hatten Gelegenheit, aus der Kriegsgefangenenkartei einer alliierten Macht die Personaldaten von ehemaligen Soldaten zu entnehmen. Die in der Anlage übermittelten ca. 2.500 Karteiblätter der Geburtsjahrgänge 1912 und Jünger enthalten Name, Geburtsdatum, Militärdienstgrad, militärische Verwendung und die bei der Entlassung angegebene Heimatanschrift.Da vermutlich eine größere Anzahl von Soldaten - um eine raschere Entlassung zu erreichen,- nicht ihren tatsächlichen Heimatort sondern einen Ort in der westlichen Zone angegeben haben, werden bei der Überprüfung an Hand der Wählerlisten eine Anzahl von Karteiblättern nicht verwertbar sein. Wir bitten, diese Karteiblätter nicht zu vernichten, sondern gelegentlich an das Wiener MK zurückzusenden. Die Erhebungen werden fortgesetzt. Nach Anfall einer größeren Anzahl von Karteiblättern wird eine zweite Sendung übermittelt werden.

Wir hoffen, daß durch die Übersendung dieser Karteiblätter die Erhebungsarbeiten des LMK wesentlich erleichtert werden.

19. April 1952.

mit vorzüglicher Hochachtung
Sirius.

Herrn
Landeshauptmann
Ferdinand W e d e n i g
K l a g e n f u r t,
Arnulfplatz Nr.1

TOP SECRET

30 June 1952

MEMORANDUM FOR: Chairman, Vienna Committee

Friedrich BIRSAK, Friedrick KIRSCHNER, Franz PETRI, and Karl SCHRENK, as indicated in the first proposal by your committee, have been approved for integration into the Gendarmerie in the US Zone.

It is the desire of the Commanding General that the program progress as rapidly as possible.

Chairman
Salzburg Committee

TOP SECRET

---

(3) Schreiben von »Sirius« (Liebitzky) an den Kärntner Landeshauptmann Wedenig vom 19. April 1952 betreffend das »Aufgebot«; (4) »Top-secret-Note« des Salzburger Komitees bezüglich der Einstellung von Offizieren vom 30. Juni 1952

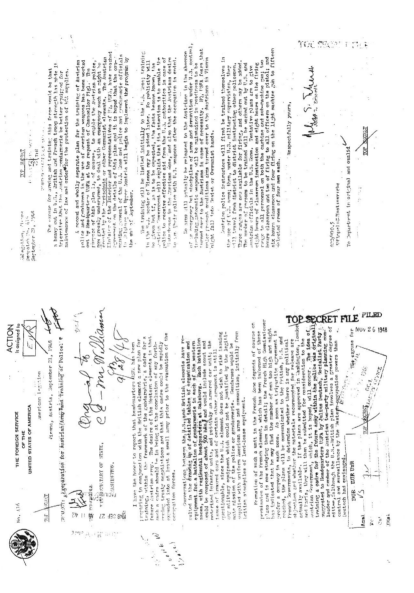

(5/6) „Schlüsseldokument" bezüglich der Aufstellung der Alarmbataillone: Geheimschreiben des US-Beraters John G. Erhardt/Wien an den US-Außenminister Dean Acheson vom 21. September 1948.

(7) US-Militärlager »Camp Roeder« in Siezenheim bei Salzburg; (8) Anmeldungsbogen einer Grundstücksteilung (»Camp Roeder«) für eine Fläche von 51,5 ha (ausgestellt auf die Republik Österreich

(9) Aufräumarbeiten für die Staatskanzlei-Heeresamt an der Wiener Ringstraße Frühjahr 1945

(10) Generalmajor Franz Winterer (1892-1971), Unterstaatssekretär für Heerwesen in der Regierung Renner bis Dezember 1945

(11) MG-Jeeps der »B-Gendarmerie«-Oberösterreich bei einer Parade in Ebelsberg, einen Tag nach Unterzeichnung des Staatsvertrags

(12) Fahnenweihe der „Gendarmerie-Schule" in Ebelsberg 1952

(13) Von „Schülern der Demokratie" zu „Soldaten der Freiheit" – »B-Gendarmerie« 1955

(14) Offiziere der »Alarmbataillone«, Wels 1951 – v.l.n.r. Oberst Preyssl, Oberst Pernkopf, Oberst Dr. Ernst Mayr, Major Hirt, Hofrat Hrubisch, Oberst Dr. Scherfler, Major Rauscher, Oberstltn. Deisenberger

(15) General Hofrat Dr. Emil Liebitzky (1892-1961) – militärische Schlüsselfigur der österreichischen Wiederaufrüstung (Foto von 1956)

(16) Bundeskanzler Raab mit Offizieren der B-Gendarmerie, ganz links Gendarmerie-General Kimmel; 4.v.r. Gendarmerie-Rittmeister Emil Spannocchi; (17) Generaldirektor für öffentliche Sicherheit, Dr. Wilhelm Krechler und Innenminister Oskar Helmer vor Panzerwagen der B-Gendarmerie

(18) Amtseinführung von General Liebitzky als Chef der Landesverteidigung 1955: v.l.n.r. unbek., Oberst Linhart, Oberst Linsbauer, Hofrat Fechner, BK Raab (hinter ihm Liebitzky), Oberst Vogl, Oberst Filips, Oberst Seitz, Oberst Bizek, Oberstltn. Leeb, Hofrat Maurer, Hofrat Srankovicz

(19) Parade der »B-Gendarmerie« in Ebelsberg (OÖ)

(20) Übergabe der Maria-Theresien-Kaserne an das Bundesheer: v.r.n.l. Ministerialrat Kragora, Oberstleutnant Birsak, General Liebitzky, Britischer Offizier

(21) „Die Drei": v.l.n.r. Staatssekretär Ferdinand Graf, General Liebitzky, Generaldirektor für Öffentliche Sicherheit Dr. Wilhelm Krechler; (22) Eine der überaus raren Aufnahmen von Oberstleutnant Zdenko Paumgartten – Dienstbesprechung bei Verteidigungsminister Graf 1956: v.l.n.r. Oberst Seitz, Oberst Vogl, Oberst Fussenegger, Oberst Filips, General Liebitzky, Staatssekretär Karl Stephani, BM Graf, Oberstleutnant Dr. Zdenko Paumgartten (im Vordergrund Ferdinand Linhart)

6. Westösterreich als Militärbasis der Westmächte

6.1 Bodenrequirierung und Militärdepots – Fallbeispiele Wals und Siezenheim

Abseits der bisher behandelten Aktivitäten wurden von den Westmächten in ihren jeweiligen Besatzungszonen militärische Vorarbeiten aufgenommen, die einerseits als Präventivmaßnahmen für einen eventuellen Kriegsfall gedacht waren, andererseits – tendenziell hoffte man ‚on the long run' ja auf einen NATO-Beitritt Österreichs – angesichts der angestrebten längerfristigen Militärkooperation vom späteren Bundesheer übernommen und weitergeführt werden sollten. Die von westalliierter Seite immer wieder hervorgehobene geo-strategische Bedeutung westösterreichischen Territoriums als einer Nord-Süd-Verbindung sowie die militärische Vorposten-Funktion Österreichs gegenüber den kommunistischen Nachbarstaaten sollte dementsprechend durch organisatorische Vorarbeiten innerhalb institutionalisierter Strukturen verfestigt werden.

Über die konkreten Remilitarisierungsschritte in den Westzonen Österreichs ab 1951 geben die US-Akten der *Foreign Relations* nur wenig Auskunft. Demgegenüber überschlagen sich in jener Zeit die Berichte und Meldungen vorwiegend linkssozialistischer bzw. kommunistischer Tageszeitungen bezüglich militärischer Aktivitäten westalliiert-österreichischer Stellen.[888] Die propagandistische Aufmachung der Mehrzahl jener Artikel[889] sowie die zum Teil überhitzte Rhetorik einiger dieser ‚Enthüllungen' können aber nicht darüber hinwegtäuschen, daß man mit den meisten dieser – großteils extrapolierten – Darstellungen ins Schwarze traf.

Die heftige Kritik jener Zeitungen an der Wiederaufrüstung Österreichs fand im Spektrum der sogenannten „unabhängigen"[890] oder traditionell bürgerlichen Tageszeitungen, äußerst wenig Widerhall, sodaß eine die breite Öffentlichkeit umfassende Diskussion jener Vorgänge nicht zustande kam. Die zum Teil geleugnete, zum Teil bewußt inszenierte Verharmlosung der Remilitarisierung seitens offizieller Stellen, in der Absicht jene Vorgänge damit gewissermaßen zu legitimieren, verunmöglichte eine kritische Auseinandersetzung mit der Wiederbewaffnung des Landes, indem jede Kritik vorweg als parteipolitische Propaganda verunglimpft wurde.[891]

Wie aus den nie dementierten Darstellungen des »Österreichischen Friedensrates«[892], die der Verfasser an einem ausgewählten Beispiel exemplarisch überprüft hat, hervorgeht, sollte Westösterreich ab 1950/51 im Rahmen der Pläne zur „Gründung einer südosteuropäischen Gruppe des Atlantikpaktes"[893] im Bereich der Zentralalpen „zu einer supermodernen Festung mit Flugzeugbasen, unterirdischen Werken, Artilleriebestückung und Radar"[894] ausgebaut werden. An den strategisch wichtigsten Punkten wurden Truppenlager, Nachschubbasen, Materiallager oder Munitionsdepots eingerichtet, wobei man besonders „Orte, die an Durchgangsstraßen, Umschlagplätzen oder an Kreuzungen mehrerer Verkehrswege gelegen sind"[895] bevorzugte. So wurde etwa im Loferer Hochtal nordwestlich von Saalfelden ein militärisches Sperrgebiet errichtet, auf dessen Areal man „Panzerabwehrgeschosse, Flakmunition, Artilleriegeschosse bis zu 12 Kaliber und MG-Munition"[896] lagerte. Von dieser taktisch günstigen Lage aus sollten „im ‚Ernstfall' sowohl die amerikanischen Truppen in Salzburg und Oberösterreich als auch die in Tirol stationierten Kräfte schnellstens versorgt werden können."[897]

In den in der Nähe des USFA-Hauptquartiers in Salzburg gelegenen Ortschaften Wals und Siezenheim wurden von der amerikanischen Besatzungsmacht zwangsweise Grundstücksteilungen bzw. Grundstücksenteignungen vorgenommen und auf diese Weise Baufläche für einen riesigen militärischen Komplex für Truppenunterkünfte und Lagerstätten, dem sogenannten »Camp Roeder«[898], arrondiert. Ab Frühsommer 1951 wurden schrittweise Grundstücke entweder geteilt, wobei man die innerhalb der festgelegten Arealgrenze befindlichen Flächen auf neue Einlagezahlen (Ez) überschrieb, oder zur Gänze beschlagnahmt und auf eben diese Einlagezahlen eingetragen.[899]

In Absprache mit dem USFA-Headquarter[900] trat die österreichische Bundesregierung dabei – fast möchte man sagen signifikanterweise – in Form des Ministeriums für ‚Handel und Wiederaufbau' bzw. der Bundesgebäudeverwaltung II halboffiziell als Käufer auf und bezahlte an die dadurch geschädigten Bauern – schätzungsweise waren davon etwas mehr als 100 Bauernfamilien betroffen – einen Quadratmeterpreis von 16 Schilling, der wie ein damals betroffener Bauer in einem Brief an den Verfasser versicherte, „weit unter dem Betrag lag, den man normalerweise für ein Grundstück am Stadtrand bekommen hätte."[901] Insgesamt wurden auf diese Weise rund 550 Joch (ca. 316 ha)[902] beschlagnahmt, die schließlich am 20. Dezember 1951 auf die Einlagezahl 488 vereinigt und in das „Eigentumsrecht der Republik Österreich einverleibt"[903] wurden. Aus den Anmeldungsbögen für die Grundstücksteilungen, wo paradoxerweise, obwohl die Republik Österreich als Käufer firmierte, unter dem Passus „Art und Zeit der

Veränderung" besagtes »Camp Roeder« eingetragen wurde, geht außer dem lapidaren Hinweis des paraphierenden Vermessungsbeamten, die „Parteien wären gemäß Paragraph 27 des L. T. G. [Landteilungsgesetzes, C. S.] aufzufordern"[904], nicht hervor, in welcher Form diese zwangsweisen Grundstücksabtretungen tatsächlich abgewickelt wurden.

In dem erwähnten Brief an den Verfasser schildert ein nach eigenen Worten 1945 aus dem Krieg heimgekehrter Bauer:

„Im Jahr 1951 fuhr plötzlich ein Jeep bei unserem Haus vor, aus welchem Gendarmen und ein Dolmetscher ausstiegen. Mit einem Beschlagnahmeschein, wo alle Parzellen angeführt waren, insgesamt 110.000 m^2, wurde uns dieser Grund genommen (...) 6 Wochen später sind dann bereits die Bagger gekommen und haben die blühenden Weizenfelder vernichtet, ohne daß man irgendeine Chance gehabt hätte, sich zur Wehr zu setzten (...) Von den Amerikanern wurde uns vorgeschlagen bei ihnen im Camp zu arbeiten (in der Wäscherei usw.). Dies jedoch interessierte keinen der Betroffenen."[905]

Wie aus einem weiteren Brief eines enteigneten Siezenheimer Bauern an den Verfasser hervorgeht, „war kein Bauer bereit, freiwillig den Grund herzugeben, aber es stand die Drohung ins Haus, daß sonst der Grund beschlagnahmt würde und wahrscheinlich dann ohne jede Bezahlung. Unter diesen Umständen blieb den Bauern nichts übrig als einverstanden zu sein."[906] Kein Wunder auch, daß sich Vertreter der Siezenheimer Siedler dem ‚Salzburger Manifest' des ›Österreichischen Friedensrats‹ anschlossen.[907]

Interessanterweise findet sich auf einigen der durchgesehenen ‚Kaufverträge' die Formulierung, daß der Kaufvertrag in „Hinblick auf die Bestimmungen des Erlasses Nr. 3 der Militärregierung genehmigt"[908] worden sei. Welcher Erlaß damit gemeint war, konnte der Verfasser nicht eruieren, aber mit Sicherheit standen diese Grundstücksenteignungen für militärische Zwecke durch die österreichische Regierung nicht in Übereinstimmung mit dem Erlaß des Alliierten Rates vom 10. Dezember 1945. Weiters ist für dieses halblegale Vorgehen der Umstand bezeichnend, daß der Aufkauf riesiger Grundstücksflächen seitens der Bundesregierung als stellvertretender Käufer für die amerikanische Besatzungsmacht infolge der Geheimhaltung[909] wenig Publizität erreichte, da selbst die ansonst gut informierte linkssozialistische Presse Ende September 1955 anläßlich der Übergabe des »Camp Roeder« an Österreich unkommentiert berichtete, daß die österreichische Regierung „für die von den Amerikanern errichteten Militäranlagen (...) einen Betrag in der Höhe von etwa 39 Millionen Schilling"[910] zu bezahlen habe. Heute befindet sich auf jenem Areal, das von der Bundesgebäudeverwaltung II als Eigentümer geführt wird,[911] die Schwarzenbergkaserne Wals.[912]

6.2 Westalliierte Rückzugs- und Evakuierungspläne

Ähnliche Vorgänge wie in Siezenheim und Wals fanden auch in zahlreichen anderen Teilen Österreichs statt. Parallel zur Verlegung amerikanischer Truppenverbände in die französische Zone wurden Militärlager errichtet, wie u. a. in Rum bei Innsbruck (ehemaliges Wehrmachtslager),[913] in Solbad Hall, in Walchen in der Wattener Lizum (ebenso ehemaliges Wehrmachtslager bzw. Artillerieschießplatz),[914] sowie in Reichenau, wo 1950 auf ebenfalls beschlagnahmten Grund von US-Militärs ein Fahrzeuglager (z. T. Panzer) eingerichtet wurde. Die Verwaltung und Instandsetzung dieser arrondierten Lager übernahm die bereits erwähnte Bundesgebäudeverwaltung II.[915] Diese Militärlager dienten als Kasernenkomplexe und Truppenübungsplätze und zwar sowohl für US-Militär als auch für Einheiten der genannten Alarmbataillone, die hier unter amerikanischer Kontrolle ihre Ausbildung an zum Teil schweren Waffen erhielten. Darüber hinaus wurden, wie die *Neue Tageszeitung* berichtete, im Tiroler Oberland gelegenen Arzl sowie in der Nähe des Schotterwerkes Gubert bei Jenbach nach vorherigen Straßenverbreiterungen Munitionsdepots angelegt.[916]

Aber auch in der britischen Zone fanden derartige Vorkommnisse statt. So wurde im kärntnerischen Wolfsberg als auch in Krumpendorf bereits Anfang 1950 Boden für den Bau militärischer Komplexe requiriert.[917] Ein Jahr darauf erfolgte in einer gemeinsamen Aktion der französischen und amerikanischen Besatzungsmacht im Gschnitztal die Beschlagnahmung von Areal für die Errichtung von Munitions- und Ausbildungslagern[918]: dabei wurden mindestens 17 Hektar an Grund und Boden enteignet und in Windeseile für militärische Zwecke, d.h. Munitionslager und Truppenunterkünfte, adaptiert.[919] Wie die *Tiroler Nachrichten* vom 14. August 1951 berichteten:

„Es ging alles sehr schnell. Die Gemeinde wurde von der Besatzungsmacht verständigt, daß die Gründe weggenommen werden würden. (...) Überall beteuerte man, den besten Willen zu haben, aber die Befehle des Oberkommandos wären unerbittlich und unwiderruflich. Welches Oberkommando befahl? Entweder man wußte es nicht oder man sagte es nur nicht. Dann verständigte man – etwa zwei Tage vor Beginn der Arbeiten – auch die Bauern, die den Grund zu opfern hatten (...) Als die ersten Lastautos und Jeeps zum Einsatz kamen (mehrere hundert Mann französischer Soldaten hielten mit ihnen Einzug), fuhr man einfach in Kornfelder und hochstehendes Gras hinein. Man begann sofort mit dem Straßenbau und alles schien sehr, sehr rasch gehen zu müssen."⁹²⁰

Neben der Anlegung von Munitionsdepots und Militärlagern wurden auch alle wichtigen Verbindungsstraßen „nach Westdeutschland, der Schweiz, Italien und Salzburg"⁹²¹ sowie die daran gelegenen wichtigen Brücken entweder vergrößert oder „auf eine Höchstbelastung von 60 Tonnen für Raupenfahrzeuge verstärkt."⁹²² Wie der Österreichische Friedensrat annahm, geschah dies alles in Hinblick auf die vorgesehene „›Rückzugslinie‹ im Béthouart-Plan"⁹²³, bzw. aufgrund der „strategischen Vorbereitungen der Atlantikmächte an der gesamten ›Südflanke‹".⁹²⁴

Tatsächlich existierten, wie von Margit Sandner bereits dargestellt wurde,⁹²⁵ westalliierte Geheimpläne zur Verteidigung Tirols und Evakuierung Wiens. So wurde im Sommer zwischen der französischen Besatzungsmacht und dem USFA-Oberkommando ein Abkommen zur Räumung bzw. Verteidigung Tirols beschlossen, „wonach im Kriegsfall amerikanische Truppen aus Bad Aibling in Bayern durch das Inntal nach Kufstein kommen sollten."⁹²⁶ Die darin festgelegte Hauptverbindungslinie sollte über das Inntal sowie über das Salzachtal und den Paß Thurn bis Wörgl⁹²⁷ führen.

„Der Kontakt zu den amerikanischen Einheiten sollte an der bayrischen Autobahn zwischen Bad Aibling und Bayrischzell hergestellt werden. Frankreichs Aufgabe wäre die Absicherung der wichtigsten Verkehrsachsen zwischen Tirol und der amerikanischen Zone: Kössen – St. Johann – Lofer, Kitzbühl – Mittersill – Gerlospaß. Bis all diese Weisungen ausgeführt wären, stünden die französischen Truppen (5. Halbbrigade) und die amerikanische Unterstützungstruppen unter französischem Kommando, sodann würde sofort der amerikanische Oberkommandierende die Verantwortung für alle weiteren Operationen übernehmen."⁹²⁸

Zusätzlich wurden für die französische Besatzungszone all jene Betriebe und Wirtschaftszweige aufgelistet, „die bei Bedarf auf Kriegszwecke umgestellt werden könnten, die aber bei einem notwendigen Rückzug der Alliierten aus Österreich im Zuge der Evakuierung unbedingt gezielt zerstört werden müßten, um nicht dem Feind in die Hände zu fallen."⁹²⁹

Für die in der sowjetischen Besatzungszone gelegene Hauptstadt Wien wurde bereits 1949 von den Westalliierten ein umfassender Evakuierungsplan ausgearbeitet, der sogenannte „PLAN RENAULT"⁹³⁰, der eine detaillierte Liste „all jener Personen, die bei der Gefährdung der österreichischen Regierung, bei einem Staatsstreich oder einer militärischen Intervention auf jeden Fall zu evakuieren wären"⁹³¹, enthielt.

Tab. 4: Evakuierungsliste »PLAN RENAULT« (29.9.1949)[932]

Prioritätsstufe 1:
1 Bundeskanzler Leopold FIGL / ÖVP
2 Außenminister Karl GRUBER / ÖVP
3 Staatssekretär Ferdinand GRAF / ÖVP
4 Innenminister Oskar HELMER / SPÖ
5 Vizekanzler Adolf SCHÄRF / SPÖ
6 Bundespräsident Karl RENNER / SPÖ
7 Referent für Außenpolitik und Wehrsprecher seiner Partei Julius DEUTSCH / SPÖ
8 Präsident des Wirtschaftsbundes Julius RAAB / ÖVP

Prioritätsstufe 2:
9 ÖGB-Präsident und 2. Parlamentspräsident Johann BÖHM / SPÖ
10 Justizminister Josef GERÖ / SPÖ
11 Unterrichtsminister Felix HURDES / ÖVP
12 Minister für soziale Verwaltung Karl MAISEL / SPÖ
13 Landwirtschaftsminister Josef KRAUS / ÖVP
14 Finanzminister Georg ZIMMERMANN / SPÖ
15 Minister für Handel und Wiederaufbau Ernst KOLB / ÖVP
16 Minister für Volksernährung Otto SAGMEISTER / SPÖ
17 Minister für Vermögenssicherung und Wirtschaftsplanung Peter KRAULAND / ÖVP
18 Staatssekretär Karl MANTLER / ÖVP
19 Minister f. Energiewirtschaft u. Elektrifizierung Alfred MIGSCH / SPÖ
20 Verkehrsminister Vinzenz ÜBELEIS / SPÖ
21 Minister ohne Portefeuille Erwin ALTENBURGER / ÖVP
22 Generaldirektor der CA-BV Josef JOHAM / SPÖ
23 ÖGB-Vizepräsident Anton PROKSCH / SPÖ

Prioritätsstufe 3:
deren nächste Anverwandte

In diesen Plan wurde aufgrund einer „Abmachung der drei westlichen Stadtkommandanten von Wien, Swift (USA), Knowles (GB) und Petetin (F)"[933] ein weiterer Operationsplan eingearbeitet, der „Plan Wagram I", datiert vom 25. April 1950.[934] Darin wurden die Richtlinien für die westlichen Besatzungskontingente in ihren jeweiligen Sektoren in Wien für den „Ernstfall"[935] angeführt, womit klarerweise ein Putschversuch durch Kommunisten oder Sowjets gemeint war. All diese Verteidigungs- und Evakuierungspläne, der militärische Ausbau Westösterreichs, die gemeinsam abgehaltenen Manöver der westalliierten Mächte etc., zeigen meines Erachtens ein zwar ungenaues und teilweise zersplittertes Bild der Aufrüstung Österreichs als einer »key area« im Planspiel der Großmächtekonfrontation jener Zeit. Aber aufgrund des nicht erfolgten Krieges in Österreich[936] bzw. der nicht erfolgten Evakuierung der Bundesregierung aus Wien[937] wie Rauchensteiner zu schließen, daß der Kalte Krieg nicht auf Österreich übergriff[938] bzw. all jene Planungen bloße „Hirngespinste"[939] waren, trifft den Sachverhalt m. E. in keiner Weise. Obwohl man bloß „alle möglichen Szenarios entwarf, Katastrophen- und Eventualplanungen in der Tischlade bereithielt"[940] und kein konkreter bewaffneter militärischer Konflikt folgte, stellten eben diese detailliert ausgearbeiteten Szenarios die erfüllten Grundvoraussetzungen eines jeden bewaffneten Konfliktes dar. Jedes Praxiswerden des Kalten Krieges führt *per definitionem* schon zu „heißem Krieg".

6.3. Das »Schwarze Bundesheer«[941] – die Aufstellung der »B-Gendarmerie«

Neben den behandelten Remilitarisierungsvorgängen in den Westzonen lief das Trainings- und Ausrüstungsprogramm der Alarmbataillone zügig weiter. Bereits im Mai hatte das VdU-Blatt *Wochen-Echo* in einer Bild-Reportage – worüber dann wiederum die *Neue Zeit* ausführlich berichtete – über die „militärische" Ausbildung der „Alarmeinheiten" in der Linzer Schloßkaserne berichtet, wo die Rekruten unter dem Kommando von ‚Landesgendarmerieoberst' Ernst Mayr an deutschen Karabinern „K 98", Maschinenpistolen, Bajonetten etc. trainiert würden. Am 18. Mai 1951 berichtete das steirische KPÖ-Organ *Wahrheit* über „Kriegsmanöver des ‚Schwarzen Bundesheeres' an der steirisch-kärntnerischen Grenze unter Aufsicht britischer Offiziere"[942]. Die Innsbrucker *Neue Tageszeitung* wußte später (1952) über eben diesen Oberst Mayr – damals gerade von einem USA Aufenthalt zurückgekehrt – zu berichten, daß dieser angelegentlich einer Dienstansprache verkündet haben soll, daß es ihm egal wäre, ob ein Gendarmeriebeamter Mitglied der ÖVP oder SPÖ sei, solange dieser nur nicht Mitglied der KPÖ wäre, denn:

„Diese Partei (die KPÖ) hat in Österreich nichts zu suchen, im Notfall werden wir in Österreich kämpfen wie Franco in Spanien."[943]

Am 2. Oktober 1951 fand dann in Eggendorf bei Thalheim (Bezirk Wels) das erste Großmanöver der mit zwölf Straßenpanzerwagen motorisierten Alarmbataillonseinheiten Linz, Steyr und Stadl-Paura statt[944], bei dem auch rund neunzig amerikanische Militärfahrzeuge[945] zum Einsatz kamen.

Übungsannahme dieser Truppenmanöver war der Kampf gegen etwa 400 entsprungene Häftlinge[946], die sich auf einen Bauernhof geflüchtet und dort verschanzt hätten. Wie die *Neue Zeit*, bereits vor den Manövern bestens informiert, berichtete:

„Zur Tarnung der Manöver wird als Grundlage angenommen werden, daß »die Häftlinge eines großen Gefangenenhauses nach einem Aufstand ausgebrochen sind und als Banditen in der Gegend herumstreifen«. Die Gendarmerie soll dann – so wie die deutsche Wehrmacht auf den Kampf gegen Partisanen gedrillt wurde – diese Gruppen einkreisen und zur Übergabe zwingen. Das ist aber nur eine Verschleierung: in Wirklichkeit sollen die Gendarmen auf den Kampf gegen Partisanen geschult werden."[947]

Jedoch: „Die Übung ging völlig daneben."[948] Die mit amerikanischen Panzerspähwagen, Maschinengewehren, „Stahlhelm und Karabiner"[949] gegen den ‚feindlichen' Bauernhof vordringenden Einheiten der Alarmbataillone lieferten aus Sicht der amerikanischen (CIC-) Offiziere, die die Supervision dieser Manöver führten,[950] einen unqualifizierten Übungsverlauf, woraufhin, wie Rauchensteiner vermutet, die „Amerikaner auf die Wiederverwendung kriegsgedienter Offiziere und Unteroffiziere"[951] drängten. Gleichzeitig wurde auf Verlangen des US-Oberbefehlshabers in Österreich, Generalmajor Stafford LeRoy Irwin, die „Reorganisation der Sonderformationen"[952] eingeleitet und für die Zukunft deren „ausschließlich militärische(n) Schulung"[953] fixiert.

Tatsächlich war man auf amerikanischer Seite bereits seit längerem bemüht, österreichischen politischen Stellen gegenüber die Notwendigkeit eines eigenständigen, getrennt von der Gendarmerie aufzubauenden militärischen Kaders plausibel zu machen, bislang jedoch ohne Erfolg. Um die Gespräche bezüglich militärischer Sachfragen von der insgesamt eher konfusen politischen Ebene stärker auf die militärische Ebene zu verlagern, war von westalliierter Seite bereits Mitte 1951 ein eigenes Planungsgremium, das »Salzburger Komitee«, eingerichtet worden. Dieses Gremium bestand in der Hauptsache aus hochrangigen US-Militärs, denen Major Rauscher, Kommandant eines der Alarmbataillone, als österreichischer Vertreter beigestellt war. Über den Mittelsmann Johannes Imhof, politischer Berater des US-Hochkommissars, wurde der Kontakt nach Wien zu Minister Helmer bzw. Sektionschef Krechler hergestellt.[954] Wie aus einer Notiz über eine

Besprechung bei US-Botschafter Donnelly vom 2. Oktober 1951, dem Tag der Alarmbataillonübung in Eggendorf, hervorgeht, dürften sich dabei mitunter aber einige kommunikative „Mißverständnisse" ergeben haben, die nun zügig geklärt werden sollten. In dieser Sitzung, an der neben Donnelly, General Irwin, Bundeskanzler Figl, Vizekanzler Schärf, die Minister Gruber und Helmer, sowie Staatssekretär Graf teilnahmen, wurde der Regierungsspitze unmißverständlich klar gemacht, daß aus amerikanischer Sicht ein Staatsvertrag erst bei entsprechender Wiederaufrüstung, die nun stärker als bisher auf militärischer Basis betrieben werden sollte, möglich sei. General Irwin verlangte von der Regierung einen Nachweis über die zweckgemäße – militärische – Verwendung der bisher zur Verfügung gestellten finanziellen Mittel (rund 14 Millionen Schilling), als auch für alle weiteren Zuwendungen, die nun in Form monatlicher Zahlungen in der Höhe von 5 Millionen Schilling überwiesen werden sollten. Mit Nachdruck machte Irwin seinen Gesprächspartnern klar, daß künftig konzentriert an der Formation eines eigenständigen, vorerst auf 5.000 Mann ausgelegten, militärischen Körpers zu arbeiten sei, der im Ernstfall an der Seite der Westmächte kämpfen sollte. Für die Erörterung von militärischen Detailfragen, mit denen möglichst nicht die Regierung befaßt sein sollte, schlug Irwin vor, „in Wien eine kleine Gruppe von Leuten zu bilden, die hier die Berichte des Major Rauscher und des Salzburger Komitees auswerten." Offenkundig hatte es auf unterer Ebene in dieser Angelegenheit zwischen österreichischen und US-Stellen bereits zuvor Gespräche gegeben, da Botschafter Donnelly eine Liste mit Namen präsentierte, die sich dann z. T. tatsächlich in jenem Komitee wiederfanden.[955]

Unter dem Eindruck dieser nachdrücklichen Forderungen wurde von der österreichischen Bundesregierung ein direkt dem Bundeskanzleramt unterstellter militärischer Planungsstab eingerichtet, das sogenannte »Wiener Komitee«, welches von ÖVP und SPÖ proporzmäßig besetzt wurde und in der Folge einen Entwurf zur Einrichtung von „Gendarmerie-Lehrabteilungen"[956] ausarbeitete, den die US-Militärs allerdings ablehnten.[957] Das »Wiener Komitee«, das sich aus dem Oberstleutnant a. D. Johann Linsbauer[958] (SPÖ), dem Polizei-Oberstleutnant Ferdinand Linhart[959] (SPÖ), dem Gendarmerie-Oberst Theodor Iglseder (ÖVP) und General a. D. Emil Liebitzky (ÖVP) unter dem Vorsitz des Generaldirektors für öffentliche Sicherheit, Dr. Wilhelm Krechler, zusammensetzte[960], arbeitete direkt mit dem »Salzburger Komitee« zusammen. Als Verbindungsoffizier wurde allerdings nicht Major Rauscher sondern Oberstleutnant Zdenko Paumgartten eingesetzt, der den ständigen Kontakt zur Zentrale nach Wien herstellte.[961] Paumgartten, Jahrgang 1903, Abgänger der Offiziersschule und der Kriegsakademie, war 1938 als Berufsoffizier vom Tiroler Jäger Regiment in Innsbruck zum Gebirgsjäger-Regiment gekommen und machte nach dem „Anschluß" Österreichs in der Deutschen Wehrmacht Karriere. 1941 wurde er in den Generalstab des Heeres versetzt und 1944 – bereits Träger des EK I und EK II – zum Oberstleutnant befördert.[962] Unmittelbar nach Kriegsende übernahm er, wie bereits erwähnt, Aufbau und Leitung der Heeresamtsstelle Tirol und wurde nach dessen Auflösung 1946 als Berufsoffizier a. D. in den Dienst des Bundeskanzleramtes aufgenommen. Als intellektuell offenkundig begabter und zudem der Fremdsprache Englisch mächtiger Offizier anvancierte Paumgartten unmittelbar nach seiner Promotion 1951 an der Universität Innsbruck[963] – neben seinem Vorgesetzten Emil Liebitzky – zur zentralen Schlüsselfigur der österreichischen Wiederaufrüstung.

Liebitzky selbst, Jahrgang 1892, während des Ersten Weltkriegs bereits als junger Leutnant der Artillerie an der Front, stieg nach dem Krieg zum ersten Adjutanten des Heeresministers Carl Vaugoin auf. Bereits Generalstabsoberst, übernahm er 1933 den Posten eines Militärattachés bei der österreichischen Botschaft in Rom, wo er nach der Ermordung von Dollfuß die Aufrüstung des Bundesheeres mit italienischen Waffenmaterial maßgeblich mitorganisierte und bald zum Vertrauten Mussolinis aufstieg. Als persönlicher Emissär Schuschniggs versuchte Liebitzky dann noch im März 1938 bei Mussolini „Rückendeckung" für die geplante Volksabstimmung einzuholen.[964] Wie sich in seinem dienstlichen Lebenslauf vermerkt findet, wurde er knapp nach dem „Anschluß" als Oberst „aus politischen Gründen aus dem aktiven Dienst entlassen" und verbrachte die Kriegsjahre ab 1943 – „unter Gestapoaufsicht"[965] – als Industrieangestellter beim Stahlwerk Schoeller-Bleckmann.

Aber zurück zur Tätigkeit der angesprochenen geheimen Gremien. Wie aus einem Schreiben des Bundesministeriums für Inneres an das britische Hochkommissariat vom Oktober 1952 hervorgeht,[966] waren es *de facto* weniger amerikanische Stellen gewesen, die auf die Wiederverwendung kriegsgedienter Offiziere drängten, sondern der Planungsstab des »Wiener Komitees« selbst, der General Irwin sowie seinen beiden beauftragten Colonels Poorman und Hangett die „Einstellung einer beschränkten Anzahl von besonders ausgewählten Heeresoffizieren als Kommandanten"[967] vorgeschlagen hatte. In diesem Schreiben rechtfertigte das Innenministerium die Aktivität des »Wiener Komitees« gegenüber dem britischen Vorwurf „eigenmächtigen Vorgehens" in der Frage der Einstellung ehemaliger Heeresoffiziere als Ausbildner in den ‚Gendarmerieschulen' mit dem Hinweis, daß es auf „nachdrückliches Verlangen des damaligen amerikanischen Oberbefehlshabers General Irwin [Nachfolger war bereits Generalmajor George P. Hays, C. S.]", die „Reorganisation und richtige Ausbildung der Gendarmerieschulen"[968] voranzutreiben, zu jenem Vorschlag einer Wiederverwendung ehemaliger Heeresoffiziere durch das »Wiener Komitee« gekommen sei.

„In vielfachen Verhandlungen mit den amerikanischen Herren wurden die Einzelheiten festgelegt und gebilligt. Diese Maßnahmen müssen in Salzburg behandelt worden sein. Jedenfalls berichtete auch der österr. Verbindungsmann laufend über die Verhandlungen des Salzburger Komitees (...) Das Wiener Komitee erhielt sogar vielfache Aufforderungen aus Salzburg, die Einstellung der oben erwähnten Offiziere zu beschleunigen und durch diese die Reorganisation ehest vornehmen zu lassen (...) Dieser von Gl. Irwin schon Anfang 1952 ausdrücklich genehmigte und von Salzburg aus stets betriebene Gesamtplan ist in der amerikanischen und französischen Zone in voller, ungestörter und schneller Durchführung begriffen."[969]

Offensichtlich fühlten sich die Engländer durch das Vorgehen der US-Militärs erneut übergangen, da man seit Beginn der Verhandlungen ausdrücklich gegen die Aufnahme kriegsgedienter Heeresoffiziere aufgetreten war.[970] Aus der streng geheimen Korrespondenz zwischen dem Leiter des Wiener Komitees, Liebitzky (Deckname „Orion" bzw. „Sirius"), und dem Verbindungsoffizier zum Salzburger Komitee, Oberstleutnant Paumgartten (Deckname „Strauch" bzw. „Sidonius")[971] geht hervor, daß in der Angelegenheit der Anstellung von Wehrmachtsoffizieren sogar britische Unterhändler bei Innenminister Helmer intervenierten, um diesen von der Einstellung kriegsgedienter Heeresoffiziere abzubringen, allerdings ohne Erfolg.[972]

Wie Liebitzky in der geheimen Korrespondenz an Paumgartten meinte, lägen die Gründe für die britische Haltung außer in der Beeinflussung durch die Sowjets „wohl auch in einer besonderen Ängstlichkeit des HK [Hochkommissar, C. S.]"[973], womit zu diesem Zeitpunkt nur Sir Harold Caccia gemeint gewesen sein kann. Bereits am 19. März 1952 hatte Liebitzky an Paumgartten weitergegeben:

„Schwierigkeiten mit den Briten wegen HO! [Heeresoffiziere, C. S.] Es scheint ihnen zu gefährlich (...) Brit. Einwände gewiß an sich berechtigt, aber dann kann von GB. eben nichts erwartet werden, weder für den Frieden noch für den Notstand. Alles wäre Selbsttäuschung. Vielleicht kommt zweigeteilte Lösung (in den Zonen verschieden)."[974]

Sowohl das »Wiener Komitee« als auch das US-dominierte »Salzburger Komitee« lehnten, wie man sich ausdrückte, die „unbrauchbare Haltung der Briten"[975] ab, die sich die Stellenbesetzung der neuzugliedernden Bataillone selbst vorbehalten wollten, sodaß kurzzeitig sogar daran gedacht wurde – quasi „als letztes Mittel"[976] – die Gendarmeriebataillone aus der britischen Besatzungszone abzuziehen.[977]

Am 12. Juni 1952 kam es in dieser Angelegenheit jedenfalls zu einer Besprechung zwischen Außenminister Gruber, General ‚außer Dienst' Liebitzky und US-Militärs, in der von den letztgenannten beschlossen wurde, Franzosen und Briten in dieser Angelegenheit nicht mehr ins Vertrauen zu ziehen.

„Amerikanischer OB. [Oberbefehlshaber, C. S.] gab zu sagen, alle Einmischungen der anderen OB. in ihren Zonen ausschalten zu wollen"[978].

Inwiefern nun die britische Position von der Absicht getragen war, Postenbesetzungen nur unter dem Kriterium demokratischer Eignung gutzuheißen, mag dahingestellt bleiben. Jedenfalls fügte sich diese Kontroverse zwischen Amerikanern und Briten nahtlos in die Reihe früherer Unstimmigkeiten und Meinungsverschiedenheiten in bezug auf die Wiederaufrüstung Österreichs ein. Die mit dem US-Militarismus weitgehend konform gehende Haltung der maßgeblichen österreichischer Stellen war zu dieser Zeit repräsentativ, wenn auch nicht ungebrochen. So existierten im paritätisch besetzten »Wiener Komitee« erhebliche politische Spannungen[979], die sich unter der Führung Liebitzkys (ÖVP) allerdings primär in Form einseitiger Stellenbesetzungen (vor allem bei der Auswahl der Heeresoffiziere und Unteroffiziere) niederschlugen. So teilte Liebitzky am 3. September 1952 dem Salzburger Verbindungsoffizier Paumgartten streng vertraulich mit, „daß die Koalitionsfrage einfach nicht zu umgehen ist", wobei aber „in Wirklichkeit durch geschicktes Vorgehen ein Verhältnis von etwa 3 oder 4:1 erreicht worden (ist), was ich als vertraulich zu behandeln bitte."[980]

Auf eine Postenbesetzung mit einem Offizier, der das Vertrauen der SPÖ besaß, kamen also in der Regel vier Postenbesetzungen mit ÖVP-Vertrauensleuten. Noch unverblümter sprach sich diesbezüglich Oberstleutnant ‚außer Dienst' Paumgartten aus, indem er meinte, daß es

„(...) äußerst wichtig ist die Gefolgschaft der Offz. an Orion [Liebitzky, C. S.] zu binden weil man sich im Klaren sein muß, daß Wir (...) in der Minderzahl sind und eines Tages die Gefahr laufen durch die aus Opportunitätsgründen später nachgiebig werdenden Politiker fallengelassen und majorisiert zu werden. Was den politischen

Zielen welchen wir nachgehen [sic] nachträglich sein muß. So sehe ich die Lage und die einzige Möglichkeit sie zu wenden in einer unnachgiebig energischen Politik für das zukünftige Offz. Korps und zwar so zeitig, daß darin niemand zuvorkommt, und so fühlbar, daß es die Masse des Offz. Korps merkt!"[981]

Mit anderen Worten: der seit den Tagen der Ersten Republik gängige parteipolitische Postenschacher im österreichischen Militär – die interessenspolitische Instrumentalisierung des Heeres für parteipolitische Zwecke – begann sich erneut zu etablieren, indem von Seite ÖVP-naher Offiziere – gegen spiegelbildlichen Widerstand des politischen Gegners – programmatisch die ‚Entpolitisierung' bzw. Festigung des traditionellen soldatischen Korpsgeistes gefordert wurde.[982]

Wie aus zahlreichen Bescheiden des »Wiener Komitees« hervorgeht, war die Auswahl der kriegserfahrenen Heeresoffiziere – zum allergrößten Teil ehemalige Offiziere der Deutschen Wehrmacht – eine heikle Angelegenheit, da unter strikter Geheimhaltung vorgegangen werden mußte. Hinzu kam, daß die Aufnahme jener Offiziere und Unteroffiziere als Vertragsbedienstete in die im Aufbau begriffenen militärischen Kader im Hinblick auf mögliche Einsprüche seitens des »Salzburger Komitees« zu erfolgen hatte. Käme es nämlich, wie Liebitzky äußerte, von Seite der Westalliierten schließlich zu einer „anderen Entscheidung, wie soll man dies dann dem Betroffenen sagen? Ein Mitwisser, der vor den Kopf gestoßen ist! (Geheimhaltung)."[983]

Die Listen der Offiziere, Unteroffiziere und Offiziersbewerber[984] waren seit der Auflösung des Heeresamtes in der „Pensionsabteilung A" des Finanzministeriums unter der Leitung von Hofrat Liebitzky weitergeführt worden und stellten nun die Grundlage für die Auswahl der in Frage kommenden Heeresoffiziere dar, deren Akte jeweils an das „Salzburger Komitee" weitergeleitet und dort vom Vorsitzenden, US-Oberbefehlshaber General Arnold, entweder bestätigt oder abgelehnt wurden.[985] Um eine genauere Übersicht der verwendbaren Offiziere der ehemaligen Deutschen Wehrmacht zu gewinnen, wurde auch Kontakt zu westdeutschen Registrierungsstellen aufgenommen, wie z. B. zum Personenstandsarchiv II des Landes Nordrhein-Westfalen, welches eine umfangreiche Rangliste der aktiven Offiziere der Flieger- und Luftnachrichtentruppe vom Stand 20. April 1945 zusandte.[986] Diese Liste, die in Form zweier Schmalfilme reproduziert wurde, enthielt 10.526 Namen mit Vornamen, Rangdienstalter und „Ordn. Nr." sowie Geburtsdatum und vereinzelt auch Angabe des Truppenteils. Selbst die Angabe militärischer „Verdienste" wurde verzeichnet: „Die verabschiedeten, vermißten, kriegsgefangenen oder im neutralen Ausland zurückgehaltenen Offiziere sind mit entsprechendem Vermerk enthalten. Die Verleihung des Ritterkreuzes, des Eichenlaubs usw. ist verzeichnet."[987] Eine Abschrift dieser Ranglisten erging dann an die jeweiligen Landesamtsdirektoren der einzelnen Landesregierungen, vermutlich, um mit sofortigen gezielten Recherchen vor Ort beginnen zu können. Wie aus einer Mitteilung von „Strauch" an Liebitzky vom 25. März 1951 hervorgeht, dürften bei der Beschaffung von derartigen Unterlagen für die Rekrutierung auch US-Militärs behilflich gewesen sein:

„Über Cl. H. [gemeint dürfte US-Colonel Hangett sein, C. S.] sind 47 Kisten mit Wehrunterlagen an mich gelangt. Ich bin zwar davon unterrichtet bitte jedoch um Weisung und Mitteilung ob irgendeine Liste dazu kommt denn äußerlich ist nicht zu erkennen welches Bundesland sie betreffen. Sie müßten also alle vorher geöffnet werden sind aber nahezu hermetisch verschlossen."[988]

Daß man dabei zum Teil auch belastete ehemalige Wehrmachtsoffiziere ‚revitalisierte', läßt sich einerseits aus der hohen Geheimhaltungsstufe der durchgesehen Korrespondenz vermuten, andererseits stieß der Verfasser auch auf einige namentliche Fälle von Personaleinstellungen, die aber aufgrund ihres undemokratischen bzw. deutlich nazistischen Verhaltens selbst in den damaligen Offizierskreisen für Aufregung sorgten und nach kurzer Dienstzeit in den Bataillonen wieder ausschieden. Neben Liebitzky, der als verantwortlicher Leiter dieser militärischen Tarnabteilung innerhalb der „Pensionsabteilung A" des Finanzministeriums auch für die Personalauswahl dieser Offiziere zuständig war, arbeiteten in dieser Geheimabteilung: Hofrat und Generalmajor Wilhelm Neugebauer, zuständig für Organisationsfragen und „Mobilisierungsvorsorgen"; der vormalige Bundesheer-Hauptmann und „deutsche Oberst" Adalbert Filips, zuständig für Bewaffnung, Motorisierung sowie Fortbildung der Offiziere; der Oberstleutnant des Bundesheeres und „deutsche Major" Josef Krist, zuständig für Telegrafenwesen, Funkdienst, Chiffrewesen und Nachrichtendienst; der vormalige Oberstleutnant und Amtssekretär Hubert Winkelbauer, zuständig für Personalien, Disziplinarwesen, Überprüfung der Bewerber; zuletzt der Amtssekretär und vormalige „deutsche Stabsintendant" Erwin Cerny, zuständig für Budgetfragen, Versorgung und Verrechnung und Ausrüstung.[989] In bezug auf die Geheimhaltung wies beispielsweise Paumgarten noch 1954 Liebitzky darauf hin, daß der Reiseverkehr der bereits an schweren Waffen ausgebildeten Heeresoffiziere zu ihren zum Teil in der russischen Besatzungszone befindlichen Familien eine Gefahr darstelle, da es denkbar wäre,

Militärbasis der Westmächte 161

„daß man sich eines solchen HO. [Heeresoffizier, C. S.] bemächtigt, um in einem Prozeß seine Aussage als ›Beweis‹ einer Militarisierung zu verwenden. Es dürfte angezeigt sein den Reiseverkehr der HO. in die russische Zone für einige Zeit zu beschränken."[990]
Weil man sich von Seite der Wiener Zentrale im Hinblick auf die Zuverlässigkeit und Kooperationsbereitschaft der einzelnen Landeshauptleute nicht völlig sicher war und es offenkundig auch konkrete „Schwierigkeiten" gegeben hatte, gab der Salzburger Verbindungsoffizier Paumgartten in einer Meldung an Liebitzky zu bedenken, ob es nicht ratsam wäre, die Landeshauptmänner – ohne unnötige Details bekanntzugeben – hinsichtlich ihrer „Kompetenz" in Sachen „Sicherheitsangelegenheiten" klar und deutlich in die Schranken zu weisen und zusätzlich in allen Bundesländern „fachlich taugliche und verläßliche Verbindungsoffiziere"[991] zum »Wiener Komitee« zu installieren. Am 1. August 1952 wurde in einer Besprechung des »Wiener Komitees« entschieden, „daß mit sofortiger Wirkung in den Standesausweisen der Gendarmerie die Sonderformationen nicht mehr als Gendarmeriebereitschaften, sondern als Gendarmerieschulen unter Beifügung des betreffenden Bundeslandes zu bezeichnen"[992] sind. Im Mai 1952 hatte Vizekanzler Schärf – in Vertretung Raabs – dem US-Hochkommissar Walter J. Donnelly offiziell mitgeteilt, daß man einer Erweiterung der bisherigen Aktivitäten gemäß dem „zwischen der Regierung der Vereinigten Staaten und der österreichischen Regierung laufenden Abkommen(s)" zustimme und bereits ein „Mitglied der Gendarmerie zur Übernahme und Empfangsbestätigung der Lieferungen bestellt werde."[993] Mit diesen „Gendarmerie-(Sonder-)Schulen"[994], für die sich bald, im Unterschied zu den regulären Gendarmerieeinheiten, die Bezeichnung »B-Gendarmerie« durchsetzte, war ein Teil der von den Amerikanern nach den Manövern in Thalheim geforderten Reorganisation der Alarmbataillone auf ausschließlich militärischer Basis durchgeführt. Anfang August 1952 kamen somit folgende »Gendarmerie-Sonder-Schulen« zur Aufstellung: OÖ I und OÖ II (Standort Linz-Ebelsberg, in der ehemaligen SS-Kaserne), Steiermark (Graz), Kärnten (Villach), Tirol I (Innsbruck).[995] Bis April 1953 erreichten diese Einheiten einen Stand von 3.527 Vertragsbediensteten, der bis Oktober 1954 auf 6.102 Mann aufgestockt wurde.[996] Die ersten Heeresoffiziere übernahmen am 15. August 1952 ihr Kommando über die Gendarmerie-Sondereinheiten,[997] die unter der Leitung des »Wiener Komitees« sukzessive ausgebaut und durch die Aufstellung neuer Ausbildungslager beständig vergrößert wurden.[998] In der verklärten Sicht eines damals beteiligten Offiziers liest sich dies so:

„Sonst blühte dieses neue Pflänzchen, Gott sei dank, im verborgenen, bis auf einige immer wiederkehrende Angriffe durch die KPÖ, der die Tätigkeit der ‚Mau-Mau' [offenkundig eine Anlehnung an die keniatischen Widerstandskämpfer gegen die britische Kolonialmacht, C. S], wie die GG-Schulen damals auch scherzhaft genannt wurden, ein Dorn im Auge war. Aber die Öffentlichkeit nahm davon dankenswerterweise [sic] keine Notiz, und damit war die Aufbauarbeit ganz wesentlich erleichtert."[999]

Bereits im Herbst 1953 wurde für die B-Gendarmerie eine gesonderte Wirtschaftsverwaltung im Bundesministerium für Inneres eingerichtet, die mit 28. Oktober des Jahres in die „Abteilung 5 Sch (Schulen)" des Innenministeriums überführt wurde, womit auch die administrative Trennung zwischen Bundesgendarmerie und B-Gendarmerie vollzogen war.[1000] Zu diesem Zeitpunkt gab es bereits „fünf vollmotorisierte Bataillone und drei ›Fahreinheiten‹"[1001], daher der für die Abteilung gewählte Name „Abt. 5 Sch".

Wenn man sich nun die Frage nach der Ursache für das Ausbleiben geharnischter Reaktionen seitens der sowjetischen Besatzungsmacht stellt, so findet sich eigentlich keine klare Antwort. Zwar hatten die Sowjets mehrmals gegen die Remilitarisierung Protest erhoben – es ist davon auszugehen, daß den sowjetischen Geheimdienststellen jene Vorgänge *in extenso* bekannt gewesen sind –, aber zu einem regelrechten Eklat kam es dennoch nie. So hatte sich die Sowjetunion beispielsweise am 21. April 1950 im Exekutivkomitee des Alliierten Rates über die Existenz eines „illegalen Gendarmerie-Regimentes mit Sonderaufgaben"[1002] in den westlichen Besatzungszonen beschwert und „Maßnahmen zu dessen Beseitigung" verlangt.[1003] Diese Beschwerde wurde auf Wunsch des sowjetischen Vertreters im Exekutivkomitee an den Alliierten Rat verwiesen, „wo die Frage diskutiert, aber nicht entschieden wurde."[1004] Im Zeitraum 1950-55 wurde von den sowjetischen Vertretern im Alliierten Rat mehrmals die „systematische Verletzung" der alliierten Beschlüsse bezüglich Entmilitarisierung und Entnazifizierung zur Sprache gebracht. Dabei wurde konkret auf die „illegale und verdeckte Bildung von militärischen Einheiten durch die österreichische Regierung in den westlichen Zonen, auf den Weiterbestand und die Erweiterung von Waffenfabriken in diesen Zonen, die Tätigkeit neonazistischer Organisationen und das Aufleben der faschistischen Propaganda"[1005] verwiesen. Besonders 1954 deponierten die Sowjets im Alliierten Rat – vor dem Hintergrund der deutschen Wiederaufrüstung und der Unterzeichnung der Pariser Verträge – verstärkt kritische Erklärungen zur Remilitarisierung Westösterreichs: So z. B. am 26. November 1954 „über die illegale Bildung von militärischen Formationen auf dem Territorium der Westzonen durch die österreichische Regierung unter dem Deckmantel »Gendarmerieschulen«"; am 21. Dezember 1954 „über die Stationierung amerikanischer Truppen auf dem Territorium der französischen Besatzungszone, wodurch das Abkommen der vier Mächte über die Besatzungszonen in Österreich und über die Nutzung dieses Territoriums für militärische Zwecke des Nordatlantischen Paktes verletzt wird"; oder am 14. Jänner 1955 über „Zuweisung von Mitteln aus dem österreichischen Staatsbudget des Jahres 1955 für die illegal gebildeten österreichischen Militärverbände in den westlichen Zonen unter dem Deckmantel der Zuweisung »für die Ausbildung des Sicherheitsapparats«."[1006] Diese sowjetischen Erklärungen, die in österreichischen Regierungskreisen mit großer Aufmerksamkeit und zum Teil Besorgnis wahrgenommen wurden, führten im Alliierten Rat durch die von den westalliierten Vertretern wiederholt vorgebrachten Einwände und Abschwächungen allerdings – wohl unter der stillschweigenden Annahme, daß die Sowjets wegen Westösterreich keinen weitreichenderen, militärischen Konflikt riskieren würden – zu keiner Entscheidung.

Daß man über die Rüstungsaktivitäten und deren Konzeptualisierung innerhalb der atlantischen Planungen Bescheid wußte, zeigte sich vor allem auf informeller Ebene, indem man versuchte Druck auszuüben und unmißverständlich klarstellte, welche Folgen diese militärischen Unternehmungen nach sich ziehen könnten. So berichtete General Liebitzky Oktober 1951 stark irritiert über mehrmalige hartnäckige Kontrollbesuche des russischen Oberstleutnants Cernoff, der in einer Art inoffizieller Überwachungsfunktion die ehemaligen militärischen Dienststellen visitierte um Auskünfte einzuholen. Bei diesen „privaten" Unterhaltungen kam Cernoff, trotz aller Versuche Liebitzkys, „derartigen Gesprächen zu entgehen", wiederholt auf die Remilitarisierung zu sprechen. Im Zusammenhang mit einem möglicherweise bald in Aussicht stehenden Staatsvertrag meinte Cernoff:

„Es sei wohl die Haltung der Österreichischen Regierung hinderlich, die sich zur zukünftigen »Rolle Österreichs im Atlantikpakt« nicht äussere. Eisenhower habe kürzlich gesagt (Nachricht sei in der Zeitung »Telegraph« erschienen) »Österreich sei der notwendige Südflügel des Atlantikpaktes in Mitteleuropa« und die österreichische Regierung habe hierzu kein Wort der Ablehnung gehabt. Weiter zeige die Rede des BMin. Helmer, daß »Vorarbeiten für die Wiederaufrüstung« im Gange sei, die noch nicht zulässig seien, die Polizei- und Gendarmerie sei weitaus stärker als notwendig, verfüge u. a. über Panzerspähwagen (»die nicht vom Himmel gekommen sein können«) und es werde so – verbotenerweise – das Heer vorbereitet."[1007]

Angelegentlich eines weiteren Besuchs, bei dem Cernoff u. a. „Erkundigungen über Pensionsfragen von Offizieren, die in der Deutschen Wehrmacht gedient haben" einholte, brachte dieser den sowjetischen Standpunkt bezüglich Unabhängigkeit und Remilitarisierungsfrage auf den Punkt: „Die »Spielerei« im Westen werde Österreich um den Staatsvertrag bringen."[1008] Wie Anton Staudinger meint, läßt sich das Ausbleiben weitergehender russischer Proteste eventuell durch die nachfolgenden „prononcierten Stellungnahmen österreichischer Regierungsmitglieder für eine völkerrechtlich neutrale Politik Österreichs"[1009] erklären, was jedoch insofern widersprüchlich ist, als gerade die geheime militärische Kooperation mit den Westmächten, die, wie bereits gezeigt, eine teilweise Subordination unter westalliierte Aufrüstungskonzepte beinhaltete, das Gegenteil einer äquidistanten bzw. neutralen Haltung Österreichs darstellte. Solange hier die Auswertung entsprechender sowjetischer Quellen fehlt, muß diese Frage wie zahlreiche andere Fragen auch, vorerst unbeantwortet bleiben.

6.4 Das »Aufgebot« – westalliierte Katastrophenpläne für einen Kriegsfall in Österreich

Neben der Aufstellung der B-Gendarmerie begann ab 1952 ein weiteres militärisches Geheim-Projekt zu laufen, welches das gesamte Potential an wehrfähigen Österreichern als Rekrutierungsbasis für einen möglichen Ernstfall, d.h. Krieg mit der Sowjetunion, heranzog. Parallel und relativ unabhängig von der weiteren Ausrüstung und dem Training der B-Gendarmerie wurde ab Februar 1952 auf Initiative des USFA-Headquarter mit der „Erfassung der physisch und psychisch geeigneten männlichen Personen"[1010] begonnen. Zu diesem Zweck begann man in jedem Bundesland geheime „Wehrmeldeämter" einzurichten, die zunächst für die Geburtsjahrgänge 1920, 1921, 1925 und 1926 anhand des „Karteimaterials der ehemaligen Wehrmachtsdienststellen"[1011], der bei den Wahlkreisbehörden erliegenden Wählerlisten zum Nationalrat"[1012] sowie über „Erhebungen bei den Landesinvalidenämtern"[1013] eine möglichst lückenlose „karteimäßige Erfassung der in Betracht kommenden Personen durch Anlegung einer Suchkarte (= SK), einer Personalkarte (= PK) und einer Einberufungsorder (= EO)"[1014], durchführen sollten. Laut westalliierten Planungen sollten im Kriegsfall rund 200.000 wehrfähige Österreicher – das sogenannte »Aufgebot« – nach Norditalien bzw. Nordafrika evakuiert werden[1015], um dort in speziellen Auffanglagern „nach Ablauf der Formierung- und Ausbildungszeit, etwa drei Monate nach Aufbietung, zum Einsatz zur Verfügung zu stehen"[1016], und zwar als integrale Truppe innerhalb des Atlantikkommandos.[1017] Bereits am 18. März 1952 berichtete Verbindungsoffizier Paumgartten an das »Wiener Komitee«:

„Heute konnte ich klären daß als Ausbildungsräume amerikanische Lager nördlich von Livorno geplant sind und dort vorläufig die Ausrüstung und Bewaffnung für 2 Div. (das sind die 6 Regimenter von denen immer die Rede ist) gelagert wird."[1018]

Am 14. Juni 1952 lag ein erstes vorläufiges Gesamtergebnis der Erfassung des personellen Kriegspotentials der 20-40jährigen in den drei Westzonen vor.[1019] Die Berechnung stützte sich auf die Unterlagen des Statistischen Zentralamtes über die Bundespräsidentenwahl vom 26. und 27 Mai 1951 (‚Fall A'), auf die Daten der letzten Volkszählung im Jahre 1951 (‚Fall B') – jeweils unter Abzug der auf rund 50 % geschätzten Summe aller Untauglichen und Invaliden sowie 25 % „U. K. gestellter", also (beruflich) unabkömmlicher Personen –, und der auf Grundlage der beiden ersten „Fälle" korrigierten Zahl (‚Fall C'), unter Abzug der „vier nicht gedienten Jahrgänge 1927, 1928, 1929, 1930".[1020] Dabei ergab sich für die Westzonen folgende Statistik der „einsatzfähigen tauglichen Männer":

Tab. 5: »Aufgebot« – Österreichs Wehrpotential nach Ländern[1021]

Bundesland:	Fall A:	Fall B:	Fall C:
Oberösterreich (US-Zone)	31.533	30.546	30.549
Salzburg	12.033	10.643	12.643
Tirol	14.931	14.524	16.999
Steiermark	42.861	37.179	43.931
Kärnten	17.094	16.209	16.670
Vorarlberg	7.161	6.509	6.487
Summe:	125.613	115.610	127.279

Diese Zahl, die sich aufgrund weiterer detaillierter Recherchen laufend erhöhte[1022], bildete die erste Grundlage für die namentliche Erfassung jenes Kriegspotentials durch die geheimen Wehrmeldeämter. Wie groß nun die Geheimhaltung der Tätigkeit jener Rekrutierungsämter war und wie sensibel die verantwortlichen Stellen auf eventuelle Lücken in derselben reagierten, läßt sich an einem Fall exemplarisch dokumentieren.

Am 23. April 1952 erschien in der *Österreichischen Zeitung* ein Artikel über ein angeblich im Salzburger Borromäum in der Hofstallgasse befindliches Wehrmeldeamt, worin es hieß, daß im dritten Stock „in völliger Abgeschlossenheit drei ehemalige Hitleroffiziere und ein Kanzleidiener, der schon im Nazi-Wehrmeldeamt im Hotel ‚Roter Krebs' beschäftigt war" amtierten. Weiters stand zu lesen: „Angelegt werden hauptsächlich die Stammrollen der Jahrgänge 1928-1932, und zwar an Hand der im Vorjahr ausgefüllten Volkszählungslisten."[1023] Auf diese Behauptungen in der kommunistischen Presse reagierte das vor aller Öffentlichkeit verborgene »Wiener Komitee« intern folgendermaßen:

„In der (russ.) Österr. Zeitung vom 23.4. d. J. sind (lt. Beilage) Details über die Tätigkeit eines ‚illegalen Wehrmeldeamtes' enthalten. Es wurde <u>dringend</u> gebeten, <u>alle</u> bei der Gruppe P. (Paumgartten, C. S.) verwendeten Personen mit Geb. Daten, ehem. Charge und Adresse hierher <u>so rasch als möglich</u> zu berichten. Vertraulich. Es handelt sich darum, daß das BM f. Inn. diese Personen eingehend perlustrieren wird um die Quelle der Nachricht festzustellen."[1024] [Hervorhebung im Orig., C. S.]

Von offizieller Seite wurde naturgemäß zu diesen Enthüllungen nicht Stellung genommen, sondern, wie in der kommunistischen Presse berichtet wurde, von der Landesregierung qua „Maulkorberlaß" den Beamten „jedwede Auskunftserteilung, insbesondere an die Presse, verboten."[1025] Dessen ungeachtet bohrte das KPÖ-nahe *Salzburger Tagblatt* in der Ausgabe vom 15. Mai weiter nach, indem man dem Salzburger Landeshauptmann öffentlich peinliche Fragen stellte und diese prompt in aller Deutlichkeit selbst beantwortete:

„Über wessen Auftrag wurde das geheime Wehrmeldeamt in der Hofstallgasse errichtet, welches der Landesregierung untersteht? (...) Sie sind die geheimen Rekrutierungsämter, um die wehrfähige Jugend unseres Landes den Amerikanern als Kanonenfutter auszuliefern."[1026]

Obwohl eigentlich spätestens seit 1949 in der linkssozialistischen Presse mitunter mit unglaublicher Detailgenauigkeit – wahrscheinlich waren hier sowjetische Nachrichtendienststellen die eigentlichen Informationslieferanten – über diverse Remilitarisierungsvorgänge berichtet wurde, reagierten die verantwortlichen österreichischen Politiker eigentlich bis 1954 nach ein und demselben Muster, indem man die angesprochenen Aktivitäten entweder als „Erfindungen"[1027], als „Lügen" oder „Propaganda"[1028] der Kommunisten hinstellte oder die Echtheit bzw. Glaubwürdigkeit der Anschuldigungen, der Quellen sowie der vorgelegten Dokumente, allgemein anzweifelte, ohne aber je konkret auf die darin enthaltenen Vorwürfe einzugehen. Und dies, obwohl z. B. die Westberliner Zeitung *Der Tagesspiegel* im Herbst 1951 offen berichtete, daß Tirol zu einer westlichen „Alpenfestung" mit dem

Hauptquartier Innsbruck umgebaut werde und der CDU-nahe *Rheinische Merkur* – laut Angabe der *Österreichischen Zeitung* – meldete, daß amerikanische und britische Besatzungsbehörden einen Plan ausgearbeitet hätten, der die Aufstellung einer 50.000 Mann umfassenden österreichischen Armee vorsah, welche, ausgerüstet mit „amerikanischen Tanks, Artillerie und Flugzeugen dem Atlantikpaktkommando unterstellt werden soll."[1029] Soviel nur zum Bereich der Medien bzw. Medienpolitik rund um die österreichische Wiederaufrüstung.

Das »Aufgebot« bestand außer dem bisher dargestellten Rekrutierungsprogramm aber noch aus einem zweiten Teil, der die Aufstellung von sogenannten „gemischten Brigaden" vorsah, die im Kriegsfall „an Ort und Stelle in den einzelnen Zonen zum unmittelbaren und sofortigen Einsatz an der Seite der Truppen der Besatzungsmacht bestimmt wären."[1030] Diese Brigaden sollten sich aus Infanteriebataillonen, Panzerabwehrformationen, Flak-Einheiten und Nachschubkompanien zusammensetzen und vor allem für „Verteidigungsaufgaben an Nebenabschnitten"[1031] eingesetzt werden. Wie aber aus den detailliert ausgearbeiteten Plänen zur „Verteidigung Kärntens" oder dem „Abwehrplan Steiermark"[1032] hervorgeht, handelte es sich durchwegs um zentrale Verkehrsknotenpunkte, an denen, gemäß der sogenannten „Sperrevidenzen", von jenen Formationen entweder Baumverhaue, Sprengungen oder Entgleisungen von Zügen, etc. vorgenommen werden sollten. Beispielsweise sollten die Eisenbahnbrücken über die Mur gesprengt werden, um den Bahnverkehr in Richtung Klagenfurt und Graz völlig zu unterbrechen.[1033] ‚Fall I' kalkulierte mit einem genügend großen Zeitraum, in dem die „Auffüllung der Gendarmerieverbände durch evident geführtes Ergänzungspersonal"[1034] gemäß dreier ‚Bereitschaftsräume' durchgeführt werden sollte. Das Bundesgebiet wurde für einen Kriegsfall in eine Ostzone (O-Zone), aus der „nur mit Zuzug Freiwilliger zu rechnen"[1035] wäre, in eine Deckungszone (D-Zone) und eine Ausbildungszone (A-Zone) eingeteilt. Voraussetzung war dabei, „daß im allgemeinen die Deckungszone durch Besatzungstruppen so lange gehalten wird, daß das Aufgebot durchgeführt, d.h. die Einberufenen in die Ausbildungszone überführt werden können."[1036] Im einzelnen sollte dies folgendermaßen vor sich gehen:

„In der D- und A-Zone werden die Einberufenen zuerst zu den Sammelpunkten geleitet, die sich im allgemeinen am Sitz von Bezirkshauptmannschaften befinden sollen. Von diesen gelangen die Einberufenen der D-Zone in die Auffanglager der A-Zone, von wo sie auf die Ausbildungslager verteilt werden. Die Einberufenen der A-Zone werden von den Auffanglagern sogleich auf die Ausbildungslager verteilt."[1037]

[Hervorhebung im Orig., C. S.]

In diesen Ausbildungslagern sollten diese »Gendarmerie-Sonderformationen« sogleich die Ausrüstung und Ausbildung jener rekrutierten Personen durchführen.[1038] Bezüglich der „Einberufung" wurde, da sich diese Planungen in keiner Weise auf eine gesetzliche Grundlage stützen konnten, unter Punkt 4 folgendes festgelegt:

> „Da es fraglich ist, ob gesetzliche Grundlagen für das Aufgebot einschl. Strafbestimmungen geschaffen werden können, wird die Einberufung begründet durch den staatlichen Notstand, durch die Landesregierungen – unter Appell an die Freiwilligkeit, Vaterlandsliebe und Pflicht zur Verteidigung der Heimat – erfolgen müssen."[1039]

Wie wenig ernst jene „Freiwilligkeit" der Meldung für das Aufgebot gemeint war, geht aus der vierten Bestimmung des bereits konzipierten „Einberufungsbefehles" hervor, wo explizit „Strafen, wenn ohne triftigen Grund der Einberufung nicht gefolgt wird"[1040], vorgesehen waren. Der repressive Zwangscharakter jener Planungen zum »Aufgebot« enthüllt sich aber am deutlichsten dadurch, daß nicht nur jene „Personen des Auffüllungskontingentes", wie die in Frage kommenden Österreicher im militärischen Jargon hießen, eingezogen werden sollten, sondern explizit auch sogenannte „staatsfeindliche Personen"[1041] in den Vorgang der Einberufung miteinbezogen wurden. Unter Punkt b) wurde festgehalten:

> „Die als staatsfeindlich evident geführten Personen werden nach Möglichkeit durch Exekutivorgane sichergestellt, in gesonderten Sammelpunkten zu bewachten Transporten vereinigt und in Arbeitslager gebracht, deren Organisation gesondert vorbereitet werden muß."[1042] [Hervorhebung im Orig., C. S.]

Es klingt unglaublich, aber knapp neun Jahre nach Kriegsende wurden unter Supervision westalliierter Militärs Katastrophenplanungen für die Massenrekrutierung des österreichischen Kriegspotentials für den Fall einer kriegerischen Auseinandersetzung mit der Sowjetunion angestellt, worin ausdrücklich die Internierung politischer Gegner in ‚Arbeitslager' vorgesehen war. Der ‚Fall II' der Durchführung des Aufgebotes, enthielt die Richtlinien für einen unmittelbaren „Notfall"[1043], wonach das „Aufgebot sofort und ohne Rücksicht auf evident geführtes Personal erfolgen"[1044] sollte. Mit der offiziellen Begründung des „Staatsnotstands"[1045] sollte das Aufgebot „durch Rundfunk, Mauer-Anschläge, Presse, Flugzettel usw. in Form eines Aufrufes zur Landesverteidigung durch die Landesregierungen bekanntgemacht"[1046] werden. Der Aufruf sollte sich an alle „Wehrfähigen von 18–50 Jahren"[1047] richten, die sich umgehend „beim nächsten Exekutivposten, der sie mit (vorbereiteten) vorläufigen Ausweisen (analog wie in Fall I) versieht und weiterleitet"[1048], zu melden hätten. Wie in „Fall I" sollten männliche ‚Freiwillige' und ‚Flüchtlinge' aus der Ostzone zunächst aufgefangen, versorgt und dann in die Ausbildungszone verlegt[1049] werden. Bezeichnenderweise findet sich bei der unter »Punkt 11/Aufgebot Fall I« angeführten Bestimmung „Freiwillige aus der Ostzone" die handschriftlich hinzugefügte Notiz: „besondere Prüfung u. Aufmerksamkeit, ob nicht Agenten der Kominform!"[1050] [Informationsbüro der kommunistischen Internationale, C. S.] Die Details der für das »Aufgebot« ausgearbeiteten Reglements und Durchführungsbestimmungen enthielten kurioserweise sogar einen gesonderten, vom ebenfalls bereits ausgearbeiteten regulären „Fahneneid verschiedenen Text für ein „Gelöbnis", welches vom „Eingezogene(n) an Stelle eines Fahneneides"[1051] abgelegt werden sollte. Wie man sieht, wurden die Aufgebot-Planungen, deren länderweite Koordination vom »Wiener Komitee« aus zentral geleitet wurde, von österreichischer Seite überaus ernst genommen. Glücklicherweise wurden diese überaus konkret ausgearbeiteten Szenarios jedoch nie Realität.

Wie aus den durchgesehenem Material hervorgeht, ergaben sich in dieser eifrig betriebenen Planungs- und Organisationsarbeit erste Schwierigkeiten, als an den Verbindungsoffizier Paumgarten bzw. das »Wiener Komitee« durchsickerte, daß man auf Seite der Westmächte, hier vor allem seitens britische Militärstellen, jene Aufgebot-Formationen, die als gemischte Kampfbrigaden an Nebenabschnitten zum Einsatz kommen sollten, in anderer Weise verwenden wollte. So berichtete „Orion" bereits am 16. Juli 1952 aufgeregt an Paumgarten:

„Hingegen läuft wilde Planung in der britischen Zone in ganz andere Richtung. Die Briten wollen von dortigen Landesinstanzen – gegen unseren Willen und ohne unser offizielles Wissen – Bildung von Formationen (angeblich 16.000 M.), die heute einberufen, morgen bereits auf Linie Koralpe Draudurchbruch „hinhaltenden Widerstand" leisten und Nachhutgefechte führen sollen (...) während die Briten selbst erst eine Linie bei Villach, Süd-Nord verlaufend, halten wollen (...) Diese Planung widerspricht den strikten Zusicherungen General Irwins, der damals den Ministern feierlich erklärte, daß der Einsatz österr. Formationen (noch dazu bei unzureichender Ausrüstung) als Nachhuten der alliierten Truppen absolut nicht in Frage käme (...) Wir bitten um Eingreifen des am. HQ [Headquarter, C. S.] im Sinne einer Klärung und Mitteilung des Gesamtplans aller Zonen, bzw. Herstellung des Einklangs."[1052]

Wie sich aus dem bereits erwähnten Aufgebot-Plan aus dem Jahre 1954 ersehen läßt, dürften diese Differenzen allerdings noch keine wesentlichen Auswirkungen auf die prinzipielle Zusammenarbeit zwischen der österreichischen Regierung und den westalliierter Stellen, zumindest was die Grundkonzeption des »Aufgebot« betraf, gehabt haben, obwohl sich das Gesprächsklima allmählich zu wandeln begann.

Spätestens mit der Regierungsübernahme Julius Raabs, der Leopold Figl am 2. April 1953 als neuer Bundeskanzler ablöste,[1053] begannen sich allmählich die österreichischen „Beziehungen zur Sowjetunion zu entkrampfen"[1054], was von einer gewissen Distanz zu bisher vorbehaltlos akzeptierten westalliierten Positionen begleitet war. Der „Primat der Einheit des Landes"[1055] war von der Großen Koalition zwar bisher nie in Abrede gestellt worden, aber jede weitere Gleichrichtung mit der Kalten-Kriegs-Doktrin der Westmächte hätte aufgrund der auf die österreichische Unabhängigkeit längst nicht mehr Rücksicht nehmenden militärischen Überlegungen früher oder später womöglich in die Richtung einer Integration Österreichs in die NATO geführt und damit einen Staatsvertrag wohl auf Dauer verhindert. Eine Mitteilung vom Salzburger Verbindungsoffizier Paumgartten an Liebitzky, datiert vom 12. Dezember 1953, deutet darauf hin, daß man im westalliierten »Salzburger Komitee« die geänderte Haltung der österreichischen Regierungsstellen bereits registriert hatte:

„Man ist sehr vorsichtig in der ‚Beratung' unserer Regierung geworden, weil man sich keinen russischen Vorwürfen einer Pression aussetzen will (...)."[1056]

Von Paumgartten wurde aber hinzugefügt, daß laut einer US-Mitteilung ein Abzug der amerikanischen Besatzung erst möglich ist, „wenn eine feldbrauchbare österreichische Armee die Lücke der gesamteuropäischen Verteidigung geschlossen hat. Deutlich gesagt heißt das entweder die österreichische Wehrkraft wird ausgenützt oder wir [d.i. die Amerikaner, C. S.] müssen bleiben um diesen Raum zu decken."[1057] Das war offensichtlich als erneute Drohung gemeint, sich nicht vorzeitig aus der bisher großteils mitgetragenen sicherheitspolitischen Verantwortung gegenüber der Verteidigung der »free world« zu suspendieren, da dies, entgegen der Intention der österreichischen Regierung, den Abschluß eines Staatsvertrages ‚erst recht' auf Dauer verhindern würde.

Nachdem sich aber selbst die ansonst überaus kooperativen militärischen Hardliner auf österreichischer Seite beängstigt gezeigt hatten über die Pläne der Westmächte, österreichisches Wehrpotential im Kriegsfall als Nachhut für den Rückzug westalliierter Truppen einzusetzen, wurde man gerade im Hinblick auf die sich formierende Neutralitätsoption gegenüber österreichischen Politikern zusehends vorsichtiger. Das man dabei aber von grundsätzlichen Positionen nicht abging zeigt eine Besprechung vom 11. Juni 1954, an der die stellvertretenden Hochkommissare Charles W. Yost (US), Roger M. Lalouette (F) und A. C. E. Malcolm (GB), der französische Hochkommissar Jean Payart, der britische HICOM Sir Geoffrey Wallinger sowie Bundeskanzler Raab und Vizekanzler Schärf teilnahmen. In dieser Besprechung, in der „in strengst vertraulicher Weise die Ansicht der österreichischen Regierung" hinsichtlich der „wirksamsten Verwendung des österreichischen Wehrpotentials" bei Ausbrechen einer „Kriegsgefahr vor Zustandekommen des Staatsvertrags" in Erfahrung gebracht werden sollte, wurde zwar eingeräumt, daß für Fall eines „Notstands" die Registrierung des österreichischen Wehrpotentials – „unter den allgemeinen Umständen des Salzburger Ausschusses" – „eine österreichische Angelegenheit" bliebe und die alliierten Streitkräfte nicht verwendet würden „um österreichische Einberufungen durchzusetzen [sic]."[1058] Als „Grundlage für einen Meinungsaustausch" wurde jedoch weiterhin vorgeschlagen, daß die B-Gendarmerie „im Falle eines solchen Notstandes zum Zwecke von militärischen Operationen anfänglich in die britischen, französischen und amerikanischen Streitkräfte (...) eingegliedert"[1059] würde. Darüberhinausgehend sollte – mit Bezug auf das Aufgebot – „zusätzliches österreichisches Wehrpotential (...) zur Verfügung gestellt werden, und zwar entweder zum Dienst mit den britischen, französischen und amerikanischen Streitkräften oder mit der Spezialgendarmerie oder in anderer Weise, je nachdem es die alliierten Befehlshaber bestimmen."[1060] Wie sich zeigt, gingen die militärischen Einsatzpläne der Westmächte noch Mitte 1954 ganz offen von einer direkten Eingliederung österreichischen Wehrpotentials in die atlantischen Truppenverbände aus. Allgemein betrachtet mag hier die Formulierung Rauchensteiners bis zu einem gewissen Grad zutreffen, wenn er meint: „Kein Staatsvertrag ohne B-Gendarmerie".[1061] Als Erklärungsansatz für die westlichen Remilitarisierungsabsichten greift diese Einschätzung dennoch zu kurz, da es den westalliierten Mächten längst nicht mehr allein an den Alarmbataillonen bzw. der B-Gendarmerie gelegen war: über die Aufstellung dieser militärischen Kader unter Patronage der USA sollte die Kooperationsbereitschaft der österreichischen Regierung soweit sichergestellt werden, daß nachfolgend eine sukzessive Integration in das westliche militärische Bündnissystem bis hin zum völligen Beitritt zur NATO reibungslos vonstatten gehen könnte.

7. Neutralität oder militärisches Bündnis?

7.1 Militärische Bündnisfreiheit versus Westintegration

Die innersowjetischen Machtverschiebungen nach dem Tod Stalins im März 1953, die dann schließlich zu einem größeren Einfluß Chruschtschows führten, bewirkten tendenziell eine Wende in der sowjetischen Außenpolitik in Richtung einer ‚Politik der friedlichen Koexistenz'. Zweifelsohne war die damit verbundene größere Kompromißbereitschaft der UdSSR hinsichtlich der ‚österreichischen Frage' Ausdruck sowjetischer Überlegungen, auf diese Weise einerseits die Einbeziehung Österreichs in ein westliches Verteidigungsbündnis, andererseits die schon seit längerem laufende Diskussion um den Beitritt Westdeutschlands zur Europäischen Verteidigungsgemeinschaft (EVG) bzw. zur NATO[1062], hinauszuzögern oder gar zu unterbinden.[1063]

Bereits Ende September hatte der sowjetische Botschaftsrat Grigorev auf diplomatischer Ebene verlautbart, daß die Sowjetunion befürchte, Österreich könnte nach der Räumung dem Atlantikpakt beitreten; er empfahl Österreich eine „strikte Neutralitätspolitik ähnlich Schweden, Schweiz".[1064]

Die sichtbarsten Auswirkungen jenes „Tauwetters" ab 1953 bestanden für Österreich in der sowjetischen Häftlingsamnestie vom 28. März, die „auch auf österreichische Kriegsgefangene und Zivilinternierte in der UdSSR angewendet"[1065] wurde, weiters in der Aufhebung der Personenkontrolle an den Demarkationslinien am 9. Juni, der Übernahme der Besatzungskosten durch die Sowjets am 1. August sowie in der Einstellung der Postzensur in der russischen Zone ab 12. August.[1066]

In dieser „Periode der Auflockerung"[1067] erfolgten die ersten Vorstöße von österreichischer Seite, die klarlegen sollten, daß Österreich einerseits an guten Beziehungen zur Sowjetunion interessiert ist, andererseits in keiner Weise an den Beitritt zu einem westlichen Verteidigungsbündnis denke. Am 29. Juni 1953 etwa wurde dem indischen Gesandten in Wien, nach vorherigen Gesprächen Außenminister Grubers mit dem indischen Ministerpräsidenten Jawaharal Nehru in Luzern,[1068] ein dem Anschein nach von Gruber und Kreisky akkordiertes Elaborat überreicht, das von Nehru – quasi als Vermittler – an die Moskauer Regierung weitergereicht wurde. Darin war bereits explizit von einer möglichen „Nicht-Allianz-Erklärung"[1069] Österreichs die Rede:

„Eine solche, vom österreichischen Parlament zu ratifizierende Erklärung stellt das

Maximum dessen dar, was Österreich tun kann, um der Sowjetunion eine Garantie zu geben, daß es nicht als westliche Militärbasis benützt werde, ohne sich andererseits in offenen Gegensatz zu den Westmächten zusetzen."[1070] Weiters hieß es darin, daß Österreich entschlossen wäre, „seine Unabhängigkeit nach allen Seiten zu wahren."[1071] Erstmals wurde also der Gedanke an ein militärpolitisch neutrales Österreich in die Diskussion eingebracht, allerdings mit dem Hinweis, daß sich eine derartige militärische »Nicht-Allianz« nicht in gleicher Weise auf die bereits erfolgte wirtschaftspolitische Orientierung erstrecken könnte.[1072] Diese an die Sowjets übermittelten Aufzeichnungen enthielten bereits in Grundzügen jene Verhandlungsdisposition, die dann letztendlich über die abschließenden Verhandlungen zum österreichischen Staatsvertrag, bis zur gesetzlichen Verankerung der österreichischen Neutralität qua Bundesverfassungsgesetz, immer wieder zur Anwendung kam.[1073] Wie Stourzh meint:

„Kein Zweifel – eine gewisse Emanzipation der österreichischen Diplomatie von den vorhergehenden engen Beziehungen an die Westmächte hatte eingesetzt."[1074]

Wie aus einem Geheimbericht des stellvertretenden sowjetischen Hochkommissars Semjon Kudrjawzew an das sowjetische Außenministerium – der im übrigen eine interessante Analyse westalliierter Reaktionen auf die sowjetische Entspannungspolitik bietet – hervorgeht, wurde die Gesprächsbereitschaft der Regierung Raab dahingehend interpretiert, daß nunmehr „einige Mitglieder der österreichischen Regierung geneigt sind, die Position des »Neutralismus« im »kalten Krieg« gegen die Sowjetunion einzunehmen."[1075] Mit leicht ärgerlichem Unterton wurde allerdings hinzugefügt:

„Die reaktionäre Presse der Westmächte hat sich beeilt, die österreichische Regierung auf die Gefahren des Neutralismus hinzuweisen. In Kommentaren der englischen, französischen und amerikanischen Presse über die Rede Raabs in Dornbirn, in der er seine Dankbarkeit gegenüber der Sowjetunion zum Ausdruck brachte, wurde der Volkspartei vorgeworfen, »russophile« und »neutralistische« Tendenzen zu verfolgen. »Kritiker der österreichischen Regierung« – so die New-York-Times vom 19. August – »sind der Ansicht, daß die Danksagungen an die Sowjetunion für Maßnahmen, die von den anderen Mächten schon längst durchgeführt wurden, übertrieben waren«."[1076]

Tatsächlich hatten auf westalliierter Seite vor allem die Vereinigten Staaten, aber auch Briten und Franzosen, große Bedenken und Vorbehalte gegenüber dem eingeschlagenen Neutralitäts-Kurs und der Aufnahme bilateraler Gespräche mit der Sowjetunion durch das Kabinett Raab. Erneut wurde in einem Statement des Nationalen Sicherheitsrats der USA die Gefahr einer möglichen Inkorporation Österreichs in den Sowjet-Block[1077] beschworen. In einem Memorandum des Vorsitzenden der Vereinten Stabschefs an US-Verteidigungsminister Wilson vom 9. Dezember 1953 wurde angesichts dieser Trendwende der österreichischen Außenpolitik düster reflektiert:

„The loss of Austria would present a serious military threat to the NATO central and southern defense sectors (...)."[1078]

Knapp darauf, am 14. Jänner 1954, kurz vor Wiederaufnahme der Staatsvertragsverhandlungen auf der Berliner Konferenz,[1079] wurde in einem Memorandum zur 180. Sitzung des Nationalen Sicherheitsrates, in der die Frage einer österreichischen Neutralität zur Sprache gekommen war, erklärt, daß Österreich, falls unbedingt notwendig, auf die NATO-Mitgliedschaft bzw. auf die militärische Westintegration verzichten solle, was ja wohl nichts anderes hieß, als daß die USA nun selbst darauf verzichteten.

„Secretary Dulles agreed with President (...) if absolutely necessary, that Austria should renounce membership in NATO or military alliances with the West [sic]."[1080]

Mit einem Wort, auch die Vereinigten Staaten begannen sich, wenn auch mehr als nur zögernd, allmählich an den Gedanken einer österreichischen Neutralität zu gewöhnen: Unter amerikanischem Blickwinkel bedeutete die Akzeptanz der Neutralität ja einen äußerst schmerzvollen Kompromiß, da damit die »key area Austria« für das atlantische Bündnis endgültig verloren wäre. Innenpolitisch unterstützt wurde die anti-neutralistische, atlantische Position zunächst vom rechtem Flügel der SPÖ, indem man den politischen Kurs Raabs ebenfalls als „russophil" diskreditierte und diesen verdächtigte, zu sehr nach der russischen Pfeife zu tanzen.[1081]

Ohne hier auf die genauere Entwicklung jener Neutralitätsdiskussion – in der ja ab 1953 zunehmend die Staatsvertragsfrage mit einer militärischen Nichtallianz junktimiert wurde[1082] – näher eingehen zu wollen, kann festgehalten werden, daß man mit der ‚militärischen Blockfreiheit' eine Formel gefunden hatte, die zum einen die sowjetischen Befürchtungen einer militärischen Westintegration zu minimieren vermochte, zum anderen von den Westalliierten gerade in Anbetracht der in der Moskauer Deklaration in Aussicht gestellten Wiederherstellung der ‚Unabhängigkeit' Österreichs kaum ernsthaft zu kritisieren war.

Unterdessen ging die Aufstockung der B-Gendarmerie jedoch im projektierten Rahmen weiter. Durch die laufenden Truppenreduktionen in der britischen und französischen Zone wurden Kasernen und Unterkünfte für die nachrückenden Einheiten der B-Gendarmerie frei, die hier mit westalliiertem Ausrüstungs- und Waffenmaterial ihr Training begannen. Wie unter anderem aus einem Gedächtnisprotokoll einer Besprechung vom 29. Juli 1953 hervorgeht, an der Minister Helmer, Sektionschef Krechler, General Liebitzky, Oberstleutnant Paumgartten, General Arnold sowie US-Offiziere teilnahmen, wurde bereits mit der Ausbildung der Gendarmerie-Sonderformationen an schweren Waffen wie Granatwerfern, Minenwerfern, Bazookas, Panzerfahrzeugen etc. begonnen.[1083] Interessant ist diese Besprechung insofern, als von General William H. Arnold gleich zu Beginn die Bildung eines eigenen Kommandos für die „Spezialgendarmerie" in Westösterreich, mit einem leitenden Offizier in Generalsrang als „im militärischen Interesse Österreichs gelegen"[1084] herausgestellt wurde. Helmer antwortete darauf äußerst vage und vorsichtig:

„Wir müssen in der ganzen Frage der Spezialgendarmerie außerordentlich vorsichtig sein wegen der Verantwortung im Nationalrat (...) Erstens fehlt die gesetzliche Basis, zweitens müssen wir die Rückwirkungen auf die Russen berücksichtigen."[1085]

Bundeskanzler Raab, an den ein gleichlautender Vorschlag US-General Arnolds ergangen war, „in Salzburg eine Art von Divisionskommando zu installieren"[1086], hatte dies deutlich abgelehnt. Offensichtlich wollte man die Sowjets gerade jetzt, wo man im Begriff war, gute Beziehungen aufzubauen, nicht durch ein weiteres Engagement in Sachen Remilitarisierung des Landes brüskieren.

Wenn vorhin gesagt wurde, daß sich die Amerikaner allmählich an den Gedanken einer möglichen ‚Neutralität' Österreichs zu gewöhnen begannen, so fand diese Eventualität, die ja auf höchster sicherheitspolitischer Ebene der USA, im Nationalen Sicherheitsrat, zu allererst erwähnt worden war, noch in keiner Weise konzeptionellen Eingang in die konkreten Planungen der US-Militärs. Auch unter den österreichischen Politikern war die offiziell ins Auge gefaßte militärpolitische Bündnisfreiheit noch nicht quer durch die Bank als ernstzunehmendes Endziel des staatlichen Restitutionsprozesses akzeptiert. Ob sich dabei, ähnlich wie zwischen State Departement und Departement of Defense in der Frage des Abschlusses eines Staatsvertrages rund um die militärische Bündnisfreiheit zwei ebenso entgegen-stehende Lager herausgebildet haben, ließ sich allerdings nicht verifizieren. Zweifellos gab es aber sowohl hinsichtlich der Einstellung gegenüber der laufenden Wiederaufrüstung als auch bezüglich des jeweiligen demokratiepolitischen Selbstverständnisses bei den Politikern des Landes ziemlich markante Unterschiede. Ein Beispiel, wo die harte Linie der US-

Militärs bzw. des Pentagons mit der an der militärischen Westintegration zumindest latent interessierten Position österreichischer Regierungsvertreter in nachgerade beklemmender Weise zusammenfiel, konnte der Verfasser in Form eines Protokolls einer geheimen Unterredung amerikanischer Offiziere mit Innenminister Oskar Helmer und Staatssekretär Ferdinand Graf, an der sogar der stellvertretende US-Verteidigungsminister Kyes teilnahm, finden. Darin heißt es ganz unverblümt:

„General Arnold explained to Graf at this meeting the „recommendations" of the Pentagon for the choice of candidates for positions of command in accordance with standards of military ‚seniority' and ‚competence', which means that those officers are to be preferred who fought in *Hitlers' army* [sic]."[1087] [Hervorhebung C. S.]

In besagtem Protokoll steht weiter zu lesen:

„General Arnold drew Graf's attention to the necessity of hastening the efforts toward the formation of an Austrian General staff so that abel personnel would be ready in time to cooperate with the (military) staff of the armed forces of the *NATO*. Furthermore, General Arnold gave Graf to understand that Austria must activate *military cooperation with Bonn*, which would play an important part in the future at the time of Austria's entry into the ‚European Defense Community' (...) Graf assured General Arnold that the Austrian Government will do everything possible to create the prerequisites for *entry of the Austrian Army into the „European Defense Community*."[1088] [Hervorhebungen C. S.]

In dieser Sitzung wurde also von Seite des US-Generals Arnold eine unverhohlene „Empfehlung" des amerikanischen Verteidigungsministeriums vorgetragen, wonach für die militärisch wichtigen Posten möglichst kriegserprobte Offiziere der „Hitler Armee" heranzuziehen wären. Weiters wurde die Bildung eines österreichischen Generalstabes empfohlen, welcher sowohl mit NATO-Gremien als auch besonders mit westdeutschen Militärstellen kooperativ zusammenarbeiten solle, da bereits mit der Führungsrolle der westdeutschen Armee innerhalb der „Europäischen Verteidigungsgemeinschaft" (EVG) gerechnet wurde; einem Militärbündnis, in das Österreich früher oder später eingegliedert werden sollte, das aber aufgrund einer überlangen Ratifizierungphase nicht zuletzt wegen französischen Vorbehalten gegenüber einer westdeutschen Mitwirkung letztlich scheiterte.

Angesichts dieser wahrhaft unzweideutigen „Empfehlungen" meinte Staatssekretär Graf in geradezu rapportierender Weise, daß Österreich imstande wäre, unmittelbar nach Staatsvertragsabschluß eine Armee von 130.000 Mann zu bilden,[1089] welche dann – nach den bereits vorher geschaffenen Voraussetzungen – in die Europäische Verteidigungsgemeinschaft

Neutralität oder militärisches Bündnis? 177

integriert werden könnte. Dabei handelte es sich um Zugeständnisse, die angesichts der seit der Berliner Konferenz Jänner 1954 immer wieder in aller Öffentlichkeit erklärten Stellungnahmen der österreichischen Bundesregierung für eine „militärische Bündnisfreiheit"[1090], von extrem anti-neutralen bzw. militaristischen Diversifizierungstrends innerhalb der offiziellen Regierungslinie zeugen – jedenfalls ein beredtes Beispiel der auch bei österreichischen Politikern nach wie vor akzeptierten »Roll-Back-Doktrin« gegenüber der Sowjetunion.

Aber der allgemeine Stimmungswechsel, der sich langsam in ganz Westeuropa bemerkbar machte, die zunehmende kritische Distanz zu dem von den USA dominierten Konfrontationskurs, wurde unübersehbar. Das innerstaatliche Konfigurationsäquivalent[1091] zum Kalten Krieg in den westlichen Demokratien, sozusagen der „Blow-back" jener politischen Verhärtung,[1092] der sich als militante Zensur aller politisch abweichenden Meinungen niederschlug – was in den USA bis zur physischen Verfolgung durch staatspolizeiliche Organe führte –, begründete auch in der westeuropäischen Intelligenz ein wachsendes Mißtrauen gegenüber der amerikanischen Europapolitik – ein Stimmungswechsel, der auch den nachrichtendienstlichen US-Stellen nicht verborgen blieb.

Auch England, das noch 1948 auf Basis des atomaren Rüstungsvorsprungs der Westmächte „eine Kraftprobe mit der Sowjetunion befürwortet hatte"[1093], in der Folge aber – Ende August 1949 hatten die Sowjets das Atommonopol der Westmächte mit der Zündung einer eigenen Atombombe durchbrochen[1094] – immer stärker von dieser Linie abgewichen war, erteilte 1953 unter Premier Churchill der Politik des „Alles oder Nichts"[1095] eine klare Absage. Selbst die französische Regierung unter Außenminister Georges Bidault begann sich der „Hoffnung auf ›Entspannung‹"[1096] anzuschließen.

Ab 1953 häuften sich auch Analysen diverser US-Intelligence Abteilungen, die den allgemeinen Stimmungswechsel in Europa auf Grundlage realpolitischer Veränderungen in der Einschätzung gegenüber der amerikanischen ‚Politik der Stärke' klar zur Sprache brachten.[1097] So steht beispielsweise in einem Report zu lesen:

„Whatever the line of reasoning may be, there is a very strong desire in Europe to settle the cold war by negotiation, and this is transmuted by wishful thinking into the conviction that such a settlement is in fact attainable in the relatively near future. In immediate practical terms, this European conviction has removed much of the sense of urgency and willingness to sacrifice which marked the early NATO buildup. As regards American prestige, it means that Washington, by continuing to insist that the

West demand some prior evidence of Moscow's peaceful intentions, now draws condemnation as a major obstacle to peace."[1098]

Einen hervorragenden Einblick in den Umbruchsprozeß der harten Linie der amerikanischen Außenpolitik unter Truman, der realpolitisch eigentlich erst ab 1955 unter der Präsidentschaft Eisenhowers zum Tragen kam, gewährt einerseits ein Memorandum des *Bureau of European Affairs*, sowie andererseits ein Special Report des *Psychological Strategy Board* aus dem Jahr 1953, an dem CIA-Stellen mitgearbeitet hatten, und der schlußendlich dem Nationalen Sicherheitsrat der USA als Arbeitsgrundlage zugeleitet wurde.

In erstgenanntem Memorandum wurde unter dem Titel „European attitudes toward the United States"[1099] der oben angesprochene Stimmungswechsel grundlegend und vorbehaltlos analysiert. Ohne auf den Text genauer eingehen zu wollen, sollen an dieser Stelle einige signifikante Aussagen wiedergegeben werden, deren Prägnanz indirekt auf das früher ungebrochene – und was die möglichen „psychologischen" Auswirkungen in Europa betrifft, größtenteils unhinterfragte –, machtpolitische Auftreten der USA schließen läßt. So heißt es in diesem Memorandum des Bureau of European Affairs, welches die Lage in Europa August 1953 sondierte, daß eine große Anzahl Europäer in der US-Politik des „rolling back the iron curtain"[1100] eine zunehmende Gefahr für die Sicherheit Europas sähen. Der Antikommunismus der Vereinigten Staaten würde von immer mehr Europäern als überaus bedenklicher Verfall der politischen Kultur jenes Landes angesehen, an dessen Standard sich bislang viele „freie Völker" orientiert hätten.[1101]

„At present, there is a strong feeling that the United States is suffering from an acute attack of anti-Communist hysteria. This feeling is found even among political sophisticates. Many less enlightened citizens, with memories of Hitler still undimmed, fear that the violent United States reaction to the Communist menace is pushing the United States down the road to fascism."[1102]

Auch inneramerikanisch würden die gesellschaftspolitischen Auswirkungen dieses auf die Spitze getriebenen Antikommunismus zunehmend auf Kritik stoßen und allenthalben bereits Assoziationen mit dem Faschismus freisetzen:

„In brief, McCarthyism has become synonymous with neo-fascism in European minds (...)."[1103]

Nach der zusammenfassenden Empfehlung der verantwortlichen Mission

Chiefs an das State Departement, in Zukunft eine „flexiblere Politik gegenüber der UdSSR und Osteuropa" anzusteuern, sowie die „pressure tactics in dealings with Europe"[1104] möglichst hintan zu halten, wurde folgende Prognose gestellt:

„Perhaps the *gravest danger* now apparent is that growing anti American sentiment may tempt the non-Communist left in Europe, principally the European Socialists, to depart from their postwar policy of cooperation against Communism and move toward a *neutralist position.*"[1105] [Hervorhebung C. S.]

Wie aus diesen Äußerungen deutlich hervorgeht, war man sich des Prestigeverlustes bisheriger amerikanischer Europapolitik, die sich nun allmählich unvorteilhaft von der „sowjetischen Friedensoffensive"[1106] abzuheben begann, in den Ländern Westeuropas vollauf bewußt, sah aber in einer eventuellen ‚Neutralisierung' Westeuropas eine Gefahr für das westliche Bündnissystem. Der schon erwähnte Report des *Psychological Strategy Board* präzisierte jedenfalls die möglichen Ursachen für diesen Stimmungswechsel in den westlichen Demokratien wie folgt:

„The decision in September 1950 to seek German rearmament shocked many former victims of the Nazis in the countries they had overrun."[1107]

Parallel zu dieser gegen die Sowjetunion gerichteten Remilitarisierung wäre der Eindruck entstanden, daß die USA möglicherweise einen Krieg riskieren würden, was mit Beginn des Korea Krieges Juni 1950 in der Befürchtung gipfelte, „that Washington was seriously contemplating the use of the atom bomb."[1108]

Weiters hätte der Präsidentschaftswahlkampf der Republikaner für Eisenhower, sowie der unter dem Titel des Antikommunismus geführte Kultur-Kreuzzug quer durch alle amerikanischen Bildungseinrichtungen in Europa mit den nachfolgenden „Bücherverbrennungen" („book burnings"), zu einem eklatanten Prestigeverlust geführt.[1109] Zusammen mit dem Umstand, „that the USSR did not attack Western Europe when it was much weaker than today"[1110], sei ein gewisses Mißtrauen in die amerikanische Integrität sowie eine deutlich geringere Angst vor dem sowjetischen Expansionismus entstanden. In Europa würde daher zunehmend der Wunsch laut, den Kalten Krieg über die Aufnahme diplomatischer Verhandlungen mit der Sowjetunion beizulegen, und nicht durch noch weitere militärische Aufrüstung zu eskalieren.[1111]

Auf die konkrete österreichische Situation bezogen findet sich der angesprochene Stimmungswechsel bereits Anfang Oktober 1953 in dem bereits erwähnten Bericht des stellvertretenden sowjetischen Hochkommissars Kudrjawzew an das sowjetische Außenministerium bestätigt, worin es u. a. heißt: „Unabhängig von allen Anstrengungen der Besatzungsmächte in den USA, verstärkt sich in Österreich die Antipathie gegen die USA. Ein Sonderkorrespondent der »New-York Times« mußte, als er Wien besuchte, erklären, daß in Österreich eine Tendenz zur Unabhängigkeit von Amerika zu spüren ist, die dieses Jahr zum Wendepunkt in den Beziehungen zwischen den USA und Europa gemacht hat."[1112]

7.2 Endstation: Staatsvertrag und Bundesheer

Dieser allgemeine Stimmungswechsel, der die nachfolgende Phase der sogenannten friedlichen Koexistenz ankündigte, führte allerdings nur im Fall Österreichs zu einem ernstgemeinten Festlegen auf einen neutralen Status zwischen den Bündnissystemen der Großmächte. Spätestens Ende 1953 hatte sich die österreichische Regierung auf die Formel „Weder West- noch Ostorientierung"[1113] eingespielt und bekundete, freilich in unterschiedlichen Nuancen, als souveräner Staat einen neutralen bzw. bündnisfreien Kurs einschlagen zu wollen.

Diese vorher skizzierte Trendwende hatte die politische Diskussion in der Bundesrepublik Deutschland nicht in gleicher Weise erreicht, da, abgesehen von kritischen Stimmen in der SPD und KPD, die Regierung Adenauer weiterhin einen überaus prononcierten Wiederaufrüstungskurs verfolgte. Die Westmächte hatten sich auf der Berliner Konferenz sowohl gegen den von den Sowjets in die Diskussion gebrachten Plan einer Neutralisierung Deutschlands als auch gegen deren Vorschlag, „Österreich soll(e) sich verpflichten, keinerlei militärische Gruppierungen beizutreten, die gegen Staaten, die gegen Hitlerdeutschland und für die Befreiung Österreichs gekämpft haben, gerichtet sind"[1114], gestellt und zementierten damit die ohnedies bereits institutionalisierte Westintegration der BRD. Mit der Ratifizierung der »Pariser Verträge« am 23. Oktober 1954, wodurch die BRD Mitglied der „Westeuropäischen Union" wurde, Nachfolgeorganisation der gescheiterten Europäischen Verteidigungsgemeinschaft (der am 5. Mai 1955, nach Inkrafttreten des Pariser Vertrages, der offizielle Beitritt zur NATO folgte[1115]) war auch der Prozeß der militärischen Westintegration Westdeutschlands perfekt. Interessant ist in diesem Zusammenhang, wie durch neuere Forschungen gezeigt wurde, daß Adenauer die sich abzeichnende Österreichlösung auf Basis einer militärischen Blockfreiheit als „Modell" für Deutschland nicht nur prinzipiell ablehnte: Die Entkoppelung der österreichischen von der deutschen Frage verbunden mit der auftauchenden Vorstellungen eines neutralen Staatengürtels in Europa wurde von Adenauer zudem als ernstzunehmende Gefahr für den bundesdeutschen Kurs fortgesetzter militärischer Westintegrationspolitik angesehen.[1116]

Das Aufrüstungsprogramm der B-Gendarmerie, für das von den USA laut USFA-Oberbefehlshaber General Arnold jährlich fünf Millionen Dollar zur Verfügung gestellt wurden,[1117] war unterdessen ohne Unterbrechung fortgeführt worden. Allerdings war durch die Stellungnahmen österreichischer Politiker bald klar geworden, daß eine militärische Einbeziehung Österreichs in das NATO-Bündnissystem nach Abschluß eines Staatsvertrages wohl nicht in Frage kommen würde.

Die Westmächte hatten schon vor Beginn der bilateralen Gespräche zwischen Österreich und der Sowjetunion in Moskau zum Teil große Vorbehalte sowohl gegen die laufenden Unabhängigkeitsbekundungen der österreichischen Regierung, als auch gegen das bloße Faktum der Aufnahme von Zweier-Gesprächen, da man, wie z. B. Großbritannien, fürchtete, „daß die Russen wirklich konzessionsbereit sein würden."[1118] Nach den Vorstellungen der USA sollte bei diesen Gesprächen von österreichischer Seite das Wort Neutralität „möglichst wenig gebraucht werden"[1119], wie Botschafter Gruber* anläßlich einer von Bundeskanzler Figl anberaumten Gesprächsrunde mit den österreichischen Botschaftern in den USA, Frankreich, England und der UdSSR vor Beginn der Moskauer Verhandlungen, mitteilte.[1120] Aber auch die französische Diplomatie selbst wandte sich mehrfach gegen das von russischer Seite immer deutlicher als ‚Angebot' ins Spiel gebrachte Konzept einer ‚Neutralisierung' Österreichs, da man sich vor einem möglichen Präzedenzfall für die BRD fürchtete, bei dem „ein aus der Wiedervereinigung hervorgegangenes unkontrollierbares Deutschland"[1121] die Folge wäre. Diese Vorbehalte der Westmächte gegen eine Österreichische Neutralität, denen sich auch die Regierung Adenauer bei jeder sich bietenden Gelegenheit anschloß, dauerten auch nach erfolgtem Staatsvertragsabschluß an. Der Grund für diese eher ablehnende Haltung der Westalliierten, hier vor allem der USA, gegenüber einer Neutralisierung war wohl weniger, daß man um Österreichs Unabhängigkeit fürchtete, sondern eher der, daß das westliche Verteidigungsbündnis der NATO dadurch eine erhebliche strategische Schwächung erfahren würde. Andererseits war sowohl für die US-Diplomatie als auch für die atlantischen Stabsstellen (wie sich in den nachfolgenden Jahren dann auch immer wieder zeigte) auf ‚working level' ohne-

---
*Im November 1953 war die Demissionierung Grubers als Außenminister erfolgt, nachdem dieser in seinen zuvor erschienen Memoiren die Rolle Raabs bei der sogenannten „Figl-Fischerei" – Geheimgesprächen zwischen ÖVP und KPÖ rund um eine Regierungsneubildung im Mai 1947 – veröffentlicht hatte.

dies klar, daß die Neutralität – zum Wohl der NATO – im Zweifelsfall als „temporäre"[1122] zu interpretieren wäre. Interessant ist im Zusammenhang der Neutralitätsdiskussion 1955 die Stellungnahme österreichischer Militärs zu einer militärischen Blockfreiheit Österreichs. Knapp eine Woche vor der genannten Reise der österreichischen Regierungsdelegation zu den Verhandlungen in Moskau hatte Außenminister Figl eine Besprechung anberaumt, an der Staatssekretär Graf, Gesandter Schöner, General ‚außer Dienst' Liebitzky und Obstleutnant Dr. Paumgartten[1123] teilnahmen. In dieser Besprechung, in der es auch um die möglichen Auswirkungen der Neutralität auf Österreichs Heer ging, sprachen sich Liebitzky und Paumgartten klar für die Stärkung einer künftigen österreichischen Armee bzw. für die Streichung der in den Militärklauseln des Vertragsentwurfes festgelegten Limitationen aus.

„Wenn schon eine Neutralisierung in Betracht gezogen würde, dann müßten die militärischen Paragraphen im Staatsvertragsentwurf gestrichen oder geändert werden. Man muß den Russen sagen, daß wir genügend stark nicht etwa nur gegen den Osten, sondern auch gegen den Westen sein müßten. Wir müßten unter Umständen auch gegen den Westen aufmarschieren können."[1124]

Ohne hier weiter auf diese und andere merkwürdig anmutende Junktimierungen von Neutralität und militärischer Streitmacht eingehen zu wollen, zeigt sich doch gerade in der hier vorgetragenen Überlegung – trotz aller argumentativen Plausibilität – die quasi archetypische Ausblendung politischer, ökonomischer sowie gesellschaftlicher Rahmenbedingungen aus dem Bereich klassisch-militärischer Denkkategorien: Österreich gegen den Westen aufmarschieren sehen zu wollen, stellt eine nur wenig realitätsbezogene Ausdeutung militärischer Verteidigungsfähigkeit dar, mit Sicherheit jedenfalls keine ernstzunehmende Auslegung einer neutralitätspolitischen Wehrdoktrin.

Wie aus einem undatierten Arbeitspapier mit dem Titel „Neutralisiert und gefesselt?"[1125] hervorgeht, das entweder von Liebitzky oder Paumgartten als wehrpolitisches Arbeitspapier ausgearbeitet worden war, sollten unter dem Aspekt souveräner, freiwilliger Selbstbeschränkung[1126] die militärischen Beschränkungen der Artikel 17, Artikel 18, Artikel 19, Artikel 21, Artikel 25, Artikel 26 und Artikel 28 des Staatsvertragsentwurfes teilweise oder zur Gänze aufgehoben werden.[1127] Neben der zahlenmäßigen Beschränkung österreichischer Streitkräfte in Artikel 17, die aus Sicht jener Militärs zur Gänze aufgehoben werden sollte, wurde auch die Streichung des in Artikel 21 festgelegten Verbots von Spezialwaffen projektiert, wobei paradoxerweise

Neutralität oder militärisches Bündnis? 183

die Streichung des Atomwaffenverbotes vorgesehen war, die unter Paragraph II als „Mittel für Massenvernichtung" angeführten Waffen aber weiterhin verboten sein sollten.

Weiters sollte mit Paragraph 3 des Artikel 18, der ‚Obersten-Paragraph', offiziell fallen.[1128] Zur Gänze aufgehoben werden sollte auch der Artikel 26 – „Verfügung über Kriegsmaterial alliierten und deutschen Ursprungs" – da man das bereits übernommene westalliierte Rüstungsmaterial auch offiziell weiterverwenden wollte.[1129]

Begründet wurde diese „weitgehende Revision des Teiles II ›Militärische und Luftfahrt-Bestimmungen‹ des bisherigen Entwurfes"[1130] damit, daß gerade neutrale Staaten, deren ‚völkerrechtliche Handlungsfreiheit' im Sinne einer Bündnispolitik beschränkt ist, die zudem „keine Angriffskriege führen"[1131] dürfen, zur Selbstverteidigung verpflichtet sind. Um dieser ‚Pflicht' auch „übermächtigen Gegnern gegenüber"[1132] erfüllen zu können, müsse ein solcher Staat volle Handlungsfreiheit haben, um „im internationalen Interesse zur Nichtausweitung von Konflikten"[1133] beitragen zu können.

„Im Falle einer aufgezwungenen militärischen Beschränkung ist ein solcher Staatsvertrag kein taugliches Mittel, um unsere bisher beschränkte Souveränität voll wieder herzustellen. Sowjetrußland wird nichts tun, um den großen politischen Erfolg, den für sie die Moskauer Verhandlungen darstellten, zu gefährden und wird daher sicherlich auf militärischen Gebiete nachgiebig sein. Die Westmächte werden gerade die militärischen Artikel zur Kernfrage der Verhandlungen machen müssen, wie auch schon aus Andeutungen Pinays und Mac Millans [der französische und der englische Außenminister, C. S.] hervorgeht. Diesen Mächten muß ein starkes, neutralisiertes Österreich noch immer lieber sein, als ein schwaches, da es zu einem dauernden Unruhe- und Gefahrenherd in Europa werden müßte."[1134] [Unterstrichen im Orig., C. S.]

Die hier vorgetragenen militärisch-sachlichen Argumente, die vor allem auf die Beseitigung der im Vertragsentwurf festgehaltenen Rüstungsbeschränkungen zielten, scheinen auf ersten Blick durchaus schlüssig zu sein. Aber unter neuerlicher Ausblendung der politischen Dimension wurde darüber hinweggetäuscht, daß die von den alliierten Mächten gemeinsam festgelegten Limitationen einer österreichischen Streitmacht keineswegs, wie bereits erwähnt, die Wehrfähigkeit Österreichs beschneiden, sondern bloß jedes ‚offensives' Potential auf Dauer verhindern sollten: Giftgas, Atomwaffen sowie Lenkwaffen stellen eindeutig Offensivwaffen dar und sind daher wohl kaum als Mittel zur Selbstverteidigung im eigentlichen Sinne anzusehen. Insofern stellen die hier zitierten Forderungen österreichischer Militärs nach einer Streichung der Militärklauseln samt der vorgebrachten

Begründung eher traditionelle militärische Äußerungen für die generelle Legitimation einer bewaffneten Streitmacht dar, denn neutralitätsspezifische, verteidigungspolitische Argumente.

Die militärischen Überlegungen, die die Frage einer österreichischen Neutralität eng mit der effizienten Stärkung des nationalen Wehrpotentials verknüpft sahen – somit die Streichung der maßgeblichen Restriktionen des Staatsvertragsentwurfes als neutralitätspolitisches ‚Muß' jedes souveränen Staates forderten,[1135] wurden von der Bundesregierung schließlich adaptiert und alliierten Stellen gegenüber zum Vorschlag gebracht. Auch seitens der österreichischen Parteien, wo eigene Wehrausschüsse eingesetzt wurden,[1136] lief nach den Moskauer Verhandlungen die Diskussion um die Form und Organisation des künftigen Heeres erneut an, diesmal allerdings mit erheblich mehr an Publizität und Öffentlichkeit. In den Medien wurden die unterschiedlichen Konzeptionen eines Wehrgesetzes seitens SPÖ und ÖVP breit kommentiert und bereits auf die materialen Details der künftigen Wehrmacht eingegangen, sowie die Sinnhaftigkeit des „Verbotes von Spezialwaffen" im Lichte atomarer Verteidigungsstrategien, zur Disposition gestellt.[1137] Auf die kontroversielle parteipolitische Diskussion rund um jenes Wehrgesetz soll hier aber nicht näher eingegangen werden.[1138]

Wie aus dem oben Dargestellten hervorgeht, wurden in der Angelegenheit der Streichung der Militärklauseln sogar informelle, sondierende Gespräche mit den Außenministern Frankreichs und Englands aufgenommen, da man annahm, daß die Westmächte, wenn sich schon eine Neutralität Österreichs nicht mehr verhindern ließe, zumindest an einem militärisch starken Neutral-Staat interessiert sein würden. Eine Rechnung, die im wesentlichen aufging.

Am zweiten Tag der Wiener Botschafterkonferenz, am 3. Mai 1955, wurden den alliierten Vertretern von Außenminister Figl offiziell die „Änderungswünsche für die militärischen Bestimmungen"[1139] vorgelegt.

„Erste vorsichtige Stellungnahmen der Botschafter Großbritanniens, Frankreichs und der USA ließen erkennen, daß diese Staaten einer Revision der militärischen Artikel 17 bis 30 zustimmen würden."[1140]

Als sich nach kurzfristigem Blockieren auch der russische Botschafter Iljitschow mit einer Streichung dieser Artikel einverstanden erklärte – den Sowjets dürfte zu diesem Zeitpunkt an einer Verzögerung der Verhandlungen aufgrund dieser militärischen Limitationen nicht mehr gelegen gewesen sein – wurden besagte Artikel 17, 19, 25 – den Artikel 21, das „Verbot von Spezialwaffen" an dem weiterhin nicht gerührt wurde, ausgenommen – durch die Initiative der österreichischen Regierung buchstäblich in letzter Minute aus dem Vertragsentwurf gestrichen.[1141]

Des weiteren wurde auf Drängen Österreichs (unterstützt von den Westmächten) der im Moskauer Memorandum auf den 31. Dezember 1955 fixierte Räumungstermin der alliierten Besatzungstruppen, gemäß dem französischem Kompromißvorschlag auf eine Frist von „90 Tagen, vom Inkrafttreten des Vertrages an gerechnet"[1142], verlängert. Nach diesen abschließenden Vereinbarungen der Alliierten – quasi das Präludium zum Staatsvertrag – gab es, nachdem man sich in bezug auf das Deutsche Eigentum einigen hatte können,[1143] weder für die Westmächte, noch für die Sowjetunion einen lohnenswerten Grund mehr, den Staatsvertrag nochmals zu verhindern, zumal sich Österreich aus eigenem Willen längst auf eine Politik der Neutralität verpflichtet hatte. Damit war gewissermaßen der Punkt erreicht, an dem sich das strategisch motivierte Interesse westalliierter Stellen an einer offiziellen Integration Österreichs in das Verteidigungsbündnis der NATO endgültig zum Rückzug gezwungen sah.

Am 8. Juli 1955 erfolgte die formelle Aufhebung des Beschlusses des Alliierten Rates vom 10. Dezember 1945 (Verbot militärischer Betätigung).[1144] Zehn Tage später wurde das Amt für Landesverteidigung – als Sektion VI des Bundeskanzleramtes – eingerichtet, dessen Leitung dann General Liebitzky am 22. August 1945 übernahm.[1145] Nach der Umbenennung der »B-Gendarmerie« am 27. Juli in „Provisorische Grenzschutzabteilungen"[1146] fand der Prozeß der Legalisierung des „Schwarzen Bundesheeres" mit Aufstellung des Wehrgesetzes am 7. September 1955[1147] seinen Endpunkt, da laut Wehrgesetz das Bundeskanzleramt nun offiziell die Agenden der Landesverteidigung übernahm[1148] – Aufgaben, die es inoffiziell schon längst übernommen hatte.

Ein durchaus erwähnenswertes Detail stellt in diesem Zusammenhang die überaus scharfe Kritik von Julius Deutsch an der endgültigen Fassung des Wehrgesetzes dar, der einzelne, darin enthaltene Bestimmungen in einem Zeitungsinterview als „ernste Gefahr für die demokratische Entwicklung"[1149] bezeichnet hatte. Insbesondere kritisierte Deutsch – schon als Staatssekretär für das Heerwesen in der Ersten Republik expliziter Gegner des „alten Militarismus" habsburgischer Tradition – die ungenauen und zweideutigen Bestimmungen bezüglich der Wahrung der soldatischen ‚Menschen- und Bürgerrechte' sowie die mangelnde Kontrollmöglichkeit des Heeres durch das Parlament, da das Wehrgesetz „nicht einmal jene Kontrolleinrichtungen

(Parlamentskommission für Heeresangelegenheiten) besitzt, die wir in der Ersten Republik hatten."[1150] Und dies, obwohl die Einrichtung einer parlamentarischen Kontrolle seit den ersten Debatten um ein Wehrgesetz eine zentrale Forderung der SPÖ gewesen war.[1151] Auch unter Abzug parteipolitischer und vielleicht auch subjektiv-individueller Ressentiments zeigt sich an dieser Kritik deutlich, daß Form und Inhalt der neuen Wehrmacht längst wieder von der alten ‚Elite' dominiert wurde. Es nimmt daher nicht wunder, daß der Einfluß der alten Berufsoffiziersclique bereits die österreichische Regierungsspitze beschäftigte: So wandte sich Vizekanzler Schärf in einem ‚hausinternen' Schreiben im Juni 1955 an Bundeskanzler Raab, worin er – ohne Namensnennung – das Vorgehen des „Amtsleiters" Liebitzky kritisierte, der, trotz der Vereinbarung, die Postenbesetzungen für das Amt für Landesverteidigung in Absprache zwischen Kanzler und Vizekanzler vorzunehmen, diese ohne vorherige Rücksprache durchführte.

„Die in der letzten Zeit erfolgten Offizierseinstellungen erfolgen ohne Einvernehmen, weder mit mir noch mit dem namhaft gemachten Vertrauensmann (...). Ähnlich schaut es bei den in Aussicht genommenen Besetzungen der Ergänzungskommanden und Meldestellen aus. Ich glaube, es war Absicht beider Parteien, die Aufstellung eines Bundesheeres nicht zu einer einseitigen Sache zu machen und ich ersuche Sie daher, den Amtsleiter auch Ihrerseits darauf aufmerksam zu machen, welche Richtlinien er zu respektieren hat."[1152]

Nun, die mit dem Staatsvertrag wiedererlangte Souveränität stellte aber keineswegs das Ende der engen sicherheitspolitischen Kooperation zwischen österreichischen und westalliiert-amerikanischen Stellen dar. Im Gegenteil: Sowohl von Seite der zivilen amerikanischen Diplomatie als auch mit ebenso großer Selbstverständlichkeit seitens des US-Departement of Defence wurde davon ausgegangen, daß Österreich als „secret ally"[1153] der NATO in einem Konfliktfall mit dem Warschauer Pakt – wie dies beispielsweise der US-Militärattaché in Wien, Oberst Oden, oder auch der amerikanische Botschafter Thompson, im Konzept der „temporary neutrality" klar zum Ausdruck brachten – an der Seite des Westens z. B. das Klagenfurter Becken und Tirol verteidigen würde, um den „more effective use of United States special forces which are currently located in Italy"[1154] zu garantieren. Tatsächlich war ja, wie Rathkolb schlüssig gezeigt hat, auf Ebene höchster US-amerikanischer Sicherheitsgremien (beispielsweise des Nationalen Sicherheitsrats) die Sicherstellung der militärtechnischen und infrastrukturellen »Kompatibilität« Österreichs mit der NATO eine der impliziten Voraussetzungen für die amerikanische Zustimmung zur österreichischen ‚Neutralität', d.h. zum Abschluß des Staatsvertrages, gewesen.[1155] Das definitive Abgehen von den Vorbehalten gegenüber einer Neutralität Österreichs seitens der Joint Chiefs of Staff Ende 1953 erfolgte nicht zuletzt auf Basis bereits existierender militärischer Planungsszenarien, die, in der Sicht des Oberkommandierenden NATO-Generals Alfred M. Gruenther, die österreichischen Verteidigungskräfte als „Verzögerungsfaktor" im Rahmen der NATO-Verteidungsplanung miteinbezogen.[1156]

Den amerikanischen geostrategischen Interessen kamen die Aufrüstungsbemühungen auf österreichischer Seite ohnedies deutlich entgegen. So wurde in den nachfolgenden Jahren mehrfach um eine Ausweitung der US-Militärhilfe angesucht, die dann für das Jahr 1957 immerhin bereits rund 70 Millionen Dollar betrug.

Wie leichtfertig einzelne Politiker dabei bereit waren, in den unmittelbaren Jahren nach Abschluß des Staatsvertrages die neutralitätspolitische Verantwortung und Verpflichtung Österreichs nach eigenem Ermessen zu beugen, zeigt unter anderem der Vorstoß des am 15. Juli 1956 angelobten ersten Verteidigungsministers Ferdinand Graf, der angelegentlich eines Besuchs in den USA 1959 sogar soweit ging, die staatsvertraglich festgelegten Rüstungsbeschränkungen zu ignorieren, als er sich gegenüber amerikanischen Stellen an Kampfflugzeugen, Luftabwehrraketen etc. interessiert zeigte und sogar den Wunsch nach Finanzierung von Boden-Luft-Raketen deponierte.[1157] Und selbst Bundeskanzler Raab hatte sich bereits im Jahr 1955 für die „Aufhebung der restriktiven »Militärklauseln« des Staatsvertrages" sowie für die Bildung einer „Reservistenarmee von bis zu 500.000 Mann"[1158] ausgesprochen.

Allein die genannten Beispiele verdeutlichen, daß die „Aufrüstung des österreichischen Bundesheeres keineswegs unter Beachtung der allgemein gültigen Neutralitätspolitik erfolgte, obwohl – und auch das sollte festgehalten werden – ein tatsächlicher Bruch von Neutralitätsrecht im Sinne des Verfassungsrechts nicht erfolgte."[1159] In diesem Licht ist die Äußerung Bundeskanzler Raabs in einer Rundfunkrede vom 26. Juni 1955 wohl mit einiger Vorsicht zu beurteilen:

„Wenn wir daran gehen, wieder eine Armee aufzustellen, dann ersteht sie auf Grund unserer Neutralitätserklärung und nicht in Kombination mit irgendwelchen großen Generalstabsplänen für zukünftige kriegerische Auseinandersetzungen; sie wird ein Faktor der Sicherung des Friedens und der Freiheit unserer Bürger sein."[1160]

Schlußbemerkung

Einiges, was hier im Kontext der Remilitarisierung Nachkriegsösterreichs ausgeführt wurde, mag vielleicht nicht mit der entprechenden Ausführlichkeit behandelt worden, und so manches wird überhaupt offen geblieben sein und womöglich Anlaß für weitere Recherchen bieten. Aber wenn allgemein für historische Arbeiten Geschlossenheit und Vollständigkeit eher abstrakte Zielvorgaben, denn real einlösbare Kriterien sind, dann wird dies auch im Zusammenhang einer ersten kritischen Darstellung der Wiederaufrüstung Österreichs in den ersten zehn Nachkriegsjahren zu veranschlagen sein.

Was die Periodisierung 1945-1955 betrifft, so sei an dieser Stelle noch einmal hervorgehoben, daß dieser Zeitrahmen primär unter dem formalen Aspekt zweier für die Zweite Republik bedeutender Eckdaten gewählt wurde, und weniger, weil das Jahr 1955 mit Staatsvertrag und Wehrgesetz tatsächlich ein in jeder Hinsicht ausweisbarer sicherheitspolitischer Neubeginn gewesen wäre. Der nun einsetzende offizielle Aufbau des Bundesheeres gestaltete sich maßgeblich nach der langjährigen, inoffiziell und gemeinsam mit westalliierten Militärs betriebenen Aufrüstung und Planungsarbeit der völlig verharmlosend bezeichneten B-Gendarmerie.

Das inhaltlich und methodologisch zweifelhafte, aber in der Literatur immer wieder verwendete Interpretationsmodell einer ‚Stunde Null'[1161], läßt sich im Kontext der Wiederaufrüstung mithin weder für das Jahr 1945, und noch viel weniger für das Jahr 1955 konsistent aufrechterhalten. Umgekehrt mag gerade der tiefgehenden personellen und strukturellen Kontinuität zwischen Erster und Zweiter Republik – den Austrofaschismus inklusive – jene funktionale Qualität zukommen, die den glaubwürdig vermittelten und lange Zeit unhinterfragten Mythos von der „Stunde Null" zu einer notwendigen Voraussetzung für den raschen wirtschaftlichen Wiederaufbau des Landes machte, was eine wirklich umfassende, demokratische Reorientierung von Staat und Gesellschaft mit Sicherheit nicht befördert hat.[1162]

Verdeutlicht werden sollte auch, daß es sich bei der Remilitarisierung Österreichs in jenen Jahren weniger um eine Vor-Geschichte des späteren Bundesheeres handelt, die sich abgegrenzt von den übrigen Ereignissen darstellen ließe, sondern vielmehr um ein, mit der Großmächtekonfrontation des Kalten Krieges eng verknüpftes Moment des staatspolitischen und wirtschaftlichen Integrations- und Rekonstruktionsprozesses; eines Wiederaufbauprozesses, dessen ursprünglich als zentral angesehene Demokratisierungsaufgabe mit Verschärfung des Kalten Krieges zunehmend und in gefährlich ideologisierender Weise dem Primat ‚sachlicher', d.h. machtpolitischer Entscheidungen unterstellt, und damit nachhaltig marginalisiert wurde.

Eine zentrale, die Westintegration legitimierende Rolle kam dabei dem von der Großen Koalition prononciert vertretenen Antikommunismus zu, der in einer Art ideologischer Brückenfunktion sowohl die politische Konkordanz von ÖVP und SPÖ sicherstellte sowie als abschreckendes Feindbild dazu diente, die ökonomische, kulturelle sowie letztendlich militärische Aufrüstung des Landes – bei gleichzeitigem Verzicht auf einen tiefergehenden, antifaschistischen bzw. konfliktbereiten, demokratisch-offenen Neubeginn, als gerechtfertigt hinzustellen. In bezug auf die Wiederaufrüstung heißt dies:

1. Bereits im Jahr 1945 wurde durch die Provisorische Staatsregierung Renner übergangslos und zudem vordemokratisch, d.h. abseits jeder öffentlichen Diskussion und demokratischen Kontrolle, ein militärischer Apparat reetabliert, der weder in personeller noch in struktureller Hinsicht auf seine demokratische Eignung, d.h. auf seine Übereinstimmung mit den deklarierten Zielen eines antifaschistischen und demokratischen Wiederaufbaus, geprüft wurde. Abgerüstet im eigentlichen Sinn des Wortes wurde nicht aus freien Stücken, sondern per Erlaß des Alliierten Rates.

2. Die anwachsende Systemkonkurrenz zwischen Ost und West und der beginnende Kalte Krieg ließen den anfänglich kooperativ gedachten Aufbau- und Demokratisierungsprozeß Europas im Sinne einer friedlichen Nachkriegsordnung bald zu einer überholten Blaupause werden, deren Nicht-Umsetzung höchstens zu gegenseitigen, propagandistischen Beschuldigungen Anlaß gab.

Das Remilitarisierungsbedürfnis der Großen Koalition assimilierte sich mit eindeutiger Westorientierung diesem Prozeß der Großmächtekonfrontation, unter Aufgabe jedes Restbestandes an politischer Äquidistanz, indem unter Verweis auf die innenpolitisch labile Lage sowie auf die Eventualität eines kommunistischen Putsches wiederholt der Wunsch nach einer eigenen Streitmacht bei westalliierten Stellen deponiert wurde.

3. Mit der Konsolidierung der amerikanischen Europapolitik gegenüber der auf die Schaffung von Einflußsphären abzielenden Sowjetunion im Sinne einer zunächst wirtschaftlichen gewichteten „Eindämmungspolitik", die sich parallel zur schrittweisen Globalisierung der US-Sicherheitspolitik ab 1948/49 zu einer militärischen »Roll-back-Doktrin« verfestigte, kam es zur völ-

ligen Inversion der ursprünglich kooperativ angestrebten Friedensordnung für Europa. Resultat dieser politisch-ökonomischen Versäulung der Beziehungen zwischen den Großmächten war die Remilitarisierung (sowie die partielle ‚Re-Nazifizierung') der west- und südosteuropäischen Staaten, die schließlich in der militärischen Blockbildung zwischen West und Ost kulminierte.

Für Österreich hatte diese Versäulung der alliierten Beziehungen zur Folge, daß die westalliierten Mächte – unter der wirtschaftlich-militärischen Führung der USA – auf jene frühere Moskauer Formel einer wiederherzustellenden Selbständigkeit und Unabhängigkeit Österreichs einzig und allein im Zusammenhang eigener machtpolitischer Interessen an der nunmehr strategisch bedeutsam gewordenen »key area« bezug nahmen. Die wohl signifikanteste Auswirkung jener Machtpolitik für Österreich: das völlige Einfrieren der Staatsvertragsverhandlungen bis 1952/53.

Die österreichische Bundesregierung blieb in jener Phase aber weder teilnahmsloser Beobachter, noch war diese gar ‚Opfer' der Konfrontation zwischen den USA und der UdSSR. Wenn in dieser Phase überhaupt etwas ‚geopfert' wurde, dann wahrscheinlich die Chance eines wirklich friedensbezogenen, demokratisch-offenen, auf den Prinzipien eines glaubwürdigen Antifaschismus und Antimilitarismus beruhenden Wiederaufbaus.

Hier waren es gerade die in den Beginn der Zweiten Republik hineinragenden Kontinuitäten, die einen ‚sachlichen' Politikstil fern jeder weiterreichenden Verantwortung gegenüber der jüngsten Vergangenheit zu reetablieren halfen, dessen phasenweise geradezu halsstarrige „Altherrenlogik" aus heutiger Sicht erstaunen mag. Wie Anton Pelinka nüchtern und zugleich treffend formulierte, war die Zweite Republik eben „die Gründung der politischen Kräfte, die den Untergang der Ersten Republik entweder herbeigeführt oder aber nicht verhindert hatten."[1163]

Aus dieser Perspektive besitzt die begriffliche Kennzeichnung Österreichs jener Zeit als „bevormundete Nation" zwar durchaus analytischen Wert,[1164] aber eben immer nur unter Berücksichtigung jener feinen, die Bevormundung auszeichnenden Ambivalenz: Einerseits war zwar die politisch-ökonomische Souveränität Österreichs *nolens volens* der heteronom verfügten Beschränkung durch die Siegermächte unterworfen. Andererseits wurde von österreichischen Regierungsstellen gerade hinsichtlich der Wiederaufrüstung die Bevormundung durch westalliierte Stellen gerade da gerne und und zum Teil äußerst risikoreich in Kauf genommen, wo diese den eigenen Zielen und Vorstellungen nützlich schien. Bei dieser zeitweiligen ‚Bevormundungs-

Akzeptanz' handelte es sich um mitunter weitreichende Kooperationszugeständnisse, welche die damalige, eingeschränkte Handlungssouveränität Österreichs gleichzeitig überstiegen als auch zum Teil suspendierten. Im Zusammenhang der Wiederaufrüstungsaktivitäten in Westösterreich – die ja immerhin mit der Gefahr einer Teilung des Landes verbunden waren – ist demnach sicherlich nicht von der westalliierten Einschränkung der österreichischen Souveränität zu sprechen, als vielmehr von der autonom und willentlich erzeugten ‚Bevormundung' des eigentlichen Souveräns, nämlich des österreichischen Volkes, der Wähler. Im Hinblick auf die Wiederaufrüstung war Österreich zwischen 1945 und 1955 eben nicht nur Spielball der internationalen Politik, sondern selbst, wenn auch in gefährlich risikoreicher Manier, initiative Kraft und als solche imstande, US-Stellen wesentlich zu beeinflussen.

4. Zur Zeit dieses ersten Höhepunktes des Kalten Krieges intensivierten sich die inoffiziellen, geheimen Kontakte zwischen westalliierten Militärstellen und einem eigens von ÖVP und SPÖ eingesetzten militärischen Planungsgremium – dem „Heereskomitee" – rund um die von den Westmächten nun immer dringlicher geforderte Remilitarisierung Westösterreichs, bis mit Aufstellung erster militärischer Einheiten, der »Alarmbataillone«, Anfang 1949 ein erster konkreter Schritt erfolgte.

Die Westintegration Österreichs wurde – neben der auf wirtschaftspolitischem und kulturellem Gebiet bereits vollzogenen Akkulturation – auf Basis einer, in einzelnen Momenten geradezu grotesk anmutenden großkoalitionären Aufrüstungsbereitschaft, nun auch im militärischen Bereich eingeleitet. Die Entscheidung für die Aufrüstung der westlichen Besatzungszonen und die damit eingeleiteten Schritte beschwor abseits des schwerwiegenden „serious risk of war" auch die Gefahr einer Teilung des Landes. Ein Risiko, das für Österreich ungleich größer war, als für die NATO-Bündnisstaaten und ihrem primär strategisch-militärischem Interesse an einer effektiven Nord-Süd Verbindung.

5. Bis 1954 wurden von der österreichischen Bundesregierung vermittels eines eigens eingerichteten militärischen Planungsstabes – dem »Wiener Komitee« unter Leitung von General Emil Liebitzky – in Zusammenarbeit mit einem westalliierten Militärgremium in Salzburg, dem »Salzburger Komitee«, sowohl Ausrüstung und Training militärischer Sonderformationen an schweren Waffen, als auch die Ausarbeitung von Verteidigungs- und Katastrophenplänen für einen eventuellen Kriegsfall auf österreichischem Boden voll unterstützt.

6. Rund um diese zum Großteil gemeinsam mit österreichischen Regierungsstellen koordinierten Remilitarisierungsaktivitäten liefen auf höchster US-Geheimhaltungsstufe ab Mitte 1948 vom CIA geplante und koordinierte Vorarbeiten für Guerillaoperationen in Europa und (Süd)Osteuropa an, die auch österreichisches Territorium mit ins Kalkül zogen. Diese Operationspläne für verdeckte Aktivitäten seitens spezieller Guerillaeinheiten, deren Spektrum sich laut NSC/10 von Aufgaben in Friedenszeiten bis hin zu richtiggehendem Guerillakrieg nach einem Kriegsausbruch mit der Sowjetunion erstreckte, waren wohl Teil umfassender, militärisch-geheimdienstlicher Planungskonzepte. Obwohl die darin entfalteten Szenarien gewissermaßen den konzeptionellen Rahmen für die im militärischen Bereich bereits umgesetzten Maßnahmen darstellten, dürften diese Operationspläne österreichischen Stellen aber wahrscheinlich nicht *in extenso* – wenn überhaupt – zur Diskussion vorgelegt worden sein. Aber bevor hier einschlägige und aussagekräftige Dokumente ausgewertet werden können, bleibt das wahre Ausmaß jener Vorgänge und die womögliche Verstrickung österreichischer Stellen darin, reine Spekulation. Das von Franz Olah geleitete »Sonderprojekt« dürfte in diesem Zusammenhang jedenfalls eine Art Pilotprojekt gespielt haben, bei dem sich die US-Stellen allerdings, bis auf das Sponsoring, im Hintergrund hielten.

Erst vor dem Hintergrund dieser von US-Geheimdiensten und westalliierten Militärs ausgearbeiteten Kriegs- und Guerillaszenarien wird deutlich, auf welch gefährlich dünnem Eis die österreichischen Großkoalitionäre – ohne von diesen Plänen wahrscheinlich in vollem Ausmaß Kenntnis gehabt zu haben – mit ihrer ostentativen Aufrüstungsbereitschaft sich eigentlich bewegten.

Die militärische Ausrüstung und das Training der Mannschaften an schweren Waffen ging unterdessen weiter. Erst die Aufnahme der von den Sowjets ins Spiel gebrachten Neutralitätsoption brachte diese militärische Kooperationsbereitschaft allmählich zum abklingen. Hochoffiziell wurde jetzt ein Neutralitäts-Kurs eingeschlagen, der das schon vorher durch einzelne Repräsentanten der Bundesregierung punktuell markierte Desinteresse an einer ordnungspolitischen, d.h. vollen bündnispolitisch-militärischen, Westintegration auf die Linie eines nun staatspolitisch deklarierten Option auf einen bündnisfreien, neutralen Status brachte.

Obwohl dies nur eine These bleibt: Hätte die Regierung Raab sich ab 1953 letztendlich nicht in so distinkter Weise auf eine militärische Bündnisfreiheit verlegt, wäre Österreich, gerade unter dem massiven militärstrategi-

Schlußbemerkung

schem Interesse der NATO an einem „by-pass" in Richtung Italien bzw. Griechenland und Türkei, womöglich ein ähnliches Schicksal wie das Deutschlands nicht erspart geblieben, nämlich die langfristige, institutionell verfestigte Teilung eines Landes in zwei politisch, wirtschaftlich und sozial getrennte, heterogene Staatsgebilde, mit all den schwer kalkulierbaren Folgewirkungen.

Soviel zu den historischen Gegebenheiten. Aber die geschichtlichen Ereignisse bieten, sofern sie nach kritisch-emanzipatorischen Gesichtspunkten befragt werden und nicht bloß als lose Begebenheiten durch die Finger des Historikers laufen wie ein Rosenkranz,[1165] auch einen Blick auf Versäumtes und Unterlassenes, eine Perspektive auf ungenutzt gebliebene Möglichkeiten und Alternativen. Unter diesem Aspekt und vor dem Hintergrund des wohl fürchterlichsten Vernichtungskrieges in der bisherigen Menschheitsgeschichte erscheint die Wiederaufrüstung Österreichs bereits im Jahr 1945, sowie die kooperativ mit den Westalliierten vorangetriebene systematische Remilitarisierung ab 1948/49, als völlige Ignoranz gegenüber den vergangenen Kriegsgreuel und deren Opfer. Mit großer Selbstverständlichkeit erfolgte sowohl in Österreich als auch in Deutschland die mehr oder weniger kritiklose Anknüpfung an allgemein problematische militärische Tugenden und Traditionen, wie soldatischer Drill, Disziplin, blinde ‚Pflichterfüllung' und autoritär-hierarchische Strukturen. Ein Prozeß der ‚Normalisierung', der es offiziellen Politikern wie beispielsweise General Theodor Blank, dem ersten Verteidigungsminister der Bundesrepublik, möglich erscheinen ließ, in einer öffentlichen Versammlung vor Soldaten 1956 bereits wieder die Ehrenhaftigkeit soldatischer Pflichterfüllung hervorzukehren und zu betonen, daß die Soldaten endlich „wieder ein Beispiel im Vorsterben geben"[1166] müßten.

Inwieweit die durch die umgehende Remilitarisierung bewirkte Kontinuität zu vordemokratischen soldatischen Einstellungs- und Verhaltensmustern die allgemeine Resistenz von „Ehr- und Pflichtbegriffen"[1167], deren Gebrauch durch Faschismus und Massenmord längst diskreditiert sein müßte, befördert hat, wäre wohl eine eigene Untersuchung wert.

Der noch nicht lange verstorbene Viktor Matejka, selbst Opfer des Nationalsozialismus, von 1938-1944 inhaftiert im KZ Dachau und Flossenbürg, als Kommunalpolitiker Zeitzeuge jener Aufbauperiode Österreichs, meinte in bezug auf die Wiederaufrüstung der Zweiten Republik denn auch in gewohnt pointierter Weise:

„Eine so totale Aufrüstung, wie sie seit 1945 praktiziert wird, kann nur zu einem ebenso totalen Verbrechen führen, das in der zweiten Zwischenkriegszeit, deren Ende noch gar nicht fixiert werden kann, eskaliert wurde. Auch das kleine Österreich, das neutrale, das ausgeblutete, das notleidende Österreich hat es sich unter dem Titel der Landesverteidigung geleistet, sich ein Bundesheer, wenn auch als untaugliche Waffe gegen einen eventuellen Feind, anzuschaffen und auszubauen. Den seither aufgewendeten Betrag, der 200 Milliarden Schilling schon übersteigt, hätte Österreich in Bau- und andere Unternehmungen investieren können, die längst, wenn auch im Nachziehverfahren, notwendig, notwendend wären. Ohne Militär, ohne Militarismus wäre das kleine, aber sonst sehr reiche Österreich ein Musterstaat, ein friedliches Modell geworden, wohin auch die höchstgerüsteten Staaten pilgern könnten, um zu bewundern, was ein Volk ohne anachronistische Rüstung sich alles leisten kann (...) Das alles gehört zu dem großen Bereich ungenützter Möglichkeiten an 1945, zu den verpaßten Chancen."[1168]

Äußerungen, die sowohl angesichts des fürchterlichen Krieges im ehemaligen Jugoslawien als auch in Anbetracht der kontroversiellen Debatten um die Sinnhaftigkeit bzw. Notwendigkeit weiterer budgetärer Belastungen durch Neuanschaffung von militärischen Geräten für Österreichs Bundesheer, nicht nur historische Aussagekraft besitzen.

Zuletzt hofft der Verfasser mit der vorliegenden Arbeit einen Beitrag zur Dekonstruktion der oftmaligen „Inszenierung der Vergangenheit"[1169] geleistet zu haben, einen Beitrag, der deutlich macht, wie selten die proliferierte offizielle Version der Geschichte mit den tatsächlichen Ereignissen übereinstimmt:

„Während der siebenjährigen Zeit des Anschlusses an Deutschland und während der zehnjährigen Besetzung Österreichs durch die Siegermächte des Zweiten Weltkriegs gab es kein österreichisches Bundesheer. Eine Jahrhunderte alte Tradition wurde unterbrochen. Nach dem Inkrafttreten des Staatsvertrages im Jahre 1955 mußte man daher vieles ganz neu anfangen."[1170]

Verzeichnis der Abkürzungen

AC	Allied Commission
AFHQ	Allied Forces Headquarters
Anm.	Anmerkung
BKA	Bundeskanzleramt
Bl.	Blatt
CA-BV	Creditanstalt-Bankverein
CIA	Central Intelligence Agency
CIC	Counter Intelligence Corps
CSR	Tschechoslowakische Republik
Dipl.-Arb.	Diplomarbeit
Diss.	Dissertation
DP	Displaced Persons
EAC	European Advisory Commission
Ebd.	Ebenda
ERP	European Recovery Program
EVG	Europäische Verteidigungsgemeinschaft
FRUS	Foreign Relations of the United States
FHO	Fremde Heere Ost
GB	Großbritannien
Gl	General
GM	Generalmajor
GP.	Gesetzgebungsperiode
HICOM	High Commissioner
HHStA	Haus-, Hof- und Staatsarchiv
HO	Heeresoffizier
HQ	Headquarter
HJ	Hitlerjugend
JCS	Joint Chiefs of Staff
Jg.	Jahrgang
KA	Kreisky-Archiv
KPÖ	Kommunistische Partei Österreichs
KPD	Kommunistische Partei Deutschlands
MDAP	Mutual Defense Assistance Program
MAP	Military Assistance Program
NA	National Archives
NATO	North Atlantic Treaty Organisation
NS	Nationalsozialistisch
NSC	National Security Council
NSKK	NS Kraftfahrkorps
NSFK	NS Fliegerkorps
OEEC	Organization for Economic European Cooperation
OPC	Office for Policy Coordination
Obstl.	Oberstleutnant
ÖMZ	Österreichische Militärische Zeitschrift
OÖ	Oberösterreich
OSS	Office of Strategic Services

ÖVP	Österreichische Volkspartei
RSHA	Reichssicherheitshauptamt
SA	Sturmabteilung
SHAEF	Supreme Headquarters Allied Expeditionary Forces
SPD	Sozialistische Partei Deutschlands
SPÖ	Sozialistische Partei Österreichs
SS	Schutzstaffel
StGBl	Staatsgesetzblatt
UdSSR	Union der Sozialistischen Sowjetrepubliken
Univ.	Universität
US	United States
USFA	United States Forces Austria
USFET	United States Forces European Theatre
USIA	Uprawlenje sowjetskim imuschtschestwom w Awstrii
VGA	Verein zur Geschichte der Arbeiterbewegung
VdU	Verband der Unabhängigen
VSStÖ	Verband Sozialistischer Studenten Österreichs
Zit.	Zitiert

Quellen- und Literaturverzeichnis

Benützte Archive

Dokumentationsarchiv des Österreichischen Widerstandes (DÖW), Wien.
Staatsarchiv/Kriegsarchiv, Wien.
Tagblattarchiv der Wiener Arbeiterkammer.
Salzburger Landesarchiv, Urkundensammlung.
Archiv des Landesvermessungsamtes Salzburg.
Mikrofilmarchiv der Österreichischen Nationalbibliothek, Wien.
Bestände des Instituts für Zeitgeschichte, Wien.
Österreichisches Volkshochschularchiv, Wien.
Stiftung Bruno Kreisky-Archiv, Wien.
Verein zur Geschichte der Arbeiterbewegung, Wien.

Ungedruckte Quellen

A) *Staatsarchiv/Kriegsarchiv*, Wien, Nachlaß General Emil Liebitzky, B/1030, Kartons 1561-1565; B/1030, Mappe Nr. 76 u. a. „Heeresamt".

K 1561 – Mappen Nr. 122-129, „Weisungen, Berichte".

K 1562 [12. Februar 1952-4. August 1955], Korrespondenz General a. D. Hofrat Dr. Emil Liebitzky und Verbindungsoffizier der Bundesregierung zu den amerikanischen, französischen und britischen Befehlshabern in Österreich, Oberstleutnant Zdenko Paumgartten.

K 1563 – Mappen Nr. 130-135, „Aufgebot", Ausbildungsberichte der Gendarmerieschulen etc.

K 1564 – Mappen Nr. 136-148, „Karton B-Gendarmerie", Gespräche, Memoranden, Heeresoffizierslisten.

K 1565 – Mappen Nr. 149-162, „Karton B-Gendarmerie", Finanzgebarung, Budgets etc.

K C 274, Fotosammlung.

B) *Dokumentationsarchiv des Österreichischen Widerstandes (DÖW)*, Wien, Akt. Nr. 6712, Aktenbestand „Julius Deutsch".

Lebenslauf Generalmajor Franz Winterer, Presseaussendung der Staatskanzleiheeresamt, Wien, 2. November 1945.

Dienstanweisung/Ordonnanzoffizier der Staatskanzlei, Z.Zl. 21.298-Abt.II/45.

Schreiben Generalmajors Winterer an Hauptmann Rosenwirth, 27. Juli 1945.

C) *Stiftung Bruno Kreisky-Archiv*, Wien.

Quellenedition zur österreichischen Parteiengeschichte der Zweiten Republik 1945-1953. Projektbericht. Projekt Nr. 5358. Mitarbeiterinnen und Mitarbeiter: Dr. Maria Mesner, Dr. Traude Pietsch, Univ.-Doz. DDr. Oliver Rathkolb, Dr.

Johannes Schönner, Dr. Helmut Wohnout, Wien, Juni 1996, Stiftung Bruno Kreisky-Archiv/Wien.

Dokumentensammlung (Richard Burger) „Archiv der Außenpolitik der Russischen Föderation".

D) *Verein zur Geschichte der Arbeiterbewegung*, Wien, Nachlaß Dr. Adolf Schärf.

SA, Boxen 34-35.

E) *Institut für Zeitgeschichte*, Universität Wien, „Bestand Stephani" – Univ.-Prof. Dr. Anton Staudinger.

Gedächtnisprotokoll, Sitzung im Bundeskanzleramt über Wehrfragen am 16. Juli 1948, 9 Uhr vormittags, 2 masch. Seiten.

Kurze Darstellung des Bundesheeres nach Abschluß des Staatsvertrages bis zum 15. März 1956.

F) *Landesarchiv Salzburg*, Urkundensammlung.

Grundbuch der Katastralgemeinde Wals, 461-490, Gerichtsbezirk Salzburg, Band IX.

Urkunden der Grund-Kaufverträge, Tagebuchzahl (Tz) 3106/52 ff.

G) *Landesvermessungsamt Salzburg*, Archiv.

Fortführungsmappe, Bezirksvermessungsamt Salzburg, 7. Juli 1949, Siezenheim I, Siezenheim II .

Mappe für Veränderungshinweise, Siezenheim I. Grundstücksteilungsbeschlüsse für die Jahre 1951 ff [z. B. Ez 356, 30009/59, 25/51, 20/ 51, 2/51].

H) *Briefe an den Verfasser*.

Johann Eigl, Brief an den Verfasser vom 15. Juni 1989.

Martin Berger, Brief an den Verfasser vom 21. Juni 1989.

Gedruckte Quellen

1918-1968. Die Streitkräfte der Republik Österreich. Katalog zur Sonderausstellung im Heeresgeschichtlichen Museum, Wien 1968.

Bundesgesetzblätter für die Republik Österreich, Staatsdruckerei, Wien 1946 f.

Denkschrift der Provisorischen Staatsregierung der Republik Österreich über die Zusammenarbeit der militärischen und zivilen Behörden, Wien 1945.

Denkschrift über die Geschichte der Unabhängigkeitserklärung Österreichs und die Einsetzung der Provisorischen Regierung der Republik, Wien 1945.

Diplomatie zwischen Parteiproporz und Weltkonflikt. Dokumente, Korrespondenzen und Memoranden aus dem Nachlaß Walter Wodaks 1945-1950. Hg. v. Reinhold Wagnleitner, (= Quellen zur Geschichte des 19. und 20. Jahrhunderts. Hg. v. Fritz Fellner, Bd. 3), Salzburg 1980.

Dokumentation zur Österreichischen Zeitgeschichte 1945- 1955. Hg. v. Josef Kocensky, 3. Aufl., Wien-München 1980.

Quellen- und Literaturverzeichnis

Foreign Relations of the United States (FRUS). *Historical Office* des *Departement of State* (Hg.), Washington D.C., 1946, Vol. V (1969), 1947, Vol. II (1972), 1948, Vol. II (1973), 1949, Vol. III (1974),1950, Vol. IV (1980),.1951, Vol. IV (1981), 1952-1954, Vol. VII (1982 ff).

Gazette of the Allied Commission for Austria, 1945-1946.

Gesellschaft und Politik am Beginn der Zeiten Republik. Vertrauliche Berichte der US-Militäradministration aus Österreich 1945 (engl. Orig.fass.). Hg. v. Oliver Rathkolb, Wien-Köln 1985.

„Ich bin dafür die Sache in die Länge zu ziehen". Wortprotokolle der österreichischen Bundesregierung von 1945-52 über die Entschädigung der Juden. Hg. v. Robert Knight, Frankfurt/M. 1988.

Keesings Archiv der Gegenwart, XV. Jg., 1945 f.

„NIEMALS VERGESSEN!" Ein Buch der Anklage, Mahnung und Verpflichtung (Ausstellungskatalog). Hg. v. Gemeinde Wien, Verwaltungsgruppe III, Kultur und Volksbildung, Amtsführender Stadtrat: Dr. Viktor Matejka, Wien 1946.

Österreichs Appell an die Welt, Reden von A. Schärf, J. Deutsch, P. Speiser, Wien o. J. (1947).

Österreich und die Großmächte. Dokumente zur österreichischen Außenpolitik 1945-1955. Hg. v. Alfons Schilcher, (= Materialien zur Zeitgeschichte. Hg. v. Erika Weinzierl/Rudolf G. Ardelt/Karl Stuhlpfarrer, Bd. 2), Wien-Salzburg 1980.

Protokolle des Kabinettsrates der Provisorischen Regierung Karl Renner 1945. Bd. 1: „...im eigenen Haus Ordnung schaffen". Protokolle des Kabinettsrates 29. April 1945 bis 10. Juli 1945. Hg. v. Gertrude Enderle-Burcel/Rudolf Jerábek/Leopold Kammerhofer, Wien 1995.

Rot-Weiß-Rot Buch, Darstellungen, Dokumente und Nachweise zur Vorgeschichte und Geschichte der Okkupation Österreichs. Teil 1, Staatsdruckerei, Wien 1946.

Staatsgesetzblätter für die Republik Österreich, Staatsdruckerei, Wien 1945 f.

Stenographische Protokolle des Nationalrates, Wien 1945 ff.

Vom Reich zu Österreich, Erinnerungen an Kriegsende und Nachkriegszeit. Hg. v. Jochen Jung, Wien-Salzburg 1983.

Wehrmachtsberichte 1939-1945. 3 Bde., unveränderter photomechanischer Nachdruck, Köln 1989.

Bibliographie

AICHINGER Wilfried/Hans Michael ROITHNER, Kriegsende im Waldviertel. In: *Österreichische Militärische Zeitschrift*, 4/1975, 282-290.

AICHINGER Wilfried, Sowjetische Österreichpolitik 1943-1945, (= Materialien zur Zeitgeschichte. Hg. v. Erika Weinzierl/Rudolf G. Ardelt/Karl Stuhlpfarrer, Bd. 1), Wien 1977.

ALBRICH Thomas/Klaus EISTERER/Michael GEHLER/Rolf STEININGER (Hg.), „Österreich in den Fünfzigern", Innsbruck 1995.

ALLMAYER-BECK Christoph, Landesverteidigung und Bundesheer. In: Weinzierl/Skalnik (Hg.), Österreich. Die Zweite Republik. Bd. 1, Graz 1972, 347-379.

Anschluß 1938. Eine Dokumentation. Hg. v. Dokumentationsarchiv des Österreichischen Widerstandes, Wien 1988.

ARDELT Rudolf G./Hans HAAS, Die Westintegration Österreichs nach 1945. In: *Zeitschrift für Politikwissenschaft*, 3/1975, 379-399.

BADER William B., Austria between East and West 1945-1955, Stanford University 1966.

BEER Siegfried, Wien in der frühen Besatzungszeit. Erkundungen des US-Geheimdienstes OSS/SSU im Jahre 1945. Eine exemplarische Dokumentation. In: Studien zur Wiener Geschichte. Jahrbuch des Vereins zur Geschichte der Stadt Wien. Bd. 51. Hg. v. Ferdinand Opll/Karl Fischer, Wien 1995, 35-92.

BEER Siegfried/Eduard G. STAUDINGER, Der „Morgenthau-Plan" – Episode oder Konzept der Alliierten Deutschlandplanung? In: Jahrbuch 1991. Dokumentationsarchiv des österreichischen Widerstandes. Red. Siegwald Ganglmair, 123-144.

BEER Siegfried, Die Geheimdienste im besetzten Österreich. In: Gerhard Jagschitz/Stefan Karner (Hg.), Menschen nach dem Krieg – Schicksale 1945-1955 (= Katalog des Niederösterreichischen Landesmuseums), Innsbruck 1995.

BENJAMIN Walter, Geschichtsphilosophische Thesen. In: Ders., Zur Kritik der Gewalt und andere Aufsätze, Frankfurt/M. 1981.

BERCHTHOLD Klaus (Hg.), Österreichische Parteiprogramme 1866-1966, Wien 1967.

BÉTHOUART Emile-Marie, Die Schlacht um Österreich, Wien 1967.

BEYER Friederice, Die Geheimnisse des SS-Sturmbannführers Wilhelm Höttl. In: *Forum*, Jänner-März 1990, 12-16.

BISCHOF Günter, ›Prag liegt westlich von Wien‹. Internationale Krisen im Jahre 1948 und ihr Einfluß auf Österreich. In: Bischof/Leidenfrost (Hg.), Die bevormundete Nation. Österreich und die Alliierten 1945-1949, Wien 1991.

BISCHOF Günther/Josef LEIDENFROST (Hg.), Die bevormundete Nation. Österreich und die Alliierten 1945-1949, Wien 1988.

BISCHOF Günter, Die Instrumentalisierung der Moskauer Erklärung nach dem 2. Weltkrieg. In: *Zeitgeschichte*, 20/1993, 345-366.

BISCHOF Günter, "Austria looks West". In: Albrich/Eisterer/Gehler/Steininger (Hg.), „Österreich in den Fünfzigern", Innsbruck 1995.

BISCHOF Günther/Anton PELINKA (Hg.), Austria in the Nineteen Fifties (= Contemporary Austrian Studies, Vol. 3), New Brunswick-London 1995.

BÖHNER Gerhard, Die Wehrprogrammatik der SPÖ, rechtswissenschaftl. Diss., Univ. Würzburg 1976.

BORSDORF Ulrich/Lutz NIETHAMMER (Hg.), Zwischen Befreiung und Freiheit. Analysen des US-Geheimdienstes über Positionen und Strukturen deutscher Politik 1945, Wuppertal 1976.

BOTZ Gerhard, Österreichs verborgene Nazi-Vergangenheit und der Fall Waldheim. In: *Forum*, Okt/Nov 1989.

BRIX Emil, Zur Frage der österreichischen Identität am Beginn der Zweiten Republik. In: Bischof/Leidenfrost (Hg.), Die bevormundete Nation. Österreich und die Alliierten 1945-1949, Wien 1992.

BROUCEK Peter, Stichwort „Liebitzky, Emil". In: Neue Deutsche Biographie. Hg. v. der Historischen Kommission bei der Bayerischen Akademie der Wissenschaften. Bd. 14, Berlin 1985.

BRUSATTI Alois/Gottfried HEINDL (Hg.), Julius Raab. Eine Biographie in Einzeldarstellungen, Wien o. J.

BUTSCHEK Felix, Österreichs Lebenslügen – oder wie wissenschaftlich ist die Geschichtsschreibung? In: *Europäische Rundschau*, 1/1996, 17-27.

CHORHERR Ernst, Antimilitaristische Strömungen in Österreich zur Zeit der Großen Koalition, Dipl.-Arb., Institut f. Zeitgeschichte Wien 1987, 122 Bl.

CHURCHILL Winston S., Der Zweite Weltkrieg. Mit einem Epilog über die Nachkriegsjahre, Bern-München-Wien 1985.

CLAUSEWITZ Carl von, Vom Kriege. Hinterlassenes Werk. Mit einer Einführung von Schlieffen. Hg. v. Karl Linnebach, Berlin 1937.

CRONIN Audrey Kurth, Eine verpaßte Chance? Die Großmächte und die Verhandlungen über den Staatsvertrag im Jahre 1949. In: Bischof/Leidenfrost (Hg.), Die bevormundete Nation. Österreich und die Alliierten 1945-1949, Wien 1991.

CSÁKY Eva-Marie, Der Weg zur Freiheit und Neutralität. Dokumentation zur österreichischen Außenpolitik 1945-1955, (= Schriftenreihe der Österreichischen Gesellschaft für Außenpolitik und internationale Beziehungen, Bd. 10), Wien 1980.

CSÁKY Eva-Marie/Franz MATSCHER/Gerald STOURZH (Hg.), Josef Schöner. Wiener Tagebuch 1944/1945, Wien-Köln-Weimar 1992.

Die Aufrüstung Österreichs. Dokumente und Tatsachen. Hg. v. Österreichischen Friedensrat, Wien 1951.

Die Stunde Null. Niederösterreich 1945. Katalog einer Sonderausstellung im Niederösterreichischen Landhaus, Wien 1975.

DIMMEL Nikolaus/Alfred-Johannes NOLL (Hg.), Verfassung. Juristisch-politische und sozialwissenschaftliche Beiträge anläßlich des 70-Jahr-Jubiläums des Bundesverfassungsgesetzes (= Juristische Schriftenreihe, Bd. 22), Wien 1990.

DUCHIN Brian R., The "Agonizing Reappraisal": Eisenhower, Dulles and the European Defense Community. In: *Diplomatic History. The Journal of the Society for Historians of American Foreign Relations*, Vol. 16, No. 2, 1992, 201-221.

EINWITSCHLÄGER Arno, Amerikanische Wirtschaftspolitik in Österreich 1945-1949, Diss., Univ. Wien 1984.

ERD Rainer, Reform und Resignation. Gespräche über Franz L. Neumann, Frankfurt/

M. 1985.

ERNST Karl, Das Unterstaatssekretariat für Heerwesen in der provisorischen Regierung Renner 1945. Seminararbeit am Institut f. Zeitgeschichte, Univ. Wien WS 1971/72.

FELLNER Fritz, Die außenpolitische und völkerrechtliche Situation Österreichs 1938. Österreichs Wiederherstellung als Kriegsziel der Alliierten. In: Weinzierl/Skalnik (Hg.), Österreich – Die Zweite Republik. Bd. 1, Graz 1972, 53-90.

FELLNER Fritz, Österreich im Spannungsfeld des Ost-West-Konfliktes. In: *Österreichische Zeitschrift für Außenpolitik*, 4/1973.

FELLNER Fritz, Österreich in der Nachkriegsplanung der Alliierten 1943-1945. In: Österreich und Europa, Festgabe für Hugo Hantsch zum 70. Geburtstag. Hg. v. Institut für Österreichische Geschichtsforschung und von der Katholischen Akademie, Graz-Wien-Köln 1965.

FELLNER Fritz, Teilung oder Neutralisierung? Zur österreichischen Geschichte des Jahres 1947 nach den Foreign Relations of the United States. In: *Österreichische Zeitschrift für Außenpolitik*, 14 Jg., 4/1974, 199-216.

FISCHER Ernst, Das Ende einer Illusion. Erinnerungen 1945-1955, Frankfurt/M. 1988.

FLECK Christian, Der Fall Brandweiner. Universität im Kalten Krieg, Wien 1987.

FLECK Herbert, Die Bedeutung der Wiener Tagespresse für die Bildung einer öffentlichen Meinung über das Bundesheer der zweiten Republik, phil. Diss., Univ. Wien 1965.

FOUCAULT Michel, Vom Licht des Krieges zur Geburt des Krieges zur Geburt der Geschichte, Berlin 1986.

FREELAND M. Richard, The Truman Doctrine and the Origins of McCarthyism. Foreign policy. Domestic Politics and Internal Security 1946-1948, New York 1972.

FROHN Axel, Neutralisierung als Alternative zur Westintegration. Die Deutschlandpolitik der Vereinigten Staaten von Amerika 1945-1949 (= Dokumente zur Deutschlandpolitik. Beihefte, Bd. 7), Frankfurt/M. 1985.

FUCHS Manfred, Der österreichische Geheimdienst. Das zweitälteste Gewerbe der Welt, Wien 1994.

FÜRBÖCK Johann, Die österreichische Gendarmerie in den beiden demokratischen Republiken. Heft 2, 1945-1966, o. J.

GADDIS John Lewis, Presidential Address. The Tragedy of Cold War History. In: *Diplomatic History. The Journal of the Society for Historians of American Foreign Relations*, Vol. 17, No. 1, 1993, 1-16.

GADDIS John Lewis, Strategies of Containment. A critical appraisal of postwar American national security policy, New York 1982.

GAISWINKLER Albrecht, Sprung in die Freiheit, Wien-Salzburg o. J. (1947).

GEHLER Michael/Wolfgang CHWATAL, Die Moskauer Deklaration über Österreich 1943. In: *Geschichte und Gegenwart*, 3/1987, 212-237.

GEHLER Michael, State Treaty and Neutrality: The Austrian Solution in 1955 as a "Model" for Germany? In: Austria in the Nineteen Fifties (= Contemporary Austrian Studies. Hg. v. Günter Bischof/Anton Pelinka, Vol. 3), New Brunswick-London 1995.

GEHLER Michel, „L'unique objectif des Soviétiques est de viser l'Allemagne". Staatsvertrag und Neutralität 1955 als „Modell" für Deutschland? In: Albrich/Eisterer/ Gehler/Steininger (Hg.), „Österreich in den Fünfzigern". Österreichischer Studienverlag, Innsbruck 1995.

GEYER Michael, Deutsche Rüstungspolitik 1860-1980, Frankfurt/M. 1984.

GIEFER Rena/Thomas GIEFER, Die Rattenlinie. Fluchtwege der Nazis. Eine Dokumentation, 2. Aufl., Frankfurt/M. 1992.

GRUBER Karl, Ein politisches Leben. Österreichs Weg zwischen den Diktaturen, Wien-München-Zürich 1976.

GRUBER Karl, Zwischen Befreiung und Freiheit – Der Sonderfall Österreich, Wien 1953.

GRUBER Ronald, Der Massenstreik gegen das 4. Lohn-Preisabkommen im September/ Oktober 1950, phil. Diss., Univ. Wien 1975.

HAAS Hans, Österreich 1949: Staatsverhandlungen und Wiederbewaffnungsfrage. In: *Jahrbuch für Zeitgeschichte*, 1978, 175-200.

HAGEN Walter (Wilhelm Höttl), Die Geheime Front. Organisation, Personen und Aktionen des Deutschen Geheimdienstes, Linz-Wien 1950.

HECHT Robert, Militärische Bestimmungen in den Friedensverträgen von 1947. In: *Österreichische Militärische Zeitschrift*, 5/1979.

HEIDEKING Jürgen/Christoph MAUCH (Hg.), Geheimdienstkrieg gegen Deutschland. Subversion, Propaganda und politische Planungen des amerikanischen Geheimdienstes im Zweiten Weltkrieg, Göttingen 1993.

HELMER Oskar, 50 Jahre erlebte Geschichte, Wien o. J. (1957).

HERSHBERG James G., "Explosion in the Offing". German Rearmament and American Diplomacy, 1953-1955. In: *Diplomatic History. The Journal of the Society for Historians of American Foreign Relations*, Vol. 16, No. 4, 1992, 551-549.

HEUSER Beatrice, Subversive Operationen im Dienste der „Roll-Back"-Politik 1948-1953. In: *Vierteljahreshefte für Zeitgeschichte*, 2/1989.

HILLGRUBER Andreas, Europa in der Weltpolitik der Nachkriegszeit 1945-1963, (= Grundriß der Geschichte. Hg. v. Jochen Bleicken et al., Bd. 18), München-Wien 1979.

HINDINGER Gabriele, Das Kriegsende und der Wiederaufbau demokratischer Verhältnisse in Oberösterreich im Jahre 1945, phil. Diss., Univ. Wien 1968, (= Publikationen des Österreichischen Instituts für Zeitgeschichte, Bd. 6).

HOFBAUER Hannes, Westwärts. Österreichs Wirtschaft im Wiederaufbau, Wien 1992.

HÖFNER Karlheinz, Die Aufrüstung Westdeutschlands. Willensbildung, Entscheidungsprozesse und Spielräume westdeutscher Politik 1945 bis 1950 (= Deutsche Hochschuledition, Bd. 17), München 1990.

HOLZER Willibald Ingo, Der Kalte Krieg und Österreich. Zu einigen Konfigurationselementen der Ost/West-Bipolarisierung in Staat und Gesellschaft (1945-1955). In: *Jahrbuch für Zeitgeschichte*, 1982/83, 133-209.

HOLZER Willibald Ingo, Die österreichischen Bataillone im Verbande der NOV i POJ. Die Kampfgruppe Avantgarde/Steiermark. Die Partisanengruppe Leoben/Donawitz, phil. Diss., Univ. Wien 1971.

HOLZNER Johann, Untersuchungen zur Überwindung des Nationalsozialismus in Österreich, phil. Diss., Univ. Innsbruck 1971.

HOROWITZ David, Kalter Krieg. Hintergründe der US-Außenpolitik von Jalta bis Vietnam. 2 Bde., Berlin 1966.

HUEMER Peter, Sektionschef Robert Hecht und die Zerstörung der Demokratie in Österreich. Eine historisch-politische Studie, Wien 1975.

HUSTER Ernst-Ullrich/Gerhard Kraiker et al. (Hg.), Determinanten der westdeutschen Restauration 1945-1949, Frankfurt/M. 1972.

IRNBERGER Harald, Nelkenstrauß ruft Praterstern. Am Beispiel Österreich: Funktion und Arbeitsweise geheimer Nachrichtendienste in einem neutralen Staat, Wien 1983.

ISSRAELIAN Viktor, Die Antihitlerkoalition. Die diplomatische Zusammenarbeit zwischen der UdSSR, den USA und England während des Zweiten Weltkrieges 1941-1945, Moskau 1975.

JEDLICKA Ludwig, Ein Heer im Schatten der Parteien. Die militärpolitische Lage Österreichs 1918-1938, Graz-Köln 1955.

JONES Howard/Randall B. WOODS, Origins of the Cold War in Europe and the Near East: Recent Historiography and the National Security Imperative. In: *Diplomatic History. The Journal of the Society for Historians of American Foreign Relations*, Vol. 17, No. 2, 1993, 251-275.

KAHN Helmut Wolfgang, Der Kalte Krieg. Bd. 1. Spaltung und Wahn der Stärke 1945-1955, Köln 1986.

KAINDL-WIDHALM Barbara, Demokraten wider Willen? Autoritäre Tendenzen und Antisemitismus in der 2. Republik, Wien 1990.

KANN Robert A., Die Restauration als Phänomen in der Geschichte, Graz 1974.

KAPLAN Lawrence S., Die Westunion und die militärische Integration Europas 1948-1950. Eine Darstellung aus amerikanischer Sicht. In: Wiggershaus/Foerster (Hg.), Die westliche Sicherheitsgemeinschaft 1948-1950. Gemeinsame Probleme und gegensätzliche Nationalinteressen in der Gründungsphase der Nordatlantischen Allianz, Boppard am Rhein 1988, 37-56.

KARLHOFER Ferdinand/Eva LICHTENBERGER, Franz Olah – Eine anachronistische Karriere. Zum Funktionswandel politischer Eliten in der Zweiten Republik. In: Anton Pelinka (Hg.), Populismus in Österreich, Wien 1988.

KEPLER Leopold (Hg.), Die Gendarmerie in Österreich 1949-1974, Graz 1974.

KERRY Manfred O., Das Raketenverbot des Staatsvertrages vom 15.5.1955 und seine Interpretation, Dipl.-Arb., Univ. Wien 1991.

KLAMBAUER Otto, Die USIA-Betriebe. 2 Bde., Diss., Univ. Wien 1978.

KLOYBER Christian, Mexikos Protest vor dem Völkerbund. In: *Information des Österreichischen Lateinamerika Instituts*, 1988.

KNIGHT Robert G. (Hg.), „Ich bin dafür die Sache in die Länge zu zu ziehen". Wortprotokolle der österreichischen Bundesregierung von 1945-1952 über die Entschädigung der Juden, Frankfurt/M. 1988.

KNIGHT Robert G., Besiegt oder befreit? Eine völkerrechtliche Frage historisch betrachtet. In: Bischof/Leidenfrost (Hg.), Die bevormundete Nation. Österreich und die Alliierten 1945-1949, Wien 1992.

KNIGHT Robert G., Es war doch kein „D-Day". In: Ludwig/Mulley/Streibel (Hg.), Der

Oktoberstreik 1950. Ein Wendepunkt der Zweiten Republik, Wien 1991.
KNIGHT Robert G., Britische Entnazifizierungspolitik 1945-1949. In: *Zeitgeschichte*, 9-10/1984.
KOLLMAN Eric C., Theodor Körner. Militär und Politik, Wien 1972.
KONRAD Helmut/Manfred LECHNER (Hg.), Millionenverwechslung. Franz Olah. Die Kronenzeitung. Geheimdienste, Wien-Köln-Weimar 1992.
KONRAD Helmut, Zur politischen Kultur der Zweiten Republik am Beispiel des „Falles Olah". In: *Geschichte und Gegenwart*, 1/1986.
KOPECZEK Arnold, Fallbeispiele des Kalten Kriegs in Österreich 1945-1965, phil. Diss., Univ. Wien 1992.
KOS Wolfgang, Zur Entnazifizierung der Bürokratie. In: Meissl/Mulley/Rathkolb (Hg.), Verdrängte Schuld, Verfehlte Sühne. Entnazifizierung in Österreich 1945-1955, Wien 1986.
KOS Wolfgang, Eigenheim Österreich. Zu Politik, Kultur und Alltag nach 1945, Wien 1994.
KRIPPENDORFF Ekkehart, Staat und Krieg. Die historische Logik politischer Unvernunft, Frankfurt/M. 1985.
LECHNER Manfred, Das Sonderprojekt. In: Konrad/Lechner (Hg.), Millionenverwechslung. Franz Olah. Die Kronenzeitung. Geheimdienste, Wien-Köln-Weimar 1992.
LETTNER Lydia, Die französische Österreichpolitik von 1945-1955, Diss., Univ. Salzburg 1980.
LEIDENFROST Josef, Die amerikanische Besatzungsmacht und der Wiederbeginn des politischen Lebens in Österreich 1944 bis 1947, phil. Diss., 2 Bde., Univ. Wien 1986.
LOTH Wilfried, Die Formierung der Blöcke. Strukturen des Ost-West-Konflikts 1948-1950. In: Wiggershaus/Foerster (Hg.), Die westliche Sicherheitsgemeinschaft 1948-1950. Gemeinsame Probleme und gegensätzliche Nationalinteressen in der Gründungsphase der Nordatlantischen Allianz, Boppard am Rhein 1988, 7-23.
LOTH Wilfried, Die Teilung der Welt 1941-1955. Geschichte des Kalten Krieges, München 1987.
LOTH Wilfried, Ost-West-Konflikt und deutsche Frage. Historische Ortsbestimmungen, München 1989.
LUDWIG Michael/Klaus Dieter MULLEY/Robert STREIBEL (Hg.), Der Oktoberstreik 1950. Ein Wendepunkt der Zweiten Republik, Wien 1991.
MADERTHANER Wolfgang/Hans SCHAFRANEK/Berthold UNFRIED (Hg.), „Ich habe den Tod verdient". Schauprozesse und politische Verfolgung in Mittel- und Osteuropa 1945-1956, Wien 1991.
MALINA Peter/Gustav SPANN, Bibliographie zur österreichischen Zeitgeschichte 1918-1985, Wien 1985.
MANOSCHEK Walter (Hg.), Die Wehrmacht im Rassenkrieg: der Vernichtungskrieg hinter der Front. Mit einem Vorw. von Johannes Mario Simmel, Wien 1996.
MATEJKA Viktor, War 1945 ein Anfang? oder: Chancen eines Anfangs. In: Jochen Jung (Hg.), Vom Reich zu Österreich. Erinnerungen an Kriegsende und Nachkriegszeit,

Salzburg-Wien 1983.

MATTL Siegfried/Karl STUHLPFARRER, Abwehr und Inszenierung im Labyrinth der Zweiten Republik. In: Tálos/Hanisch/Neugebauer (Hg.), NS-Herrschaft in Österreich, Wien 1988, 601-624.

MAUCH Uwe Andreas, Der nationalsozialistische Journalist Dr. Manfred Jasser. Eine biographische Studie zu Nazifizierung und Entnazifizierung des österreichischen Pressejournalismus im „Ständestaat", im „Dritten Reich" und in der Zweiten Republik, Dipl.-Arb., Univ. Wien 1990.

MAYERHUBER Alois, Ein Ausseer im 1. Österreichischen Freiwilligen Bataillon der französischen Armee 1945 (ein Fragment). Redigiert und ergänzt von Egon Kittl und Hans Michael Roithner. In: *Ausseer Beiträge zur Zeit- und Kulturgeschichte*, 7/ 1985.

MEISSL Sebastian/Klaus-Dieter MULLEY/Oliver RATHKOLB (Hg.), Verdrängte Schuld – Verfehlte Sühne. Entnazifizierung in Österreich 1945-1955, Wien 1986.

MOLDEN Fritz, Fepolinski und Waschlapski auf dem berstenden Stern, Wien-München-Zürich 1976.

MOLDEN Fritz, Besetzer. Toren, Biedermänner. Ein Bericht aus Österreich 1945-1962, Wien-München-Zürich-New York 1981.

MOMMSEN-REINDL Margarete, Die österreichische Proporzdemokratie und der Fall Habsburg, Wien 1976.

NEEDELL Allan A., "Truth is Our Weapon": Project TROY, Political Warfare, and Government-Academic relations in the National Security State. In: *Diplomatic History. The Journal of the Society for Historians of American Foreign Relations*, Vo. 17, No. 3, 1993, 399-419.

NOLTE Ernst, Deutschland und der Kalte Krieg, München 1974.

Österreichisches Soldatenbuch. Hg. v. Bundesministerium für Landesverteidigung, 3. Aufl., Graz 1966.

PACH Chester J., The Military Assistance Program, Chapel Hill/NC. 1991.

PANZENBÖCK Ernst, Karl Renner 1938 – Irrweg eines Österreichers: Ursachen und Verdrängung. In: Österreich in Geschichte und Literatur. Hg. v. Institut für Österreichkunde, 32. Jg., 1/1988, 1-17.

PELINKA Anton, Auseinandersetzung mit dem Kommunismus. In: Weinzierl/Skalnik (Hg.), Die Zweite Republik. Bd. 1, Graz 1972.

PELINKA Anton, Zur Gründung der Zweiten Republik. Neue Ergebnisse trotz personeller und struktureller Kontinuität. In: Waechter-Böhm (Hg.), Wien 1945. Davor/Danach, Wien 1985.

PELINKA Anton (Hg.), Populismus in Österreich, Wien 1988.

Politisches Handbuch der Republik Österreich 1945-1960 (Zusammengestellt von Wolfgang Oberleitner), Wien 1960.

POLLARD Robert A., Economic security and the origins of the Cold War, 1945-1950, New York 1985.

POMORIN Jürgen/Reinhard JUNGE et. al, Blutige Spuren. Der zweite Aufstieg der SS, Dortmund 1980.

PORTISCH Hugo, Österreich II. Der lange Weg zur Freiheit, Wien 1986.

RAAB Julius, Selbstportrait eines Politikers. Mit einer Einführung von Ludwig Reichhold, Wien-Köln-Stuttgart-Zürich 1964.

RATH Margarete, George F. Kennan, seine Theorie des Containment und ihre Auswirkungen auf die amerikanische Außenpolitik nach dem Zweiten Weltkrieg, Dipl.-Arb., Univ. Wien 1981.

RATHKOLB Oliver, Die „Putsch"-Metapher in der US-Außenpolitik gegenüber Österreich 1945-1950. In: Ludwig/Mulley/Streibel (Hg.), Der Oktoberstreik 1950. Ein Wendepunkt der Zweiten Republik, Wien 1991.

RATHKOLB Oliver, Literatur- und Forschungsbericht über das „Kriegsende 1945" am Beispiel ausgewählter bundesdeutscher und österreichischer Publikationen. In: *Zeitgeschichte*, 13/1985-86.

RATHKOLB Oliver, NS-Problem und politische Restauration: Vorgeschichte und Etablierung des VdU. In: Meissl et al. (Hg.), Verdrängte Schuld – Verfehlte Sühne, Wien 1986.

RATHKOLB Oliver, Politische Propaganda der amerikanischen Besatzungsmacht in Österreich 1945 bis 1950. Ein Beitrag zur Geschichte des Kalten Krieges in der Presse, Kultur- und Rundfunkpolitik. 2 Bde., Diss., Univ. Wien 1981.

RATHKOLB Oliver, U.S.-Entnazifizierung in Österreich zwischen kontrollierter Revolution und Elitenrestauration (1945-1949). In: *Zeitgeschichte*, 9-10/1984.

RATHKOLB Oliver, Von der Besatzung zur Neutralität. Österreich in den außenpolitischen Strategien des Nationalen Sicherheitsrates unter Truman und Eisenhower. In: Bischof/Leidenfrost (Hg.), Die bevormundete Nation. Österreich und die Alliierten 1945-1949, Wien 1991.

RATHKOLB Oliver, The Foreign Relations between the USA and Austria in the late 1950s. In: Bischof/Pelinka (Hg.), Austria in the Nineteen Fifties (= Contemporary Austrian Studies, Vol. 3), New Brunswick-London 1995.

RATHKOLB Oliver, Dritte Männer. Ex-Nazis als US-Agenten. In: *Das Jüdische Echo*, Nr. 1/XXXIX, Oktober 1990, 85-89.

RATHKOLB Oliver, Historische Bewährungsproben des Neutralitätsgesetzes 1955. Am Beispiel der US-amerikanischen Österreich-Politik 1955 bis 1959. In: Dimmel/Noll (Hg.), Verfassung. Juristisch-politische und sozialwissenschaftliche Beiträge anläßlich des 70-Jahr-Jubiläums des Bundesverfassungsgesetzes (= Juristische Schriftenreihe, Bd. 22), Wien 1990, 122-141.

RATHKOLB Oliver, Die Entwicklung der US-Besatzungskulturpolitik zum Instrument des Kalten Krieges. In: Friedrich Stadler (Hg.), Kontinuität und Bruch 1938-1945-1955. Beiträge zur österreichischen Kultur- und Wissenschaftsgeschichte, Wien-München 1988, 35-50.

RATHKOLB Oliver, Professorenpläne für Österreichs Zukunft. Nachkriegsfragen im Diskurs der Forschungsabteilung Research and Analysis. In: Heideking/Mauch (Hg.), Geheimdienstkrieg gegen Deutschland. Subversion, Propaganda und politische Planungen des amerikanischen Geheimdienstes im Zweiten Weltkrieg, Göttingen 1993.

RATHKOLB Oliver, Großmachtpolitik gegenüber Österreich 1952/53-1961/62 im U.S.-Entscheidungsbereich, Habil.-Schr., Univ. Wien 1993.

RAUCHENSTEINER Manfried, Der Sonderfall. Die Besatzungszeit in Österreich 1945-

1955, Graz 1985.

RAUCHENSTEINER Manfried, Die B-Gendarmerie – mehr als eine Episode. In: *Truppendienst*, 4/1982.

RAUCHENSTEINER Manfried, Die Zwei. Die große Koalition in Österreich 1945-1966, Wien 1987.

RAUCHENSTEINER Manfried, Entmilitarisierung und Wiederbewaffnung in Österreich 1945 bis 1955. In: Entmilitarisierung und Aufrüstung in Mitteleuropa 1945-1956 (= Vorträge zur Militärgeschichte. Hg. v. Militärgeschichtlichen Forschungsamt, Bd. 4.), Herford-Bonn 1983, 57-79.

RAUCHENSTEINER Manfried, Krieg in Österreich 1945 (= Schriften des Heeresgeschichtlichen Museums, Bd. 5), Wien 1970.

RAUCHENSTEINER Manfried, Kriegsende und Besatzungszeit in Wien 1945-1955. In: *Wiener Geschichtsblätter*, 30. Jg., 1975, Sonderheft 2, 197-220.

RAUCHENSTEINER Manfried, Nachkriegsösterreich 1945. In: *Österreichische Militärische Zeitschrift*, 6/1972.

RAUCHENSTEINER Manfried, Staatsvertrag und bewaffnete Macht. Politik um Österreichs Heer 1945-1955. In: *Österreichische Militärische Zeitschrift*, 3/1980.

RAUCHENSTEINER Manfried (Hg.), Das Bundesheer der Zweiten Republik. Eine Dokumentation (= Schriften des Heeresgeschichtlichen Museums. Militärwissenschaftliches Institut, Bd. 9), Wien 1980

REIS Arthur, Die B-Gendarmerie, Dipl.-Arb., Univ. Wien 1994.

REUBAND Karl-Heinz, Sicherheitspolitische Kenntnisse in der Bevölkerung: Das Beispiel »Nachrüstung«. Über Informationsdefizite, Mobilisierungsfolgen und die Bedeutung des Wissens für die Einstellung zur »Nachrüstung«. In: Steinweg (Hg.), Lehren aus der Geschichte? Historische Friedensforschung, Frankfurt/M. 1990

REYNOLD David, Beyond Bipolarity in Space and Time. In: *Diplomatic History. The Journal of the Society for Historians of American Foreign Relations*, Vol. 16, No. 2, 1992, 225-246.

ROITHNER Hans Michael, Österreichische Wehrpolitik zwischen 1945 und 1955, Lehramtshausarbeit, Institut f. Zeitgeschichte Wien 1974.

RUHL Hans-Jörg (Hg.), Neubeginn und Restauration. Dokumente zur Vorgeschichte der Bundesrepublik Deutschland 1945-1949, München 1982.

SANDNER Margit, Die französisch-österreichischen Beziehungen während der Besatzungszeit von 1947 bis 1955 (= Dissertationen der Universität Wien. Hg. v. Verband der wissenschaftlichen Gesellschaften Österreichs, Bd. 162), Wien 1983.

SCHADAUER Christoph, Das Jahr 1945 im politischen Bezirk Waidhofen an der Thaya, Waidhofen/Thaya 1992.

SCHÄRF Adolf, Zum Geleit. In: Österreichisches Soldatenbuch. Hg. v. Bundesministerium für Landesverteidigung, 3. Aufl., Graz 1966.

SCHÄRF Adolf, Österreichs Erneuerung 1945-1955. Das erste Jahrzehnt der zweiten Republik, Wien 1955.

SCHÖNBERG Michael, Amerikanische Informations- und Medienpolitik in Österreich 1945-1950, phil. Diss., Univ. Wien 1975.

SCHUBERT Klaus von, Wiederbewaffnung und Westintegration. Die innere Auseinandersetzung um die militärische und außenpolitische Orientierung der Bundesrepublik 1950-1952, Stuttgart 1972.

SCHÜTZ Hans-Joachim, Geschichte der internationalen Abrüstungsverhandlungen. In: Steinweg (Hg.), Das kontrollierte Chaos: Die Krise der Abrüstung, Frankfurt/M. 1980, 102-127.

SENGHAAS Dieter, Rüstung und Militarismus, Frankfurt/M. 1972.

SENNETT Richard, Verfall und Ende des öffentlichen Lebens. Die Tyrannei der Intimität, Frankfurt/M. 1993.

SENSENIG Gene R., Österreichisch-amerikanische Gewerkschaftsbeziehungen 1945 bis 1950, Köln 1987.

SIEGLER Heinrich, Österreichs Weg zur Souveränität, Neutralität und Prosperität 1945-1959, Bonn-Wien-Zürich 1959

SIMPSON Christopher, Der amerikanische Bumerang. NS-Kriegsverbrecher im Sold der USA, Wien 1988.

SIMPSON Christopher, Gladio-type Guerilla Operations in Austria: a report [Unveröffentlichtes Manuskript], o. O. (Washington) 1990.

SIMPSON Christopher, Science of Coercion. Communication Research and Psychological Warfare 1945-1960, New York-Oxford 1994.

SPILLMAN Kurt A., Aggressive USA? Amerikanische Sicherheitspolitik 1945-1985, Stuttgart 1985.

STADLER Karl, Opfer verlorener Zeiten. Geschichte der Schutzbund-Emigration 1934. Mit einem Vorwort von Bruno Kreisky, Wien 1974.

STADLER Karl, Adolf Schärf. Mensch, Politiker, Staatsmann, Wien-München-Zürich 1982.

STAUDINGER Anton, Zur Entstehung des Wehrgesetzes vom 7. September 1955. In: *Österreichische Militärische Zeitschrift*, 5/1974.

STAUDINGER Anton, Zur Geschichte der B-Gendarmerie. In: *Österreichische Militärische Zeitschrift*, 5/1972.

STEARMAN William Lloyd, Die Sowjetunion und Österreich 1945-1955, Bonn-Wien-Zürich 1962.

STEINBÖCK Erwin, Österreichs militärisches Potential im März 1938, Wien-München 1988.

STEINER Senta G., Österreich und die europäische Integration zwischen Moskauer Deklaration und Europakongreß in Den Haag, Diss., Univ. Salzburg 1971.

STEINWEG Reiner (Hg.), Kriegsursachen, (= Friedensanalysen. Hg. v. der Hessischen Stiftung Friedens- und Konfliktforschung et al., Bd. 21), Frankfurt/M. 1987.

STEINWEG Reiner (Hg.), Rüstung und soziale Sicherheit, Frankfurt/M. 1985.

STEINWEG Reiner (Hg.), Das kontrollierte Chaos. Die Krise der Abrüstung, Frankfurt 1980.

STEINWENDER Engelbert, Von der Stadtguardia zur Sicherheitswache. Wiener Polizeiwachen und ihre Zeit. Bd 2: Ständestaat, Großdeutsches Reich, Besatzungszeit, Graz 1992.

STIEBER Gabriela, Zur Lösung des Flüchtlingsproblems. In: Albrich/Eisterer/Gehler/ Steininger (Hg.), „Österreich in den Fünfzigern", Innsbruck 1995, 67-93.

STIEFEL Dieter, Entnazifizierung in Österreich, Wien 1981.
STOURZH Gerald Die Regierung Renner, die Anfänge der Regierung Figl und die Alliierte Kommission für Österreich, September 1945 bis April 1946. In: *Archiv für österreichische Geschichte*, 125/1966, 321-342.
STOURZH Gerald, Geschichte des Staatsvertrages 1945-1955. Österreichs Weg zur Neutralität, 3. Aufl., Graz-Wien-Köln 1985.
SVOBODA Wilhelm, Die Partei, die Republik und der Mann mit den vielen Gesichtern: Oskar Helmer und Österreich II; eine Korrektur, Wien-Köln-Weimar 1993.
SVOBODA Wilhelm, Franz Olah – Eine Spurensicherung, Wien 1990.
SVOBODA Wilhelm, Politiker, Antisemit, Populist. Oskar Helmer und die Zweite Republik. In: *Das Jüdische Echo*, Nr. 1/XXXIX, Oktober 1990, 42-51.
TÁLOS Emmerich/Ernst HANISCH/Wolfgang NEUGEBAUER, NS-Herrschaft in Österreich 1938-1945, Wien 1988.
TAYLOR Telford, Die Nürnberger Prozesse. Hintergründe, Analysen und Erkenntnisse aus heutiger Sicht, Wien 1994.
TWERASER Kurt: US-Militärregierung in Österreich. Bd. 1. Sicherheitspolitische Aspekte der amerikanischen Besatzung in Oberösterreich-Süd 1945-1950 (= Beiträge zur Zeitgeschichte Oberösterreichs. Hg. v. Oberösterreichischen Landesarchiv, Bd. 14), Linz 1995.
UdSSR-Österreich 1938-1979, Dokumente und Materialien. Hg. v. Ministerium für Auswertige Angelegenheiten der UdSSR, Moskau 1980.
UNGER Frank, Die Friedensbewegung, das Verhältnis USA-Europa und die Amerikaforschung. In: Steinweg (Hg.), Kriegsursachen, Frankfurt/M. 1987.
VEROSTA Stephan, Die internationale Stellung Österreichs. Eine Sammlung von Erklärungen und Verträgen aus den Jahren 1938-1947, Wien 1947.
WACHTLER Günther, Militärsoziologie als historische Gesellschaftstheorie. In: Wachtler (Hg.), Militär, Krieg, Gesellschaft. Texte zur Militärsoziologie, Frankfurt/M.-New York 1983.
WAGNLEITNER Reinhold (Hg.), Diplomatie zwischen Parteienproporz und Weltkonflikt. Dokumente, Korrespondenzen und Memoranden aus dem Nachlaß von Walter Wodak 1945-1950 (= Quellen zur Geschichte des 19. und 20. Jahrhunderts. Hg. v. Fritz Fellner, Bd. 3), Salzburg 1980.
WAGNLEITNER Reinhold (Hg.), Understanding Austria: The political Reports and Analyses of Martin F. Herz, Political Officer of the U.S. Legation in Vienna 1945-1948, Salzburg 1984.
WAGNLEITNER Reinhold, Coca-Colonisation und Kalter Krieg. Die Kulturmission der USA in Österreich nach dem Zweiten Weltkrieg, Wien 1991.
WAGNLEITNER Reinhold, Die kulturelle Reorientierung Österreichs nach dem Zweiten Weltkrieg: Prolegomena zum Phänomen der symbolischen Penetration. In: *Zeitgeschichte*, 9/10 1984, 326-345.
WAGNLEITNER Reinhold, Großbritannien und die Wiedererrichtung der Republik Österreich, Diss., Univ. Salzburg 1975.
WEBER Fritz, Die linken Sozialisten. Parteiopposition im beginnenden Kalten Krieg, phil. Diss., Univ. Salzburg 1977.

WEINBERGER Lois, Tatsachen, Begegnungen und Gespräche. Ein Buch um Österreich, Wien 1948.
WEINZIERL Erika/Anton PELINKA, Das große Tabu. Österreichs Umgang mit seiner Vergangenheit, Wien 1987.
WEINZIERL Erika/Kurt SKALNIK (Hg.), Österreich – Die Zweite Republik, Graz 1972.
Weißbuch über die amerikanisch-englische Interventionspolitik in Westdeutschland und das Wiederauferstehen des deutschen Imperialismus, Leipzig 1951.
WEIß Florian, Die schwierige Balance. Österreich und die Anfänge der westeuropäischen Integration 1947-1957. In: *Vierteljahreshefte für Zeitgeschichte*, 42. Jg., 1/1994.
Wer ist Wer in Österreich, Wien 1951
WETZ Ulrike, Geschichte der Wiener Polizeidirektion vom Jahre 1945 bis zum Jahre 1955, phil. Diss. Univ. Wien 1970.
Who is who in Österreich. Eine Prominentenenzyklopädie mit ca. 6.000 Biographien von Prominenten in Österreich. Ergänzt durch ein Verzeichnis der führenden Beamten und Politiker, sowie der diplomatischen Vertretungen, Organisationen und Vereine, Zürich 1979.
WIGGERSHAUS Norbert/Roland G. FOERSTER (Hg.), Die westliche Sicherheitsgemeinschaft 1948-1950. Gemeinsame Probleme und gegensätzliche Nationalinteressen in der Gründungsphase der Nordatlantischen Allianz, Boppard am Rhein 1988.
WIRTITSCH Manfred, ÖVP-Wehrprogrammatik. In: *Zeitgeschichte*, 8/1989, 289-305.
WISTRICH Robert, Wer war wer im Dritten Reich? Ein biographisches Lexikon, Frankfurt/M. 1982.
WOLKER Hans, Schatten über Österreich. Das Bundesheer und seine geheimen Dienste, Wien 1993.
ZEGER Hans G./Rudolf LEO et. al. (Hg.), Alpen-Stasi. Die II. Republik im Zerrspiegel der Staatspolizei, Wien 1990.
ZOLLING Hermann/Heinz HÖHNE, Pullach intern, Hamburg 1971.

Anmerkungen

1 Günther Wachtler, Militärsoziologie als historische Gesellschaftstheorie. In: Günther Wachtler (Hg.), Militär, Krieg, Gesellschaft. Texte zur Militärsoziologie, Frankfurt/M.-New York 1983, S. 21.
2 Vgl. Dieter Senghaas, Rüstung und Militarismus, Frankfurt/M. 1972, S. 13 ff.
3 Ebd., S. 8.
4 Vgl. Robert A. Kann, Die Restauration als Phänomen in der Geschichte, Graz-Wien-Köln 1974.
5 Margarete Mommsen-Reindl, Die österreichische Proporzdemokratie und der Fall Habsburg, Wien 1976, S. 37.
6 Mit Bezug auf Österreich meint *Karlheinz Höfner* in diesem Zusammenhang: „Einen Hinweis auf die Selbstverständlichkeit, mit der bei Besatzern wie bei Besetzten davon ausgegangen wurde, daß ein Staat auch eine Armee haben müßte, gibt die sicherheitspolitische Diskussion im damaligen Österreich. Als befreites Gebiet eingestuft, unterlag die Meinungsbildung dort weitaus weniger Einschränkungen als im damaligen Westdeutschland". Den hier gezogenen Unterschied zwischen Westdeutschland und Österreich hinsichtlich einer in Österreich weniger eingeschränkten Diskussion sieht der Verfasser allerdings nicht in gleicher Weise gegeben. Vgl. dazu Karlheinz Höfner, Die Aufrüstung Westdeutschlands. Willensbildung, Entscheidungsprozesse und Spielräume westdeutscher Politik 1945 bis 1950, München 1990, S. 14, Anm. 2.
7 Wachtler, Militärsoziologie als historische Gesellschaftstheorie, loc. cit., S. 11.
8 Vgl. Reiner Steinweg (Hg.), Kriegsursachen (= Friedensanalysen. Hg. v. der Hessischen Stiftung Friedens- und Konfliktforschung, Bd. 21.), Frankfurt/M. 1987, S. 26.
9 Ebd.
10 Ebd.
11 Ebd., S. 27.
12 Ebd.
13 Vgl. dazu Walter Manoschek (Hg.), Die Wehrmacht im Rassenkrieg: der Vernichtungskrieg hinter der Front. Mit einem Vorwort von Johannes Mario Simmel, Wien 1996.
14 Carl von Clausewitz, Vom Kriege. Hinterlassenes Werk, mit einer Einführung von Schlieffen. Hg. v. Karl Linnebach, Berlin 1937, S. 18.
15 Ebd., S. 19.
16 Vgl. Michel Foucault, Vom Licht des Krieges zur Geburt der Geschichte, Berlin 1986.
17 Foucault moniert, daß alle bisherige Geschichte unter der Signatur einer ‚Politik des Krieges' gelesen werden müßte. Vgl. ebd., S. 8.
18 Für entsprechende Hinweise und Auskünfte danke ich an dieser Stelle dem Leiter des Bruno-Kreisky-Archivs (KA), Univ.-Doz. DDr. Oliver Rathkolb.
19 So z. B. der vom stellvertretenden sowjetischen Hochkommissar in Österreich, *Semjon M. Kudrjawzew*, ausgearbeitete Geheimbericht an das sowjetische Außenministerium zur „Reaktion der westlichen Mächte auf die sowjetischen Maßnahmen zur Normalisierung der Beziehungen zu Österreich (Juni - September 1953) vom 3. Oktober 1953, der von *Wjatscheslaw Molotow* verfaßte ›Streng-Geheim-Entwurf‹ für den Beschluß des ZK der KPdSU „Über Maßnahmen in den Beziehungen zu Österreich" vom 8. März 1954, sowie den Bericht von *Wladimir S. Semjonow*, Leiter der „3. Europäischen Abteilung des Außenministeriums der Sowjetunion", an W. M. Molotow, »Sowjetisch-Österreichischen Beziehungen (1950-1954)«, Jänner 1955.
20 So z. B. Wilfried Aichinger, Sowjetische Österreichpolitik 1943-1945, phil. Diss., Univ. Wien 1977.

Anmerkungen 213

21 Eine skizzenhafte Kurzdarstellung findet sich allein bei Manfried Rauchensteiner, Die Entmilitarisierung und Wiederbewaffnung in Österreich 1945 bis 1955. In: Entmilitarisierung und Aufrüstung in Mitteleuropa 1945-1956 (= Vorträge zur Militärgeschichte. Hg. v. Militärgeschichtlichen Forschungsamt, Bd. 4.), Bonn 1983, 57-79.
22 Kollektive Identitäten dieser Art erfahren speziell unter Perspektive externer Bedrohungssituationen günstige Entstehungsbedingungen. So meint auch *Richard Sennett*: „Am einfachsten entsteht gemeinschaftliche Identität, wenn das Überleben einer Gruppe, etwa durch einen Krieg oder eine andere Katastrophe, bedroht ist. Indem sie gemeinsam handeln, um der Bedrohung zu begegnen, kommen sie einander nahe und suchen nach Bildern, durch die sie sich miteinander verbinden können." Weiters: „Kollektivpersönlichkeit bedeutet in der Konsequenz Säuberung, Bekämpfung aller Bündnisse, aller Kooperationsversuche, aller ›Einheitsfronten‹ zwischen unterschiedlichen Gruppen." Vgl. Richard Sennett, Verfall und Ende des öffentlichen Lebens. Die Tyrannei der Intimität, Frankfurt/M. 1993, S. 284 bzw. 286.
23 Terminus zit. nach: Willibald I. Holzer, Der Kalte Krieg und Österreich. Zu einigen Konfigurationsäquivalenten der Ost/West-Bipolarisierung in Staat und Gesellschaft (1945-1955). In: *Jahrbuch für Zeitgeschichte*, 1982/83, S. 133.
24 Vgl. dazu: Anschluß 1938. Eine Dokumentation. Hg. v. Dokumentationsarchiv des Österreichischen Widerstandes, Wien 1988.
25 Vgl. dazu Christian Kloyber, Mexicos Protest vor dem Völkerbund. In: *Information des Österreichischen Lateinamerika Instituts,* 1988, 8-11.
26 Fritz Fellner, Die außenpolitische und völkerrechtliche Situation Österreichs 1938. Österreichs Wiederherstellung als Kriegsziel der Alliierten. In: Österreich – Die Zweite Republik. Bd. 1. Hg. v. Erika Weinzierl und Kurt Skalnik, Graz 1972, S. 56.
27 Ebd., S. 57.
28 Ebd., S. 63.
29 So z. B. Andreas Hillgruber, Europa in der Weltpolitik der Nachkriegszeit 1945-1963. In: Grundriß der Geschichte. Hg. v. Jochen Bleicken et al., München-Wien 1979, S. 13.
30 *Keesings Archiv der Gegenwart,* Jg. 1945, 1. Jänner, S. 10 f.
31 Ebd., S. 11.
32 Ebd.
33 Vgl. Fellner, Österreichs Wiederherstellung, loc. cit., S. 63 f.
34 Viktor Issraelian, Die Antihitlerkoalition. Die diplomatische Zusammenarbeit zwischen der UdSSR, den USA und England während des Zweiten Weltkrieges 1941-1945, Moskau 1975, S. 67.
35 Fellner, Österreichs Wiederherstellung, loc. cit., S. 64.
36 Ebd.
37 Reinhold Wagnleitner, Großbritannien und die Wiedererrichtung der Republik Österreich, phil. Diss., Univ. Salzburg 1975, S. 17.
38 Vgl. Gerald Stourzh, Geschichte des Staatsvertrages 1945-1955. Österreichs Weg zur Neutralität, 3. Aufl., Graz-Wien-Köln 1985, S. 3.
39 Ein Kuriosum, allerdings ohne wirkliche politische Bedeutung, stellt dabei der Umstand dar, daß *Churchill* Kontakte zu *Robert* und *Felix Habsburg* pflegte und sich mit Plänen für einen Anschluß Bayerns an Österreich, für eine „Reunion der früher habsburgischen Länder", beschäftigte. Noch auf der Konferenz der Alliierten in Quebec im September 1944 diskutierte der britische Premier mit *Otto Habsburg* Fragen einer Konföderation. Vgl. dazu Fellner, Österreichs Wiederherstellung, loc. cit., S. 65 sowie Wagnleitner, Großbritannien und die Wiedererrichtung, loc. cit., S. 32.
40 Wilfried Aichinger, Sowjetische Österreichpolitik 1943-1945, phil. Diss., Univ. Wien 1977, S. 23.

41 Wagnleitner, Großbritannien und die Wiedererrichtung, loc. cit., S. 28.
42 Fritz Fellner, Österreich in der Nachkriegsplanung der Alliierten 1943-1945. In: Österreich und Europa. Festgabe für Hugo Hantsch zum 70. Geburtstag. Hg. v. Institut für österreichische Geschichtsforschung und der Katholischen Akademie, Graz-Wien-Köln 1965, S. 593.
43 Issraelian, Antihitlerkoalition, loc. cit., S. 102; Beschlossen wurde diese Strategie der „kleinen Schritte" bereits auf der Washingtoner Konferenz 1942 als gemeinsame Verteidigungsstrategie der USA und Großbritanniens.
44 Vgl. Michael Gehler/Wolfgang Chwatal, Die Moskauer Deklaration über Österreich 1943. In: *Geschichte und Gegenwart*, 3/1987, S. 218 f.
45 Fellner, Österreichs Wiederherstellung, loc. cit., S. 70.
46 Ebd.
47 Vgl. Issraelian, Die Antihitlerkoalition, loc. cit., S. 231.
48 Vgl. dazu Siegfried Beer/Eduard G. Staudinger, Der „Morgenthau-Plan" – Episode oder Konzept der Alliierten Deutschlandplanung? In: Jahrbuch 1991. Dokumentationsarchiv des österreichischen Widerstandes. Red. Siegwald Ganglmair, 123-144.
49 Text abgedruckt bei: Stourzh, Geschichte des Staatsvertrages, loc. cit., Dokumententeil, S. 214; der Urtext dieser Deklaration geht auf ein britisches Memorandum vom Frühjahr 1943 mit dem Titel „The future of Austria" zurück, das vom Diplomaten *Geoffrey W. Harrison* ausgearbeitet wurde.
50 Ebd.
51 Gehler/Chwatal, Die Moskauer Deklaration, loc. cit., S. 228.
52 Ebd., S. 220.
53 Vgl. Fellner, Österreich in der Nachkriegsplanung der Alliierten, loc. cit., S. 581.
54 Robert Graham Knight, Besiegt oder befreit? Eine völkerrechtliche Frage historisch betrachtet. In: Günter Bischof/Josef Leidenfrost (Hg), Die bevormundete Nation. Österreich und die Alliierten 1945-1949, Wien 1988, S. 77. Vgl. dazu auch Günter Bischof, Die Instrumentalisierung der Moskauer Erklärung nach dem 2. Weltkrieg. In: *Zeitgeschichte*, 20/1993, 345-366.
55 Knight, Besiegt oder befreit?, loc. cit., S. 78.
56 Ebd. S. 77.
57 Siehe dazu die jüngste Kontroverse um die von *Felix Butschek* in der *Europäischen Rundschau* geäußerten – jedoch insgesamt wenig seriösen und zudem sowohl hinsichtlich des Quellenbezugs als auch bezüglich der theoretischen Grundlagen geradezu hanebüchenen – Anwürfe gegen die „drauflosflunkernden Zeithistoriker", die mit ihrer „buchstäblich aus den Fingern gesogenen" Kritik u. a. an der »Opferrolle« einer würdigen Zelebration der Zweiten Republik im Wege stünden. Vgl. Felix Butschek, Österreichs Lebenslügen – oder wie wissenschaftlich ist die Geschichtsschreibung? In: *Europäische Rundschau*, 24. Jg., 1/1996, 17-27. Siehe dazu die Repliken von Gerhard Botz, Lebenslüge – das stimulierende Prinzip... Eine Auseinandersetzung mit neuen Verfechtern der österreichischen »Opferthese«. In: ebd., 29-45; weiters: Oliver Rathkolb, Berufsverbot für Zeithistoriker?. In: *Europäische Rundschau*, 24. Jg., 3/1996, 127-130.
58 Ein Konsens, der von österreichischer Seite mitunter wenig emphatisch aufgefaßt wurde. „Die drei Weltmächte haben sich geeinigt, das selbständige Österreich wiederherzustellen (...) und uns bleibt nichts übrig [sic], als selbst auf den Gedanken eines Anschlusses zu verzichten." Rede des Staatskanzlers Karl Renner an die Beamtenschaft der Staatskanzlei, 30. April 1945. Zit. nach: Robert Knight (Hg.), „Ich bin dafür, die Sache in die Länge zu ziehen". Wortprotokolle der österreichischen Bundesregierung von 1945-1952 über die Entschädigung der Juden, Frankfurt/M. 1988, S. 76.
59 Zit. nach: Wagnleitner, Großbritannien und die Wiedererrichtung der Republik, loc. cit.,

Anmerkungen 215

S. 33.
60 Vgl. Stourzh, Geschichte des Staatsvertrages, loc. cit., S. 6.
61 Vgl. Wagnleitner, Großbritannien und die Wiedererrichtung der Republik, loc. cit., S. 53.
62 Details dazu in den Memoiren von Winston S. Churchill, Der Zweite Weltkrieg. Mit einem Epilog über die Nachkriegsjahre, 1985, Bern-München-Wien, S. 793 ff.
63 Vgl. dazu Issraelian, Antihitlerkoalition, loc. cit., S. 248 f; vor allem am Balkan, auf Rhodos, in der Türkei und in Italien.
64 Wilfried Loth, Die Teilung der Welt. Geschichte des Kalten Krieges, München 1987, S. 79.
65 Hillgruber, Europa in der Weltpolitik, loc. cit., S. 18.
66 Wagnleitner, Großbritannien und die Wiedererrichtung der Republik, loc. cit., S. 48.
67 Ebd., S. 46.
68 Fellner, Österreichs Wiederherstellung, loc. cit., S. 79.
69 Vgl. dazu Frank Unger, Die Friedensbewegung, das Verhältnis USA-Europa und die Amerikaforschung. In: Reiner Steinweg (Hg.), Kriegsursachen, Frankfurt/M. 1987, S. 409. Die vom britischen Chef-Unterhändler Lord (John Maynard) *Keynes* in diese Konferenz gesetzten Erwartungen – die auch von „New Dealern" wie dem US-Politiker *Harry Dexter White* geteilt wurden –, wonach die Schaffung eines Weltwährungsfonds sowie einer Weltbank primär dazu dienen sollte, die wirtschaftspolitischen Ziele ›Wachstum‹ und ›Vollbeschäftigung‹ vermittels eines international kontrollierten Krisenmanagementzentrums für alle in Bedrängnis geratenen Volkswirtschaften sicherzustellen, wurden jedoch durch den Widerstand amerikanischer Industrie- und Finanzkreise verhindert. Vgl. ebd., S. 409 f.
70 Vgl. Loth, Die Teilung der Welt, loc. cit., S. 36.
71 Unger, Die Friedensbewegung, loc. cit., S. 409.
72 Wie *Unger* mit Bezug auf den US-Lebensalltag pointiert ausführt, bezog die amerikanische Bevölkerung zur Kriegsende „45 % des Jahres-Gesamteinkommens der gesamten Menschheit, sie benutzte 50 % aller auf der Welt vorhandenen Telefone und Radios; 75 % der intakten Badezimmer der Welt befanden sich auf dem Territorium der USA, dazu 70 % sämtlicher Automobile, 84 % der Zivilflugzeuge und 85 % der Kühlschränke und Waschmaschinen." Zit. nach: ebd., S. 441.
73 Loth, Die Teilung der Welt, loc. cit., S. 86f.
74 Lydia Lettner, Die französische Österreichpolitik von 1943 bis 1946, phil. Diss., Univ. Salzburg 1980, S. 82.
75 Ebd., S. 91.
76 Vgl. Holzer, Der Kalte Krieg und Österreich, loc. cit., S. 143.
77 Ernst Nolte, Deutschland und der Kalte Krieg, München 1974, S. 164.
78 Ebd., S. 181.
79 Ebd.
80 Geyer, Deutsche Rüstungspolitik, loc. cit., S. 176.
81 Vgl. Manfried Rauchensteiner, Der Sonderfall. Die Besatzungszeit in Österreich 1945-1955, Graz 1985, S. 32.
82 Fellner, Österreichs Wiederherstellung, loc. cit., S. 74 f.
83 Ebd.
84 Vgl. Rauchensteiner, Sonderfall, loc. cit., S. 37.
85 Ebd.
86 Vgl. Aichinger, Sowjetische Österreichpolitik, loc. cit., S. 66.
87 *Keesings Archiv der Gegenwart*, Jg. 1945, 11. Februar, S. 88
88 Ebd. S. 88. Im Gefolge dieser Erklärung tauchten erstmals in der Geschichte Überlegun-

gen zur weltweiten Abrüstung und Rüstungsbeschränkung auf, die dann im Rahmen der Vereinten Nationen (UNO) in einem ständigen Forum zumindest diskutiert wurden. Vgl. Hans-Joachim Schütz, Geschichte der internationalen Abrüstungsverhandlungen. In: Reiner Steinweg (Hg.), Das kontrollierte Chaos: Die Krise der Abrüstung, Frankfurt/M. 1980, 102-127.
89 Ebd., S. 87.
90 Ebd.
91 Vgl. dazu besonders Oliver Rathkolb, Politische Propaganda der amerikanischen Besatzungsmacht in Österreich 1945 bis 1950. Ein Beitrag zur Geschichte des Kalten Krieges in der Presse-, Kultur- und Rundfunkpolitik. Bd. 1, Diss., Univ. Wien 1981, S. 31 f.
92 *Keesings Archiv der Gegenwart*, Jg. 1945, 11. Februar, S. 87.
93 Ebd.
94 Innerhalb der »Research & Analysis Branch« des Office of Strategic Services (OSS) arbeiteten eine Reihe hochrangiger deutscher Geistes- und Sozialwissenschafter, die sich als Linksintellektuelle noch rechtzeitig vor dem Faschismus in die USA flüchten konnten, und nun durch Mitarbeit in der ›Central European Section‹ hofften, mit ihrem historischen, politischen oder soziologischen Wissen für einen demokratischen Neubeginn in Europa mitarbeiten zu können. Darunter u. a. *Herbert Marcuse, Otto Kirchheimer, Franz L. Neumann* oder *Carl Schorske, Arthur Schlesinger, Paul Sweezy.* Vgl. Rainer Erd (Hg.), Reform und Resignation. Gespräche über Franz L. Neumann, Frankfurt/M. 1985, 153 ff. Innerhalb des OSS/R&A zuständig für Österreich waren *Henry Mayer, Robert G. Neumann, Lorenz Eitner* und *Paul R. Sweet.* Vgl. dazu Oliver Rathkolb, Professorenpläne für Österreichs Zukunft. Nachkriegsfragen im Diskurs der Forschungsabteilung Research and Analysis. In: Jürgen Heideking/Christoph Mauch (Hg.), Geheimdienstkrieg gegen Deutschland. Subversion, Propaganda und politische Planungen des amerikanischen Geheimdienstes im Zweiten Weltkrieg, Göttingen 1993, S. 168 f. Einen kurzen, aber detailreichen Überblick über Organisation, Funktion, Tätigkeit und Berichtstil des OSS (in Wien) bietet Siegfried Beer, Wien in der frühen Besatzungszeit. Erkundungen des US-Geheimdienstes OSS/SSU im Jahre 1945. Eine exemplarische Dokumentation. In: Studien zur Wiener Geschichte. Jahrbuch des Vereins zur Geschichte der Stadt Wien. Bd. 51. Hg. v. Ferdinand Opll und Karl Fischer, Wien 1995, 35-92.
95 *L. W. Fuller* in einer OSS-Studie vom 4. September 1945. Zit. nach: Zwischen Befreiung und Freiheit. Analysen des US-Geheimdienstes über Positionen und Strukturen deutscher Politik 1945. Hg. v. Ulrich Borsdorf u. Lutz Niethammer, Wuppertal 1976, S. 81 f.
96 Ebd., S. 181.
97 Oliver Rathkolb, US-Entnazifizierung in Österreich zwischen kontrollierter Revolution und Elitenrestauration (1945-1949). In: *Zeitgeschichte*, 9-10/1984, S. 303.
98 Ebd.
99 Ebd., S. 304.
100 Einen detailgenauen und chronologischen Einblick in den Verlaufsprozeß der amerikanischen Österreich-Planung bzw. der konkreten Militärverwaltung bietet Kurt Tweraser, US-Militärregierung in Österreich. Bd. 1. Sicherheitspolitische Aspekte der amerikanischen Besatzung in Oberösterreich-Süd 1945-1950 (= Beiträge zur Zeitgeschichte Oberösterreichs. Hg. v. Oberösterreichischen Landesarchiv, Bd. 14.), Linz 1995, S. 16 ff.
101 Rathkolb, US-Entnazifizierung in Österreich, loc. cit, S. 308.
102 Ebd., S. 305.
103 Ebd.
104 Ebd., S. 308.
105 StGBL. Nr. 13/1945, Stück 4.
106 StGBL. Nr. 18/1945, Stück 6.

Anmerkungen 217

107 StGBL. Nr. 40/1945, Stück 11.
108 StGBL. Nr. 127/1945, Stück 29.
109 Vgl. dazu Wolfgang Kos, Zur Entnazifizierung der Bürokratie. In: Sebastian Meissl/Klaus-Dieter Mulley/Oliver Rathkolb (Hg.), Verdrängte Schuld, verfehlte Sühne. Entnazifizierung in Österreich 1945-1955, Wien 1986, S. 61.
110 Dieter Stiefel, Nazifizierung und Entnazifizierung=Null? In: Meissl et al. (Hg.), Verdrängte Schuld, Verfehlte Sühne, loc. cit., S. 30.
111 Ausgehend vom Stichtag 15. September 1946 wurden in der sowjetischen Zone von insgesamt 10.668 verhafteten Personen 9.807 durch österreichische Behörden festgenommen; davon wurden 4.315 Personen bei der Staatsanwaltschaft angezeigt. Im Vergleich dazu wurden in der US-Zone von einer Gesamtzahl von 17.924 verhafteten Personen 14.395 durch US-Militärbehörden verhaftet; davon kamen 6.026 Fälle zur Anzeige. Vgl. dazu Klaus Eisterer, Französische Besatzungspolitik. Tirol und Vorarlberg 1945/46 (= Innsbrucker Forschungen zur Zeitgeschichte. Hg. v. Rolf Steininger, Bd. 9), Innsbruck 1992, S. 214.
112 Eisterer, Französische Besatzungspolitik, loc. cit., S. 163.
113 Ebd.
114 Von insgesamt 9.440 Verhafteten waren 6.887 von der französischen Militärbehörde festgenommen worden; davon wurden 3.187 Personen angezeigt. Vgl. ebd., S. 214.
115 Ebd.
116 Robert Knight, Britische Entnazifizierungspolitik 1945-1949. In: *Zeitgeschichte*, 9-10/1987, S. 289.
117 Ebd.
118 In der britischen Besatzungszone waren von 9.183 inhaftierten Personen 6.067 angezeigt worden, was heißt, „das die Verhaftungen in der britischen Zone am effizientesten waren, d.h. wesentlich mehr Leute trafen, die dann angezeigt wurden, als in allen anderen Zonen." Vgl. Eisterer, Französische Besatzungspolitik, loc. cit., S. 215.
119 Ebd., S. 292.
120 Vgl. Aichinger, Sowjetische Österreichpolitik, loc. cit., S 388.
121 Ebd., S. 389.
122 Knight, Britische Entnazifizierungspolitik, loc. cit., S. 293.
123 Im Auftrag der Alliierten war Jänner 1946 ein „Ministerkomitee für Entnazifizierung" errichtet werden, das den „Abbau höherer Beamter unbürokratisch, nämlich durch Sofortbescheid" forcieren sollte. Vgl. dazu Kos, Entnazifizierung der Bürokratie, loc. cit., S. 65.
124 Zit. nach: Oliver Rathkolb (Hg.), Gesellschaft und Politik am Beginn der Zweiten Republik. Vertrauliche Berichte der US-Militäradministration aus Österreich 1945 (engl. Orig. Fass.), Wien-Köln, S. 119.
125 Ebd.
126 Ebd., S.143.
127 Oliver Rathkolb, NS-Problem und politische Restauration: Vorgeschichte und Etablierung des VdU. In: Meissl et al. (Hg.), Verdrängte Schuld – Verfehlte Sühne, loc. cit., S. 79.
128 Knight, Kalter Krieg. Entnazifizierung und Österreich, loc. cit., S. 47.
129 Rathkolb, Politische Propaganda der amerikanischen Besatzungsmacht, loc. cit., Bd. 1, S. 123.
130 Rathkolb, U.S.-Entnazifizierung in Österreich. In: *Zeitgeschichte*, 9-10/1984, S. 315.
131 „In Dachau, Mauthausen, Auschwitz oder wo immer wurde zwar Bilanz über Vergangenes gezogen, aber häufig wurden nicht einmal alte Feindschaften begraben." Zit. nach: Manfried Rauchensteiner, Die Zwei. Die große Koalition in Österreich 1945-1966, Wien

132 Barbara Kaindl-Widhalm, Demokraten wider Willen. Autoritäre Tendenzen und Antisemitismus in der 2. Republik, Wien 1990, S. 91.
133 Ebd., S. 89.
134 Protokolle des Kabinettsrates der Provisorischen Regierung Karl Renner 1945. Bd. 1: „...im eigenen Haus Ordnung schaffen". Protokolle des Kabinettsrates 29. April 1945 bis 10. Juli 1945. Hg. v. Gertrude Enderle-Burcel/Rudolf Jerábek/Leopold Kammerhofer, Wien 1995, S. XII.
135 So schrieb z. B. *Franz Hrastnik* unter dem Titel „Soldat und Faschismus" in jenem Ausstellungskatalog: „Dieser Möglichkeiten zur Aufhebung innerer Widerstände war sich auch der Faschismus mit jener konsequent rattenfängerischen Demagogie, die ihn überhaupt charakterisiert, von allem Anfang an her bewußt. Daher war es sein erstes Bestreben, eine Ausweitung seiner Parteiziele in das Volk herzustellen. Wenn dieses erst die Last des Handelns übernommen hatte, war ihm damit gleichzeitig die Last der Verantwortung aufgebürdet, und war es sich einmal dieser Belastung bewußt, konnte es kein Zurück mehr geben. Die Brücken waren abgebrochen [sic], jeder hatte das Teil Schuld aufgeladen bekommen, das ihn schützend vor die Urheber dieses teuflisch ausgeklügelten und dann ja auch mathematisch funktionierenden Planes stellen mußte (...) Wenn hier eine Schuldfrage bei den Verführten vorliegt, dann wurde sie in den tausend Entbehrungen, Nöten und Gefahren der letzten Jahre zweifellos abgetragen [sic]. Denn schließlich war es doch der gleiche Zwang, was wir nicht übersehen wollen, der die einen in die Emigration und die anderen unter eine hassenswerte Knute trieb, die jegliche persönliche Existenz bis zum Verbluten geißelte und tierische Willkür zur sanktionierten Pflicht erhob." In: „NIEMALS VERGESSEN!" Ein Buch der Anklage, Mahnung und Verpflichtung. Hg. v. Gemeinde Wien, Verwaltungsgruppe III, Kultur und Volksbildung, Amtsführender Stadtrat: Dr. Viktor Matejka, Wien 1946, S. 115 f.
136 Ebd., S. 12.
137 Kaindl-Widhalm, Demokraten wider Willen, loc. cit., S. 90. So meint *Kaindl-Widhalm* folgerichtig: „Diese These von (der Verantwortung enthobenen) Mitläufern auf der einen und den eigentlichen Aktivisten auf der anderen leugnet auch die Existenz des Alltagsfaschismus, leistet ihm aber zugleich Vorschub. Durch die Dämonisierung und Pathologisierung der nationalsozialistischen Verbrechen als Taten einiger Wahnsinniger wird der strukturelle Kontext verhüllt, wird der inhärente Zusammenhang zwischen dem Nachbarn, der einen Hausbewohner bei der Gestapo denunziert oder dem Beamten, der Arisierungen durchführt oder Karteien über getötete KZ-Insassen anlegt einerseits und den nur scheinbar abgehobenen (und daher unvorstellbar unmenschlichen) NS-Verbrechen andererseits geleugnet." Vgl. ebd.
138 Ein genaue und überaus konzise Darstellung von Entstehungsgeschichte und methodisch-didaktisch-gestalterischen Überlegungen der Ausstellung „NIEMALS VERGESSEN!" findet sich bei Wolfgang Kos, Eigenheim Österreich. Zu Politik, Kultur und Alltag nach 1945, Wien 1994.
139 Die Ausstellung, die am 14. September 1946 im Wiener Künstlerhaus eröffnet wurde, besuchten in den ersten vierzehn Tagen rund 260.000 BesucherInnen. Mit Rekordbesuchen bis zu 5.000 Personen täglich mußte die Schau sogar des öfteren wegen Überfüllung geschlossen werden. Vgl. ebd., S. 12.
140 Ebd.
141 Zum Tabu als konstitutives Element österreichischer Nachkriegsentwicklung vgl. allgemein den kurzgefaßten aber dennoch präzisen Befund von Anton Pelinka, Von der Funktionalität von Tabus. Zu den »Lebenslügen« der Zweiten Republik. In: Wolfgang Kos/ Georg Riegele (Hg.), Inventur 45/55. Österreich im ersten Jahrzehnt der Zweiten Repu-

Anmerkungen 219

blik, Wien 1996, 23-32; mit Hinblick auf die Rolle und Funktion der sogenannten »Koalitionsgeschichtsschreibung« siehe im selben Band Gerhard Botz, Geschichte und kollektives Gedächtnis in der Zweiten Republik. »Opferthese«, »Lebenslüge« und »Geschichtstabu« in der Zeitgeschichtsschreibung, 51-85. Allgemein vgl. Weinzierl Erika/ Anton Pelinka, Das große Tabu. Österreichs Umgang mit seiner Vergangenheit, Wien 1987 sowie Peter Bettelheim/Robert Streibel (Hg.), Tabu und Geschichte. Zur Kultur des kollektiven Erinnerns, Wien 1994.

142 Ebd., S. 35.
143 Max S. Rothschild, Angestellter der US-Militärregierung in Deutschland, 1947. Zit. nach: Einwitschläger, Amerikanische Wirtschaftspolitik, loc. cit., S. 20.
144 Zit. nach: Rathkolb (Hg.), Gesellschaft und Politik am Beginn der Zweiten Republik, loc. cit., S. 114.
145 Siehe Adolf Schärf, Österreichs Erneuerung 1945-1955, Wien 1955, 35 f.; weiters: Rauchensteiner, Sonderfall, loc. cit., S. 71 f.
146 Text abgedruckt bei Stephan Verosta, Die internationale Stellung Österreichs 1938-1947, Wien 1947, S. 59 f.
147 Schon am 24. April hatte der sowjetische Volkskommissar für Auswärtige Angelegenheiten *Wyschinski*, den Geschäftsträger der USA in Moskau, *George F. Kennan*, von einer möglichen Bildung einer provisorischen Staatsregierung in Kenntnis gesetzt; Text abgedruckt in: UdSSR-Österreich 1938-1979, Dokumente und Materialien. Hg. v. Ministerium für Auswärtige Angelegenheiten der UdSSR, Moskau 1980.
148 StGBL. Nr. 3/1945, Stück 1.
149 Eine übersichtliche Gliederung der Ressorts findet sich im Index zu den stenographischen Protokollen des Nationalrates, Wien 1949, S. 3 f.
150 Dokumentationsarchiv des Österreichischen Widerstandes: Akt. Nr. 6712, Lebenslauf Generalmajor *Franz Winterer*, Presseaussendung der Staatskanzlei-Heeresamt, Wien, 2. November 1945. Vgl. auch: 1918-1968. Die Streitkräfte der Republik Österreich. Katalog zur Sonderausstellung des Heeresgeschichtlichen Museums, Wien 1968, S. 307.
151 Karl Ernst, Das Unterstaatssekretariat für Heerwesen in der provisorischen Regierung Renner 1945, Seminararbeit bei Prof. Ludwig Jedlicka, Wintersem. 1971/72, S. 15.
152 Rauchensteiner, Entmilitarisierung und Aufrüstung in Mitteleuropa, loc. cit., S. 60.
153 Ebd.
154 Eva-Marie Csáky, Der Weg zu Freiheit und Neutralität. Dokumentation zur österreichischen Außenpolitik 1945-1955, Wien 1980, S. 7.
155 StGBL. Nr. 2/1945, Stück 1, Kundmachung über die Einsetzung einer provisorischen Staatsregierung, vom 27. April 1945. Neben der Staatskanzlei, der außer Staatskanzler Renner die drei Staatssekretäre ohne Portefeuille *Adolf Schärf* (SPÖ), *Leopold Figl* (ÖVP) und *Johann Koplenig* (KPÖ) angehörten, waren in den Staatsämtern zu den jeweiligen Staatssekretären je zwei Unterstaatssekretäre der anderen Parteien beigestellt.
156 Vgl. Hans Michael Roithner, Österreichische Wehrpolitik 1945-1955, Lehramtshausarbeit am Institut für Zeitgeschichte, Univ. Wien 1974, S. 19 f.
157 Denkschrift der Provisorischen Staatsregierung der Republik Österreich über die Zusammenarbeit der militärischen und zivilen Behörden, Wien 1945, S. 21.
158 Ebd., S. 24. *Renner* selbst spricht in dieser offiziellen Schrift von einem „bescheidenen Ressort".
159 Denkschrift über die Geschichte der Unabhängigkeitserklärung Österreichs und die Einsetzung der Provisorischen Regierung der Republik, Wien 1945. *Manfried Rauchensteiner* spricht in diesem Zusammenhang von einer „deutlichen Diskrepanz zwischen der offiziellen Sprachregelung, der Realität des Dienstbetriebes und der gedanklichen Konzeption", welche dieses Amt von Anfang an begleitete. Vgl. Manfried Rauchenstei-

ner, Nachkriegsösterreich 1945. In: *Österreichische Militärische Zeitschrift*, 6/1972, S. 416.
160 Denkschrift der Provisorischen Staatsregierung der Republik Österreich über die Zusammenarbeit der militärischen und zivilen Behörden, loc. cit., S. 21.
161 StGBL. Nr. 94/Stück 23, ausgegeben am 28. Juli 1945. Vgl. dazu Anton Staudinger, Zur Entstehung des Wehrgesetzes vom 7. September 1955. In: *Österreichische Militärische Zeitschrift*, 5/1974, S. 362.
162 *Neues Österreich* (Organ der demokratischen Einigung) vom 17. Mai 1945, S. 3.
163 Ebd., 17. Mai 1945, S. 3. In diesem Haus befand sich die Staatskanzlei-Heeresamt; einige Abteilungen dieses Amtes befanden sich in der Hohenstaufengasse Nr. 3.
164 Ebd., 22. Juli 1945, S. 3.
165 Ebd., 25. Juli 1945, S. 3.
166 Ebd., 1. August 1945, S. 3.
167 Rauchensteiner, Nachkriegsösterreich 1945, loc. cit., S. 417.
168 StGBL. Nr. 13/1945, Stück 4, Artikel II, Verfassungsgesetz vom 8. Mai 1945 über das Verbot der NSDAP, ausgegeben am 6. Juni 1945.
169 *Neues Österreich* vom 10. Juni 1945, S. 3.
170 StGBL. Nr. 24/1945, Stück 9, ausgegeben am 23. Juni 1945.
171 Rauchensteiner, Nachkriegsösterreich 1945, loc. cit., S. 417. Oberst *Schlegelhofer* war zuletzt bei Kriegsende als »Ia Offizier« im Wehrkreis XVII/ Wehrkommandantur Wien eingesetzt. Vgl. dazu Rauchensteiner, Stellenbesetzung der Wehrkreise XVII und XVIII. In: Ders., Der Krieg in Österreich 1945, Wien 1984, S. 493.
172 Ebd., S. 417.
173 Ebd. Weiters sollten in Niederösterreich und Eisenstadt neben Heimkehrerentlassungsstellen sieben „Militär-Stationskommanden" aufgestellt werden, die aber den Besatzungsbehörden gegenüber offiziell als „Liquidierungsstellen" [sic] bezeichnet wurden.
174 Vgl. Gerald Stourzh, Die Regierung Renner, die Anfänge der Regierung Figl und die Alliierte Kommission für Österreich, September 1945 bis April 1946. In: *Archiv für österreichische Geschichte*, 125/1966, S. 322: „Paradoxerweise war es gerade die Haltung der russischen Besatzungsmacht, die der Provisorischen Staatsregierung Möglichkeit der administrativen und legislativen Entfaltung gewahrte, die in den westlichen Besatzungszonen keine Parallele fanden."
175 Rauchensteiner, Nachkriegsösterreich, loc. cit., S. 417.
176 Text abgedruckt bei Stephan Verosta, Die internationale Stellung Österreichs, Wien 1947, S. 66 f.
177 Vgl. ebd.
178 „Ist es doch jetzt schon soweit gekommen, daß eine in einer Zone rechtmäßig geschlossene Ehe unter Umständen in der anderen Zone rechtsungültig ist (...)". Dr. *Karl Renner* in der *Arbeiterzeitung* vom 24. September 1945, noch vor Beginn der 1. Länderkonferenz. Zit. nach: Dokumentation zur österreichischen Zeitgeschichte 1945-1955. Hg. v. Josef Kocensky, Wien 1970, S. 36 f.
179 Gabriele Hindinger, Das Kriegsende und der Wiederaufbau demokratischer Verhältnisse in Oberösterreich im Jahre 1945, Wien 1968, S. 39.
180 Rauchensteiner, Nachkriegsösterreich, loc. cit., S. 407.
181 Wilfried Aichinger/Hans Michael Roithner, Kriegsende im Waldviertel. In: *Österreichische Militärische Zeitschrift*, 4/1975, S. 283.
182 Rot-Weiß-Rot Buch. Darstellungen, Dokumente und Nachweise zur Vorgeschichte und Geschichte der Okkupation Österreichs. Teil 1, Wien (Österreichische Staatsdruckerei) 1946, S. 191.
183 Vor allem gegen Sowjettruppen wurde bis zuletzt alles verfügbare Material aufgeboten;

laut „Führerbefehl" war den Russen entscheidender, den Westgegnern hinhaltender Widerstand zu leisten; dabei kam es zu wahrhaft grotesken Situationen wie der, daß Generaloberst *Rendulic*, Oberbefehlshaber der Heeresgruppe Süd, sich von St. Leonhard aus (südlich von St. Pölten), über einen Offizier an das Hauptquartier der Amerikaner in St. Martin im Innkreis wandte, mit der Bitte, „Sanitätsmaterial und Truppen, die sich im Westen befanden, durch die amerikanischen Linien zur Stützung der Ostfront durchbringen zu lassen." Zit. nach: Hindinger, Das Kriegsende und der Wiederaufbau, loc. cit., S. 53 f.

184 Wehrmachtsberichte. Bd. III, 1. Januar 1944 bis 9. Mai 1945, Köln 1989, S. 552.
185 Aichinger/Roithner, Kriegsende im Waldviertel, loc. cit., S. 283.
186 Karl Renner. In: *Arbeiterzeitung* vom 24. September 1945. Zit. nach: Dokumentation zur Österreichischen Zeitgeschichte, loc. cit., S. 37.
187 Vgl. Johann Ch. Allmayer-Beck, Landesverteidigung und Bundesheer. In: Erika Weinzierl/Kurt Skalnik (Hg.), Österreich. Die Zweite Republik . Bd. 1, Graz 1972; *Allmayer-Beck* spricht hier von der Wehrhoheit als „Souveränitätsrecht", als „Ausdruck der Unabhängigkeit" eines Staates; anderseits war Österreich *ohne* Staatsvertrag eben nicht souverän.
188 *Karl Renner* in einem Artikel der *Arbeiterzeitung* vom 24. September 1945. Zit. nach: Kocensky (Hg.), Dokumentationen zur Österreichischen Geschichte, S. 36. Tatsächlich hatten die Kommunisten bei prinzipiell gleichem Mitspracherecht in der Staatsregierung die Aufstellung einer „bescheidenen Wehrmacht" in der Regierungserklärung vom 27. April 1945 mitunterzeichnet.
189 Vgl. Willibald Ingo Holzer, Die österreichischen Bataillone im Verbande der NOV i POJ. Die Kampfgruppe Avantgarde/Steiermark. Die Partisanengruppe Leoben/Donawitz., phil. Diss., Bd. 2, Univ. Wien 1971, S. 242.
190 Leopold Kepler (Hg.), Die Gendarmerie in Österreich 1849-197., Graz 1974, S. 109.
191 Engelbert Steinwender, Von der Stadtguardia zur Sicherheitswache. Wiener Polizeiwachen und ihre Zeit. Bd. 2: Ständestaat, Großdeutsches Reich, Besatzungszeit, Graz 1992, S. 48. Hier heißt es mit Bezug auf das Anhaltelager Wöllersdorf u. a.: „Gragl wurde am 10. Juli 1935 durch den weit strengeren Gendarmeriemajor Emanuel Stillfried abgelöst. Durch die Unnachsichtigkeit und Härte gegenüber den Gefangenen machte sich Stillfried einen unrühmlichen Namen (...) Der Gummiknüppel kam ungewöhnlich oft gegen die Angehaltenen zur Anwendung". Vgl. ebd.
192 StGBL. Nr. 94/1945, Stück 23, ausgegeben am 28. Juli 1945.
193 Vgl. Johann Fürböck, Die österreichische Gendarmerie in den beiden demokratischen Republiken, 2, 1945-1966, o. O., o. J., S. 7.
194 StGBL. Nr. 94/1945, Stück 23, § 20.(1).
195 Zit. nach: Traude Pietsch, Die Vorbereitungen zur Aufstellung eines österreichischen Heeres 1945-1953. In: Quellenedition zur österreichischen Parteiengeschichte der Zweiten Republik 1945-1953. Projektbericht. Projekt Nr. 5358. Mitarbeiterinnen und Mitarbeiter: Dr. Maria Mesner, Dr. Traude Pietsch, Univ.-Doz. DDr. Oliver Rathkolb, Dr. Johannes Schönner, Dr. Helmut Wohnout, Wien, Juni 1996, Stiftung Bruno Kreisky-Archiv/Wien, Anhang, Dokument 1, 529.
196 Ebd., Anhang, Dokument 2, 531.
197 Ebd.
198 Ebd.
199 1918-1968. Die Streitkräfte der Republik Österreich. Katalog zur Sonderstellung im Heeresgeschichtlichen Museum, Wien 1968, S. 300 (fortan unter: „Streitkräfte der Republik").
200 Ebd., S. 300. Leiter dieser Heeresamtsstelle war Generalmajor *Kurt Zborzil*, Stellvertre-

201 ter wurde Oberstleutnant *Zdenko Paumgartten*; dieser übernahm später als geheimer Verbindungsoffizier zu westalliierten Stellen in Salzburg eine zentrale Funktion. Ebd., S. 301.
202 Rauchensteiner, Nachkriegsösterreich, loc. cit., S. 418.
203 Katalog, Streitkräfte der Republik, loc. cit., S. 301.
204 Roithner, Österreichische Wehrpolitik, loc. cit., S. 58.
205 Katalog, Die Streitkräfte der Republik, loc. cit., S. 301.
206 Rauchensteiner, Nachkriegsösterreich, loc. cit., S. 417.
207 Roithner, Österreichische Wehrpolitik, loc. cit., S. 60. Vgl. dazu auch *Neue Zeit*, Nr. 3, 10. November 1945, S. 3.
208 Neben diesen »Wehrmeldeämtern« existierten von SPÖ und ÖVP eingerichtete Heimkehrerbetreuungsstellen. Die Tätigkeit der von der ÖVP geführten „Heimkehrer-Hilfs- und -Beratungsstelle", in der unter anderem auch der spätere Verteidigungsminister, *Otto Rösch*, arbeitete, führte dann zur ersten großen NS-Wiederbetätigungsaffäre der Zweiten Republik, als 1948 bekannt wurde, daß diese Betreuungsstelle unter Führung von (Graf) *Ernst Strachwitz* – einem hochdekoriertem Weltkriegsoffizier – „Fluchthilfe für hochrangige ehemalige Nationalsozialisten leistete" und die Bildung einer regelrechten NS-Untergrundbewegung unter Führung des Grazer Kaufmanns *Theodor Soucek* unterstützte. Vgl. dazu Wilhelm Svoboda, Die Partei, Die Republik und der Mann mit den vielen Gesichtern. Oskar Helmer und Österreich II. Eine Korrektur, Wien-Köln-Weimar 1993, S. 54 f.
209 So entstanden Heeresamtsstellen in Salzburg, Saalfelden und Badgastein, sowie eine „Militär-Abwicklungsstelle" unter Führung eines Dr. *August Hübsch* innerhalb der Salzburger Landesregierung. In Oberösterreich führte ein Oberstleutnant *Alfred Henke* die »Heeresamtsstelle OÖ«, die aber mit 29. Oktober der »Heeresamtsstelle NÖ«, die ihren Wirkungsbereich unter anderem auch auf das Mühlviertel ausdehnte, integriert wurde. Vgl. dazu Rauchensteiner, Nachkriegsösterreich, loc. cit., S. 418.
210 StGBL. Nr. 154/1945, Stück 3, 5. September 1945; dieses Gesetz legte mit § 12/Abs. 1 die Anrechnung der Dienstzeit auch *nach* dem 13. März 1938 [sic] in „besonderen Fällen" fest, und führte mit § 12/ Abs. 5 eine Dienstgrad-Konkordanz zwischen Deutscher Wehrmacht und österreichischem Bundesheer ein, wonach Dienstgraderhöhungen in der Deutschen Wehrmacht mit äquivalenter Rangerhöhung im österreichischen Militär abgegolten werden sollten.
211 Vgl. Stourzh, Die Anfänge der Regierung Renner, loc. cit., S. 324.
212 DÖW, Akt. Nr. 6712, Zl. 21.298-Abt.II/45 (Kopie im Besitz d. Verfassers)
213 Katalog, Die Streitkräfte der Republik, loc. cit., S. 307.
214 DÖW, Akt. Nr. 6712, Schreiben Generalmajor *Winterers* an Hauptmann *Rosenwirth*, vom 21. Juli 1945.
215 Wie aus einer Meldung *Winterers* an Staatskanzler *Renner* (Anhang detaillierte Organisationsskizze) vom 12. Mai 1945 hervorgeht, sah die ursprüngliche Ressortaufteilung folgendermaßen aus: 1. Kanzlei: Adjutant Major *Barwig* (Vorzimmer: Ass. *Dvoracek*, Schreibkraft: Frl. *Wosihnoj*, Bote: *Kaureziem*; Hauspersonal: *Fichtenbauer* (Tor), Werksküchenleiter: *Dworschak* u. Fr. *Siegert*, Autolenker: *Keller*); 2. Abteilung Organisation u. Aufbau: Major *Heydendorff*, Oberleutnant Ing. *Fabrizii*, Schreibkraft: Frl. *Schneider*; 3. Personal- und Ergänzungsabteilung: Oberstleutnant *Jiresch*; 4. Abteilung Waffen u. Gerät: unbesetzt; 5. Bauabteilung: unbesetzt; 6. Sanitätsabteilung: Oberstabsarzt Dr. *Gratzer*; 7. Heeres- u. Telegrafenabteilung: Techn. Insp. Jahn; 8. Wirtschaftsabteilung: Oberst-Intendant *Weinrichter*; 9. Rechtsbüro: Oberstleutnant Dr. *Kolitscher*; 10. Buchhaltung: unbesetzt; 11. Kanzleidirektion: Obersekretär *Dupuy*; 12. Sicherstellungsstab: Heer – unbesetzt; Luftwaffe – Major *Swoboda*; Marine: unbesetzt; Leibesübungen: Hauptmann

Kaltenbrunner; 13. Verwertungsstab: unbesetzt. Zit. nach: Traude Pietsch, Die Vorbereitungen zur Aufstellung eines österreichischen Heeres 1945-1953, loc. cit., Anhang, Dokument 2, S. 531 f.

216 Die Referate des Heeresamtes nach der Umstrukturierung waren folgendermaßen besetzt: Adjutantur: (Hauptmann) *Wilhelm Hajdu*; Inspektion für das Kriegsgefangenen- und Heimkehrerwesen: (Generalmajor) *K. Fucik*; Inspektion für das Transportwesen: (Oberstleutnant) *F. Jiresch*; Sanitäts-Chef: (Oberstleutnant) Dr. *J. Gratzer*; Intendanzchef: Min. Rat Dr. *K. Gruber*; Leiter des Verbindungsdienstes zu den Alliierten: (Oberstleutnant) *v. Seiller*; Abteilungsleiter waren für die Abt. I: (Major) *Walther Heydendorff*; Abt. II: (Major) *Anton Steiner*; Abt. III: (Oberstleutnant) *L. Weinrichter*; Abt. IV: unbesetzt; Direktion der Hilfsämter: (Kanzleioberoffizier) *F. Gangelberger*. Vgl. dazu Ernst, Das Unterstaatssekretariat für Heerwesen, loc. cit., S. 16

217 Eine weitere, leicht abweichende Gliederungsübersicht dieses Amtes bietet das Verzeichnis der österreichischen Behörden nach dem Stand vom 10. Oktober 1945; siehe dazu auch: Roithner, Österreichische Wehrpolitik, loc. cit., S. 52.

218 Vgl. Gliederungsübersicht entnommen aus: Katalog, Die Streitkräfte der Republik, S. 303 f.

219 Es sei an dieser Stelle explizit angemerkt, daß die Übersicht nicht aus militärtechnischem Interesse wiedergegeben wird, sondern ausschließlich, um damit Umfang und Struktur der militärischen Planungsarbeit im Jahr 1945 zu dokumentieren.

220 Tatsächlich hatten die Alliierten Österreich gegenüber nie den Krieg erklärt, sodaß die Bezeichnung „Friedensvertrag", wie sie in Bezug auf die gleichlautenden Verträge mit Italien, Ungarn, Rumänien, Bulgarien und Finnland zur Anwendung kam, für Österreich eigentlich nicht zulässig war; gleichwohl verwendeten die Alliierten in der ersten Nachkriegsmonaten die Formulierung „Friedensvertrag". Vgl. Manfred O. Kerry, Das Raketenverbot des Staatsvertrages vom 15.5.1955 und seine Interpretation, Dipl.-Arb., Universität Wien, 1991. Die Idee eines österreichischen Staatsvertrages wurde unter anderem von Karl Renner, vor allem auf Basis der rechtspositivistischen Auffassung von Hans Kelsen, erst Beginn 1946 lanciert. Vgl. dazu Stourzh, Geschichte des Staatsvertrages, loc. cit., S. 10 f.

221 Katalog. Die Streitkräfte der Republik, loc. cit., S. 304 f.
222 Für eine Division wurde dabei ein „Friedensstand" von 8.750 Mann angenommen.
223 Katalog. Die Streitkräfte der Republik, S. 305.
224 Ebd., S. 305. So sollte dem *„defensiven* Charakter des neuen Heeres entsprechend (...) die Luftstreitkräfte und Panzerwaffe schwächer, die Panzerabwehr dafür stärker ausgebaut werden." [Kursiv, C. S.].
225 Ebd., S. 305. Vgl. auch Rauchensteiner, Nachkriegsösterreich, loc. cit., S. 417.
226 Erwin Steinböck, Österreichs militärisches Potential im März 1938, Wien 1988, Beilage 12, S. 178.
227 Katalog. Die Streitkräfte der Republik, loc. cit., S. 305.
228 Roithner, Österreichische Wehrpolitik, loc. cit., S. 59 f.
229 Rauchensteiner, Entmilitarisierung und Aufrüstung in Mitteleuropa, loc. cit., S. 61.
230 Vgl. Tweraser, US-Militärregierung Oberösterreich, loc. cit., S. 304.
231 So wurde zum Beispiel der vormalige NS-Polizeidirektor-Stellvertreter von Linz, Polizeioberst *Herbert Krögler*, zum Sicherheitsdirektor für Oberösterreich eingesetzt; oder der am 25. Juli 1945 zum Oberstleutnant ernannte Dr. *Anton Barfuß*, der zum Landesgendarmeriekommandant gemacht wurde, bevor er „wegen seiner Tätigkeit als Polizeioffizier in der von der deutschen Wehrmacht besetzten Gebieten" in Glasenbach interniert wurde. Vgl. dazu ebd., S. 301 f und S. 311.
232 Am 15. Mai trafen 171 Angehörige des 2. Österreichischen Bataillons, die als „Kämpfer

233 für die Freiheit Österreichs in den Straßen Wiens mit großem Jubel begrüßt" wurden, in Wien ein und wurden einstweilig in der Burg einquartiert. Vgl. dazu Protokolle des Kabinettsrates der Provisorischen Regierung Karl Renner 1945. Bd. 1, loc. cit., S. 100. bzw. Eva-Marie Csáky/Franz Matscher/Gerald Stourzh (Hg.), Josef Schöner, Wiener Tagebuch 1944/45 (= Veröffentlichungen der Kommission für neuere Geschichte Österreichs, Bd. 13), Wien-Köln-Weimar 1992, S. 246 f.

233 Vgl. Holzer, Österreichische Bataillone. Bd. 2, loc. cit., S. 382 f; hierbei erfüllten sie vielfältigste Aufgaben, wie z. B. als Wachmannschaft von „Ministerien", als Begleitschutz für Transportgut oder als Einsatztruppe gegen den Schleichhandel im Resselpark in Wien.

234 Ebd., S. 382.

235 Bericht des Staatssekretärs *Honner*. In: Protokolle des Kabinettsrates der Provisorischen Regierung Karl Renner 1945. Bd. 1, loc. cit., S. 125

236 Rede Staatssekretär *Honners*. In: Protokoll der 12. Kabinettratssitzung vom 12. Juni 1945 (Nazifrage). Zit. nach: Robert Knight (Hg.), „Ich bin dafür die Sache in die Länge zu ziehen". Wortprotokolle der österreichischen Bundesregierung von 1945-1952 über die Entschädigung der Juden, Dokument 3, Frankfurt/M. 1988, S. 87 f.

237 Eb., Dok. 3, S. 87. Zur Problematik der Displaced Persons allgemein siehe: Gabriela Stieber, Zur Lösung des Flüchtlingsproblems. In: Thomas Albrich/Klaus Eisterer/Michael Gehler/Rolf Steininger (Hg.), „Österreich in den Fünfzigern", Innsbruck 1995, 67-93.

238 Holzer, Österreichische Bataillone. Bd. 2, loc. cit., S. 385.

239 Vgl. Rauchensteiner, Nachkriegsösterreich, loc. cit., S. 416.

240 StGBl. Nr. 154/1945, Stück 3, 5. September.

241 Rauchensteiner, Entmilitarisierung und Aufrüstung in Mitteleuropa, loc. cit., S. 61 f.

242 Vgl. dazu Fritz Fellner, Die außenpolitische und völkerrechtliche Situation Österreichs 1938 – Österreichs Wiederherstellung als Kriegsziel der Alliierten. In: Erika Weinzierl/Kurt Skalnik (Hg.), Österreich die Zweite Republik. Bd. 1, Graz 1972, 53-90.

243 Dabei waren, wie Holzer zeigt, die Mitglieder der Freiheitsbataillone (speziell die Bataillone II bis V) eher zum geringeren Teil Kommunisten. Vgl. Holzer, Österreichische Bataillone. Bd. 2, loc. cit., S. 379.

244 So erklärte der britische Außenminister *Ernest Bevin* am 16. August 1945 in der Sitzung des *Overseas Reconstruction Committee*, daß er die Regierung *Renner* auf der beschlossenen Außenministerkonferenz in London „wegen der von der Kommunistischen Partei besetzten Schlüsselministerien als unter keinen Umständen anerkennungswürdig bezeichnen werde." Zit. nach: Wagnleitner, Großbritannien und die Wiedererrichtung der Republik Österreich, loc. cit., S. 385; weiters äußerte *George Kennan*, der US-Geschäftsträger in Moskau, in einer Note am 30. April d. J. bereits schwerste Bedenken gegen die Besetzung des Staatsamtes für Inneres durch Kommunisten. Vgl. Foreign Relations of the United States, 1945, Vol. III. Hg. v. Historical Office des Departement of State, Washington D. C. 1968, S. 105 f (fortan unter: „FRUS").

245 Vgl. Stourzh, Die Regierung Renner, loc. cit., S. 325. Diese Kommission bestand aus zwei Vertretern der ÖVP, zwei Vertretern der SPÖ und einem Vertreter der KPÖ.

246 Resolution Nr. 1 der 1. Länderkonferenz, Punkt III. Zit. nach: Kocensky (Hg.), Dokumentation der österreichischen Zeitgeschichte, loc. cit., S. 42.

247 Rauchensteiner, Nachkriegsösterreich, loc. cit., S. 413.

248 Aichinger, Sowjetische Österreichpolitik, loc. cit., S. 392 f.

249 Roithner, Österreichische Wehrpolitik, loc. cit., S. 65.

250 Aichinger, Sowjetische Österreichpolitik, loc. cit., S. 393.

251 Vgl. Roithner, Österreichische Wehrpolitik, loc. cit., S. 65.

252 *Neues Österreich* vom 19. August 1945, S. 2; an dieser Stelle wurde bereits über jenes

Anmerkungen 225

»Österreichische Freiwilligenbataillon« und dessen Aufgabenbereich berichtet.
253 Rauchensteiner, Nachkriegsösterreich, loc. cit., S. 412.
254 Vgl. dazu Lydia Lettner, Die Französische Österreichpolitik von 1943 bis 1946, phil. Diss., Univ. Salzburg 1980, S. 52 f; der größte Teil rekrutierte sich aus Kriegsgefangenenlagern in Nordafrika.
255 Vgl. Alois Mayerhuber, Ein Ausseer im 1. Österreichischen Freiwilligen Bataillon der französischen Armee 1945 (ein Fragment). Redigiert und ergänzt von Egon Kittl und Hans Michael Roithner. In: *Ausseer Beiträge zur Zeit- und Kulturgeschichte*, 7/1985, S. 125.
256 Ebd., S. 125. Die 2. Kompanie unter Führung von Hauptmann *Leibetseder* bestand hauptsächlich aus Salzburgern und Steirern, die entweder keine NS-Funktion innegehabt hatten, oder aus solchen, denen derartiges nicht nachgewiesen werden konnte. Vgl. ebd., S. 122.
257 Vgl. auch: *Neues Österreich* vom 13. Dezember 1945, S. 2.
258 Ebd., S. 2.
259 Mayerhuber, Ein Ausseer im 1.Österreichischen Freiwilligen Bataillon, loc. cit., S. 122 f.
260 Ebd., S. 123.
261 Ebd., S. 125, Anm. 10.
262 Bericht von *G. Edward Buxton* (OSS), vom 29. Mai 1945. In: Rathkolb (Hg.), Gesellschaft und Politik am Beginn der Zweiten Republik, loc. cit., S. 369.
263 Rauchensteiner, Nachkriegsösterreich, loc. cit., S. 412 bzw. S. 418.
264 Möglicherweise spielte zunächst auch eine gewisse Angst vor der Alpenfestung eine Rolle. Anfang April wurde aus dem Hauptquartier Eisenhowers berichtet, man sei der Auffassung, „die Alpenfestung würde stärker sein als Monte Cassino." Zit. nach: Rauchensteiner, Der Krieg in Österreich 1945, loc. cit., S. 293.
265 *Neues Österreich* vom 29. Juli 1945, S. 2.
266 Emile-Marie Béthouart, Die Schlacht um Österreich, Wien 1967, S. 52 f.
267 Aichinger, Sowjetische Österreichpolitik, loc. cit., S. 286.
268 Vgl. FRUS, Potsdam Papers I, S. 349.
269 Protokolle d. Exekutiv-Komitees (EXCO), P(46)40. 5. Februar 1946. Zit. nach: Aichinger, Sowjetische Österreichpolitik, loc. cit., S. 394. Dabei hatten die Briten kurz vor Eintreffen der Kontroll-Kommission die Unterlagen über die Tätigkeit des Heeresamtes in ihrer Zone vernichten lassen. Vgl. ebd.
270 Rauchensteiner, Nachkriegsösterreich, loc. cit., S. 418.
271 Ebd., S. 418.
272 Ebd.
273 Franz Winterer, Wieder ein Heerwesen. In: *Salzburger Nachrichten*, Dokumentation: 20 Jahre Zweite Republik, 1965, S. 6.
274 Vgl. Aichinger, Sowjetische Österreichpolitik, loc. cit., S. 394.
275 Diese Weisung wurde Generalmajor *Winterer* am 3. Dezember vom französischen Oberstleutnant *Kerdavid* mitgeteilt und am 6. Dezember 1945 vom Kabinettsrat zur Kenntnis genommen. Vgl. Roithner, Österreichische Wehrpolitik, loc. cit., S. 72.
276 Rauchensteiner, Sonderfall, loc. cit., S. 126.
277 Ebd., S. 376, Anm. 113.
278 Aichinger, Sowjetische Österreichpolitik, loc. cit., S. 392.
279 *Gazette of the Allied Commission for Austria*, Dez. 1945 - Jan. 1946, S. 72 f. (Verbot der militärischen Tätigkeit in Österreich, Wien, 10. Dezember 1945).
280 Ebd., S. 73.
281 Ebd.
282 Ebd.

283 Abschiedsbefehl General *Winterers*, vom 29. Dezember 1945, abgedruckt bei Roithner, Österreichische Wehrpolitik, loc. cit., S. 76 f.
284 Kocensky (Hg.), Dokumentation zur Österreichischen Zeitgeschichte 1945-1955, loc. cit., S. 48.
285 Staatsarchiv/Kriegsarchiv, B/1030: 76, Nachlaß General Liebitzky, Z. Zl. 2146/49, vom 1.9.1949, Bericht von E. Liebitzky an das Kriegsarchiv über die Tätigkeit des Heeresamtes.
286 *Arbeiterzeitung* vom 18. Jänner 1946, S. 2.
287 Rauchensteiner, Nachkriegsösterreich 1945, loc. cit., S. 419 bzw. S. 421, Anm. 53.
288 Vgl. Anm. 214.
289 Staatsarchiv/Kriegsarchiv, B/1030: 76, Bericht E. *Liebitzky* über Tätigkeit des Heeresamtes vom 7. Dezember 1949.
290 Ebd.
291 Ebd.
292 Ebd.
293 B/1030: 76, Akt vom 14.2.1946 an das BKA, Dr. Meris (?)
294 Ebd.
295 Ebd.
296 Anhang zu B/1030: 76, Akt vom 14.2.1946, genaues Zahlenmaterial.
297 Ebd.
298 *Gazette of the Allied Commission for Austria*, 1945-1946, S. 46.
299 Ebd., S. 46.
300 Staatsarchiv/Kriegsarchiv, B/1030: 76, Z. Zl. 902-Pr/46, Weisung des Bundeskanzlers *Figl* vom 21. Mai 1946, Anhang/Zahlenmaterial über die Aufteilung der ehemaligen Beamten der Abt. „L".
301 Vgl. Roithner, Österreichische Wehrpolitik, loc. cit., S. 98, Anm. 246.
302 Vgl. Kapitel 7.
303 Vgl. Reinhold Wagnleitner (Hg.), Diplomatie zwischen Parteienproporz und Weltkonflikt. Dokumente, Korrespondenzen und Memoranden aus dem Nachlaß von Walter Wodak 1945-1950 (= Quellen zur Geschichte des 19. u. 20. Jahrhunderts. Hg. v. Fritz Fellner, Bd. 3), Salzburg 1980, S. 69 bzw. S. 83. In der Angelegenheit *Machold* kam es sogar zu einer Anfrage im englischen Unterhaus.
304 William Lloyd Stearman, Die Sowjetunion und Österreich 1945-55, Wien 1962, S. 112, Fußnote 26. Dabei wurden aus dem Kriegsarchiv Akten und Bücher mit einem Volumen von 31,5 Tonnen entfernt. Vgl. Allmayer-Beck, Landesverteidigung, loc. cit., S. 579, Anm. 14.
305 Vgl. Rauchensteiner, Nachkriegsösterreich, loc. cit., S. 418 f.
306 Im Gegensatz dazu betrachtete man auf französischer Seite, wie von General *Béthouart* angedeutet, diesbezügliche Aktivitäten bereits unter der Perspektive einer eventuellen Verteidigung Österreichs gegen sowjetische Hegemonialansprüche. Vgl. Béthouart, Die Schlacht, loc. cit., S. 113 f.
307 Aichinger, Sowjetische Österreichpolitik, loc. cit., S. 219.
308 Ebd.
309 Vgl. FRUS, 1948, Vol. II, S. 1363, Washington 1973.
310 Vgl. Knight, Wortprotokolle, loc. cit., S. 15.
311 Abschiedsbefehl Generalmajor *Winterers* vom 29. Dezember 1945, S. 76 f.
312 Zu diesem Begriff siehe Michael Geyer, Deutsche Rüstungspolitik 1860-1980, Frankfurt/M. 1984, S. 10
313 Wie neuere empirische Untersuchungen gezeigt haben, besteht zwischen Öffentlichkeit, d.h. der Information über militärische Rüstungsvorgänge, und der kritischen Ablehnung

derselben eine deutlich nachweisbare Beziehung: „Mit steigender Informiertheit findet die Nachrüstungsgegnerschaft – in Relation zu denen, welche die »Nachrüstung« bejahen oder tolerieren – immer mehr Gehör." Siehe dazu Karl-Heinz Reuband, Sicherheitspolitische Kenntnisse in der Bevölkerung: Das Beispiel »Nachrüstung«. Über Informationsdefizite, Mobilisierungsfolgen und die Bedeutung des Wissens für die Einstellung zur »Nachrüstung«. In: Rainer Steinweg (Hg.), Lehre aus der Geschichte? Historische Friedensforschung, Frankfurt/M. 1990, S. 430 ff.

314 Die erwähnten militärischen Gratifikationsrituale wurden in diesem Sinne bald reetabliert: So wurden bis Ende 1946 insgesamt sechs Oberstleutnants zu Generälen und mindestens drei Stabsoffiziere in den Rang von Obersten ernannt. Vgl. Allmayer-Beck, Landesverteidigung, loc. cit., S. 351.

315 Vgl. Ludwig Jedlicka, Ein Heer im Schatten der Parteien, Graz-Köln 1955. Das Bundesheer der Ersten Republik befand sich gleichfalls äußerst kurze Zeit, wenn überhaupt, im ‚Schatten' parteipolitischer Interessen.

316 Die Politisierung der Heeresfrage in der Ersten Republik war freilich eher eine Funktion ihrer sogenannten „Entpolitisierung" durch den christlich-sozialen Heeresminister *Carl Vaugoin* ab 1921. Vgl. Peter Huemer, Sektionschef Robert Hecht und die Zerstörung der Demokratie in Österreich, Wien 1975. *Huemer* beurteilt die „Entpolitisierung" folgerichtig als „Umpolitisierung" einer schon zuvor (partei-) politisch instrumentalisierten Einrichtung.

317 So schreibt auch *Rauchensteiner* in bezug auf die allgemeine politische Situation seit dem Wahlkampf Sept./Okt. 1945: „Man beginnt eigentlich am sogenannten Grundkonsens der Zweiten Republik zu zweifeln, wenn man sich die politische Auseinandersetzung etwas genauer ansieht." Zit. nach: Rauchensteiner, Die Zwei, loc. cit., S. 73.

318 Vgl. dazu auch die Darstellung bei: Josef Leidenfrost, Die amerikanische Besatzungsmacht und der Wiederbeginn des politischen Lebens in Österreich 1944 bis 1947, phil. Diss., 2 Bd., Univ. Wien 1986, S. 527 ff.

319 So waren bei einer US-Umfrage im März 1947 immerhin ganze 35,2 % der Befragten der Meinung, daß der „Nationalsozialismus eine gute Idee war, die nur schlecht durchgeführt wurde". Vgl. dazu Michael Schönberg, Amerikanische Informations- und Medienpolitik in Österreich 1945-1950. Dokumentation I., phil. Diss., Univ. Wien 1975, S. 288.

320 So äußerte sich z. B. *Karl Renner* in der 12. Kabinettsratssitzung am 12. Juni 1945 bezüglich der Vorlage des Kriegsverbrechergesetzes sehr realistisch und zugleich pragmatisch: „Wir haben keinen Grund, gegen unsere österreichischen Staatsbürger strenger vorzugehen, als die alliierten Mächte gegen die deutschen Kriegsverbrecher vorgehen." Zit. nach: Knight, Wortprotokolle, loc. cit., Dok. 3, S. 87.

321 Präsident *Roosevelt* war am 12. April 1945 verstorben.

322 Zit. nach: Nolte, Deutschland und der Kalte Krieg, loc. cit., S. 175.

323 Ebd., S. 175.

324 Vgl. dazu besonders: Hermann Zolling/Heinz Höhne, Pullach intern, Hamburg 1971, S. 94 f; weiters: Christopher Simpson, Der amerikanische Bumerang, Wien 1988, S. 74 f.

325 Vgl. Loth, Die Teilung der Welt, loc. cit., S. 114 f; spätestens Anfang 1946 kam es zur „Kurskorrektur", sodaß sich das State Departement nun dezidiert gegen die Appeasement-Politik Außenminister *Byrnes* der Sowjetunion gegenüber aussprach.

326 Rathkolb, Politische Propaganda. Bd. 1, loc. cit., S. 124.

327 Ebd., S. 124.

328 Adolf Schärf, Österreichs Erneuerung 1945-1955. Das erste Jahrzehnt der zweiten Republik, 7. ergänzte Aufl., Wien 1955, S. 151.

329 StGBl. Nr. 131/1945, Stück 30; diese Durchführungsverordnung/Abs. X, sah für Wehrmachtsangehörige eine eigene Sonderkommission für Angelegenheiten des Verbotsge-

setzes vor.
330 Stenographische Protokolle des Nationalrates, V. GP., 4. Sitzung des Nationalrates, 18. Jänner 1946, S. 52 f.
331 Ebd., S. 52.
332 Zit. nach: Pietsch, Die Vorbereitungen zur Aufstellung eines österreichischen Heeres 1945-1953, loc. cit., Anhang, Dokument 5, S. 544.
333 Laut reichsdeutschen Bestimmungen wären bis wenige Monate vor Kriegsende Offiziere, Wehrmachtsbeamte und Unteroffiziere von der Zugehörigkeit zur Partei und sämtlicher Organisationen ausgeschlossen gewesen.
334 Pietsch, Die Vorbereitungen zur Aufstellung eines österreichischen Heeres 1945-1953, loc. cit., Anhang, Dokument 5, S. 544.
335 Ebd.
336 Vgl. StGBL. Nr. 134/1945, Stück 31, Bl. 16 u. Bl. 20. Vgl. auch S. 8 und S. 9.
337 Anton Staudinger, Zur Geschichte der B-Gendarmerie. In: *Österreichische Militärische Zeitschrift*, 5/1972, S. 344.
338 StGBL. Nr. 64/1946, Stück 20, 18. Jänner 1946.
339 Staudinger, B-Gendarmerie, loc. cit., S. 344.
340 Vgl. Stourzh, Geschichte des Staatsvertrages, loc. cit., S. 12 f. Gerade Anfang 1946 drängten die Amerikaner auf den Abschluß eines Österreich-Vertrages, da sie dadurch eine längere Stationierung russischer Truppen in Rumänien und Ungarn zu verhindern glaubten.
341 FRUS, 1946/Vol. V, S. 286, *Memorandum od Conversation by Mr. S. I. W. Mellen, Senior Economic Analyst in the Office of the United States Political Advisor for Austria (Erhardt)*, 2. Jänner 1946.
342 Ebd., S. 286.
343 Vgl. Allmayer-Beck, Landesverteidigung und Bundesheer, loc. cit., S. 349.
344 Ebd., S. 350.
345 Ebd.
346 Memorandum Dr. *Karl Renners*, Grundprinzipien der österreichischen Politik. Dieses Schriftstück wurde der US-Regierung mit HQuUSFA Nr. 1228 top secret übermittelt. National Archives, Washington, RG 218, 863.00/5-2864. Zit. nach: Rauchensteiner, Staatsvertrag und bewaffnete Macht, loc. cit., S. 186, Anm. 6.
347 Ebd., S. 186.
348 Dr. *Karl Renner* sprach in der „2. Denkschrift" vom Juni 1945 von der „geistigen Prädisposition des Österreichers", die einen „Eingriff" in die „soziale und wirtschaftliche Struktur Österreichs" im Sinne russischer Vorstellungen unmöglich mache.
349 So präferierte beispielsweise Außenminister *Gruber* anläßlich der Unruhen während des Oktoberstreiks 1950 im Ministerrat für den Fall eines tatsächlichen Konflikts mit der Sowjetunion eine Teilung des Landes. Vgl. Oliver Rathkolb, Die „Putsch"-Metapher in der US-Außenpolitik gegenüber Österreich 1945-1950. In: Michael Ludwig/Klaus-Dieter Mulley/Robert Streibel (Hg.), Der Oktoberstreik 1950. Ein Wendepunkt der Zweiten Republik, Wien 1991, S. 120 f.
350 Aichinger, Sowjetische Österreichpolitik, loc. cit., S. 75.
351 Rathkolb (Hg.), Gesellschaft und Politik am Beginn der Zweiten Republik, loc. cit., S. 111.
352 Ebd., S. 111, OSS-Bericht vom 7. Juli 1945.
353 Hierbei handelte es sich um *Karl Altmann*, Minister für Energiewirtschaft.
354 Stenographische Protokolle des Nationalrates, V. GP., 17. Sitzung, 23. Mai 1946, S. 270 f.
355 Ebd., S. 271.
356 Ebd.

Anmerkungen 229

357 Von König Friedrich Wilhelm III. 1813 gestiftete Kriegsauszeichnung für alle Dienstgrade; von Hitler 1939 wiedereingeführt; laut Gesetz vom 26. Juli 1956 ist in Deutschland das Tragen des „EK" ohne Hakenkreuz erlaubt.
358 Vgl. Rauchensteiner, Die Zwei, loc. cit., S. 154.
359 Rathkolb (Hg.), Gesellschaft und Politik am Beginn der zweiten Republik, loc. cit., *Sweet, Letter to Kath*, 18. September 1945, Ravelsbach NÖ., S. 303.
360 Vgl. Rauchensteiner, Sonderfall, loc. cit., S. 153 bzw. S. 190 ff.
361 Vgl. Stourzh, Geschichte des Staatsvertrages, loc. cit., S. 13.
362 Ebd., S. 13 f.
363 Zit. nach: Verosta, Die internationale Stellung Österreichs, loc. cit., S. 107.
364 *Die Presse* vom 28. Dezember 1946.
365 *Wiener Kurier* vom 28. Dezember 1946.
366 Stearman, Die Sowjetunion und Österreich, loc. cit., S. 112.
367 Ebd., S. 112.
368 Stenographische Protokolle des Nationalrates, V. GP., 41. Sitzung, 15. Jänner 1947, S. 1196 ff.
369 Ebd., S. 1196.
370 Stourzh, Geschichte des Staatsvertrages, loc. cit., S. 17.
371 HHStA, BMAA, Zl. 106.114-Pol/47 (Karton 16/1947). Zit. nach: Stourzh, Geschichte des Staatsvertrages, S. 17.
372 Vgl. Rauchensteiner, Entmilitarisierung und Aufrüstung in Mitteleuropa, loc. cit., S. 66.
373 Ebd., S. 17.
374 Ebd.
375 Vgl. FRUS, 1947, Vol. II, S. 112 ff.
376 Zit. nach: Die Aufrüstung Österreichs. Dokumente und Tatsachen. Hg. v. Österreichischen Friedensrat, Wien 1952, S. 29.
377 Public Records Office, FO 371, 63 949, C 1846. Statement and Memorand (Nos. 11 to 23 - StV/47) of the Austrian Delegation, 27. Jänner 1947 (FO 1846/22/3) 45. Zit. nach: Kerry, Das Raketenverbot des Staatsvertrages, loc. cit., S. 42.
378 Vgl. Rauchensteiner, Staatsvertrag und bewaffnete Macht, loc. cit., S. 187. Ausgearbeitet wurden diese Bestimmungen vom „State-War-Navy Coordinating Subcommitee for Europe" unter der Bezeichnung SWNCC 307.
379 FRUS, 1947, Vol. II, S. 530; der spätere Artikel 13 des Staatsvertrages vom 15. Mai 1955.
380 Diese Friedensverträge wurden am 10. Februar 1947 unterzeichnet. Vgl. Rudolf Hecht, Militärische Bestimmungen in den Friedensverträgen von 1947. In: *Österreichische Militärische Zeitschrift*, 5/1979, S. 383.
381 Vgl. dazu die ins ‚technische' Detail gehenden Ausführungen bei Kerry, Das Raketenverbot, loc. cit., S. 36 ff.
382 Text abgedruckt bei: Stourzh, Geschichte des Staatsvertrages, loc. cit., Dokumententeil, S. 257.
383 Ebd., Abschnitt II des Staatsvertragsentwurfes, Artikel 21/2.
384 Ebd., Punkt 4. und 5.
385 Die Sowjets waren ja, entgegen den angloamerikanischen Vorschlägen, jedoch mit anfänglicher Unterstützung der Franzosen, für eine zahlenmäßig geringere Gesamtstärke der Streitkräfte eingetreten. So äußerten sie bis zuletzt Einwände, die militärische Ausrüstung durch ausländische Rüstungserzeugnisse zuzulassen. Vgl. Rauchensteiner, Staatsvertrag und bewaffnete Macht, loc. cit., S. 186.
386 Stourzh, Geschichte des Staatsvertrages, loc. cit., S. 254 f.
387 Dieser sogenannte ›Obersten-Paragraph‹ wurde auf der Moskauer Konferenz von Frank-

reich vorgeschlagen und von den Sowjets unterstützt, von Engländern und Amerikanern hingegen abgelehnt, wobei der englische Diplomat Lord Hood angeblich vorbrachte, die Österreicher „nicht in gute und schlechte einteilen" zu wollen. Vgl. *Österreichische Volksstimme* vom 14. März 1947, „Österreichs künftige Armee".

388 Zit. nach: Stourzh, Geschichte des Staatsvertrages, loc. cit., Dokumententeil, S. 255 f.
389 Ebd., S. 256.
390 Hecht, Militärische Bestimmungen in den Friedensverträgen, loc. cit., S. 383.
391 Bundespräsident *Renner* und Außenminister *Karl Gruber* hatten mit einer Truppenstärke in der Größenordnung zwischen 25.000 und 30.000 gerechnet. Vgl. Manfried Rauchensteiner, Staatsvertrag und bewaffnete Macht. Politik um Österreichs Heer. In: *Österreichische Militärische Zeitschrift,* 3/1980, S. 188.
392 Staudinger, Entstehung des Wehrgesetzes, loc. cit., S. 364.
393 Eric C. Kollman, Theodor Körner, Militär und Politik, Wien 1973, S. 305.
394 Ebd., S. 305.
395 Vgl. dazu Ulrike Wetz, Geschichte der Wiener Polizeidirektion vom Jahre 1945 bis 1955, phil. Diss., Univ. Wien 1970, S. 359 f.
396 Ob der genannte *Josef Heger,* Vizepräsident des SPÖ-nahen ›Freien Wirtschaftsverbands Österreichs‹ mit jenem Ing. *Josef Heger,* vom 8. August 1949 bis 29. November 1949 Landesobmann des VdU und anschließend Vorsitzender der im Februar 1950 gegründeten Partei „Nationaldemokratischer Verband" – am 3. August 1950 dann in „Verband der nationalen Sammlung" umbenannt –, die allerdings bereits am 25. November 1950 wieder aufgelöst wurde, identisch ist, ließ sich zumindest nach den Angaben bei Wolfgang Oberleitner (Zusammenstell.), Politisches Handbuch der Republik Österreich 1945-1960, Wien 1960, S. 27 bzw. S. 50, nicht eruieren. Vgl. dazu auch Staudinger, Zur Entstehung des Wehrgesetzes, loc. cit., S. 364.
397 Vgl. Rauchensteiner, Sonderfall, loc. cit., S. 389, Anm. 7.
398 Ebd.
399 Klaus Berchtold (Hg.), Österreichische Parteiprogramme 1866-1966, Wien 1967, S. 377.
400 Allmayer-Beck, Landesverteidigung, loc. cit., S. 354.
401 Ebd.
402 Vgl. Gerhard Böhner, Die Wehrprogrammatik der SPÖ, rechtswissenschaftl. Diss., Univ. Würzburg 1976, S. 105.
403 *Arbeiterzeitung* vom 25. Februar 1947, „Österreichs neues Heer". Zit. nach: Kocensky (Hg.), Dokumentation zur österreichischen Zeitgeschichte, loc. cit., S. 72 f.
404 Bericht des Heereskomitees, Kriegsarchiv B-201; zusammengefaßt bei Staudinger, Zur Entstehung des Wehrgesetzes, loc. cit., S. 364 f.
405 Bericht des Heereskomitees. Zit. nach: Staudinger, Zur Entstehung des Wehrgesetzes, loc. cit., S. 365.
406 Ebd.
407 Siehe dazu Österreichs Appell an die Welt, Reden von A. Schärf, J. Deutsch, P. Speiser, Wien o. J. (1947).
408 Staudinger, Zur Entstehung des Wehrgesetzes, loc. cit., S. 365.
409 Ebd., S. 366, ÖVP- Schrift vom 16. Juli 1948.
410 Ebd.
411 Unsere Stellung zur Wehrfrage. Redeanleitung (Mai 1948). Sozialistische Partei Österreichs. Bildungszentrale – Referat für politische Schulung, S. 5. Zit. nach: Pietsch, Die Vorbereitungen zur Aufstellung eines österreichischen Heeres 1945-1953, loc. cit., Anhang, Dokument 11, S. 571.
412 Ebd., S. 570.
413 Ebd., S. 572.

Anmerkungen

414 Ebd.
415 *Julius Deutsch* in einem Schreiben an Vizekanzler *Schärf* vom 11. Juni 1949. Zit. nach: Pietsch, Die Vorbereitungen zur Aufstellung eines österreichischen Heeres 1945-1953, loc. cit., S. 4.
416 Schreiben Bürgermeister *Körners* an Vizekanzler *Schärf* vom 12. Juli 1949. Bemerkungen zur Vorlage Linhart. VGA, Schärf-Nachlaß, Box 34, 4/260.
417 Erinnerungsvermerk über eine Unterredung Dr. *Schärf* mit General *Balmer* (Übersetzer Major *Pleasant*) vom 12. Juli 1949. Zit. Nach: Pietsch, Die Vorbereitungen zur Aufstellung eines österreichischen Heeres 1945-1953, loc. cit., Anhang, Dokument 24, S. 611.
418 Vgl. Berchtold (Hg.), Österreichische Parteienprogramme, loc. cit., S. 320.
419 Vgl. Heinrich Siegler, Österreichs Weg zur Souveränität, Neutralität und Prosperität 1945-1959, Bonn-Wien-Zürich 1959, S. 23.
420 Anton Pelinka, Auseinandersetzung mit dem Kommunismus. In: Erika Weinzierl/Kurt Skalnik (Hg.), Die Zweite Republik. Bd. 1, Graz 1972, S. 190.
421 Eine erste umfassendere Darstellung des Antimilitarismus nach 1945 findet sich bei: Ernst Chorherr, Antimilitaristische Strömungen in Österreich zur Zeit der großen Koalition, Dipl.-Arb., Univ. Wien (Institut f. Zeitgeschichte) 1987, 122 Bl.
422 *Stimme der Jugend*, Presseorgan der Sozialistischen Jugend, vom 26. Februar 1947, S. 1. Zit. nach: Böhner, Die Wehrprogrammatik der SPÖ, loc. cit., S. 108.
423 Vgl. Die Barke. Lehrer-Jahrbuch 1966, S. 285. Vgl. weiters Senta G. Steiner, Österreich und die Europäische Integration zwischen Moskauer Deklaration und Europakongress in Den Haag (1943-1948), phil. Diss., Univ. Salzburg 1971, S. 78.
424 Denkschrift an die österreichische Bundesregierung über die Wiederaufrüstung Österreichs, Österreichische Friedensgesellschaft, Frontblatt, Wien Mai 1947, 4 Seiten.
425 Steiner, Europäische Integration, loc. cit., S. 78.
426 Denkschrift der Friedensgesellschaft, loc. cit., Frontblatt.
427 Ebd., Frontblatt.
428 Ebd.
429 Ebd.
430 So unterzeichneten diese Denkschrift unter anderem Univ.-Prof. Dr. *Alfred Verdross* und Dekan Univ.-Prof. Dr. *Hans Thirring*. Paradoxerweise befand sich gerade der deklarierte Friedenskämpfer *Thirring* auf einer im Dezember 1949 den Joint Chiefs of Staff vorliegenden „Evakuierungsliste", wonach im Fall einer militärischen Aggression der Sowjetunion das österreichische Potential an bedeutenden WissenschafterInnen, wenn nötig, auch unter Zwang und Gewalt, evakuiert werden sollte: „In the event of emergency, it is planned to direct you to evacuate all specialists on this list to the United States in high priority or otherwise to deny them to the USSR, its satellites and allies, preferably by evacuation to secure friendly territory. In the case of unwilling evacuees, their capture and forcible removal will be directed in accordance with the ›Rules of Land Warfare‹ with authority to treat them as prisoners of war." Decision of the Joint Chiefs of Staff 1363/57, 23. Dezember 1949, Enc. A. NA, RG 319, P&O 370.05 TS (Sect. I), case 23. Zit. nach: Oliver Rathkolb, Von der Besatzung zur Neutralität. Österreich in den außenpolitischen Strategien des Nationalen Sicherheitsrates unter Truman und Eisenhower. In: Bischof et al. (Hg.), Die bevormundete Nation, loc. cit., S. 381.
431 Denkschrift der Friedensgesellschaft, loc. cit., S. 2 f.
432 Denkschrift, S. 3.
433 Ebd.
434 Ebd.
435 Ebd.
436 Ebd.

437 Eine Stellungnahme, die vor dem Hintergrund der seit 1990 auf- und abschwelenden Entmilitarisierungsdiskussion in der Schweiz einen durchaus interessanten Aspekt besitzt.
438 Denkschrift der Friedensgesellschaft, loc. cit., S. 4.
439 Vgl. *Keesings Archiv der Gegenwart*, Jg. 1945, S. 346.
440 Vgl. dazu Stourzh, Geschichte des Staatsvertrages, loc. cit., S. 39 f.
441 Ebd., S. 44 f.
442 Vgl. Loth, Die Teilung der Welt, loc. cit., S. 159.
443 Ebd., S. 159.
444 Ebd.
445 Vgl. Margarete Rath, George F. Kennan, seine Theorie des Containment und ihre Auswirkungen auf die amerikanische Außenpolitik nach dem Zweiten Weltkrieg, Dipl.-Arb., Universität Wien 1981, S. 30 ff.
446 So blieb Österreich auch, wie aus der Aktenedition der Foreign Relations of the United States hervorgeht, in der realen Politik der USA nach wie vor „zweitrangiges Problem hinter der deutschen Frage." Vgl. Fritz Fellner, Teilung oder Neutralisierung? In: *Zeitschrift für Außenpolitik*, 14. Jg., 4/1974, S. 204.
447 FRUS, 1947, Vol. II, S. 1171, Anm. 6.
448 Ebd., S. 1177.
449 Ebd., S. 1183.
450 Rede von *Julius Deutsch* auf der SPÖ-Konferenz am 6. Mai 1947. In: Österreichs Appell an die Welt, loc. cit., S. 26.
451 Auf nachhaltiges Drängen seitens österreichischer Politiker übernahmen die USA im Juni 1947 ihre Besatzungskosten selbst.
452 FRUS, 1947, Vol. II, S. 1201.
453 Ebd., S. 1201.
454 Ebd.
455 FRUS, 1948, Vol. II, S. 1403, *Bericht von Erhardt an den secretary of state*, 9. Juli 1948.
456 Vgl. dazu Margit Sandner, Die französisch-österreichischen Beziehungen während der Besatzungszeit von 1947 bis 1955, phil. Diss., Univ. Wien 1983, S. 20 f. Ein Teil kam in Indochina zum Einsatz.
457 Rauchensteiner, Sonderfall, loc. cit., S. 215 f.
458 Ebd.
459 In Deutschland war es 1947 durch die wirtschaftliche Zusammenlegung des britischen und amerikanischen Besatzungssektors zur Bildung einer »Bi-Zone« gekommen, die die Teilung des Landes verfestigte. Vgl. Loth, Die Teilung der Welt, loc. cit., S. 143.
460 Vgl. Rauchensteiner, Sonderfall, loc. cit., S. 239.
461 RG 59. Box 3713. File 740. 00119 Control (Austria) 7-2646. *Letter. From: John G: Erhardt. To: Francis Williamson*. 26 July 1946. Zit. nach: Einwitschläger, Amerikanische Wirtschaftspolitik, loc. cit., S. 215.
462 Gruber, Ein politisches Leben, loc. cit., S. 118.
463 Zur Definition dieses Terminus siehe u. a. Rudolf G. Ardelt/Hanns Haas, Die Westintegration Österreichs nach 1945. In: *Zeitschrift für Politikwissenschaft*, 3/1975.
464 Vgl. dazu Reinhold Wagnleitner, Die kulturelle Reorientierung Österreichs nach dem Zweiten Weltkrieg: Prolegomena zum Phänomen der symbolischen Penetration. In: *Zeitgeschichte*, 9-10/1984, 326-345.
465 Vgl. Hannes Hofbauer, Westwärts. Österreichs Wirtschaft im Wiederaufbau, Wien 1992, S. 100.
466 Vgl. dazu Loth, Die Teilung der Welt, loc. cit., S. 163 ff.
467 Hofbauer, Westwärts, loc. cit., S. 98.

Anmerkungen 233

468 Ebd.; zunächst gegenüber Griechenland und der Türkei.
469 Einwitschläger, Amerikanische Wirtschaftspolitik, loc. cit., S. 148.
470 Stourzh, Geschichte des Staatsvertrages, loc. cit., S. 42.
471 FRUS, 1947, Vol. II, S. 1206, *Memorandum by the Deputy Director, Office of European Affairs (Reber)*, Washington 18. November 1947.
472 Vgl. Reinhold Wagnleitner, Coca-Colonisation und Kalter Krieg. Die Kulturmission der USA in Österreich nach dem Zweiten Weltkrieg, Wien 1991. *Wagnleitner* spricht in diesem Zusammenhang davon, daß gerade bei vielen – gebildeten – Österreichern die Ablehnung der USA als „kultureller Wüste" besonders stark war, wohingegen die britische, französische und auch die „traditionelle" russische Kultur in hohem Ansehen standen. In bezug auf die materielle Überlegenheit der USA meint *Wagnleitner*: „In der Psyche der Besiegten wurden die Vereinigten Staaten deshalb bald zu den relativ harmlosesten (...) Siegern ernannt. Die USA avancierten zur Chiffre des eigentlichen Gewinners schlechthin, auf dessen Seite »man« eigentlich ohnehin gekämpft hatte. Wenn sich das reale Verhalten der GIs in vielen Belangen auch kaum von dem der Soldaten anderer Besatzungsarmeen unterschied, dann doch in einem wesentlichen Punkt. Sie verfügten nicht nur über Dollars, sondern über eine damals noch härtere Währung: Nahrungsmittel, Zigaretten, Nylonstrümpfe, Penicillin – kurzum, über die Überlebensnotwendigkeiten für die geplagten, hungernden, verwirrten Menschen." Vgl. ebd., S. 83 f. Wenngleich auch österreichische Politiker – wie beispielsweise der damalige Innenminister Oskar Helmer – die ‚kulturellen' Unterschiede innerhalb der US-Besatzungstruppen mitunter fein zu differenzieren verstanden: „Die Besetzung war auch im Westen hart zu ertragen, ganz besonders dort wo Negertruppen [sic] ins Land kamen und viele Übergriffe der Besatzungstruppen erfolgten." Zit. nach: Oskar Helmer, 50 Jahre erlebte Geschichte, Wien o. J. (1957), S. 320.
473 Stourzh, Staatsvertrag, loc. cit., S. 42.
474 Gruber, Zwischen Befreiung und Freiheit, loc. cit., S. 178.
475 FRUS, 1947, Vol. II, S. 1187, bzw. S. 1188 f.
476 FRUS, 1947, Vol. II, S. 795, *High Commissioner for Austria for the Secretary of State*, Herbst 1947.
477 Einwitschläger, Amerikanische Wirtschaftspolitik, loc. cit., S.148.
478 Ebd., S. 79.
479 Ebd., S. 77.
480 Ebd., S. 80. Ausgearbeitet wurde dieses „programm of strangulation" von *Eleanor Lansing Dulles*, der Schwester von John Foster Dulles, die als "Financial Officer" an der US-Gesandtschaft in Wien arbeitete.
481 Ebd., S. 96.
482 Die „Export-Import-Bank" wurde auf der Konferenz von Bretton Woods (1.-22. Juli 1944) als internationale Bank für Wiederaufbau und Entwicklung eingerichtet.
483 Vgl. Hofbauer, Westwärts, loc. cit., S. 117 ff. Der Geldbetrag der von vor allem privaten Firmen gekauften US-Dienstleistungen und Güter wurde in inländischer Währung auf eigene Sonderkonten eingezahlt und diente hier als „Investitionsvolumen", das über äußerst günstige Kredite an „Vorhaben jeglicher Art, die den Grundsätzen der ECA entsprachen" in gewissem Sinne österreichische Wirtschaftspolitik machte. Vgl. ebd., S. 119 f.
484 Vgl. ebd., S. 67 ff. bzw. S. 164, Treffen zwischen ECA-Administrator *King*, Bundeskanzler *Figl* und Außenminister *Gruber* am 21. Juli 1949.
485 Zit. nach: Florian Weiß, Die schwierige Balance. Österreich und die Anfänge der westeuropäischen Integration 1947-1957. In: *Vierteljahreshefte für Zeitgeschichte*, 42. Jg., 1/1994, S. 81.

486 Ebd.
487 Holzer, Kalter Krieg und Österreich, loc. cit., S. 162.
488 FRUS, 1948, Vol. II, S. 1404.
489 Ebd., S. 1405, *Erhardt to the Secretary of State*, 9. Juli 1948.
490 Noch 1945 hatten die USA eine politische und wirtschaftliche Ostorientierung Österreichs favorisiert. Vgl. dazu Einwitschläger, Amerikanische Wirtschaftspolitik, loc. cit., S. 35.
491 FRUS, 1948, Vol. II, S. 1474.
492 So spricht der ehemalige Roosevelt-Berater und US-Historiker *Bernard Baruch* von der „essential oneness of economic, political, and strategic interests". Zit. nach: Einwitschläger, Amerikanische Wirtschaftspolitik, loc. cit., S. 96.
493 FRUS, 1948, Vol. II, S. 1408.
494 Den Aufbau dieser „Lizenzzeitungen", der von US-Informationsoffizieren der Information Service Branch kontrolliert wurde, beschreibt *Reinhold Wagnleitner* folgendermaßen: „Bevorzugt verteilt wurden die Lizenzen jedoch vor allem an offiziell parteilose, konservative Einzelpersonen. Dies förderte langfristig die politischen Interessen der USA im Kalten Krieg, denn: auch ohne dauernde direkte Interventionen durch die US-Besatzungsmacht garantierten diese konservativen Lizenzträger eine antikommunistische Blattlinie, deren Aggressivität die US-Presseoffiziere manchmal überraschte, ja ihnen wegen ihrer Primitivität sogar den US-Zielen eher abträglich erschien." Siehe Wagnleitner, Coca-Colonisation, loc. cit., S. 104.
495 Ebd., S. 152.
496 Gemeint ist die Amerikanisierung bzw. tendenzielle Gleichschaltung des gesamten Medienbereichs unter US-Imperativen. Vgl. Rathkolb, Politische Propaganda, loc. cit., S. 116 ff. Zur US-Kulturpolitik siehe weiters Oliver Rathkolb, Die Entwicklung der US-Besatzungskulturpolitik zum Instrument des Kalten Krieges. In: Friedrich Stadler (Hg.), Kontinuität und Bruch 1938-1945-1955. Beiträge zur österreichischen Kultur- und Wissenschaftsgeschichte, Wien-München 1988, 35-50.
497 Vgl. Wagnleitner, Coca-Colonisation, loc. cit., S. 122 ff.
498 Ebd., S. 87.
499 Dies läßt sich allein vom Umfang der bei *Wagnleitner* angeführten Maßnahmen zur „totalen Kontrolle" des kulturellen Lebens ablesen: „An Möglichkeiten diese Gelder auszugeben, herrschte jedenfalls kein Mangel. Die Aufgaben der ISB (Information Service Branch, C. S.) waren umfangreich, die Funktionen klar definiert (...) in der ersten Besatzungsphase kontrollierte sie das Filmwesen, Theateraufführungen, Opern, Konzerte, Zeitungen, Zeitschriften, Bücher, Flugschriften, die Werbung, den Rundfunk, Nachrichtenagenturen, das Schulwesen, ja sogar Puppentheater, Zirkusvorstellungen, Faschingsveranstaltungen, Bälle, religiöse Prozessionen, Kirtage und Jahrmärkte." Zit. nach: Ebd., S. 89.
500 Wagnleitner, Die kulturelle Reorientierung Österreichs, loc. cit., S. 339.
501 Am 25. Februar 1948 ‚akzeptierte' Staatspräsident *Benesch* die Demission der Nichtkommunisten aus der Regierung. Vgl. Loth, Die Teilung der Welt, loc. cit., S. 187.
502 Zum Komplex der politischen Verfolgungen und Hinrichtung innerhalb der mittel- und osteuropäischen kommunistischen Parteien siehe besonders: Wolfgang Maderthaner/Hans Schafranek/Berthold Unfried (Hg.), „Ich habe den Tod verdient". Schauprozesse und politische Verfolgung in Mittel- und Osteuropa 1945-1956, Wien 1991. Vgl. auch Loth, Die Teilung der Welt, loc. cit., S. 188 ff.
503 Vgl. Bischof, ›Prag liegt westlich von Wien‹, loc. cit., S. 317 f.
504 Karl Gruber in einem Bericht vor dem Hauptausschuß des Nationalrates am 5. März 1949. Dieser Ausspruch wird von Stourzh in diesem Zusammenhang als Beleg für die

Anmerkungen 235

Wucht des Schocks der Machtübernahme in der CSR zitiert. Vgl. Stourzh, Staatsvertrag, loc. cit., S. 50. Die US-Politik maß diesem Ereignis keine überragende Bedeutung zu. Vgl. Ardelt/Haas, Die Westintegration Österreichs nach 1945, loc. cit., S. 389.
505 Vgl. Einwitschläger, Amerikanische Wirtschaftspolitik, loc. cit., S. 189.
506 FRUS, 1948, Vol. II, S. 1356.
507 Ebd., S. 1357.
508 Vgl. Stourzh, Staatsvertrag, loc. cit., Dokumententeil, S. 255.
509 Vgl. Wilfried Loth, Ost-West-Konflikt und deutsche Frage. Historische Ortsbestimmungen, München 1989, S. 120.
510 Höfner, Die Aufrüstung Westdeutschlands, loc. cit., S. 99.
511 Zit. nach: ebd.
512 Vgl. Bischof, ›Prag liegt westlich von Wien‹, loc. cit., S. 316 ff.
513 Der Chef des militärischen US-Geheimdienstes und spätere Schwager von Agent „Lindley" *(Fritz Molden), Allen W. Dulles,* erklärte diesem angelegentlich eines Gesprächs in Bern Dezember 1944, daß das Denken in Schwarz-Weiß-Kategorien Ausdruck der unterentwickelten amerikanischen Diplomatie sei, bei der es immer entweder »good boys« oder eben »bad boys« gäbe. Vgl. Fritz Molden, Fepolinski und Waschlapski auf dem berstenden Stern, Wien-München-Zürich 1976, S. 309.
514 Mit seiner Kritik an der NATO, Vorschlägen zur Rüstungsbeschränkung sowie dem Eintreten für eine Politik des Kompromisses gegenüber der Sowjetunion stieß *Kennan* aber zunehmend auf Kritik seitens der US-Hardliner, was ihm letztendlich seine Ablösung durch den neuen Planungschef Paul Henry Nitze brachte. Vgl. dazu Helmut Wolfgang Kahn, Der Kalte Krieg. Bd. 1. Spaltung und Wahn der Stärke 1945-1955, Köln 1986, S. 114.
515 Vgl. dazu Rauchensteiner, Sonderfall, loc. cit., S. 226 ff.
516 Vgl. Béthouart, Die Schlacht, loc. cit., S. 160.
517 Rauchensteiner, Sonderfall, loc. cit., S. 226.
518 FRUS, 1948, Vol. II, S. 1474.
519 Ebd., S. 1474.
520 Rauchensteiner, Sonderfall, loc. cit., S. 226.
521 Ebd.
522 FRUS, 1948, Vol. II, S. 1358.
523 FRUS, 1948, Vol. II, S. 1361, *Minister in Austria (Erhardt) to the secretary of state.*
524 FRUS, 1948, Vol. II, S. 1365, *Keyes an Joint Chiefs of staff*, 22. April 1948.
525 Nicht wie Rauchensteiner schreibt, erst seit Mitte 1948. Vgl. dazu Rauchensteiner, Die Zwei, loc. cit., S. 122.
526 FRUS, 1948, Vol. II, S. 1365.
527 Vgl. dazu Stourzh, Staatsvertrag, loc. cit., S. 50.
528 Andernfalls müßte man annehmen, die Aufstellung dieses proporzmäßig besetzten Gremiums samt Ausarbeitung des Planes in kaum fünf Tagen erfolgt wäre, was zudem der Aussage *Figls* widerspräche.
529 FRUS, 1948, Vol. II, S. 1365, *Keyes an Joint Chiefs of Staff.*
530 Ebd.
531 Ebd.
532 FRUS, 1948, Vol. II, S.1359, *The Secretary of State to the United States Deputy for Austria at the Council of Foreign Ministers (Reber),* at London, Washington, March 16, 1948.
533 Ebd., S. 1495 f, Bericht *Rebers.*
534 Ebd., S. 1496.
535 Von insgesamt 9.000 Mann im Jahre 1945 blieben bis 1954 nur 310 Mann übrig. 1953

hatte der französische Stadtkommandant von Wien, Colonel *Daviron*, entschieden die Anhebung seines Kontingentes um 15 Mann [sic] gefordert. Vgl. Sandner, Die französisch- österreichischen Beziehungen, loc. cit., S. 24 bzw. S. 279.

536 FRUS, 1948, Vol. II, S. 1496.
537 Vgl. dazu Stourzh, Staatsvertrag, loc. cit., Dokumententeil S. 262, Artikel 33.
538 FRUS, 1948, Vol. II, S. 1367, *Memorandum by the Secretary of the Army (Royall) to the Department of state*, 7. Mai 1948.
539 Staudinger, Zur Entstehung des Wehrgesetzes, loc. cit., S. 365.
540 Statistisches Material dieser Umfrage abgedruckt ebd., S. 365.
541 Ebd.
542 Ebd.
543 Vgl. dazu Anton Staudinger, Zur Geschichte der B-Gendarmerie. In: *Österreichische Militärische Zeitschrift*, 5/1972, S. 344.
544 Statistisches Zahlenmaterial dieser Umfrage abgedruckt ebd., S. 344 f.
545 Ebd., S. 345.
546 Ebd., S. 344; dabei sprachen sich in Wien 53 %, in Linz 51,5 % und in Salzburg 39 % „pro" Wahlrecht aus, 36 % (Wien), 38 % (Linz) und 48 % (Salzburg) meinten, Soldaten sollten nicht wählen dürfen.
547 Obwohl man amerikanischerseits über diesbezügliche Differenzen zwischen SPÖ und ÖVP bestens informiert war: „In spite of this agreement on the fundamental question, (der Wiederaufrüstung, C. S.) the two parties still disagree on many details." Vgl. dazu FRUS 1948, Vol. II, S. 1370 f.
548 Rauchensteiner, Sonderfall, loc. cit., S. 390, Anm. 41.
549 Ebd., S. 244.
550 Vgl. Rathkolb, Von der Besatzung zur Neutralität, loc. cit., S. 373.
551 Vgl. dazu Lawrence S. Kaplan, Die Westunion und die militärische Integration Europas 1948-1950. Eine Darstellung aus amerikanischer Sicht. In: Norbert Wiggershaus/Roland G. Foerster (Hg.), Die westliche Sicherheitsgemeinschaft 1948-1950. Gemeinsame Probleme und gegensätzliche Nationalinteressen in der Gründungsphase der Nordatlantischen Allianz, Boppard am Rhein 1988, S. 37 ff; weiters: Loth, Die Teilung der Welt, loc. cit., S. 196 f.
552 Ebd., S. 211 f.
553 Vgl. dazu Bischof, Prag liegt westlich von Wien, loc. cit., S. 330 f.
554 Siehe dazu Günter Bischof, „Austria looks West". Kommunistische Putschgefahr, geheime Wiederbewaffnung und Westorientierung am Anfang der fünfziger Jahre. In: Albrich/Eisterer/Gehler/Steininger: „Österreich in den Fünfzigern", loc. cit., S. 188.
555 Rathkolb, Großmachtpolitik gegenüber Österreich 1952/53-1961/62, loc. cit., S. 14.
556 Ebd.
557 Verstärkt wurde dieses ohnedies belastete Verhältnis zwischen Ost und West durch falsche bzw. verzerrte Geheimdienstberichte der in amerikanische Dienste aufgenommenen Ex-Nazi Spionagefachleute, die auf diese Weise z. T. ihre Brauchbarkeit unter Beweis stellen sowie ihre Existenz legitimieren wollten. So meint z. B. der ehemalige CIA-Direktor *Victor Marchetti* in bezug auf die Dienste des früheren Chefs der ›Fremde Heere Ost‹-Abteilung der Hitler-Wehrmacht, General *Arnold Gehlen*, der ab 1946/47 mitsamt seines früheren Mitarbeiterstabs für den US-Geheimdienst zu arbeiten begann: „Die CIA liebte Gehlen, weil er uns erzählte, was wir hören wollten (...) Wir verwendeten sein Zeug ununterbrochen, und wir gaben es an alle weiter: an das Pentagon, an das Weiße Haus, an die Zeitungen. Auch sie schätzten es. Aber es waren aufgebrachte Märchen über den russischen schwarzen Mann, und sie haben diesem Land schweren Schaden zugefügt." Zit. nach: Simpson, Der amerikanische Bumerang, loc. cit., S. 84 f.

Anmerkungen 237

558 FRUS, (Juli) 1948, Vol. II, S. 1406.
559 So hatte Außenminister *Bidault* am 7. Juni 1947 dem französischen Botschafter in Washington mitgeteilt, er solle unverzüglich US-Außenminister Marshall – bezüglich des Marshall-Planes – die vollständige Zustimmung Frankreichs mitteilen. Vgl. Sandner, Die französisch-österreichischen Beziehungen, loc. cit., S. 189.
560 Ebd., S. 261.
561 So in einem französischen Militär-Bericht vom 29. September 1948. Vgl. ebd., S. 262.
562 Vgl. Béthouart, Die Schlacht, loc. cit., S. 161. Dabei wurde von französischen Militärs erstmals die Wiederbewaffnung Deutschlands ins Auge gefaßt, was später z. B. mit dem Pleven-Plan kontroversiell diskutiert wurde.
563 Sandner, Die französisch-österreichischen Beziehungen, loc. cit., S. 263.
564 Béthouart, Die Schlacht, loc. cit., S. 160.
565 Ebd.
566 Sandner, Die französisch-österreichischen Beziehungen, loc. cit., S. 266.
567 Béthouart, Die Schlacht, loc. cit., S. 162.
568 Gründungsmitglieder des NATO-Paktes waren neben den USA, Kanada, Großbritannien und Frankreich noch Italien, Norwegen, Dänemark (inklusive Grönland), Island, Portugal (inklusive Azoren) sowie die Benelux-Staaten.
569 Vgl. Rathkolb, Von der Besatzung zur Neutralität, loc. cit., S. 383.
570 So etwa in einer Rede Bundespräsident *Renners* am 1. März 1948. Vgl. Rauchensteiner, Sonderfall, loc. cit., S. 121. In einer Erklärung Bundeskanzler *Figls* in der *Wiener Tageszeitung* vom 28. März 1948, S. 1, hieß es beispielsweise: „Wir haben wiederholt erklärt, daß wir uns keinem Block und keinem Militärbündnis anschließen wollen. Diese Erklärung ist auch für die Gegenwart und Zukunft gültig."
571 Zit. nach: Stourzh, Geschichte des Staatsvertrages, loc. cit., S. 107 f.
572 Bischof, ›Prag liegt westlich von Wien‹, loc. cit., S. 322.
573 Zit. nach: Wagnleitner (Hg.), Diplomatie zwischen Parteiproporz und Weltkonflikt, loc. cit., S. 860.
574 *Renner* am 6. Oktober 1949. Zit. nach: Béthouart, Die Schlacht, loc. cit., S. 259.
575 Vgl. dazu Ernst Panzenböck, Karl Renner 1938 – Irrweg eines Österreichers: Ursachen und Verdrängung. In: *Österreich in Geschichte und Literatur*, 32. Jg., 1/1988, S. 1 ff.
576 Gedächtnisprotokoll, Sitzung im Bundeskanzleramt über Wehrfragen am 16. Juli 1948, 9 Uhr vormittags; 2 Maschinenseiten. Sammlung Stephani, Institut für Zeitgeschichte Wien. Für die Überlassung einer Kopie sei an dieser Stelle Univ.-Prof. Dr. *Anton Staudinger* gedankt.
577 Ebd., Frontblatt.
578 Ebd., S. 2.
579 Ebd.
580 FRUS, 1948, Vol. II, S. 1373, *Erhardt an Secretary of State*.
581 Ebd.
582 FRUS, 1948, Vol. II, S. 1373, *Erhardt to Acheson*, 21. September 1948.
583 Ebd.
584 Ebd., S. 1374.
585 Zuerst „USIWA-Betriebe", firmierten diese Betriebe ab November 1947 unter „USIA", „Uprawlenie sowjetskim imuschtschestwom w Awstrii", was übersetzt soviel heißt wie: „Verwaltung des sowjetischen Vermögens in Österreich". Vgl. dazu Klambauer, Die USIA-Betriebe. Bd. 2, loc. cit.; weiters: Pelinka, Auseinandersetzung mit dem Kommunismus, loc. cit., S. 185 f.
586 Vgl. ebd.; siehe weiters: Allmayer-Beck, Landesverteidigung, loc. cit., S. 357.
587 Vgl. Rauchensteiner, Sonderfall, loc. cit., S. 228. Diese Zahl wurde von einem Beamten

des Innenministeriums gegenüber US-Stellen geäußert.
588 Ebd.
589 Ebd., S. 121.
590 Vgl. Rauchensteiner, Die Zwei, loc. cit., S. 126.
591 Bischof, ›Prag liegt westlich von Wien‹, loc. cit., S. 337.
592 Vgl. dazu Bischof, „Austria looks West", loc. cit., S. 185 f.
593 VGA, Schärf-Nachlaß, Box 34, 4/260, Schreiben *Körners* an *Schärf* vom 12. Juli 1949.
594 VGA, Schärf-Nachlaß, Box 35, 4/261, Schreiben *Winterers* an *Schärf* vom 30. Juni 1949.
595 FRUS, 1948, Vol. II., S. 1403.
596 Ebd.
597 So hätte sich beispielsweise Staatssekretär *Graf* und Vizekanzler *Schärf* dahingehend geäußert, daß „200 Mann ausreichen würden, um das Regierungsviertel lahmzulegen und Österreich in eine Krise zu stürzen". Vgl. Rauchensteiner, Sonderfall, loc. cit., S. 229.
598 FRUS, 1948, Vol. II., S. 1404.
599 Im April betrug der Stand der Wiener Polizei 8.784 Mann, wovon 3.504 mit Pistolen und rund die Hälfte mit Gewehren ausgerüstet war. Vgl. FRUS, 1948, Vol. II, S. 1365.
600 FRUS, 1948, Vol. II, S. 1349 f.
601 „It has become increasingly clear that there is little possibility of the present Austrian Government being overthrown by a Communist coup unless great pressure is applied by the Soviets (...)". Vgl. ebd., S. 1350.
602 Ebd.
603 FRUS, 1948, Vol. II, S. 1350.
604 FRUS, 1948, Vol. II., S. 1375, *Memorandum by the Counselor of Legation in Austria (Yost) to the Minister in Austria Erhardt.*
605 Ebd., S. 1375.
606 Dabei dürfte es sich um Waffenmaterial aus den sogenannten „Lend-lease-Lieferungen" der USA unter anderem auch an England gehandelt haben, da Washington eigens mitteilte, daß sich dieses Material nicht in US-Beständen befände; mithin wurde die britische Auskunft angezweifelt. Vgl. ebd., S. 1375.
607 Vgl. dazu Tweraser, US-Militärregierung Oberösterreich, loc. cit., S. 316.
608 Vgl. FRUS, 1948, Vol. II, S. 1362, *The Military Attaché in the U.K. (Bissel) to the Director of Plans and Operations, General Staff, U.S. Army (Wedemayer)*, London, 18. März 1948.
609 Ebd., S. 1361.
610 FRUS, 1948, Vol. II, S. 1365, *The High Commissioner in Austria (Keyes) to the Joint Chiefs of Staff*, Wien 20. April 1948.
611 Ebd.; dabei handelte es sich um Smith&Wesson PT 38 Revolver (USA) und um Enfield PT 303 Gewehre (GB).
612 Ebd., S. 1368, *Memorandum by the Secretary of the Army (Royall) to the Departement of State*, Washington 7. Mai 1948.
613 Vgl. FRUS, 1948, Vol. II, S. 1375.
614 FRUS, 1949, Vol. III, S. 1237, *The Secretary of Defense (Forrestal) to the Secretary of State*, 10. Jänner 1949.
615 Vgl. FRUS, 1948, Vol. II, S. 1364, *„In January 1947 Soviets charged that Austrian Police possessed unauthorized automatic weapons (...)".*
616 Vgl. Allmayer-Beck, Landesverteidigung, loc. cit., S. 357.
617 FRUS, 1949, Vol. III, S. 1238.
618 Ebd., S. 1241, *The Minister of Austria (Erhardt) to the Secretary of State*, 24. März 1949.
619 FRUS, 1949, Vol. III, S. 1239, *The US High Commissioner for Austria (Keyes) to the*

Anmerkungen 239

Departement of the Army, 12. Februar 1949.
620 Ebd., S. 1241.
621 Ebd., S. 1242 f., *Keyes to Departement of the Army*, 9. Juni 1949.
622 Vgl. dazu FRUS, 1949, Vol. III, 1282 ff.
623 Zit. nach: Manfried Rauchensteiner, Die B-Gendarmerie – mehr als eine Episode. In: *Truppendienst*, 4/1982, S. 341.
624 Ebd.
625 Ebd.
626 Ebd.
627 Ebd.
628 Vgl. dazu Ardelt/Haas, Die Westintegration Österreichs, loc. cit., S. 393 f.
629 Meldung von Oberst C. P. Bixel an das HQuUSFA vom 26. Jänner 1949, NA, RG 338, Box 31. Zit. nach: Rauchensteiner, Staatsvertrag und bewaffnete Macht, loc. cit., S. 188.
630 So herrschte z. B. bei den Washingtoner Verhandlungen im August 1950 zwischen Briten, Franzosen und Amerikanern Übereinstimmung, „daß man Österreich nicht zum Mitwisser westlicher Geheimnisse machen sollte." Zit. nach: Rauchensteiner, B-Gendarmerie, loc. cit., S. 342. Diese Politik der selektiven Informationsweitergabe wiederspiegelte sich schließlich auch in den innerparteilichen Informationsflüssen der politischen Fraktionen. So zeigte sich *Theodor Körner* Mitte 1949 in einem Schreiben an *Adolf Schärf* überrascht und beunruhigt zugleich über die bereits im Gang befindlichen Aufrüstungsaktivitäten in den westlichen Zonen, von denen er – trotz seiner guten Kontakte u. a. auch zu den westlichen Militärs – bis dato weder von seinen Parteifreunden noch aus anderen Quellen wußte. „1.) Wo ist jenes Lager, in dem schon Leute militärisch ausgebildet werden? 2.) Für welche Zwecke geschieht dies? 3.) Wie hat man diese Leute gefunden und aufgenommen? 4.) Was wurde ihnen versprochen? 5.) Wer zahlt denn diese Geschichte? 6.) Wer ist der Leiter? 7.) Ist wer zur Aufsicht dort? Da kann sich doch ein Heer reaktionärer und bewaffneter Leute bilden, die wir dann nicht mehr anbringen! Ich bin beunruhigt, wenn ich den Genossen Helmer im »Kurier« gar so oft loben höre. Ist Freund Helmer nicht zu viel unter dem Einfluß der Amerikaner, deren Richtung nach meinem Ermessen die der ÖVP ist? Ich bin mit Balmer [Brigadegeneral *Jesmand D. Balmer*, stellvertretender HICOM der USFA, C. S.] sehr gut und daher erstaunt, daß er mit mir über militärische Fragen noch nie geredet hat." VGA, Schärf-Nachlaß, Box 34, 4/260, Schreiben *Körners* an *Schärf* vom 12. Juli 1949.
631 Vgl. FRUS, 1949, Vol. III, S. 1243.
632 FRUS, 1949, Vol. III, S. 1253; *The Minister in Austria (Erhardt) to the Secretary of State*, Wien 28. November 1949.
633 FRUS, 1948, Vol. II, S. 1495; *Reber an Acheson*, London 14. April.
634 Hanns Haas, Österreich 1949: Staatsvertragsverhandlungen und Wiederbewaffnungsfrage. In: *Jahrbuch für Zeitgeschichte*, 1978, S. 177.
635 Ardelt/Haas, Westintegration Österreichs, loc. cit., S. 394.
636 FRUS, 1949, Vol. III, S. 1245; *Keyes an Departement of the Army*.
637 Ebd., S. 1285; *Keyes an Departement of the Army*, 14. Juni 1949.
638 Ebd.
639 FRUS, 1949, Vol. III, S. 1285.
640 Rauchensteiner, Sonderfall, loc. cit., S. 273.
641 Ebd., S. 273.
642 Dieser Terminus bezeichnet die *offensive* Variante des »Containment«, d.i. der amerikanischen Eindämmungspolitik gegenüber der UdSSR; Vgl. dazu Hillgruber, Europa in der Weltpolitik der Nachkriegszeit, loc. cit., S. 54.
643 FRUS, 1949, Vol. III, S. 1282; *Memorandum of Conversation, by the Acting Chief of the*

	Division of Austrian Affairs (Williamson).
644	Stourzh, Geschichte des Staatsvertrages, loc. cit., S. 50.
645	So wurde z. B. vom sowjetischen Außenminister *Andrej Wyschinskij* die bisherige Unterstützung jugoslawischer Gebiets- und Reparationsansprüche fallengelassen, wohingegen die Westmächte den Sowjets in bezug auf die Höhe der Ablösezahlungen – man hatte sich auf 150 Millionen Dollar geeinigt – sowie hinsichtlich des Verstaatlichungsverbotes »Deutsches Eigentum« in der sowjetischen Besatzungszone, entgegenkamen. Vgl. ebd., S. 56 f.
646	Ebd., S. 57.
647	Vgl. dazu auch Audrey Kurth Cronin, Eine verpaßte Chance? Die Großmächte und die Verhandlungen über den Staatsvertrag im Jahre 1949. In: Bischof/Leidenfrost, Die bevormundete Nation, loc. cit., S. 352 ff.
648	FRUS, 1949, Vol. III, S. 1024; *Webb to Acheson,* 17. Juni 1949.
649	FRUS, 1949, Vol. III, S. 1171 f; *Williamson an Erhardt.*
650	Ebd.
651	Merkwürdigerweise spricht *Wilfried Loth,* ein profunder Kenner des Kalten Krieges, im Zusammenhang mit dem stärker werdenden militärischen Engagement der USA in Europa und der damit verbundenen Aufstockung der finanziellen Mittel davon, daß es ab Anfang 1950 gerade der US-Verteidigungsminister gewesen sein soll, gegen dessen Widerstand *Acheson* die Verteidigungsausgaben hätten durchdrücken müssen. „Ende Januar 1950 stimmte Truman dem zuvor heftig umstrittenen Bau der Wasserstoffbombe zu. Mit der Verabschiedung von NSC 68 Ende April des gleichen Jahres wurde der Widerstand des finanzpolitisch konservativen Verteidigungsministers Louis Acheson gegen eine Erhöhung der Militärausgaben gebrochen." Vgl. Wilfried Loth, Die Formierung der Blöcke. Strukturen des Ost-West-Konflikts 19448-1950. In: Die westliche Sicherheitsgemeinschaft 1948-1950. Gemeinsame Probleme und gegensätzliche Nationalinteressen in der Gründungsphase der Nordatlantischen Allianz, Boppard am Rhein 1988, S. 18.
652	Ebd., S. 1186 f; *Memorandum Achesons,* 26. Oktober 1949.
653	Vgl. Haas, Staatsvertragsverhandlungen und Wiederbewaffnungsfrage, loc. cit., S. 189 ff.
654	Vgl. Stourzh, Staatsvertrag, loc. cit., S. 68.
655	Ebd., Dokumententeil, S. 259.
656	Vgl. dazu Haas, Staatsvertragsverhandlungen und Wiederbewaffnungsfrage, loc. cit., S. 190.
657	Ebd., S. 190.
658	Ebd., S. 186.
659	Nach der Wiederwahl *Trumans* 1948 waren die Minister *Forrestal* und *Marshall* durch *Johnson* und *Acheson* ersetzt worden. Vgl. Rathkolb, Von der Besatzung zur Neutralität, loc. cit., S. 385 bzw. 386 f.
660	Vgl. ebd., S. 182.
661	FRUS, 1949, Vol. III, S. 1126; *Extract From Telegram From Mr. Bevin.*
662	Ebd., S. 1126.
663	FRUS, 1949, Vol. III, S. 1126.
664	Vgl. Haas, Staatsvertragsverhandlungen und Wiederbewaffnungsfrage, loc. cit., S. 182.
665	Vgl. ebd., S. 182.
666	FRUS, 1949, Vol. III, S. 1163; *Webb an Acheson,* 28. September 1949.
667	Haas, Staatsvertragsverhandlungen und Wiederbewaffnungsfrage, loc. cit., S. 184.
668	Ebd., S. 185.
669	Robert Graham Knight, Es war doch kein „D-Day". In: Ludwig et al., Der Oktoberstreik 1950, loc. cit., S. 134.

Anmerkungen

670 Vgl. FRUS, 1949, Vol. III, S. 1250 f.
671 Vgl. FRUS, 1949, Vol. III, S. 1250; *Keyes an Departement of the Army*, Wien 30. Juli 1949.
672 Ebd., S. 1251.
673 Ebd.
674 Haas, Staatsvertragsverhandlungen und Wiederbewaffnungsfrage, loc. cit., S. 192.
675 Vgl. FRUS, 1950, Vol. IV, S. 477 f.
676 Vgl. Einwitschläger, Amerikanische Wirtschaftspolitik, loc. cit., S. 201.
677 Ebd. Zur Entstehungsgeschichte des MAP allgemein siehe Chester J. Pach, The Military Assistance Program, Chapel Hill/NC. 1991.
678 Ebd.
679 FRUS, 1949, Vol. III, S. 1249; *Austria and the Military Assistance Program*; 26. Juli 1949.
680 Ebd., S. 1249.
681 FRUS, 1949, Vol. III, S. 1190 ff; *Future Courses of U.S. Action With Respect to Austria.*
682 Ebd., S. 1192.
683 Ebd.
684 Vgl. FRUS, 1949, Vol. III, S. 1192.
685 Ebd.
686 FRUS, 1950, Vol. IV, S. 482; *Memorandum by the Assistant Secretary of State for European Affairs (Perkins) to the Deputy Director of Mutual Defense Assistance in the Departement of State (Ohly)*; 20. Juli 1950.
687 FRUS, 1949, Vol. III, S. 1194.
688 FRUS, 1949, Vol. III, S. 1193; NSC 38/4.
689 Ebd., S. 1194.
690 Ebd., S. 1193.
691 Ebd., S. 1196.
692 Ebd., S. 1197.
693 Ebd.
694 Ebd.
695 FRUS, 1949, Vol. III, S. 1256; *Erhardt an Secretary of the State.*
696 Ebd., S. 1256 f; *Keyes an Departement of the Army*, 23. Dezember 1949.
697 Ebd., S. 1257.
698 Ebd.
699 Hillgruber, Europa in der Weltpolitik der Nachkriegszeit, loc. cit., S. 56.
700 Ebd., S. 53.
701 Ebd., S. 56.
702 Ebd., S. 58.
703 Geyer, Deutsche Rüstungspolitik, loc. cit., S. 181.
704 Loth, Die Teilung der Welt, loc. cit., S. 15.
705 Ebd.
706 Vgl. Hofbauer, Westwärts, loc. cit. S. 43 f.
707 Holzer, Der Kalte Krieg und Österreich, loc. cit., S. 189.
708 Delegationsleiter *Shdanow* bei der Gründung der ›Kominform‹ am 22. September 1947 in Szklarska Poreba (Polen). Zit. nach Loth, Die Teilung der Welt, loc. cit., S. 179.
709 Ebd., S. 27 f.
710 So die von führenden Kreisen Englands bereits Sommer 1945 aufgenommene, später *Churchill* zugeschriebene, Formulierung vom „falschen Schwein, das man geschlachtet habe." Vgl. dazu Nolte, Deutschland und der Kalte Krieg, loc. cit., S. 186.
711 Holzer, Der Kalte Krieg und Österreich, loc. cit., S. 177 f.

712 Vgl. dazu Höfner, Die Aufrüstung Westdeutschlands, loc. cit., S. 132. Zu einzelnen Details des Prozesses gegen Wehrmachtsgeneräle wie z. B. gegen *Brauchitsch* oder *Manstein* siehe Telford Taylor, Die Nürnberger Prozesse. Hintergründe, Analysen und Erkenntnisse aus heutiger Sicht, Wien 1994, S. 600 ff.
713 Ebd., S. 147.
714 Klaus von Schubert, Wiederbewaffnung und Westintegration. Die innere Auseinandersetzung um die militärische und außenpolitische Orientierung der Bundesrepublik 1950-1952 (= Vierteljahreshefte für Zeitgeschichte, 20), Stuttgart 1972, S. 75.
715 Ebd., S. 78 ff.
716 Vgl. ebd., S. 83. *Adenauer* selbst sprach im Jänner 1951 von der „Diffamierung der gesamten deutschen Wehrmacht", die aufgehoben werden solle. Vgl. ebd., S. 82.
717 Vgl. dazu Weißbuch über die amerikanisch-englische Interventionspolitik in Westdeutschland und das Wiederauferstehen des deutschen Imperialismus, Leipzig 1951, S. 154 ff; siehe weiters Simpson, Der amerikanische Bumerang, loc. cit., S. 70 ff.
718 Zit. nach: Höfner, Die Aufrüstung Westdeutschlands, loc. cit., S. 126.
719 Vgl. auch Robert Wistrich, Wer war wer im Dritten Reich? Ein biographisches Lexikon, Frankfurt/M. 1982, S. 237.
720 Siehe Höfner, Die Aufrüstung Westdeutschlands, loc. cit., S. 127 f.
721 Vgl. Wistrich, Wer war wer im Dritten Reich?, loc. cit., S. 201.
722 *Arbeiterzeitung* vom 27. März 1954.
723 Vgl. dazu Rathkolb, NS-Probleme und politische Restauration, loc. cit., S. 81 ff.
724 *Berichte und Informationen*, 4. Jg., 1949, 8. April, Heft 154, S. 2.
725 *Berichte und Informationen*, 4. Jg., 1949, 19. August, Heft 169, S. 5.
726 Ebd., S. 5.
727 Vgl. Holzer, Kalter Krieg und Österreich, loc. cit., S. 161 f.
728 Ebd.
729 Vgl. Rauchensteiner, Sonderfall, loc. cit., S. 237 f.
730 Zit. nach: Wagnleitner (Hg.), Diplomatie zwischen Parteienproporz und Weltkonflikt, loc. cit., S. 806.
731 Ebd., S. 812.
732 Fritz Fellner, Österreich im Spannungsfeld des Ost-West-Konfliktes. In: *Österreichische Zeitschrift für Außenpolitik*, 4/1973, S. 221.
733 Ardelt/Haas, Die Westintegration Österreichs, loc. cit., S. 379.
734 Ebd.
735 Mommsen-Reindl, Die Österreichische Proporzdemokratie, loc. cit., S. 37.
736 Ebd., S. 27.
737 Ebd., S. 51.
738 Ebd., S. 37.
739 Vgl. dazu Fritz Weber, Die linken Sozialisten 1945-1948. Parteienopposition im beginnenden Kalten Krieg, phil. Diss., Univ. Salzburg 1977.
740 Vgl. dazu Rathkolb, NS-Problem und politische Restauration, loc. cit., S. 88. Wie *Dieter Stiefel* errechnet hat, waren von dieser „Minderbelastetenamnestie" mehr als 90 % der registrierten Nationalsozialisten, einschließlich der Jugendlichen, betroffen; 487.067 Personen waren mit dieser Amnestie nun in „staatsbürgerlicher wie in wirtschaftlicher Hinsicht den anderen Bundesbürgern gleichgestellt". Vgl. Stiefel, Entnazifizierung in Österreich, loc. cit., S. 308.
741 Rauchensteiner, Die Zwei, loc. cit., S. 153.
742 Vgl. dazu Wetz, Geschichte der Wiener Polizeidirektion, loc. cit., S. 356 ff.
743 Stiefel, Entnazifizierung in Österreich, loc. cit., S. 159.
744 Ebd., S. 160.

745 Siehe Tweraser, US-Militärregierung Oberösterreich, loc. cit., S. 314 f.
746 Ebd.
747 Ebd.
748 Zu *Jasser* bzw. dem „Alpenländischen Heimatruf" vgl. die außerordentlich materialreiche Arbeit von Uwe Andreas Mauch, Der nationalsozialistische Journalist Dr. Manfred Jasser. Eine biographische Studie zu Nazifizierung und Entnazifizierung des österreichischen Pressejournalismus im »Ständestaat«, im »Dritten Reich« und in der Zweiten Republik, Dipl.-Arb., Univ. Wien 1990.
749 Rauchensteiner, Die Zwei, loc. cit., S. 153.
750 Vgl. Wilhelm Svoboda, Die Partei, Die Republik und der Mann mit den vielen Gesichtern. Oskar Helmer und Österreich II. Eine Korrektur, Wien-Köln-Weimar 1993, S. 30.
751 Vgl. dazu besonders Svoboda Wilhelm, Politiker, Antisemit, Populist. Oskar Helmer und die Zweite Republik. In: Das *Jüdische Echo*, Nr. 1/XXXIX, Oktober 1990, 42-51.
752 Ebd.
753 Steiner, Österreich und die Europäische Integration, loc. cit., S. 210.
754 Rauchensteiner, Die Zwei, loc. cit., S. 153.
755 Vgl. dazu Rathkolb (Hg.), Gesellschaft und Politik am Beginn der Zweiten Republik, loc. cit., S. 375.
756 Gruber, Ein politisches Leben, loc. cit., S. 113.
757 Ebd., S. 91.
758 So schreibt etwa *Manfried Rauchensteiner*, „daß Österreich nach wie vor nicht handelndes Subjekt war, sondern ausschließlich gehalten war, auf das zu reagieren, was im Schoß der alliierten Politik geboren wurde." Zit. nach: Sonderfall, loc. cit., S. 250.
759 Stourzh, Geschichte des Staatsvertrages, loc. cit., S. 71.
760 Ebd., S. 72.
761 Ebd., S. 74.
762 Ebd., S. 75.
763 Rauchensteiner, Sonderfall, loc. cit., S. 176.
764 Vgl. FRUS, 1950, Vol. IV, S. 476 ff; *Keyes an Departement of the Army*.
765 Ebd., S. 477.
766 Ebd., S. 478.
767 Vgl. ebd., S. 477 f.
768 Zusätzlich zum MDAP beschloß der amerikanische Kongreß im November 1951 mit dem Mutual Security Act ein immens kostspieliges globales ‚Unterstützungs- und Hilfsprogramm', das zur Abwehr des Kommunismus („resisting Communist aggression") und zur Stabilisierung aller freien Staaten, die sich zum westlichen Ordnungs- und Wirtschaftssystem bekannten, dienen sollte. Im Jahr Fiskaljahr 1953 etwa betrug die Summe der Ausgaben allein für die militärische Seite des Programm weltweit 5,4 Milliarden Dollar. Vgl. dazu FRUS 1952-1954, Vol. I, S. 463, *Memorandum by the Assistant Director for Program of the Mutual Security Administration (Gordon) to the Special Assistant to the Secretary of State for Mutual Security Affairs (Merchant)*, 31. Jänner 1952.
769 FRUS, 1950, Vol. IV, S. 476, Fußnote 10; *Memorandum from Bray to Francis T. Williamson, Officer in Charge of Italian -Austrian Affairs*.
770 Vgl. ebd., S. 476. Vgl. dazu auch Einwitschläger, Amerikanische Wirtschaftspolitik, loc. cit., S. 201.
771 FRUS, 1950, Vol. IV, S. 476.
772 Ebd., S. 480; *Memorandum by the Deputy Director of Military Defense Assistance in the Departement of State (Ohly) to the Assistant Secretary of the State for European Affairs (Perkins)*, 18. Juli 1950.
773 Ebd., S. 480; *The Secretary of State to the Embassy in the U.K.*, 8. Juli 1950.

774 Ebd.
775 Ebd.
776 FRUS, 1950, Vol. IV, S. 486; *Memorandum by Mr. Edgar P. Allen of the Office of Western European Affairs*, 24. Juli 1950.
777 Ebd.
778 Ebd., S. 487; *Basic Defense Departement Position*.
779 Ebd.
780 Ebd., S. 489; *Final Report of the Representatives*; 11. August 1950.
781 Ebd., S. 491; *Report of the Tripartite Army Working Party*; hier finden sich auch nähere Angaben zur Art des Rüstungsmaterials.
782 Ebd., S. 492; siehe dort ebenfalls nähere Angaben bezüglich der Art Waffenmaterials.
783 Ebd.
784 Vgl. FRUS, 1950, Vol. IV, S. 490; *Final Report*, 11. August 1950.
785 Ebd.
786 Ebd., S. 492, *Report of the Tripartite Working Party*.
787 Ebd., S. 490, *Final Report*.
788 Ebd., S. 497, *The Ambassador in the United Kingdom (Douglas) to the Secretary of State*, London 2. November 1950.
789 Vgl. FRUS, 1950, Vol. IV, S. 491 f.
790 FRUS, 1950, Vol. IV, S. 498, *The Ambassador in the United Kingdom (Douglas) to the Secretary of the State*, 2. November 1950.
791 Ebd., S. 499, *The Secretary of State to the Embassy in the U.K.*, 14. November 1950.
792 FRUS, 1950, Vol. IV, S. 497, *The Ambassador in the United Kingdom (Douglas) to the Secretary of State, London*, 2. November 1950.
793 FRUS, 1951, Vol. IV, S. 1192 f. *The Ambassador in France (Bruce) to the Secretary of State*, 1. Februar 1951. *Enclosed Aide Mémoire* (18. Jänner 1951).
794 Ebd., S. 1193 f. *The Secretary of State to the Legation in Austria*, Washington, 5. Februar 1951.
795 FRUS, 1950, Vol. IV, S. 496, *The Ambassador in the United Kingdom (Douglas) to the Secretary of the State*, 2. November 1950.
796 Vgl. ebd., S. 499.
797 Für die freundliche Überlassung einer Kopie des Originals möchte ich an dieser Stelle Mr. *Christopher Simpson* danken.
798 Vgl. dazu allgemein: Beatrice Heuser, Subversive Operationen im Dienste der „Roll-Back"-Politik 1948-1953. In: *Vierteljahreshefte für Zeitgeschichte*, 2. Heft, April 1989.
799 NSC 10/2, A Report to the National Security Council by the Executive Secretary on OFFICE OF SPECIAL PROJECTS, 18. Juni 1948, S. 1, (streng geheim), NSC Policy Papers File (No. 10), RG 273, NA, Washington, D.C.
800 Ebd., S. 2 f.
801 Siehe dazu Simpson, Der amerikanische Bumerang, loc. cit., S. 124 ff.
802 Ebd., S. 128.
803 Ebd., S. 130.
804 Ebd.
805 Zit. nach: Ebd., S. 195. Vgl. dazu auch Rena Giefer/Thomas Giefer, Die Rattenlinie. Fluchtwege der Nazis. Eine Dokumentation, 2. Aufl., Frankfurt/M. 1992, S. 176 ff.
806 Siehe dazu Hermann Zolling/Heinz Höhne, Pullach intern, Hamburg 1971, S. 69 f.
807 Simpson, Der amerikanische Bumerang, loc. cit., S. 75.
808 Siehe dazu: Allan A. Needell, „Truth is Our Weapon": Project TROY, Political Warfare, and Government-Academic relations in the National Security State. In: *Diplomatic History. The Journal of the Society for Historians of American Foreign Relations*, Vo. 17,

Anmerkungen 245

No. 3, 1993, 399-419. Zur Verstrickung amerikanischer Wissenschaft in den Kalten Krieg allgemein siehe die ausgezeichnete Studie von Christopher Simpson, Science of Coercion. Communication Research and Psychological Warfare 1945-1960, New York-Oxford, 1994.

809 Ebd., S. 400. Daneben existierten weitere, eher technische Großprojekte wie z. B. das von der Air-Force gesponserte »Project LEXINGTON«, bei dem es um die Ausrüstung von Kampfflugzeugen mit Nuklearwaffen ging, oder das von der US-Navy finanzierte »Project HARTWELL«, das sicherheitstechnische Verbesserungen des Übersee-Nachschubtransports in Richtung Europa (U-Boot-Abwehr) zum Ziel hatte.

810 Vgl. Siegfried Beer, Die Geheimdienste im besetzten Österreich. In: Gerhard Jagschitz/ Stefan Karner (Hg.), Menschen nach dem Krieg – Schicksale 1945-1955 (= Katalog des Niederösterreichischen Landesmuseums), Innsbruck 1995, S. 42.

811 Vgl. Harald Irnberger; Nelkenstrauss ruft Praterstern. Am Beispiel Österreich: Funktion und Arbeitsweise geheimer Nachrichtendienste in einem neutralen Staat, Wien 1983, S. 69 ff; weiters: Zolling/Höhne, Pullach intern, loc. cit., S. 66 f.

812 Zur Kontaktaufnahme führender ÖVP- und SPÖ-Politiker mit »Repräsentanten« der „Ehemaligen" im Zuge der sogenannten Oberweiser-Gespräche in Gmunden Ende Mai 1949 vgl. Rathkolb, NS-Problem und politische Restauration, loc. cit. sowie Mauch, Der nationalsozialistische Journalist Dr. *Manfred Jasser*, loc. cit., S. 268 ff. Am 28. Mai 1949 trafen sich *Julius Raab*, damals ÖVP-Parteiobmann, die ÖVP-Nationalräte *Karl Brunner* und *Alfred Maletta* mit einer Reihe „ehemaliger" Nazis, um für die bevorstehenden Nationalratswahlen das „deutschnationale" Wählerpotential durch Zugeständnisse an die ÖVP zu binden. Die Gruppe der „Ehemaligen" – darunter *Manfred Jasser, Wilhelm Höttl, Taras Borodajkewycz, Walter Pollak, Theo Wührer* – forderten jedoch u. a. 25 Nationalratsmandate und die Unterstützung eines möglichen Bundespräsidentschaftskandidaten, was die Gespräche letztlich platzen ließ. Die SPÖ-Kontaktgespräche mit Vizekanzler *Schärf* und *Bruno Pittermann* brachten dem VdU in Oberösterreich dann immerhin eine gewaltige Finanzhilfe für Wahlplakate und dergleichen. Vgl. Rathkolb, NS-Problem und politische Restauration, loc. cit., S. 83.

813 Beer, Die Geheimdienste im besetzten Österreich, loc. cit., S. 41.
814 Vgl. Arnold Kopeczek, Fallbeispiele des Kalten Krieges, Diss., Univ. Wien 1993, S. 94.
815 Vgl. dazu „Amerikaner setzten auf die SS". Interview mit Wilhelm Höttl. In: *Salzburger Nachrichten* vom 24. Jänner 1996, S. 3.
816 Siehe Kopeczek, Fallbeispiele, loc. cit., S. 96 bzw. *Salzburger Nachrichten* vom 24. Jänner 1996, S. 3.
817 Beer, Die Geheimdienste im besetzten Österreich, loc. cit., S. 42.
818 Ebd., S. 41 bzw. Simpson, Der amerikanische Bumerang, loc. cit., S. 11 ff.
819 Vgl. Oliver Rathkolb, Dritte Männer. Ex-Nazis als US-Agenten. In: *Das Jüdische Echo*, Nr. 1/XXXIX, Oktober 1990, 85-89; weiters: Friederice Beyer, Die Geheimnisse des SS-Sturmbannführers Wilhelm Höttl. In: *Forum*, Jänner-März 1990, 12-16; darüber hinaus: Kopeczek, Fallbeispiele, loc. cit., Anhang; Giefer/Giefer, Die Rattenlinie. Fluchtwege der Nazis, loc. cit., S. 34 f.; Irnberger, Nelkenstrauss ruft Praterstern, loc. cit., S. 57 ff; Jürgen Pomorin/Reinhard Junge/Georg Biemann/Hans-Peter Bordien, Blutige Spuren. Der zweite Aufstieg der SS, Dortmund 1980, S. 79.
820 Rathkolb, Dritte Männer, loc. cit., S. 86.
821 NA, RG 319, Box 248 (TS), Operations 1949-50, 381. Pilgrim TS, Case 1 (including cases 1/2-1/4).
822 NA, RG 319, Box 248, P&O 381 PIM TS (22. Dec. 49). Subject: Allied Plans in Event of Soviet Aggression (PILGRIM DOG).
823 Christopher Simpson, Gladio-type Guerilla Operations in Austria: a report. Unveröffent-

lichtes Manuskript, 1990, S. 6.
824 Ebd., S. 8.
825 Ebd., S. 9.
826 Simpson, Gladio-type Guerilla Operations in Austria, loc. cit., Anhang.
827 Vgl. Kopeczek, Fallbeispiele, loc. cit., S. 53 f.
828 Ebd.
829 Vgl. dazu Manfred Lechner, Das Sonderprojekt. In: Helmut Konrad/Manfred Lechner (Hg.), Millionenverwechslung. Franz Olah. Die Kronenzeitung. Geheimdienste, Wien-Köln-Weimar 1992, S. 11 ff.
830 Die für die Koordinierung der Marshall-Plan-Mittel zuständige Economic Cooperation Administration (ECA) innerhalb des ERP hatte, zur Beschleunigung des Aufbaus der österreichischen Ökonomie, der österreichischen Regierung mit entsprechendem Nachdruck ‚empfohlen', die bisherigen Subventionen für Lebensmittel und Mieten drastisch zu kürzen; eine Entscheidung, die sowohl von den Koalitionsparteien als auch vom Österreichischen Gewerkschaftsbund voll mitgetragen wurde. Vgl. dazu Gene R. Sensenig, Österreichisch-amerikanische Gewerkschaftsbeziehungen 1945 bis 1950, Köln 1987, S. 136.
831 Vgl. dazu Michael Ludwig/Klaus Dieter Mulley/Robert Streibel (Hg.), Der Oktoberstreik 1950. Ein Wendepunkt der Zweiten Republik, Wien 1991; weiters: Ronald Gruber, Der Massenstreik gegen das 4. Lohn-Preisabkommen im September/Oktober 1950, phil. Diss., Univ. Wien 1975.
832 Vgl. dazu Ferdinand Karlhofer/Eva Lichtenberger, Franz Olah – Eine anachronistische Karriere. Zum Funktionswandel politischer Eliten in der Zweiten Republik. In: Anton Pelinka (Hg.), Populismus in Österreich, Wien 1988, S. 127.
833 *Die Presse* vom 1./2. Februar 1969, S. 7; einzusehen auf Mikrofilm in der Nationalbibliothek.
834 Vgl. Sensenig, Österreichisch-amerikanische Gewerkschaftsbeziehungen, loc. cit., S. 137.
835 Vgl. Rathkolb, Die „Putsch"-Metapher, loc. cit., S. 118 f.
836 Diese Sondererlaubnis erhielt Olah am 8. Oktober 1947 auf „Vermittlung des ehemaligen österreichischen Sozialdemokraten und damaligen Labor Advisors, Arnold Steinbach". Vgl. ebd., S. 119; weiters: Rathkolb, Politische Propaganda. Bd. 1, loc. cit., S. 123.
837 Persönliche Verteidigungsschrift Olahs aus 1969. Zit. nach: Helmut Konrad, Zur politischen Kultur der Zweiten Republik am Beispiel des „Falles Olah". In: *Geschichte und Gegenwart*, 1/1986, S. 35.
838 Wilhelm Svoboda, Franz Olah. Eine Spurensicherung, Wien 1990, S. 35 f.
839 Vgl. ebd., S. 23. Dabei hatte Olah 1946 nach seiner Rückkehr aus dem Konzentrationslager Dachau der KPÖ – allerdings vergeblich – seine Mitgliedschaft angeboten. Vgl. ebd., S. 24.
840 Vgl. Konrad, Fall Olah, loc. cit., S. 38.
841 Ebd.
842 Vgl. *Die Presse*, 1./2. Februar 1969, S. 7.
843 Ebd.
844 *Die Presse* vom 7. Februar 1969, S. 5.
845 *Die Presse* vom 4. Februar 1969, S. 5.
846 Dies behauptet auch Wilhelm Höttl. Vgl. *Salzburger Nachrichten* vom 24. Jänner 1996, S. 3.
847 *Die Presse* vom 7. Februar 1969, S. 5.
848 Ebd. Vgl. dazu auch Konrad, Die Kronenzeitung, loc. cit., S. 89 ff.
849 *Die Presse* vom 7. Februar 1969, S. 5.

850 Vgl. dazu *Die Presse* vom 4. Februar 1969, S. 5.
851 *Die Presse* vom 7. Februar 1969, S. 5.
852 Zit. nach: Irnberger; Nelkenstrauss ruft Praterstern, loc. cit., S. 99.
853 *Die Presse* vom 1./2. Februar 1969, S. 7.
854 Ebd.
855 *Der Spiegel*, 23. Jg., 8/1969, S. 122.
856 Lechner, Sonderprojekt, loc. cit., S. 64.
857 Persönliche Verteidigungsschrift Olahs. Zit. nach Konrad, Fall Olah, loc. cit., S. 36.
858 *Die Presse* vom 1./2. Februar 1969, S. 7.
859 Lechner, Sonderprojekt, loc. cit., S. 64.
860 Ebd., S. 65.
861 Ebd.
862 Ebd., S. 66.
863 Vgl. Walter Raming, Gewerkschaftsboß mit eigener Geheimarmee. In: *Weltbild* vom 1. April 1969. Zit. nach: Svoboda, Fall Olah, loc. cit., S. 39 f. Vgl. dazu auch Lechner, Sonderprojekt, loc. cit., S. 66.
864 Vgl. Svoboda, Fall Olah, loc. cit., S. 39.
865 Ebd.
866 Vgl. Sensenig, Österreichisch-amerikanische Gewerkschaftsbeziehungen, loc. cit., S. 112 ff.
867 Vgl. Lechner, Sonderprojekt, loc. cit., S. 38 ff.
868 Sensenig, Österreichisch-amerikanische Gewerkschaftsbeziehungen, loc. cit., S. 131.
869 *Der Spiegel*, 23. Jg., 8/1969, S. 122.
870 FRUS, 1950, Vol. IV, S. 500 f, *Memorandum of Conversation*.
871 Ebd., S. 500.
872 Ebd., S. 501.
873 Ebd.
874 Ebd.
875 Ebd.
876 Ebd.
877 FRUS, 1950, Vol. IV, S. 501.
878 Ebd.
879 Vgl. Staudinger, B-Gendarmerie, loc. cit., S. 343 ff.
880 Ebd., S. 347.
881 Ebd. Vgl. dazu auch Die Aufrüstung Österreichs. Dokumente und Tatsachen, loc. cit., S. 35. Darin wird bis auf den Bundesvoranschlag 1949 (20,18 Millionen Schilling), völlig identisches Zahlenmaterial angegeben.
882 Ebd.
883 Ebd.
884 Staatsarchiv/Kriegsarchiv, B/1030, Karton 1564, 138, Erläuterungen für die Geldverrechnung für die Sonderformation von 5.000 Mann, S. 1.
885 Ebd., Anhang C, Finanzbericht vom 1. Mai 1951 bis 1. November 1951.
886 Ebd.
887 Ebd., S. 2.
888 Der Verfasser beschränkte sich hierbei auf die Sichtung des im Tagblattarchiv der Arbeiterkammer Wien diesbezüglich zusammengestellten Materials; an dieser Stelle danke ich Dr. *Ekkehard Früh* für die unkomplizierte Hilfestellung.
889 Vgl. dazu Herbert Fleck, Die Bedeutung der Wiener Tagespresse für die Bildung einer öffentlichen Meinung über das Bundesheer der Zweiten Republik, phil. Diss., Univ. Wien 1965.

890 Vgl. dazu: Verzeichnis der in den österreichischen Bundesländern erscheinenden Tageszeitungen, o. O. 1951.
891 So z. B. *Die Presse* vom 30. März 1950. Unter dem Titel „Österreichs Schattenarmee" wird darin ein „erfundener Bericht" der *Krasnaja Sweda*, dem Organ der Sowjetarmee, „über eine angebliche Remilitarisierung der westlichen Besatzungszonen Österreichs", wo „angeblich" drei Bataillone der Gendarmerie sowie ein Regiment motorisierter Truppen an US-Waffen ausgebildet werden.
892 Angelegentlich einer parlamentarischen Anfrage (5. Dezember 1951) bezüglich der in dem vom Österreichischen Friedensrat herausgegebenen „Weißbuchs" enthaltenen Anschuldigungen hinsichtlich der geheimen Wiederaufrüstung hatte Bundeskanzler *Figl* lediglich geantwortet, daß die „vorgelegten Unterlagen zu einer objektiven Beurteilung des Sachverhaltes nicht ausreichen." Vgl. Die Aufrüstung Österreichs. Dokumente und Tatsachen, loc. cit., S. 4. Im Zusammenhang mit der Vorbereitung der Weltfriedenskonferenz veröffentlichte der Österreichische Friedensrat unter Teilnahme von Vertretern der Siezenheimer Siedler am 6. Oktober 1951 in Salzburg ein Manifest, daß von „mehr als 800.000 Österreichern und Österreicherinnen aller Stände und Parteirichtungen" unterschrieben worden war, und daß sich gegen die ‚den Frieden bedrohenden Kriegsvorbereitungen in Österreich' richtete. Darin heißt es u. a.: „In der Erkenntnis, daß viele Männer und Frauen unseres Volkes zwar den Krieg verabscheuen, aber aus mancherlei Vorurteilen noch nicht bereit sind, an unserer Friedensbewegung teilzunehmen, bekunden wir neuerlich unseren aufrichtigen Willen, mit allen Organisationen und Persönlichkeiten, die dem Frieden zu dienen wünschen, in jeder von ihnen gebilligten Form zusammenzuarbeiten. Wir fordern keinerlei politische Glaubensbekenntnisse, wir fordern nur eines: Liebe zu Österreich und die Bereitschaft, für die Sicherung des Friedens, für die Heraushaltung unseres Landes aus allen Kriegskombinationen einzutreten." Ebd., S. 48. Zu einigen der in der Folge kriminalisierten und/oder in der Öffentlichkeit lächerlich gemachten Exponenten des Österreichischen Friedensrates wie z. B. *Heinrich Brandweiner* oder *Josef Dobretsberger* vgl. die ausgezeichnete Studie von Christian Fleck, Der Fall Brandweiner. Universität im Kalten Krieg, Wien 1987.
893 Die Aufrüstung Österreichs. Dokumente und Tatsachen, loc. cit., S. 14.
894 Ebd.
895 Ebd., S. 17. So z. B. sollen an der Flexenstraße, an der Fernpaßstraße, und an mehreren Brücken Sprengkammern angebracht worden sein. Vgl. ebd., S. 28.
896 Ebd.
897 Ebd.
898 Jener Name, der auf den durchgesehen Anmeldungsbögen für die Grundstücksübertragungen im Landesvermessungsamt Salzburg angeführt wird. Im Zuge der Diskussion um die „geheimen Waffenlager" im Frühjahr 1996 wurde bekannt, daß besagtes »Camp Roeder« auch nach 1955 in nukleare Verteidigungsszenarios der NATO miteinbezogen wurde. Im Field manual No 5-26 der US-Army war unter den Codenamen »Batman« bzw. »Phantom« die Sprengung des Areals der Schwarzenbergkaserne inklusive Rollfeld durch Atomminen vorgesehen. Siehe dazu *Profil*, Nr. 5, 25. Jänner 1996, S. 41. Wie von *Profil* darüber hinaus berichtet wurde – allerdings ohne Quellenangabe –, teilte der zu Beginn der 60er Jahre ausgearbeitete NATO-»Operation Plan No. 10-1« österreichisches Territorium in fünf Guerilla-Operationszonen auf („Mieders südlich von Innsbruck, Bad Ischl am Westabhang des Toten Gebirges, die Gleinalm beim steirischen Kainach und Gloggnitz am Semmering"), innerhalb der – vermutlich auf den zuvor ausgearbeiteten »Aufgebot-Plänen" insgesamt 24.000 Mann zum Einsatz kommen sollten. „Laut Anhang J des Operation Plan No. 10-1 sollten »Nukleare Botenteams« mit Atomminen im Gepäck an Fallschirmen auf die Partisanenalmen niedergehen. Die Minen, also »liegen-

Anmerkungen 249

de« Atombomben, sollten gegen die Transport- und Kommunikationsmittel des Feindes eingesetzt werden – gezündet per Draht oder Funk. Der Einsatzbefehl wäre vom NATO-Kommando gekommen, die »Eingeborenen« (‚indigenous elements') hätten sie nur gelegt." Vgl. *Profil*, Nr. 5, 25. Jänner 1996, S. 41.

899 Die Grundstücksteilungspläne für jenes Areal, ehemals Katastralgemeinde Wals, finden sich im Archiv des Landesvermessungsamtes Salzburg, aufbewahrt in den Kartons mit den Veränderungshinweisnummern 30024/51 ff. Vgl. dazu auch Mappe für Veränderungshinweise 540/541/542.

900 Im Gesprächsprotokoll einer Sitzung bei US-Botschafter *Donnelly* am 2. Oktober 1951 (siehe auch Anm. 954) wurde u. a. die Anlage eines Flugfeldes in Wien Simmering diskutiert; ein Projekt, das österreichischerseits vom Ministerrat genehmigt worden war, und das, wie Bundeskanzler *Figl* gegenüber General *Irwin* anmerkte, „analog wie Siezenheim behandelt werden wird." Zit. nach: Pietsch, Die Vorbereitungen zur Aufstellung eines österreichischen Heeres 1945-1953, loc. cit., Anhang, Dokument 30, S. 645. Allerdings blieb dieses Projekt unrealisiert, als Ende 1951 Briten und Amerikaner das Vorhaben ohne Begründung aufgaben. Vgl. Oliver Rathkolb, Großmachtpolitik gegenüber Österreich 1952/53-1961/62 im U.S.-Entscheidungsbereich, Habil.-Schr., Univ. Wien 1993, S. 16 f.

901 *Johann Eigl*, Brief an den Verfasser vom 15. Juni 1989.
902 Ebd.
903 Landesarchiv Salzburg, Urkundensammlung, Grundbuch der Katastralgemeinde Wals, Gerichtsbezirk Salzburg, 461-490, Bd. IX, Grundbucheinlage 488 A bzw. B, Eintragung vom 20. Dezember 1951.
904 Rückseite der Anmeldungsbögen, z. B. im Anhang des Kaufvertrages unter der Tagebuchzahl (Tz) 2441/52, Urkundensammlung des Landesarchivs Salzburg.
905 *Johann Eigl*, Brief an den Verfasser vom 15. Juni 1989.
906 *Martin Berger*, Brief an den Verfasser vom 21. Juni 1989.
907 Vgl. Anm. 892.
908 So z. B. im Kaufvertrag mit der Tagebuchzahl (Tz) 3664/51, § 11.
909 So wurden z.B. die (fehlenden) Feldskizzen der Grundstücksteilungspläne, wie ein Beamter des Landesvermessungsamtes heute meint, vermutlich von Militärs entfernt.
910 *Der Abend* vom 27. September 1950.
911 Laut Grundbucheintragung, KG Wals, Bd. IX, 28. Oktober 1957, 6508 (Tz). Dies trifft auch auf den heutigen Truppenübungsplatz Döllersheim zu, der zwischen 1945 und 1955 von den Sowjets requiriert worden war. Vgl. dazu *Falter*. Wochenzeitschrift für Kultur und Politik, 17/1988, S. 5 ff.
912 Laut Auskunft des Landesvermessungsamtes Salzburg.
913 Vgl. Die Aufrüstung Österreichs, loc. cit., S. 24; siehe dazu auch *Österreichische Zeitung* vom 27. Juni 1951.
914 *Der Neue Vorwärts* vom 23. September 1951.
915 Auch was die personelle Besetzung jener zuständigen Behörden angeht, zeigte sich der Österreichische Friedensrat erstaunlich informiert: „ Mit den Fragen der inneren Organisation der kommenden Armee ist im Innenministerium »in besonderer Verwendung« Hofrat (General) Anton Sichelstil betraut (...) Die Fragen der Truppenunterkünfte und Militärbauten unterstehen der Abteilung 5 A im Bundesministerium für Handel und Wiederaufbau. An der Spitze dieser Abteilung steht Ministerialrat Josef Salvaberger (Ing.-General im alten Bundesheer). Dieser Abteilung unterstehen die Bundesgebäudeverwaltungen II, denen die Verwaltung und der Ausbau der Militärbauten zukommt (...) An der Spitze der Bundesgebäudeverwaltung II, Wien, steht General (Hofrat) Arnold Bodenstein. Den Bundesgebäudeverwaltungen II sind die einzelnen Gebäudeverwaltungen un-

tergeordnet. Diese werden von ehemaligen Militärbeamten der österreichischen und deutschen Wehrmacht geleitet. In Graz ist Leiter der Bundesgebäudeverwaltung II Ing. Oberst Camillo Englisch, ehemaliger Militärbaudirektor. Als militärtechnischer Inspektor sind der Gebäudeverwaltung Graz der ehemalige Militäroberoffizial und Luftwaffenobersekretär der deutschen Wehrmacht Austerweger zugeteilt sowie der frühere Obersekretär der österreichischen und deutschen Wehrmacht Gollub." Vgl. Die Aufrüstung Österreichs, loc. cit., S. 35. Informationen, deren Detailliertheit – ob die darin enthaltenen Angaben nun zutreffen oder nicht – auf amtsinterne Zuträger oder auf geheimdienstliche Aktivitäten schließen lassen.

916 *Neue Tageszeitung* (Innsbruck) vom 2. Juni 1951.
917 *Volkswille* vom 13. April 1950.
918 Vgl. Die Aufrüstung Österreichs, loc. cit., S. 24 ff.
919 *Tiroler Nachrichten* vom 14. August 1951.
920 Ebd.
921 Ebd.
922 Ebd., S. 28.
923 Ebd.
924 Ebd.
925 Vgl. Margit Sandner, Die französisch-österreichischen Beziehungen während der Besatzungszeit von 1947 bis 1955, Wien 1983.
926 Ebd., S. 272.
927 Ebd.
928 Ebd.
929 Ebd., S. 272.
930 Ebd., S. 276.
931 FA MD/SHAT V:11-Plan Renault: Use of Troops to prevent overthrow of Austrian Federal Government (priority list of persons to be evacuated) 29. September 1949. Zit. nach: Sandner, Die französisch-österreichischen Beziehungen, S. 276.
932 Zit. nach: ebd., S. 276.
933 Ebd., S. 277.
934 Ebd.
935 Ebd., S. 278.
936 Rauchensteiner, loc. cit., Die Zwei, S. 125.
937 Ebd., S. 123.
938 „Kein Kalter Krieg in Kakanien." Vgl. Rauchensteiner, Sonderfall, loc. cit., S. 248.
939 „Die Bundesregierung blieb in Wien. Das Ganze waren Hirngespinste." Vgl. Rauchensteiner, Die Zwei, loc. cit., S. 123.
940 Ebd., S. 125.
941 Bezüglich dieses Terminus siehe Die Aufrüstung Österreichs. Dokumente und Tatsachen, loc. cit., S. 29 ff.
942 *Wahrheit* vom 18. Mai 1951.
943 *Neue Tageszeitung* (Innsbruck) vom 23. Februar 1952.
944 *Neue Zeit* vom 11. Oktober 1951.
945 *Neue Zeit* vom 3. Oktober 1951.
946 Vgl. dazu Rauchensteiner, Sonderfall, loc. cit., S. 307.
947 *Neue Zeit* vom 26. September 1951.
948 Rauchensteiner, Sonderfall, loc. cit., S. 307.
949 *Neue Zeit* vom 3. Oktober 1951.
950 Vgl. ebd. Nach Abschluß der Übung defilierten die Alarmbataillone anläßlich einer ‚Truppenparade' am Franz-Josefs-Platz in Wels an österreichischen und US-Offizieren

Anmerkungen

951 vorbei.
951 Rauchensteiner, Sonderfall, loc. cit., 307.
952 Rauchensteiner, Die B-Gendarmerie, loc. cit., S. 342.
953 Ebd.
954 Notiz über eine Besprechung bei Botschafter *Donnelly* am 2. Oktober 1951. Zit. nach: Pietsch, Die Vorbereitungen zur Aufstellung eines österreichischen Heeres 1945-1953, loc. cit., Anhang, Dokument 30, S. 630.
955 Ebd., S. 643
956 Rauchensteiner, Die B-Gendarmerie, loc. cit., 342.
957 Ebd.
958 *Linsbauer*, Jahrgang 1894, Leutnant im Ersten Weltkrieg, als Lokalobmann der sozialdemokratischen Partei vom Februar bis August 1934 im Anhaltelager Wöllersdorf gefangengesetzt, wurde August 1939 als Kompanieführer beim Landesschützenbataillon VIII/XVII zur Deutschen Wehrmacht einberufen wo seine Beförderung zum Oberstleutnant erfolgte. 1945 aus amerikanischer Kriegsgefangenschaft in Italien zurückgekehrt, trat er September 1946 in den Dienst der Gemeinde Wien. Jänner 1948 wurde er als Vertragsbediensteter in das Innenministeriums aufgenommen. Am 1. Jänner 1954 wurde er zum Gendarmerie-Oberst ernannt und mit der Leitung der »Abteilung 5/Sch« (der B-Gendarmerie) betraut. Sein innerministerielles Proporz-Pendant war Oberst Theodor Iglseder. Siehe VGV, Schärf-Nachlaß, Box 34, 4/260, Werdegang des Gendarmerie-Oberst *Hans Linsbauer*.
959 *Linhart*, Jahrgang 1896, ebenfalls WW I-Veteran, wurde Herbst 1938 als Hauptmann zur Deutschen Wehrmacht übernommen. Anfang Mai aus russischer Kriegsgefangenschaft heimgekehrt wurde Linhart am 19. Juli 1945 zum Generalinspektor der Wiener Sicherheitswache bestellt. Nach einem kurzen Zwischenspiel – Juli 1946 bis August 1948 – im Innenministerium, wo seine Beförderung zum Oberstleutnant der Polizei erfolgte, wurde er am 17. April 1950 mit der Leitung des Büros der Sicherheitsdirektion Wien betraut. Am 5. September 1955 erfolgte die Zuteilung zum Amt für Landesverteidigung. VGV, Schärf-Nachlaß, Box 34, 4/260, Werdegang des Polizei-Oberst *Ferdinand Linhart*.
960 Vgl. Kurze Darstellung der ersten Entwicklung des Bundesheeres nach Abschluß des Staatsvertrages bis zum 15. März 1956, 14 Bl., Bestand Stephani, Institut für Zeitgeschichte, Universität Wien. Univ.-Prof. Dr. *Anton Staudinger* danke ich für die Überlassung einer Kopie.
961 Ebd.
962 1956 wurde *Paumgartten* als Oberst in den Generalstab des Bundesheeres übernommen, zwischen 1957-1960 übernahm er die Funktion des österreichischen Militärattachés in Paris. Bereits stellvertretender Sektions-Leiter im Bundesministeriums für Landesverteidigung wurde er 1961 Befehlshaber der Gruppe III. Vgl. Who is who in Österreich. Eine Prominentenenzyklopädie mit ca. 6.000 Biographien von Prominenten in Österreich. Ergänzt durch ein Verzeichnis der führenden Beamten und Politiker, sowie der diplomatischen Vertretungen, Organisationen und Vereine, Zürich 1979, S. 439. Mag. *Walter Blasi* sei an dieser Stelle für den Hinweis auf die sonst nirgendwo aufzutreibenden Fotografien von *Paumgartten* im Nachlaß *Liebitzky* gedankt.
963 Bereits Diplomvolkswirt, legte *Paumgartten* Dezember 1951 an der rechts- und staatswissenschaftlichen Fakultät der Leopold-Franzens-Universität Innsbruck eine dem methodischen Ansatz nach für damalige Verhältnisse durchaus innovative Dissertation zum Thema „Die wirtschaftliche Bedeutung der Sozialpsychologie und Sozialmedizin" vor, worin er u. a. auch rezente anglo-amerikanische Literatur rezipierte.
964 Peter Broucek, Stichwort „Liebitzky, Emil". In: Neue Deutsche Biographie. Hg. v. der Historischen Kommission bei der Bayerischen Akademie der Wissenschaften. Bd. 14,

Berlin 1985, S. 602.
965 Staatsarchiv/Kriegsarchiv, Nachlaß General *Emil Liebitzky*, B/1030, Karton 3, Curriculum vitae. Wie Broucek anmerkt, stand Liebitzky ab 1942 in Kontakt zu österreichischen Widerstandsgruppen und arbeitete seit dem November 1944 eng mit dem „Siebenerausschuß" der gesamtösterreichischen Befreiungsbewegung „O-5" „im Hinblick auf die Wiedererrichtung eines österreichischen Heerwesens zusammen. Vgl. Broucek, „Liebitzky, Emil", loc. cit., S. 602.
966 B/1030, Karton 1561, Z. Zl. 47/ 52., Reg. 115, Oktober 1952.
967 Ebd.
968 Ebd.
969 Ebd.
970 B/1030, Karton 1561, Z. Zl. 38/52, 31.7/1. August 1952.
971 Staatsarchiv/Kriegsarchiv B/1030, Karton 1561, 123-129.
972 Ebd., Z. Zl. 42/52, Reg. 109, August 1952 (Orion).
973 Ebd.
974 Ebd., Z. Zl. 9/52, 19. März 1952, Punkt 6.
975 B/1030, Karton 1561, 129; Brief *Paumgartten* an *Liebitzky*, 18. März 1952.
976 Ebd.
977 Ebd.
978 B/1030, Karton 1561, 123, Z. Zl. 26/52, „Orion", 12. Juni 1952.
979 Davon berichtet auch *Karl Stephani*, ab 1956 sozialistischer Wehrsprecher. Vgl. Kurze Darstellung der Entwicklung des Bundesheeres, S. 2. Bestand Stephani, Institut für Zeitgeschichte, Universität Wien.
980 Staatsarchiv/Kriegsarchiv, B/1030, Karton 1561, 129, 3. September 1952.
981 B/1030, 129, ohne genaues Datum (September 1952), *Paumgartten* an *Liebitzky*.
982 Der *Neue Vorwärts* berichtete am 20. August 1953: „Wie uns aus SP-Kreisen berichtet wird, ist die Empörung unter den sozialistischen Angehörigen der Gendarmerie über die Praktiken der alten ‚Heimwehrler', die fast alle höheren Offiziersposten innehaben, sehr groß. Die Kimmel und Co. (Gendarmeriegeneral *Josef Kimmel*, C. S.) haben es sich zur Einführung gemacht, allen denjenigen Angehörigen der Gendarmerie, die im Verdacht stehen ‚Rote' zu sein, von vornherein schlechte Dienstbeschreibungen zu geben, um sie so am Aufrücken zu verhindern."
983 B/1030, Karton 1561, 123, Z. Zl. 20/45, 30. April 1952, „HO-Aktion".
984 Auch nach Auflösung des Heeresamtes und trotz des Verbots des Alliierten Rates wurden parteiintern weiterhin die Evidenz der vorhanden, parteinahen Offiziere geführt. Die geht aus einem Rundschreiben von *Julius Deutsch* an *Schärf*, Helmer und den Wiener Vizebürgermeister *Paul Speiser* vom 14. Juni 1946 hervor. Dem Schreiben beigelegt findet sich eine detaillierte „Liste der Offiziere, Militärbeamten und Berufs-Unteroffiziere die entweder zu unserer Partei gehören, oder ihr nahe stehen. Ein Teil von ihnen ist bereits im Staatsdienst, meistens im Bundesministerium für Inneres." VGA, Schärf-Nachlaß, Box 35, 4/261. Schreiben von *Deutsch* an *Schärf* vom 14. Juni 1946.
985 So z. B. der „Fall Rudolf", „Fall Gerstmann" etc., B/1030, Karton 1564, 14.
986 Ebd., „Abschrift", Personenstandsarchiv II des Landes Nordrhein-Westfalen, AZ.: II A 7 Nr. 23/54; Kopie im Besitz des Verfassers.
987 Ebd.
988 B/1030, Karton 1561, 129, VO Zl. 11/B-52, 25. März 1952.
989 Ebd., „Liste jener Herren, die für die Sondergendarmerie in der Pensionsabteilung des Finanzministeriums arbeiten", undatiert; Kopie im Besitz des Verfassers.
990 B/1030, Karton 1561, 129, 21. Jänner 1954, *Paumgartten* an *Liebitzky*.
991 Ebd., VO Zl. 11/B-52, 25.3.1952.

Anmerkungen 253

992 Rauchensteiner, B-Gendarmerie, loc. cit., S. 342 f.
993 VGA, Schärf-Nachlaß, Box 35, 4/261, Schreiben *Schärfs* an *Walter Joseph Donnelly* vom 12. Mai 1952.
994 Ebd., S. 342.
995 Ebd., S. 343.
996 Staatsarchiv/Kriegsarchiv, B/1030, Karton 1565, 156a, Stärkenachweise, „Standesmeldung" vom 30. April 1953 bzw. vom 1. Oktober 1954.
997 B/1030, Karton 1561, 123, Z. Zl. 36/52, „Orion", 24. August 1952. Vgl. dazu auch *Der Abend*, 28. August 1952, „Österreich besitzt seit dem 15. August zwei Gendarmeriekörper."
998 Vgl. dazu Roithner, Österreichische Wehrpolitik, loc. cit., S. 140.
999 Ebd., S. 307.
1000 Vgl. dazu: Katalog. Die Streitkräfte der Republik 1918-1968, loc. cit., S. 309.
1001 Ebd.
1002 Staudinger, Die B-Gendarmerie, loc. cit., S. 345.
1003 Ebd.
1004 Ebd., S. 346.
1005 Kreisky-Archiv, Dokumentensammlung (Richard Burger) „Archiv der Außenpolitik der Russischen Föderation", Dokument Nr. 49, Bericht *W. Semjonows*, Leiter der „3. Europäischen Abteilung des Außenministeriums der Sowjetunion", an *W. M. Molotow*, »Sowjetisch-Österreichischen Beziehungen (1950-1954)«, Jänner 1955, Blatt 2.
1006 Ebd., Blatt 7 f.
1007 Schreiben von *Liebitzky* [an *Schärf* (?)] vom 31. Oktober 1951. Zit. nach: Pietsch, Die Vorbereitungen zur Aufstellung eines österreichischen Heeres 1945-1953, loc. cit., Anhang, Dokument 31, S. 648.
1008 Ebd., S. 649.
1009 Staudinger, B-Gendarmerie, loc. cit., S. 346.
1010 Staatsarchiv/Kriegsarchiv, B/1030, Karton 1565, 150, „Aufgebot"-Mappe, „Richtlinien für Evidenzarbeiten Aufgebot".
1011 Ebd.
1012 Ebd.
1013 Ebd.
1014 Ebd.
1015 Vgl. Rauchensteiner, Die Zwei, loc. cit., S. 154. Von welcher Seite der Terminus »Aufgebot« letztendlich ins Spiel gebracht wurde – ob als Übersetzung aus dem Englischen oder in bewußter, wenn auch unsinniger, Anlehnung österreichischer Militärs an das „letzte Aufgebot" *Andreas Hofers* und seiner *Manda* gegen die napoleonischen Besatzungstruppen im Jahre 1809 – konnte der Verfasser nicht klären.
1016 B/1030, Karton 1563, 132, Aufgebot-Organisationsplan.
1017 Vgl. B/1030, Karton 1561, 123, Beilage zu Z. Zl. 19/52, „Offene Fragen", 28. Februar 1952.
1018 B/1030, Karton 1561, 129, *Paumgartten* an *Liebitzky*, 18. März 1952.
1019 B/1030, Karton 1564, 145, Personelles Kriegspotential der von den Westmächten besetzten österreichischen Gebieten, gez. Liebitzky, 14. Juni 1952.
1020 Ebd.
1021 Ebd., Blatt 2.
1022 So fügte etwa *Liebitzky* am Schluß dieser Aufstellung an: „Falls ich vom Sozialministerium die Zahlen der dort in Evidenz stehenden Kriegsversehrten erhalten sollte, wird unter Zugrundelegung dieser Zahlen ein neues Beispiel errechnet werden." Vgl. ebd., Bl. 2. Des weiteren übergaben die französischen Militärbehörden im November 1953 an-

läßlich des Abzugs eines Teils ihrer Truppen, eine große Anzahl Wehrstammbücher der Deutschen Wehrmacht an die österreichische Behörden. Vgl. dazu *Österreichische Zeitung* vom 28. November 1953.

1023 *Österreichische Zeitung* vom 23. April 1952, Nr. 95, S. 3.
1024 Staatsarchiv/ Kriegsarchiv, B/1030, Karton 1561, 123, o. Zl., „Orion", 23. April 1952.
1025 *Salzburger Tagblatt* vom 15. Mai 1952.
1026 Ebd.
1027 So z. B. Staatssekretär *Graf* in der *Presse* vom 30. November 1954.
1028 Z. B. Minister *Helmer* in einer Rede vor dem niederösterreichischen Landesparteitag der SPÖ Anfang Februar 1950. Vgl. *Weltpresse* vom 13. Februar 1950.
1029 Vgl. *Österreichische Zeitung* vom 9. Oktober 1951.
1030 B/1030, Karton 1563, 132, Aufgebot-Organisation, Punkt 2.
1031 Ebd., Punkt 5.
1032 Vgl. B/1030, Karton 1564, 145, Verteidigungspläne.
1033 Vgl. ebd.
1034 Ebd., S. 1.
1035 Ebd.
1036 Ebd.
1037 Ebd.
1038 Ebd., S. 3.
1039 Ebd.
1040 Staatsarchiv/Kriegsarchiv, B/1030, Karton 1564, 148, „Aufgebot", S. 2.
1041 Ebd., S. 2.
1042 Ebd., S. 3.
1043 Ebd., „Fall II", „Allgemeines Aufgebot im Notfall", S. 1.
1044 Ebd.
1045 Ebd.
1046 Ebd.
1047 B/1030, Karton 1564, 148, „Aufgebot/ Fall II", S. 1.
1048 Ebd., S. 2.
1049 Ebd.
1050 Ebd., „Aufgebot/Fall I", S. 3.
1051 Vgl. B/1030, Karton 1564, 148.
1052 B/1030, Karton 1561, 123, Z. Zl. 32/52, „Orion" 16. Juli 1952.
1053 Vgl. dazu Stourzh, Geschichte des Staatsvertrages, loc. cit., S. 81.
1054 Ebd.
1055 Ebd., S. 110.
1056 Staatsarchiv/Kriegsarchiv, B/1030, Karton 1561, 129, *Paumgartten* an *Liebitzky*, 17. Dezember 1953.
1057 Ebd.
1058 VGV, Nachlaß-Schärf, Box 35, 4/261, Erinnerungsvermerk, 11. Juni 1954, *Yost, Payart, Lalouette, Wallinger* (handschriftlich vermerkt), *Malcom* (handschriftlich vermerkt), Bundeskanzler *Raab, Schärf.*
1059 Ebd.
1060 Ebd.
1061 Rauchensteiner, Die Zwei, loc. cit., S. 219.
1062 Vgl. dazu von Schubert, Wiederbewaffnung und Westintegration, loc. cit., S. 85 ff; weiters: Loth, Die Teilung der Welt, loc. cit., S. 275 ff.
1063 Vgl. Böhner, Wehrprogrammatik der SPÖ, loc. cit., S. 14 f.
1064 Zit. nach: Stourzh, Geschichte des Staatsvertrages, loc. cit., S. 82.

Anmerkungen 255

1065 Ebd., S. 82.
1066 Ebd.
1067 *Norbert Bischof*, österreichischer Geschäftsträger in Moskau. Zit. nach: ebd., S. 81.
1068 Vgl. Siegler, Österreichs Weg zur Neutralität, loc. cit., S. 32.
1069 Ebd., S. 86.
1070 Zit. nach: ebd., S. 87.
1071 Ebd.
1072 Ebd.
1073 Vgl. dazu auch Csáky, Der Weg zu Freiheit und Neutralität, loc. cit., S. 14 f.
1074 Stourzh, Geschichte des Staatsvertrages, loc. cit., S. 86.
1075 KA, Dokumentensammlung „Archiv der Außenpolitik der Russischen Föderation", Dokument Nr. 42, Geheimbericht *S. Kudrjawzew* an das sowjetische Außenministerium zur „Reaktion der westlichen Mächte auf die sowjetischen Maßnahmen zur Normalisierung der Beziehungen zu Österreich (Juni - September 1953), 3. Oktober 1953, Blatt 3.
1076 Ebd., Blatt 3 f.
1077 Vgl. FRUS, 1952-1954, Vol. VII, Part. 2, S. 1917, *Statement of policy by the National Security Council*, 14. Oktober 1953.
1078 Ebd., S. 1933, *Memorandum, Radford to Wilson*, 9. Dezember 1953.
1079 Vgl. dazu Stourzh, Geschichte des Staatsvertrages, loc. cit., S. 116.
1080 FRUS, 1952-1954, Vol. VII, S. 1935, *Memorandum*, 14. Jänner 1954.
1081 Vgl. KA, Dokumentensammlung „Archiv der Außenpolitik der Russischen Föderation", Dokument Nr. 42, loc. cit., Blatt 5.
1082 Vgl. Stourzh, Geschichte des Staatsvertrages, loc. cit., S. 88.
1083 Staatsarchiv/Kriegsarchiv, B/1030, Karton 1564, 145, Gedächtnisschrift über die Besprechung zwischen Bundesminister *Helmer* und dem Oberbefehlshaber der USFA, General *Arnold*, 29. Juli 1953.
1084 Ebd., 2. Bl.
1085 Ebd., Frontblatt.
1086 Rauchensteiner, B-Gendarmerie, loc. cit., S. 344.
1087 Staatsarchiv/Kriegsarchiv, B/1030, Karton 1564, 138, *„Americans Intrigue at Vienna to draw Austria into the Nato"*, 5. August (undeutlich) [1954].
1088 Ebd., 2. Bl.
1089 Ebd.
1090 Vgl. dazu Stourzh, Geschichte des Staatsvertrages, loc. cit., S. 108 ff.
1091 Zu diesem Terminus vgl. Holzer, Der Kalte Krieg und Österreich, loc. cit., S. 161 f.
1092 Vgl. dazu David Horowitz, Kalter Krieg. Hintergründe der US-Außenpolitik von Jalta bis Vietnam, 2 Bde, Berlin 1969. John Lewis Gaddis, Strategies of Containment. A critical appraisal of postwar American national security policy, New York 1982. Richard M. Freeland, The Truman Doctrine and the Origins of Mc Carthyism. Foreign policy. Domestic Politics and Internal Security 1946-1948, New York 1972.
1093 Hillgruber, Europa in der Weltpolitik der Nachkriegszeit, loc. cit., S. 63.
1094 Vgl. Loth, Die Formierung der Blöcke, loc. cit., S. 16.
1095 Hillgruber, Europa in der Weltpolitik, loc. cit., S. 63.
1096 Ebd., S. 64.
1097 Vgl. James G. Hershberg, "Explosion in the Offing". German Rearmament and American Diplomacy, 1953-1955. In: *Diplomatic History*, Vol. 16, No. 4, 1992, S. 512 ff.
1098 FRUS, 1952-1954, Vol. I, 1485 f. Des weiteren findet sich hier folgende, die Rüstungslogik des Kalten Krieges gut illustrierende Aussage: "The fact that the USSR did not attack Western Europe when it was much weaker than today, the varied »peace« gestures of Stalin's successors, and the European nations' own desire to escape the burdens of

rearmament have for many articulate Europeans added up to the conclusion that there is now little danger from East. The 1947 guerilla war in Greece, the 1948 coup in Czechoslowakia and the 1950 invasion of South Korea have found no comparable counterpart in the past three years: hence it is argued that the Kremlin has learned its lesson and will concentrate for some time ameliorating conditions within the Orbit. Thus when American leaders stress the continuance and growth of the Soviet threat, they are regarded with insincerity on the ground that we would not be reducing our own arms budget if we really believed in the Soviet threat ourselves."

1099 FRUS, 1952-1954, Vol. VII, S. 1469, *Draft Memorandum Prepared in the Bureau of European Affairs*, Tab G.
1100 Ebd., S. 1471.
1101 Ebd., S. 1472.
1102 Ebd.
1103 Ebd.
1104 Ebd., S. 1477.
1105 Ebd., S. 1478.
1106 FRUS, 1952-1954, Vol. VII, S. 1484, *Special Report Prepared by the Psychological Strategy Board*, 11. September 1953.
1107 Ebd., S. 1483.
1108 Ebd.
1109 Ebd., S. 1484.
1110 Ebd., S. 1485.
1111 Ebd.
1112 KA, Dokumentensammlung „Archiv der Außenpolitik der Russischen Föderation", Dokument Nr. 42, loc. cit., Blatt 8.
1113 Csáky, Der Weg zur Freiheit und Neutralität, loc. cit., S. 16.
1114 KA, Dokumentensammlung „Archiv der Außenpolitik der Russischen Föderation", Dokument Nr. 49, Bericht *W. Semjonows*, Leiter der „3. Europäischen Abteilung des Außenministeriums der Sowjetunion", an *W. M. Molotow*, »Sowjetisch-Österreichischen Beziehungen (1950-1954)«, Jänner 1955, Blatt 3.
1115 Vgl. Geyer, Deutsche Rüstungspolitik, loc. cit., S. 198.
1116 Vgl. dazu Michael Gehler, State Treaty and Neutrality: The Austrian Solution in 1955 as a "Model" for Germany? In: Günter Bischof/Anton Pelinka (Hg.), Austria in the Nineteen Fifties (= Contemporary Austrian Studies, Vol. 3), New Brunswick-London 1995, S. 52 ff.
1117 Vgl. Staatsarchiv/Kriegsarchiv, B/1030, Karton 1564, 145, Gedächtnisschrift/ Gedächtnisprotokoll.
1118 Stourzh, Geschichte des Staatsvertrages, loc. cit., S. 141.
1119 Ebd.
1120 Vgl. Ebd., S. 140 f.
1121 Michael Gehler, „L'unique objectif des Soviétiques est de viser l'Allemagne". Staatsvertrag und Neutralität 1955 als „Modell" für Deutschland?. In: Albrich et al., „Österreich in den Fünfzigern", loc. cit., S. 264.
1122 Vgl. Oliver Rathkolb, The Foreign Relations between the USA and Austria in the late 1950s. In: Bischof et al., Austria in the Nineteen Fifties, loc. cit. S. 29.
1123 Gesprächsprotokoll veröffentlicht bei: Alfons Schilcher, Österreich und die Großmächte. Dokumente zur österreichischen Außenpolitik 1945 bis 1955 (= Materialien zur Zeitgeschichte. Hg. v. Erika Weinzierl, Rudolf G. Ardelt, Karl Stuhlpfarrer, Bd. 2), Wien-Salzburg 1980, 279-283.
1124 Oberstleutnant Dr. Paumgartten. Zit. nach: Schilcher, Österreich und die Großmächte,

Anmerkungen 257

loc. cit., S. 281.
1125 Staatsarchiv/Kriegsarchiv, B/1030, Karton 1564, 146, „Neutralisiert und gefesselt?", o. D. (1955), 8 masch. Seiten. Wie aus dem Wortlaut hervorgeht, wurde dieses Papier nach den Moskauer Verhandlungen April 1955 verfaßt.
1126 Ebd., S. 2.
1127 Nach dem Expose findet sich eine Auflistung der besagten Artikel des Staatsvertragsentwurfes, deren zu revidierende Teile durchgestrichen sind.
1128 Ebd., S. 4.
1129 Ebd., S. 6.
1130 Ebd., S. 1.
1131 Ebd.
1132 Ebd.
1133 Ebd.
1134 Ebd., S. 1 f.
1135 So z. B. hatte Bundeskanzler *Raab* sowie sozialistische Politiker erklärt, mit dem bloßen Ausbau der B-Gendarmerieeinheiten wäre der Sicherheitspolitik genüge getan. Vgl. dazu Rauchensteiner, Staatsvertrag und bewaffnete Macht, loc. cit., S. 192.
1136 So war z. B. Staatssekretär *Graf* Leiter des ÖVP-Wehrausssschusses. Vgl. dazu *Österreichische Volksstimme* vom 17. Juni 1955.
1137 Z. B. *Neues Österreich* vom 26. Februar 1955, „Aufrüstung gegen Liechtenstein".
1138 Vgl. dazu Staudinger, Zur Entstehung des Wehrgesetzes, loc. cit.; weiters Roithner, Österreichische Wehrpolitik, loc. cit.
1139 Rauchensteiner, Staatsvertrag und bewaffnete Macht, loc. cit., S. 194.
1140 Ebd.
1141 Ebd., S. 194 f.
1142 Stourzh, Geschichte des Staatsvertrages, loc. cit., S. 164.
1143 Ebd., S. 164 f.
1144 Vgl. Das Bundesheer der Zweiten Republik. Eine Dokumentation. Hg. v. Manfried Rauchensteiner (= Schriften des Heeresgeschichtlichen Museums. Militärwissenschaftliches Institut, Bd. 9), Wien 1980, S. 10.
1145 Eine genaue Gliederung der vier Gruppen des Amts für Landesverteidigung (Allgemeines und Personal; Nachrichten – Evidenz; Militärische Angelegenheiten; Materielle Angelegenheiten) findet sich im VGA, Schärf-Nachlaß, Box 34, 4/256. Kopie im Besitz des Verfassers.
1146 Das Bundesheer der Zweiten Republik. Eine Dokumentation, loc. cit., S. 10 f.
1147 Siehe Siegler, Österreichs Weg zur Souveränität, loc. cit., S. 44.
1148 Katalog. Die Streitkräfte der Republik, loc. cit., S. 319.
1149 *Österreichische Volksstimme* vom 13. September 1955
1150 Zit. nach: ebd.
1151 Vgl. Unsere Stellung zur Wehrfrage. Sozialistische Partei Österreichs. Bildungszentrale – Referat für politische Schulung. Redeanleitung (Mai 1948). Enthalten in: Quellenedition zur österreichischen Parteiengeschichte der Zweiten Republik 1945-1953. Projektbericht. Projekt Nr. 5358. Mitarbeiterinnen und Mitarbeiter: Dr. Maria Mesner, Dr. Traude Pietsch, Univ.-Doz. DDr. Oliver Rathkolb, Dr. Johannes Schönner, Dr. Helmut Wohnout, Wien, Juni 1996, Stiftung Bruno Kreisky-Archiv/Wien.
1152 VGA, Schärf-Nachlaß, Box 34, 4/256. Schreiben Schärfs an Raab, (ohne genaues Datum).
1153 Rathkolb, The Foreign Relations between the USA and Austria in the late 1950s, loc. cit, S. 29.
1154 Ebd.

1155 Vgl. Oliver Rathkolb, Historische Bewährungsproben des Neutralitätsgesetzes 1955. Am Beispiel der US-amerikanischen Österreich-Politik 1955 bis 1959. In: Nikolaus Dimmel/Alfred-Johannes Noll (Hg.), Verfassung. Juristisch-politische und sozialwissenschaftliche Beiträge anläßlich des 70-Jahr-Jubiläums des Bundes-verfassungsgesetzes (= Juristische Schriftenreihe, Bd. 22), Wien 1990, S. 130.

1156 VglRathkolb, Großmachtpolitik gegenüber Österreich 1952/53-1961/62, loc. cit., S. 31 f.

1157 Ebd., S. 128.

1158 Ebd.

1159 Ebd., S. 128 f.

1160 Zit. nach: Julius Raab, Selbstportrait eines Politikers. Mit einer Einführung von Ludwig Reichhold, Wien-Köln-Stuttgart-Zürich 1964, S. 65.

1161 Vgl. z. B. Die Stunde Null. Niederösterreich 1945. Katalog der Sonderausstellung im Niederösterreichischen Landhaus, Wien 1975. So findet sich diese ‚Metapher' in einem von Gerald Stourzh verfaßten Vorwort als Gegenkonzeption gegen eine, wie er es nennt, „revisionistische Geschichtsbetrachtung", die den „Neuanfang Österreichs relativiert", allein innerhalb eines Absatzes fünfmal verwendet. Vgl. Eva-Marie Csáky/Franz Matscher/Gerald Stourzh (Hg.), Josef Schöner. Wiener Tagebuch 1944/1945, Wien-Köln-Weimar 1992, S. 8.

1162 Vgl. Rathkolb, NS-Problem und politische Restauration, loc. cit., S. 75.

1163 Anton Pelinka, Zur Gründung der Zweiten Republik. Neue Ergebnisse trotz personeller und struktureller Kontinuität. In: Liesbeth Waechter-Böhm (Hg.), Wien 1945. Davor/ Danach, Wien 1985, S. 9.

1164 Vgl. u. a. Emil Brix, Zur Frage der österreichischen Identität am Beginn der Zweiten Republik. In: Bischof et al. (Hg.), Die bevormundete Nation, loc. cit., S. 100.

1165 Vgl. Walter Benjamin, Geschichtsphilosophische Thesen. In: Ders., Zur Kritik der Gewalt und andere Aufsätze, Frankfurt/M. 1981, S. 94.

1166 Zit. nach: Höfner, Die Aufrüstung Westdeutschlands, loc. cit., S. 149.

1167 Vgl. dazu Gerhard Botz, Österreichs verborgene Nazi-Vergangenheit und der Fall Waldheim. In: Forum, Okt/Nov 1989, S. 47 f.

1168 Viktor Matejka, War 1945 ein Anfang? oder: Chancen eines Anfangs. In: Jochen Jung (Hg.), Vom Reich zu Österreich. Erinnerungen an Kriegsende und Nachkriegszeit, Salzburg-Wien 1983, S. 29.

1169 Siegfried Mattl/Stuhlpfarrer, Abwehr und Inszenierung im Labyrinth der Zweiten Republik. In: Emmerich Tálos/Ernst Hanisch/Wolfgang Neugebauer (Hg.), NS-Herrschaft in Österreich 1938-1945, Wien 1988, S. 601.

1170 Bundespräsident Adolf Schärf. Zum Geleit. In: Österreichisches Soldatenbuch. Hg. v. Bundesministerium für Landesverteidigung, 3. Aufl., Graz 1966, S. 3.

Personenregister

Acheson, Dean 75, 79, 80, 82, 87, 90, 94, 98, 104, 105, 110, 122, 123, 126
Adenauer, Konrad 111, 114, 180, 181
Adler, Victor 64
Aldrian, Eduard 42, 44
Altenburger, Erwin 152
Altmann, Karl 53, 65
Arnold, William H. 159, 175, 176, 181

Bahr, *Generalmajor* 100
Balmer, Jesmand D. 65
Barbie, Klaus 128
Beaverbrook, William Maxwell A. 19
Béthouart, Emile Marie 44, 72, 87, 89, 98, 122, 129, 151
Bevin, Ernest 89, 105, 106
Bidault, Georges 177
Bischof, Günter 78, 93
Bissel, Richard M. Jr. 77
Blank, Theodor 193
Blum, Léon 89
Böhm, Johann 131, 132, 152
Bonnefous, Eduard 89
Brachmann, Hans 62
Bray, William H. 121
Brown, Irving 133
Burger, Richard 13

Caccia, Sir Harold A. 122, 157
Carl, Erzherzog 67
Cernoff, *Oberstleutnant* 163, 164
Cerny, Erwin 160
Cherrière, Paul D. R. 68, 81
Chruschtschow, Nikita 172
Churchill, Winston S. 18, 19, 22, 113, 177
Clark, Mark W. 70
Clausewitz, Carl von 12

Daurer, Heinrich 133
De Gaulle, Charles 43
Deutsch, Julius 62, 63, 70, 80, 81, 82, 90, 91, 152, 185
Dollfuß, Engelbert 26, 28, 29, 31, 45, 56, 156
Donnelly, Walter 155, 161

Dulles, John Foster 69, 174
Dürmayer, Heinrich 118

Eden, Sir Anthony 19
Eichmann, Adolf 129
Eisenhower, Dwight D. 163, 178, 179
Eisterer, Klaus 27
Erhardt, John G. 45, 54, 71, 72, 75, 80, 88, 90, 91, 94, 95, 98, 101, 104, 110
Eugen, Prinz 67

Favatier, Jacques 43
Fellner, Fritz 18, 24
Figl, Leopold 28, 29, 32, 47, 57, 58, 65, 75, 80, 85, 89, 90, 92, 101, 134, 135, 152, 155, 170, 181, 182, 184
Filips, Adalbert 160
Foertsch, Hermann 114
Franco Bahamonde, Francisco 153
Fried, Alfred H. 66
Frisch, Roman 43
Fuller, Leon W. 26

Galloway, Sir Alexander 97
Gehlen, Reinhard 127
Gerö, Josef 152
Graf, Ferdinand 81, 88, 90, 119, 134, 135, 152, 155, 176, 177, 182, 187
Grigorev, Nikolaj K. 172
Gruber, Karl 37, 57, 58, 72, 77, 89, 119, 120, 152, 155, 158, 172, 181
Gruber, Mathias 45, 47
Gruenther, Alfred M. 187

Haas, Hanns 101, 104
Habsburg, Otto 23
Handy, Thomas T. 114
Hangett, Colonel 156, 160
Harriman, Averell W. 19, 52
Hays, George P. 156
Heger, Josef 62
Helleparth, Eduard 46
Helmer, Oskar 81, 89, 99, 118, 119,

132, 134, 135, 152, 154, 155,
157, 163, 175, 176
Hindels, Josef 118
Hirt, *Generalmajor* 100
Hitler, Adolf 52, 176, 178
Hofbauer, Hannes 73
Holoubek, Josef 94, 118
Holzer, Willibald I. 113
Honner, Franz 37, 41, 53, 56
Höttl, Wilhelm 128
Hurdes, Felix 152

Iglseder, Theodor 155
Iljitschow, Ivan J. 184
Imhof, Johannes 154
Irwin, Stafford LeRoy 154, 155, 156, 157

Jasser, Manfred 118
Jeschko, Walter 133
Joham, Josef 152
Johnson, Louis 83, 104

Kachina, Ludwig 38
Kaindl-Widhalm, Barbara 30
Kauschen, Bruno 128
Kennan, George F. 69, 78, 127
Kesselring, Albert 114
Keyes, Geoffrey 70, 71, 72, 80, 92, 97, 98, 99, 102, 103, 107, 111
Knight, Robert Graham 20, 106
Knobloch, Franz 36
Knowles, Cyrill 152
Kolb, Ernst 152
Konev, Ivan 45
Kopeczek, Arnold 130
Körner, Theodor 29, 30, 33, 64, 93
Kos, Wolfgang 31
Kowarik, Karl 128
Krauland, Peter 152
Kraus, Herbert 115
Kraus, Josef 152
Krechler, Wilhelm 155, 175
Kreisky, Bruno 173
Krist, Josef 160
Kudrjawzew, Semjon M. 173, 180
Kurasow, Vladimir V. 101
Kyes, *stellvertr.*
US-Verteidigungsminister 176

Lalouette, Roger M. 171

Lechner, Manfred 133
Lemberger, Ernst 55
Liebitzky, Emil 48, 81, 90, 136, 155, 156, 157, 158, 159, 160, 161, 163, 170, 175, 182, 185, 186, 191
Linhart, Ferdinand 62, 155
Linsbauer, Johann 155
Lippmann, Walter 69
Lovestone, Jay 133

Machold, Reinhold 38, 48
Maisel, Karl 152
Majoribanks, James 82
Malcolm, A. C. E. 171
Manstein 114
Manteuffel, Hasso von 114
Mantler, Karl 152
Marshall, George C. 68, 74, 75, 133
Matejka, Viktor 30, 193
Mayr, Ernst 100, 153
McCarthy, Joseph Raymond 179
McCloy, John 114
McDermott, Michael 57
Migsch, Alfred 152
Milano, James 128
Molotow, Vjaceslav 44
Morgenthau, Hans J. 69
Morgenthau, Henry 20
Moser, Walter 39
Münichreiter, Karl 31

Nehru, Jawaharal 173
Neugebauer, Wilhelm 160
Ney, Karl 128

Oden, *US-Militärattaché* 186
Olah, Franz 130, 131, 132, 133, 134, 192
Oliva, Erich 40

Paumgartten, Zdenko 37, 156, 157, 158, 161, 165, 166, 169, 170, 175, 182
Payart, Jean 171
Pelinka, Anton 190
Perkins, George W. 109
Peterlunger, Oswald 132
Petetin, Robert 152
Poorman, Colonel 156
Pova, Friedrich 40
Proksch, Anton 152

Personenregister

Raab, Julius 56, 62, 152, 161, 170, 171, 173, 174, 175, 181, 186, 187, 192
Radetzky, Joseph Wenzel Graf 67
Rathkolb, Oliver 29, 186
Rauchensteiner, Manfried 42, 100, 118, 153, 154, 171
Rauscher, Major 100, 154, 155
Reber, Samuel 79, 80, 82, 83
Regele, Oskar 58
Reinhart, *US-General* 41
Renner, Karl 17, 24, 32, 33, 35, 36, 41, 45, 54, 57, 58, 89, 117, 152, 189
Rogôzin, *Oberst* 42, 44
Röhninger, *Leutnant* 43
Roithner, Hans Michael 33
Roosevelt, Theodor 19, 22
Rosenwirth, *Hauptmann* 38, 39, 48
Rositzke, Harry 127

Sagmeister, Otto 152
Sandner, Margit 151
Sauvagnargues, Jean 125
Schärf, Adolf 55, 58, 62, 63, 64, 65, 70, 89, 90, 93, 94, 116, 118, 132, 152, 155, 161, 171, 186
Schlegelhofer, Oskar 35
Schöner, Josef 182
Schuschnigg, Kurt 26, 28, 29, 56
Sensenig, Gene R. 134
Sichelstiel, Anton 45
Simpson, Christopher 130
Slama, Victor Theodor 30
Sommer, Josef 42
Stalin, Josef 19, 76, 172
Starhemberg, Ernst Rüdiger von 43
Staudinger, Anton 63, 164
Steiner, Anton 39
Stiefel, Dieter 27
Stillfried-Rathowitz, Emanuel 37, 41

Stourzh, Gerald 120, 173
Suttner, Bertha von 66
Svoboda, Wilhelm 131
Swift, Ira Platt 152

Tegetthoff, Wilhelm von 67
Thompson, Llewellyn 186
Tito, Josip 76
Tolbuchin, Fedor I. 36, 41
Truman, Harry S. 52, 69, 104, 105, 178
Tweraser, Kurt 41

Übeleis, Vinzenz 152
Urban, Josef Adolf 128

Vaugoin, Carl 64, 156
Verbelen, Robert Jan 128

Wachtler, Günter 11
Wagnleitner, Reinhold 22
Wallinger, Sir Geoffrey 171
Wallisch, Koloman 31
Webb, James E. 104
Wedemeyer, Albert C. 77
Weissel, Georg 31
Wildner, Heinrich 90
Williamson, Francis T. 104
Wilson, US–Verteidigungsminister 174
Winkelbauer, Hubert 160
Winterer, Franz 33, 37, 39, 44, 45, 52, 60, 94
Winterton, Sir John 98, 122
Wisner, Frank 127, 129
Wlassow, Andrei Andrejewitsch 42, 44
Wodak, Walter 116

Yost, Charles W. 96, 171

Zimmermann, Georg 152

Bildnachweise

Abbildungen: 5/6 (Christopher Simpson), Coverfoto, 7/11/12/14/16 (Militärwissenschaftliches Institut/Wien), 9/10 (Bildarchiv – Institut für Zeitgeschichte/Universität Wien), 13/20/21 (Internationale Pressebildagentur Votava/Wien), 15 (Bildarchiv der Österreichischen Nationalbibliothek), 17/19 (Heeresgeschichtliches Museum/Wien), 18/22 (Österreichisches Staatsarchiv).

Tabellenverzeichnis

Tab. 1: (Seite 39) Gliederung des Heeresamtes
Tab. 2: (Seite 84) Pro- und contra Bundesheer – US-Umfrage 1948
Tab. 3: (Seite 85) Für weitere Präsenz alliierter Truppen in Österreich
Tab. 4: (Seite 152) Evakuierungsliste »Plan Renault«
Tab. 5: (Seite 165) »Aufgebot« – Österreichs Wehrpotential nach Ländern

Werner Gatty, Gerhard Schmid u. a. (Hrsg.)
Die Ära Kreisky
Österreich im Wandel 1970–1983
Band 1 der Reihe *Bruno Kreisky International Studies*
192 Seiten, fest gebunden, ca. öS 298,–/DM 40,80/sfr 38,–
ISBN 3-7065-1195-9

Der vorliegende Band präsentiert die Ergebnisse eines mehrtägigen Seminars, in dem ehemalige Mitarbeiter und Wegbegleiter Bruno Kreiskys ebenso zu Wort kommen wie namhafte Zeithistoriker, Politikwissenschaftler sowie prominente in- und ausländische Journalisten. Mit der „Ära Kreisky" wurde in Österreich ein Modernisierungsschub initiiert, der den Nachholbedarf in vielen gesellschaftlichen Bereichen wettmachte und Österreich auf den Standard eines westeuropäischen Industrielandes brachte. Unter Kreiskys dreizehnjähriger Kanzlerschaft wurden innenpolitisch tiefgreifende politische Reformen, unter anderem in der Wirtschaftspolitik und im Bildungswesen, vollzogen. Dank Kreiskys außenpolitischen Engagements gelang es, dem Kleinstaat Österreich eine anerkannte Position auf internationalem Terrain zu sichern. Neben persönlichen Erinnerungen an den Menschen Bruno Kreisky geben die eingehenden Analysen dieses Bandes Einblick in seine politischen Ziele und Visionen. Die ihn prägenden Jahre im schwedischen Exil werden ebenso ausführlich dargestellt wie sein Engagement innerhalb der sozialistischen Internationale und seine Bedeutung als Außenpolitiker und Bundeskanzler der Zweiten Republik.

Claudia Hoerschelmann
Exilland Schweiz
Österreichische Emigranten und Flüchtlinge in der Schweiz 1938–1945
Veröffentlichungen des Ludwig-Boltzmann-Institutes
für Geschichte und Gesellschaft, Band 27
ca. 352 Seiten, fest gebunden, ca. öS 398,–/DM 54,80/sfr 49,50
ISBN 3-7065-1193-2

Der Ruf der Schweiz als traditionelles humanitäres Asylland war noch im März 1938 für einen Großteil der Verfolgten ungebrochen. Doch als Folgewirkung des Ersten Weltkrieges wurde im Jahr 1918 die Fremdenpolizei ins Leben gerufen, deren Ziel es war, gesetzliche Richtlinien zur Abwehr unerwünschter Ausländer zu entwickeln.
Maßnahmen wie Arbeitsverbot, das Verbot der politischen Betätigung, das Gebot des Transits und die Internierung in Arbeitslager verhinderten die Integration der Flüchtlinge und die Möglichkeit, sich eine neue Existenz aufzubauen.
Aus dem Inhalt:
- rechtliche Rahmenbedingungen für die Flüchtlinge in der Schweiz
- Erfahrungsberichte von betroffenen und beteiligten Österreichern und Schweizern aus der Literatur, aus Archivmaterial und aus Gesprächen mit Zeitzeugen
- die politische Emigration in die Schweiz (nur 60 Österreicher wurden in der gesamten Krisenzeit von 1938 bis 1945 offiziell als politische Flüchtlinge anerkannt)
- das individuelle Schicksal von prominenten sowie unbekannten Österreichern in ca. 250 Einzelbiographien

STUDIENVerlag Innsbruck – Wien

ZEITGESCHICHTE, die einzige österreichische Fachzeitschrift für Zeitgeschichtsforschung, wurde 1973 von Univ.-Prof. Dr. Erika Weinzierl gegründet.
Zielpublikum dieses Periodikums sind vor allem Wissenschaftler, Lehrer an mittleren und höheren Schulen und Studenten.
An der Redaktion wirken nicht nur alle österreichischen Universitätsinstitute für Zeitgeschichte mit, es werden darüber hinaus auch Beiträge aus dem Ausland publiziert.
Der inhaltliche Schwerpunkt liegt weiterhin auf Themen aus der jüngsten Vergangenheit Österreichs.

ZEITGESCHICHTE erscheint sechsmal pro Jahr; jeder Band enthält etwa drei größere Artikel sowie Rezensionen aktueller Fachpublikationen.

Themen 1997

Heft 1–2:   Antisemitismus und Zionismus
Heft 3–4:   Internationale Beziehungen
Heft 5–6:   Umgang mit Nationalsozialismus
Heft 7–8:   TV und Geschichte
Heft 9–10: Erinnerungsorte
Heft 11–12: Politische Kultur

Einzelheft: öS 120,–/DM 16,50/sfr 15,50
Jahresabo: öS 520,–
Auslandsabo: öS 780,–/DM 107,–/sfr 95,–

STUDIENVerlag Innsbruck – Wien